우리 국민은 언제든지 더 멀리 나아갈
저력을   갖고 있습니다.

문 재 인

변방에서 중심으로

문재인 회고록·외교안보 편

변방에서 중심으로

문재인 회고록: 외교안보 편

1판 1쇄 발행 2024. 5. 18.
1판 4쇄 발행 2024. 5. 21.

지은이 문재인
대담자 최종건

발행인 박강휘
편집 박보람 정경윤 박민수 디자인 이경희 마케팅 정성준 홍보 이한솔
발행처 김영사
등록 1979년 5월 17일(제406-2003-036호)
주소 경기도 파주시 문발로 197(문발동) 우편번호 10881
전화 마케팅부 031)955-3100, 편집부 031)955-3200 | 팩스 031)955-3111

값은 뒤표지에 있습니다.
ISBN 978-89-349-3575-9 03340

홈페이지 www.gimmyoung.com   블로그 blog.naver.com/gybook
인스타그램 instagram.com/gimmyoung   이메일 bestbook@gimmyoung.com

좋은 독자가 좋은 책을 만듭니다.
김영사는 독자 여러분의 의견에 항상 귀 기울이고 있습니다.

변방에서 중심으로

문재인 회고록 : 외교안보 편

평양에서 워싱턴까지 결단의 순간들

문재인 지음

최종건 대담

김영사

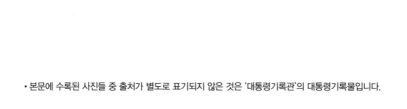

변방에서 중심으로

"이번에 다시 한번 절실히 느낀 것은 우리 국민들이 촛불혁명과 정권교체를 통해 보여준 수준 높은 민주역량과 도덕성이 국제사회에서 대한민국을 당당한 나라로 만들어주고 있다는 사실입니다. 우리가 받은 대접과 외교적 성과도 전적으로 그 덕분입니다. 국민들께 감사드립니다."

2017년 7월 2일, 내가 첫 번째 방미에서 도널드 트럼프Donald J. Trump 대통령과의 첫 정상회담을 마치고 귀국했을 때 국민들께 드린 성과 보고의 인사말이었습니다. 재임 기간 내내 나는 위대한 국민 덕분에 외교를 잘할 수 있었다고 늘 말씀드렸습니다. 진심이었습니다. 지금도 그렇게 말씀드리고 싶습니다. 우리 국민은 찬사를 받을 자격이 있습니다. 자긍심을 가져야 합니다. 나는 외교 현장에서 여러 번 우리 국민의 힘을 실감했습니다. 우리 국민의 힘이 곧 우리의 국격이고, 우리의 외교력이었습니다.

회고하자면, 외교에 미치는 우리 국민의 힘을 절실히 느꼈던 몇 번의 특별한 계기가 있었습니다.

첫 번째 계기는 촛불혁명에 대한 세계의 찬탄이었습니다. 내가 만난 외국 정상들은 너나없이 2016년 추운 겨울 대한민국을 뜨겁게 달궜던 촛불집회의 평화롭고 문화적이며 성숙한 시민의식에 감탄했고, 탄핵이라는 헌법 절차와 민주적인 선거로 정권을 교체하고 민주주의를 회복해낸 한국 국민의 민주역량을 높이 평가했습니다. 포퓰리즘과 극단주의로 인해 세계의 민주주의가 위기를 겪고 있는 시기에 한국이 민주주의의 새로운 희망을 보여주었다며 감사를 표하기도 했습니다. 그것이 처음 외교무대에 나선 내게 큰 호의로 다가왔고 임기 내내 우리 외교의 힘이 됐습니다.

두 번째 계기는 평창동계올림픽부터 세 번의 남북정상회담과 북미정상회담으로 이어진 시기였습니다. 위태롭던 전쟁위기에서 다시 마주 앉아 대화 국면으로 전환을 이뤄낸 남북의 모습에 세계는 환호했고, 사상 최초로 북한과 미국의 정상을 마주 앉게 한 중재외교에 놀라워했습니다. 대한민국은 평화를 선도하는 나라가 됐습니다. 우리 국민이 만들어낸 평화의 힘으로 우리 외교가 더욱 힘껏해갈 수 있었습니다.

세 번째 계기는 일본의 수출규제에 굴하지 않고 오히려 소부장(소재·부품·장비) 산업의 발전과 자립화의 기회로 삼은 일입니다. 자칫 우리 경제의 위기로 이어질 수도 있었던 어려움을 정부와 기업, 연구자 등 전 국민의 단합된 힘으로 잘 이겨냈고, 우리 경제의 오랜 숙제였던 소부장 산업 발전의 기회로 대반전시켰습니다. 소부장의 수입으로 발생한 대일 무역적자도 크게 줄일 수 있었습니다. 이렇게 되자 일본이 자기 발등을 찍었다는 비판이 일본 국내와 해외에서 이어졌습니다. 전 국민이 함께 이룬 승리였습니다. 이 일은 마침 그 무렵에 있었던, 후쿠시마 수산물 수입금지 조치에 대해 일본이 제기한 WTO(세계무역기구) 소송 항소심에서 한국이 1심 패소를 뒤집고 승소한 일과 함께 우리 외교에 큰 자신감을 안겨주었습니다.

　네 번째 계기는 코로나19의 전 세계적인 대유행이었습니다. 전 세계가 고통받는 상황에서 한국의 방역 역량은 단연 두각을 나타냈습니다. 한국은 코로나19 방역의 표준이 되었고, 모든 나라가 협력과 도움을 요청해왔습니다. 우리가 선망해온 보건의료 선진국들까지 우리의 방역 노하우를 배우고자 했습니다. 알고 보니 우리가 보건의료 선진국이었습니다. 한국처럼 방역과 의료 시스템을 함께 갖춘 나라가 없었습니다. 한국은 진단키트, 백신, 백신용 특수주사기 등 방역 핵심 물품 생산에서도 독보적인 역량을 발휘해 세계에 크게 기여했습니다.

　코로나19에 대한 모범적인 방역은 경제 선방으로 이어졌습니다. 세계적인 경기침체 속에서 한국은 OECD(경제협력개발기구) 주요국 가운데 성장률 1위를 기록했습니다. 성장의 후퇴가 제일 적었고, 성장의 회복이 제일 빨랐습니다. 코로나19 시기 한국이 보여준 방역의 우수성과 경제 선방은 '위기에 강한 나라 대한민국'이라는 신화를 만들었고, 한국의 위상을 단숨에 추격국가에서 선도국가로 올려놓았습니다. 그것이 우리 외교에 준 힘은 이루 말할 수 없었습니다.

　다섯 번째 계기는 드디어 우리나라가 선진국으로 세계적인 공인을 받은 일이었습니다. 2021년 7월 4일 UNCTAD(유엔무역개발회의)는 한국의 지위를 개도국에서 선진국으로 격상할 것을 만장일치로 의결했습니다. 1964년 기구 설립 이후 처음 있는 일이었습니다. 한국은 그 무렵 3년간 GDP(국내총생산) 세계 순위 10위를 기록했습니다. 또한 '30-50클럽'에 가입한 일곱 번째 나라가 됐습니다. 30-50클럽은 인구 5000만 명 이상이면서 국민소득 3만 달러 이상의 나라를 말합니다. 다른 6개국은 모두 G7(주요7개국정상회의) 국가이고, 과거 식민지를 보유한 제국주의의 역사를 가진 나라입니다. 한국은 G7 정상회의에 2년 연속 초청받았고, G7 체제를 확대할 경우 첫 번째 대상국으로 지목됐습니다.

그야말로 '눈떠보니 선진국'이었습니다. 제2차 세계대전 이후 식민지에서 독립한 나라 가운데 유일하게 식민제국들과 맞먹을 만큼 성장한 나라 대한민국은 개도국들이 본받고자 하는 발전모델이 됐습니다. 개도국들에게 과거의 식민제국들은 따라갈 수 없는 발전모델인 반면, 한국은 자신들과 비슷한 처지에서 출발해 민주주의와 경제성장을 함께 이루는 데 성공했다는 점에서 동질감을 느끼게 하기 때문입니다. 그만큼 우리 외교의 지평은 넓어졌고, 국제무대에서 외교적 역할이 커졌습니다. 나는 개도국들과 성장의 경험을 공유할 수 있다는 점이야말로 우리보다 먼저 선진국이 된 나라들이 갖지 못한 우리 외교의 강점이라고 생각합니다.

여섯 번째 계기는 임기 말 무렵 계속되는 코로나 상황 속에서 글로벌 공급망global value chain이 교란되고, 공급망을 둘러싼 미중 간의 전략적 경쟁과 갈등이 심화됐을 때였습니다. 전 세계가 공급망 확보에 어려움을 겪게 되자, 한국이 반도체와 2차전지(배터리) 등 중요한 품목에서 세계적인 우위를 점하고 있다는 사실이 부각됐습니다. 미국과 EU(유럽연합) 등 모든 나라가 한국과 공급망 협력을 원했습니다. 2021년 5월 21일 나와 조 바이든Joe Biden 대통령의 한미정상회담에서도 공급망 회복 협력이 주요 의제로 논의되었습니다. 한국의 위상과 국격이 크게 높아졌다는 것을 다시 한번 실감할 수 있었습니다. 한국의 높아진 위상과 국격이 우연이나 행운이 아니라 실력에서 비롯되었다는 사실을 보여주는 일이었습니다.

마지막으로 BTS를 비롯한 한류문화의 활약이 임기 내내 우리 외교에 큰 힘이 되었습니다. 세계는 K-팝뿐만 아니라 〈기생충〉을 비롯한 K-영화, 〈오징어 게임〉 같은 K-드라마에 열광했습니다. 한국의 게임과 웹툰도 세계시장에서 각광받았습니다. 한류문화는 세계 속에서 더 이상 변방의 문화가 아니라 주류 문화가 되었고, 한국은 문화강국으로 발돋움했습니다. 한류문화의 우수함에 민주주의와 언론자유의 발전, 평화를 향한 노력 등이 더해져서 한국은 소프트파워의 새로운 강국으로 떠올랐습니다. 오늘날 소프트파워야말로 그 나라의 매력이자 외교를 뒷받침하는 힘이 되고 있습니다.

이 모든 것이 우리 외교를 떠받치는 큰 힘이 되었습니다. 우리 국민이 만들어낸 힘입니다. 그야말로 국민외교였습니다. 국민들도 자부심을 가지시면 좋겠습니다. 많은 나라가 한국과 협력하길 원했고, 많은 정상이 한국 대통령을 만나고 싶어 했습니다. 세계는 한국이 더 크고 더 많은 역할을 해주길 바랐습니다. 어느 외교관은 우리 외교의 '화양연화'였다고 말했습니다. 그러나 지나간 한 시절의 추억으로 멈출 수는 없습니다. 여러모로 어려움을 겪으며 '눈떠보니 후진국'이란 말을 듣는 요즈음이지만, 늘 그랬듯이 우리 국민은 언제든지 퇴행을 끊어내고 다시 더 멀리 나아갈 저력이 있다고 믿습니다.

학교에서 역사를 배울 때 구한말 시기에 이르면 분통이 터져 책을 읽을 수가 없었습니다. 어찌 그리 한심하고 무력했을까요? 백성들은 동학농민혁명과 의병활동으로 목숨을 바치며 나라를 위해, 그리고 더 나은 세상을 위해 희생하고 헌신했던 데 비해, 위정자며 지도층은 어찌 그리 무능하고 무책임했을까요? 아마도 한국인이라면 누구나 같은 생각일 겁니다.

임진왜란, 정묘호란과 병자호란. 임금이 수도와 백성을 버린 채 도망 다니고, 나라가 존망의 위기에 몰리는 국난을 겪고서도 위정자와 지도층은 치열한 반성이 없었고, 다시는 치욕의 역사를 되풀이하지 않겠다는 절치부심이 없었습니다. 힘을 기르지 않았고, 외세의 침략에 대비하지 않았습니다. 국제정세를 알려 하지 않았고, 나라의 안위를 여전히 사대에 의존했습니다. 치열한 반성과 절치부심이 없으면 실패의 역사를 되풀이하기 마련입니다. 끝내 우리는 저항다운 저항도 해보지 못한 채 망국의 길을 걸었고, 일제 식민지배라는 뼈아픈 수난의 역사를 겪어야 했습니다. 식민지의 역사는 외세에 의한 분단과 동족상잔의 전쟁으로 이어졌고, 그 아픔이 지금까지도 우리 삶을 규정짓고 있습니다.

하지만 우리 국민은 결코 좌절하지 않았습니다. 폐허 위에서 다시 일어나 대한민국을 선진국으로 만들었습니다. 한국은 더 이상 약한 나라가 아닙니다. 이것은 우리 국민이 이룩한 기적 같은 성취입니다. 나는 우리 국민이 이룬 성취가 자랑스럽습니다. 그러나 우리 정치는 여전히 역사에 대한 반성과 절치부심이 부족합니다. 친일청산을 제대로 못했고, 분단을 극복하지 못했으며, 평화를 이루지도 못했습니다. 그리고 여전히 사대외교에서 벗어나지 못하고 있습니다. 역사의 실패를 되풀이하지 않겠다는 절치부심이 부족하기 때문입니다. 이것이 내가 가진 문제의식입니다.

우리는 다시는 누구에게도 지지 않겠다는 절치부심, 우리 힘으로 분단을 극복하겠다는 절치부심, 이 땅에 다시는 전쟁이 없어야 한다는 절치부심, 우리 운명을 남의 손에 맡기지 않겠다는 절치부심을 가져야 합니다. 한반도의 지정학적 조건 속에서 대한민국의 생존과 번영을 위해 한시라도 잊어서는 안 될 절치부심입니다. 그것은 궁극적으로 아무도 흔들 수 없는 당당하고 평화로운 나라를 만드는 일입니다. 문재인 정부는 그런 나라를 만들고자 했습니다. 그런 나라를 향해 몇 걸음이라도 나아가고자 했습니다. 문재인 정부가 다 못 한 그 여정이 계속 이어지길 기원합니다.

문재인 정부의 외교와 안보 분야의 성과를 자랑하려고 이 책을 쓴 것은 아닙니다. 그런 목적이라면 문재인 정부의 국정백서에 잘 정리되어 있습니다. 이 책에서 나는 문재인 정부가 어떤 구상으로 한반도 평화프로세스를 추진했으며, 어떤 마음자세로 외교·국방·보훈·방산 정책을 다루었는지 말하고 싶었습니다. 그러기 위해선 일반적인 서술 형식보다 묻고 답하는 대담 형식이 적합하다고 생각했습니다. 질문과 답변을 통해 문재인 정부가 이룬 일과 이루지 못한 일의 의미와 추진 배경, 성공과 실패의 원인과 결과를 성찰하는 데 중점을 두었습니다. 또한 설명에 필요한 범위 안에서 지금까지 공개되지 않은 사실들을 기록으로 남겨두고자 했습니다.

이 책에 담긴 생각들은 물론 나의 주관적인 생각입니다. 하지만 담긴 사실들은 거듭거듭 확인하면서 객관성을 지키고 진실에서 벗어나지 않으려고 노력했습니다. 대담 이후 여러 번 글을 수정하고 보완하는 동안 남북관계와 한반도 정세에 적지 않은 변화가 있었습니다. 그 때문에 글을 또 수정해야만 했습니다. 남북관계가 더 나빠지지 않기를 간절히 바랍니다.

문재인 정부 청와대에서 평화군비통제비서관과 평화기획비서관, 그리고 외교부 1차관을 역임한 최종건 교수가 문제의식을 담은 질문으로 대담을 잘 이끌어준 덕분에 이 책이 나올 수 있었습니다. 긴 시간 대담을 진행해준 최 교수에게 감사를 표합니다.

미중 간의 경쟁과 갈등이 격화되면서 우리 외교의 여건이 더욱 힘들어졌습니다. 거기에 더해 전략적 모호성을 버린 현 정부의 과도하게 이념적인 태도가 우리 외교의 어려움을 더 키우고 있습니다. 남북관계의 위기는 사상 최악으로 치닫고 있습니다. 북한의 도발이 걱정이지만, 우리 정부의 과한 대응도 함께 걱정됩니다. 무엇보다 큰 걱정은, 위기가 고조되고 있는데도 대화를 통해 위기를 낮추려는 노력이 전혀 보이지 않는다는 사실입니다. 외교에 있어서나 안보에 있어서나 최고도의 지혜가 필요한 상황입니다.

　이 책이 국민들의 판단이나 선택에 조금이라도 도움이 된다면 더 이상의 보람이 없을 것입니다.

2024년 5월

문 재 인

차례

2부 아무도 흔들 수 없는 나라를 향해

1부

결단의 순간,
운명의 그날

1

미국의 손을 잡고

문재인 회고록 외교안보 편

"우리는 미국이 주도하는 UN 안보리의 국제제재 체제와 미국의 최대압박 틀 속에서 남북관계를 진전시켜야 하는 상황이었습니다. 당시 고조되고 있던 한반도의 긴장 또는 전쟁위기를 빠르게 해소하고 비핵화까지 도달하려면 미국의 손을 꼭 잡고 가지 않을 수가 없는 거죠. 한미관계가 중요하다는 정도를 넘어서 우리가 원하는 걸음에 미국이 함께 보조를 맞춰 걷는 동반자가 되도록 노력할 수밖에 없었습니다. 미국이나 국제사회를 설득하고, 우리가 북한을 견인하듯이 미국도 우리가 견인해나가는 노력이 필요한 거죠. 실제로 2019년 하노이 북미정상회담이 노딜로 끝나지 않았다면 거의 가능했던 거 아닌가요? 우리가 정상에 오르지는 못했지만, 정상을 봤죠. 정상을 봤고… 언젠가 다시 노력이 재개된다면 그때는 정상에 오를 거라고 믿습니다."

인수위 없는 취임

최종건 먼저 2017년 5월 10일 취임 전후부터 1년여 이어진 기간에 대해 말씀을 나눴으면 합니다. 특히 그 시기 한미관계에 대해 이야기를 듣고 싶습니다. 트럼프 대통령과의 공식적·비공식적 에피소드들도 듣고 싶고요. 당시 트럼프 정부가 북한에 대해서 최대압박 정책을 구사했는데, 7개월 만에 평창동계올림픽을 계기로 남북관계와 북미관계가 전환되었습니다.

대통령님의 취임 첫 열흘간 외교안보 일정을 보면 5월 10일에 취임식을 하고, 그날 저녁 홍은동 사저에서 한미 정상통화를 하셨어요. 그리고 목요일, 금요일 계속 하루에 몇 번을 걸쳐서 주요국의 정상들과 통화를 하셨습니다.* 그런 와중에 북한은 미사일을 쏘며 도발을 이어나갔고요.

● 문재인 대통령의 첫 7일간 외교안보 일정은 다음과 같다. 5월 10일(수) 취임식 당일 저녁 사저에서 한미 정상통화. 5월 11일(목) 청와대에서 중국 시진핑 주석, 일본 아베 총리, 인도 모디 총리 통화. 5월 12일(금) 호주 턴불 총리, 영국 메이 총리, 독일 메르켈 총리, 러시아 푸틴 대통령 통화. 5월 14일(일) 북한 탄도미사일 발사 관련 NSC 긴급 상임위 개최. 5월 16일(화) 캐나다 트뤼도 총리 통화, 미국정부대표단(단장 포틴저 백악관 NSC 아시아담당 선임보좌관) 접견. 5월 17일(수) 멕시코 니에토 대통령 통화, 국방부 및 합동참모본부 순시.

문재인 정부가 물려받은 대외 환경은 최악이라고 할 수 있었습니다. 사드 배치로 한중관계는 얼어붙어 있었습니다. 베이징이 서울을 바라보는 시각이 매우 안 좋았죠. 한일관계도 2015년 '한일일본군위안부 피해자 문제 합의'(이하 '한일위안부합의') 때문에 매우 좋지 않았습니다. 워싱턴 조야에서는 문재인 정부가 들어섰으니 동맹이 약화되고 북한과 가까워지면서 북한에 대한 제재 체제가 무너지는 게 아닌가 걱정하는 소리도 있었습니다.

취임 당시 대통령으로서 국내외에 어떤 시그널과 메시지를 처음에 보여주고 싶으셨는지요?

문재인 우리가 처한 상황이 특수했어요. 보통 인수위를 거치고 축제 같은 취임식을 하게 되면, 인수위 시기에 사실상 외교가 시작되고, 취임식에 축하차 온 외국의 정상들과 축하사절들을 접견하는 것이 공식적인 외교의 시작이죠. 우리는 당선 당일 약식 취임식으로 시작했기 때문에 그런 기회를 가질 수가 없었어요. 그래서 우리가 사전에 준비한 외교 일정은, 빠른 시일 내에 주요국 정상들과 통화하고 주요국에 특별사절단(이하 '특사단')을 보내는 것이었습니다.

우선 전 정부의 탄핵 기간에 외교 관계, 특히 정상외교에서 6개월 이상 상당한 공백이 있었습니다. 그 외교 공백을 빠른 시일 내에 메워야 했죠. 다음으로는 탄핵과 촛불혁명으로 큰 혼란을 겪었기에 한국이 이제는 정상화되었다는 점을 대외적으로 보여줘야 했고, 국민들이 안도감과 자신감을 갖게 하는 것이 매우 중요했습니다.

그래서 취임 당일부터 상당히 버거울 정도로 많은 외국 정상

2017년 5월 10일 국회 본청 로텐더홀에서 열린
제19대 대통령 취임식. 문재인 정부는 박근혜 대
통령 탄핵으로 인해 인수위 없이 출범했다. 선거
다음 날 당선이 확정되자마자 오전에 국회에서
취임식을 하고 바로 임기를 시작했다.

과 연쇄적으로 통화를 했죠. 미국과의 관계에서는 그들이 가질 수 있는 의구심, 말하자면 우리 정부의 진보 성향이라든지 남북화해정책 때문에 한미동맹이 약화되거나, 대북제재 체제가 이완되거나, 미국의 최대압박정책에 균열이 생길지 모른다는 의구심을 빨리 불식시키는 동시에 한미동맹이 변함없이 공고하다는 것을 대내외적으로 확인시켜주어야 했습니다. 또 우리가 바랐던 북핵 문제의 평화적 해결을 위해, 미국과 굳게 손잡고 함께 추진해갈 수 있는 여건을 만드는 것이 무엇보다 중요했죠. 그런 메시지를 일관되게 내고자 많은 노력을 기울였습니다.

최종건 쉬는 것은 고사하고, 당선을 서로 축하할 시간도 없었다고 말씀하셨는데, 청와대 관저에 들어오기도 전에 임기 첫날 트럼프 대통령과 통화를 하셨단 말이죠. 다음 날부터 영국, 러시아, 중국, 일본 등 10개국 정상과 연쇄 통화를 하셨고요. 사전에 준비했던 것입니까?

문재인 당선 이후의 외교 로드맵을 미리 준비해두고 있었어요. 취임 초기의 외교 일성은 준비해둔 로드맵에 따른 것이었죠.

당시 유럽이나 미국에서는 한국의 촛불혁명에 대해서 굉장히 찬탄하고 있었습니다. 장기간의 촛불집회에 수백만 명이 참여했는데, 단 한 건도 경찰과 충돌하거나 폭력적인 사태 없이 평화적으로, 그리고 문화적인 방식으로 이루어졌다는 것에 놀라워했죠. 또한 탄핵이라는 헌법 절차와 민주적인 선거를 통해서 정권교체를 이룬 한

2017년 5월 10일 취임 당일 저녁 도널드 트럼프 미국 대통령과의 당선 축하 통화(위)를 시작으로 11일 중국 시진핑 주석, 일본 아베 총리, 인도 모디 총리와 통화했고(아래) 영국, 독일, 러시아, 호주와도 숨 가쁜 외교를 이어가며 주요 10개국 정상과 통화를 모두 마쳤다.

국 민주주의의 성숙함에 감탄했습니다. 당시 유럽과 미국에서는 포퓰리즘과 극단주의가 득세하면서 민주주의의 위기에 대한 우려가 커진 상황이었는데, 반대로 한국에서는 허물어진 민주주의를 기적처럼 되살려낸 우리 국민의 저력을 보면서 다들 찬탄을 보냈던 거죠. 그것이 우리 정부의 초기 외교에 굉장히 큰 도움이 됐습니다. 또한 우리가 북한과 대화를 통해 평화적인 방식으로 비핵화를 이루고자 하는 의지에 대해서도 미국을 비롯해 많은 나라가 공감과 지지를 보내주었습니다. 우리 국민이 촛불혁명으로 보여준 피플파워가 우리 외교를 받치는 강력한 힘이 된 것이죠.

최종건 촛불혁명과 탄핵 그리고 대통령님의 당선을 바라보는 국제사회의 시선이 매우 긍정적이었던 것 같습니다. 대통령님의 첫 수석보좌관회의였던 것으로 기억하는데요. 그날 내놓으신 메시지의 키워드가 '피플파워people power'였습니다. 국민들에게 이제 정부가 제대로 들어섰다, 이제 우리가 국정과 평화를 주도하겠다고 이야기하는 것으로 보였습니다.

그리고 취임한 지 불과 50일도 안 된 6월 28일에 3박 5일 일정으로 미국을 가십니다. 돌아오자마자 7월 5일에 독일로 가서 G20(주요20개국) 정상회의에 참가하시고요. 정상외교를 하는 데 국내 민주주의의 발전이 어떤 도움을 줬습니까?

문재인 처음 외교무대에 나가면 낯설죠. 서먹함이 있고요. 나는 그런 어려움이 거의 없었다 할 정도로 해외 정상들이 친근하게 다가

변방에서 중심으로

2017년 7월 25일 대통령 주재로 열린 첫 수석보
좌관회의에서 참모들에게 '피플파워'라는 국정 철
학과 방향을 제시했다. 국민이 촛불혁명으로 보
여준 피플파워는 우리 외교를 받쳐주는 강력한
힘이 됐다.

왔어요. 그들이 느낀 한국 국민의 저력과 성숙함, 기적 같은 민주주의 회복, 그런 것이 세계 민주주의의 희망이 되고 있다는 인식이 한국과 나에 대한 큰 호의로 나타났던 거죠. 그래서 처음 외교무대에 나가면서 별로 어색하지 않게 다른 정상들과 쉽게 교류할 수 있었어요. 결국 우리 국민의 힘이죠. 피플파워, 내가 그것을 대표하고 있었기에 그만큼 더 당당할 수 있었고, 대접받을 수 있었습니다. 외교를 하는 동안 그 나라의 민주주의 수준과 도덕성, 문화 같은 소프트파워가 국제무대에서 큰 호감으로 작용하고, 그것이 외교의 힘이 된다는 사실을 늘 느꼈습니다.

트럼프 대통령과 첫 통화에서 한반도 비핵화를 위해 긴밀하게 협력하면서 공조하자는 데 뜻을 같이했습니다. 그리고 그 협력을 위해 빠른 시일 내에 미국을 방문해서 트럼프 대통령을 만나고 싶다는 의지를 피력했고, 트럼프 대통령이 흔쾌하게 호응해주어서 취임한 다음 달에 미국을 방문할 수 있었죠. 역대 대통령 가운데 가장 빠른 방문이었습니다. 트럼프 대통령도 그해 11월에 국빈방한을 했죠. 한미관계에서 아주 빠른 속도로 그동안의 외교 공백을 메우면서 한미동맹을 더 탄탄하게 발전시켜나갈 수 있었습니다.

트럼프 대통령과 한미동맹

최종건 대통령이 되신 후에 '아, 왜 하필 트럼프야?' 하는 생각은 안 하셨습니까? 트럼프가 가지고 있는 대외적인 명성(?)이 있지 않습니까? 좀 거칠고 기존의 정치인들과 다르고요.

문재인 우리만이 아니라 트럼프 대통령은 모든 나라에 특별했어요. 공화당이지만 공화당의 주류와도 다르고요. 그래서 다들 트럼프 대통령이 어떤 사람인지, 어떻게 접근해야 하는지 어려움을 겪었어요. 게다가 괴팍한 성격이라고 알려져 있었지요. 아베安倍晉三 총리와 시진핑習近平 주석이 트럼프 대통령을 방문했을 때 많은 선물 보따리를 가져갔는데도 대접받지 못했다는 이야기도 있었고요. 우리도 첫 대면 때 트럼프 대통령에게 어떻게 다가가야 할지 긴장했죠.

　　접근할 수 있는 인맥이 없었어요. 민주당이든 공화당이든 다리가 될 만한 인맥이 있기 마련인데, 트럼프 대통령은 새로운 얼굴이어서 전혀 없었던 거죠. 그래서 트럼프란 사람을 알기 위해《거래의 기술Trump: The Art of the Deal》등 그의 저서를 대충 다 읽어봤어요. 그런데 막상 만나보니 매우 잘 대해주었어요. 첫 통화도 정중했고요. 처음에는 공격적인 질문을 몇 가지 하더니 내 대답이 괜찮았는지 굉장히 친근하게 대했어요. 트럼프 대통령 스스로가 "문 대통령과 케미스트리가 정말 잘 맞는다. 최상의 '케미'다"라고 여러 번 이야기할 정도였죠.

　　그에 대한 부정적인 평가도 있지만, 내게는 동맹외교의 파트너로서 아주 잘 맞는 편이었습니다. 무례하고 거칠다는 평가도 있지만, 나는 그가 솔직해서 좋았습니다. 웃는 얼굴을 하지만 행동은 달라서 속을 알 수 없는 사람이 오히려 상대하기 힘들죠. 트럼프 대통령은 자신의 요구를 솔직히 말했고, 그러면서도 자신이 공약을 지키기 위해 노력하듯이 내가 한국의 대통령으로서 국민에게 한 공약을 지키기 위해 노력해야 한다는 점을 인정하고 존중해주었습니다.

최종건 제가 비서관으로 있으면서 대통령님이 트럼프 대통령과 통화하거나 회담하실 때 배석해보면, 트럼프 대통령은 자기가 판단하기에 실력 있거나 능력 있는 사람 앞에서는 경청하는 자세를 보이는 것 같았습니다. 아베 총리는 트럼프가 당선자 신분일 때 사저였던 트럼프타워까지 가서 도금한 골프채도 선물했지만, 두 사람의 관계는 그렇게 케미가 높지 않았다는 이야기를 들었습니다.

첫 세팅이 매우 중요했던 것 같아요. 트럼프 대통령에게 우리나라가 필요했습니다. 그가 김정은 국무위원장과의 소통, 한미 자유무역협정 재조정, 미중관계 설정 등을 어떻게 하든 간에 대통령님과의 소통과 공조는 무조건 필요했던 거죠. 현직에 계실 때 한미동맹 강화의 중요성을 많이 강조하셨고, 또 트럼프 행정부와 바이든 행정부라는 이질적인 미국 정부로부터 다 인정을 받으셨습니다. 이제 임기를 마치셨는데, 대한민국 대통령에게 미국은 어떤 의미였습니까?

문재인 '한미동맹이 대한민국 안보의 근간이다'라는 원론적인 이야기를 떠나서 우리 정부 때 미국과의 관계가 특히 중요했던 것은, 남북관계를 정상화하고 비핵화 과정을 우리가 바라는 방향으로 이끌어가는 데 미국과의 협력이 절대적으로 필요했기 때문입니다.

과거 김대중 대통령의 2000년 6·15 남북공동선언 때나 노무현 대통령의 2007년 10·4 남북정상선언 때와는 달라진 상황이었습니다. 그 시기에는 UN 안전보장이사회(이하 '안보리') 제재라는 것이 없었죠. 또 노무현 정부 시기에 북핵 문제는 2003년 6자회담을 통해서 타결된 상태였습니다. 그래서 남북 간에는 북핵 문제가 걸림돌이 되지 않았고, 남북관계의 발전 방안만 논의하면 됐습니다. 그런데 우리는 미국이 주도하는 UN 안보리의 국제제재 체제와 미국의 최대압박 틀 속에서 남북관계를 진전시켜야 하는 상황이었습니다.

당시 고조되고 있던 한반도의 긴장 또는 전쟁위기를 빠르게 해소하고 비핵화까지 도달하려면, 미국의 손을 꼭 잡고 가지 않을 수가 없는 거죠. 한미관계가 중요하다는 정도를 넘어서 우리가 원하는 걸음에 미국이 함께 보조를 맞춰 걷는 동반자가 되도록 노력할 수밖에 없었습니다.

최종건 미국의 손을 잡고 간다는 것이 무슨 뜻입니까? 미국의 손을 잡고 미국이 가자는 쪽으로 가는 겁니까? 아니면 우리가 가자는 쪽으로 당겨야 하는 겁니까?

문재인 미국으로 하여금 대화 노력을 하도록 하고, 대화를 위한 메시지를 내도록 하고, 또 실제로 대화의 기회가 왔을 때 대화에 나서도록 하는 것이었죠. 과거에 있었던 북미 간의 대화는 실무 차원의 교섭이었는데, 우리는 남북관계와 마찬가지로 북미관계에서도 정상 간의 대화를 통한 톱다운top-down 식의 협상이 바람직하다고 여겼어요. 그래서 트럼프 대통령이 직접 대화에 나서도록 할 필요가 있었습니다. 우리가 견인해야 하는 상황이었죠.

최종건 물론 이제는 모두가 알고 있습니다. 2018년도에 어떤 일이 일어났는지. 그런데 2017년 취임 두 달이 채 되기 전 미국을 방문 하셨을 때, 미국 측은 한미 FTA를 자기네들이 원하는 내용으로 재 협상하기를 바랐습니다. 불공정하다는 거죠. 한편으로 방위비 분담 금 증액 요구도 상당히 거셌습니다. 그리고 임기 초에는 사드 배치 와 환경영향평가가 문제였어요. 북핵 문제는 매우 어려운 상황이었 고요.

한미공조를 재확인하면서 이 세 가지를 풀어가는 것이 상당히 큰 현안이었기 때문에 한미 정상 간의 신뢰를 구축하기가 매우 어 려워 보였거든요. 특히 트럼프는 성격도 아주 강한 것으로 알려져 있었고요. 한국의 신임 대통령을 불러다가 세게 압박할 수도 있었 을 텐데요.

문재인 처음 미국을 방문할 때 우리는 일본이나 중국처럼 거창한 선 물 보따리를 가져갈 수 있는 형편이 안 되니, 말하자면 진정성을 가 지고 미국을 대하기로 했던 거죠. 우리가 준비한 것은 미국 도착 첫 일정으로 장진호 전투 기념비를 참배하고, 거기서 메시지를 내는 거였어요. 그것이 미국에 준 최고의 마음의 선물이 됐죠.

장진호 전투는 위대한 승리라고 이야기하지만 사실 미국으로 서는 굉장히 아픈 전투였습니다. 미군이 6·25 전쟁 동안 3만 5000 명 정도 전사했는데 10분의 1 정도가 장진호 전투에서 발생했거든 요. 두만강 유역까지 전진했다가 중공군의 갑작스러운 개입으로 대 규모 후퇴 작전이 벌어졌고, 이어서 완전히 포위된 상황에서 흥남에 집결한 많은 병력과 피난민을 해상으로 철수시키는 작전을 성공적으로 치러내 위대한 승리라고 평가받지만, 그 과정에서 미군들이 영하 30~40도의 혹한과 큰 어려움을 겪은 참혹한 전투였어요.

그래서 미국에서는 '잊힌 전투'라고 부르고 있었는데, 한국의 신임 대통령이 장진호 전투 기념비 앞에서 그 전투의 위대함을 말해주고, 그 전투를 겪은 분들에게 최대한의 경의를 표하면서 한미가 혈맹관계라는 사실에 대한 공감을 다시 일깨운 것이지요. 내 가족의 이야기와 결부시켜 호소력 있게 이야기하고자 했던 건데, 큰 효과를 거뒀습니다.

> **장진호 전투 기념비 헌화 연설** (일부)
>
> 67년 전인 1950년 미 해병들은 알지도 못하는 나라, 만난 적도 없는 사람들을 위해 숭고한 희생을 치렀습니다. 그들이 6·25 한국전쟁에서 치른 가장 영웅적인 전투가 장진호 전투였습니다. 장진호 용사들의 놀라운 투혼 덕분에 10만여 명의 피난민을 구출한 흥남철수작전도 성공할 수 있었습니다. 그때 메러디스 빅토리호에 오른 피난민 중에 나의 부모님도 계셨습니다.
>
> 피난민을 구출하라는 아몬드 장군의 명령을 받은 라루Lenoard Larue 선장은 단 한 명의 피난민이라도 더 태우기 위해서 무기와 짐을 바다에 버렸습니다. 무려 1만 4000명을 태우고 기뢰로 가득한 죽음의 바다를 건넌 자유와 인권의 항해는 단 한 명의 사망자도 없이 완벽하게 성공했습니다. 1950년 12월 23일 흥남부두를 떠나 12월 25일 남쪽 바다 거제도에 도착할 때까지 배 안에서 다섯 명의 아기가 새

2017년 6월 28일 미국 국빈방문 첫 번째 일정으로 6·25 전쟁 당시 많은 미군 전사자가 발생했던 장진호 전투의 기념비를 방문했다. 참혹한 전투를 겪은 분들에게 경의를 표하며 한미가 혈맹관계라는 사실에 대한 공감을 일깨우고자 했다.

로 태어나기도 했습니다. 크리스마스의 기적, 인류 역사상 최대의 인도주의 작전이었습니다.

2년 후 나는 빅토리호가 내려준 거제도에서 태어났습니다. 장진호의 용사들이 없었다면, 그리고 흥남철수작전의 성공이 없었다면 내삶은 시작되지 못했을 것이고 오늘의 저도 없었을 것입니다. 나의 가족사와 개인사를 넘어서서, 나는 그 급박한 순간에 군인들만 철수하지 않고 그 많은 피난민을 북한에서 탈출시켜준 미군의 인류애에 깊은 감동을 느낍니다. 장진호 전투와 흥남철수작전이 세계 전쟁 역사상 가장 위대한 승리인 이유입니다.

한미동맹은 그렇게 전쟁의 포화 속에서 피로 맺어졌습니다. 몇 장의 종이 위에 서명으로 맺어진 약속이 아닙니다. 또한 한미동맹은 저의 삶이 그런 것처럼 양국 국민 한 사람 한 사람의 삶과 강하게 연결되어 있습니다. 그렇기 때문에 나는 한미동맹의 미래를 의심하지 않습니다. 한미동맹은 더 위대하고 더 강한 동맹으로 발전할 것입니다.

최종건 저도 기억합니다. 장진호 전투 기념비 앞에서 하신 연설이 미국인들의 마음에 가닿은 데는 두 가지 키워드가 있었습니다. 하나는 '사탕 한 알'입니다. 당시 대통령님은 연설에서 "그 배를 타고 오신 우리 부모님 말씀에 의하면, 선상에서 크리스마스이브를 맞았고 미군이 사탕을 한 알씩 나눠줬다. 난 그게 그렇게 고마웠다"라고 하셨어요. 두 번째는 "미국이 없었으면 오늘날 나도 없다"라는 표현을 하셔서 미국 측에 감동을 주었지요. 인간 '문재인'이었기 때문에 가능했던 것이라는 생각이 들어요. 무엇보다 저는 보훈을 중시하는 마음이 미국 사람들에게도 전달됐다고 생각합니다. 그들은 자신들의 희생을 기억하고 인정해주는 데 감동을 느꼈던 것 같습니다. 나중에 들어보니 매티스James Mattis 당시 국방장관과, 아버지가 6·25전쟁 참전 용사였던 펜스Mike Pence 부통령은 대통령님이 백악관에 도착하시기 전에 연설문을 다 읽어봤다고 합니다. 그게 상당히 중요한 기획이었던 것 같아요.

문재인　그 연설문을 당시 정의용 국가안보실장이 사전에 맥매스터H. R. McMaster 안보보좌관을 통해서 트럼프 대통령 책상 위에 올려놓았다는 겁니다. 트럼프 대통령은 내게 대단히 훌륭하고 감동적인 연설이었다고 인사를 했습니다.

　　그날 행사와 연설은 장진호 전투를 치른 미 해병 1사단에서 라이브로 중계됐어요. 그것이 미국의 군 쪽에 매우 긍정적인 효과를 미쳤고, 좀 어려울 수도 있었던 트럼프 대통령과의 첫 만남을 좋은 분위기로 만드는 데 큰 역할을 했죠. 대선을 치르면서 외교 로드맵을 마련할 때 방미 첫 일정으로 구상해두었던 건데, 의도했던 대로 효과를 거뒀다고 생각합니다.

최종건　그때 트럼프 대통령이 매우 기분이 좋아서 대통령님을 사적인 공간으로 모셨지요?

문재인　맞아요. 외국 정상에게 처음 보여주는 것이라고 하면서요. 회담이 잘 진행된 데다 무슨 질문이었는지 기억나지 않지만 장하성

2017년 6월 29일 트럼프 대통령과의 단독 정상회담을 통해 한미공조를 공고히했다(위).
백악관에서 그의 안내로 링컨 대통령이 게티즈버그 연설문을 썼던 책상에 앉아볼 수 있었
다(아래, 사진 제공: 백악관).

실장이 영어로 답변을 하고는 자기도 와튼스쿨 출신이라고, 동문이라고 밝혔더니 트럼프 대통령이 "오! 와튼, 좋은 대학!" 이러면서 분위기가 더 화기애애해졌죠. 기분이 좋아서 자기 사적인 공간을 보여주겠다고 하더라고요. 4층 생활공간도 보고, 아래층 링컨 대통령이 사용했던 방에도 데려가서 링컨 대통령이 게티즈버그 연설문을 썼다는 책상에 우리 부부보고 앉아보라 하기도 하고, 사진을 찍을 때 트럼프 대통령 부부가 들러리를 서주기도 했어요. 우리는 앉고 자기들은 옆이나 뒤에 서서… 우리 사진사는 없었고 백악관 전속사진사가 찍었습니다.

최종건 참모들은 차에서 다 기다리고 있었습니다. 한 40분 걸렸어요.

남북관계 복원의 시작

최종건 선거를 준비하면서 당선 이후의 이런저런 로드맵을 만들어 놨던 것으로 기억합니다. 연쇄 정상통화, 미국 방문과 거기서 내놓을 메시지, 이어서 G20 정상회의 참석과 베를린 연설 등이 준비된 로드맵이었습니다. 그러나 북한은 계속 미사일을 쏩니다.

문재인 취임 전인 2017년 4월부터 한반도 전쟁위기설이 있었어요. 북미관계가 점점 더 험악해지면서 북한의 도발도 심해졌죠. 사거리가 점차 늘어나서 일본 열도를 넘어가는 미사일을 발사하고,[•] IRBM(중거리탄도미사일)과 ICBM(대륙간탄도미사일) 발사로 이어집니다. 미국에서도 트럼프 대통령이 '화염과 분노' 같은 격한 표현을 하면서 긴장의 수위가 더욱 높아졌어요.

트럼프 대통령의 말은 그냥 레토릭이 아니었습니다. 실제로 군사적 옵션을 검토한다거나 전쟁 시나리오를 검토하고 있다는 정보가 보고되기도 했지요. 과거 클린턴 정부 때도 전쟁 시나리오를 검토한 적이 있기 때문에 충분히 개연성이 있는 정보였고, 나중에 사실로 확인됐습니다. 그런 상황에서 긴장 상황을 완화시키기 위해 혼신의 힘을 다할 수밖에 없었어요.

우리가 각국에 보낸 특사단의 메시지, 트럼프 대통령과의 첫 번째 정상회담 메시지, 베를린의 쾨르버재단에서 한 연설, 광복절 경축사, UN 총회 연설과 같은 계기가 있을 때마다 모든 연설에 북한을 대화로 이끄는 메시지를 내보냈습니다. 광복절 경축사에서는 미국의 군사적 옵션 검토를 견제하기 위해 '한반도에서 두 번 다시 전쟁은 안 된다, 한반도에서 한국의 동의 없이는 무력을 사용할 수 없다'는 강한 메시지를 작심하고 내기도 했죠.

그런 노력에도 불구하고 북한은 자기들의 계획대로 계속 도발을 해나갔지만, 나는 처음부터 평창동계올림픽을 계기로 삼아 대화 국면으로 전환하겠다는 목표를 가지고 있었습니다. 하지만 북한이

• 당시 북한은 6차 핵실험을 감행하며 수소탄을 성공리에 실험 검증했다고 주장했으며, ICBM급 화성-12형(사거리 5000km 예상), 화성-15형(사거리 1300km 예상) 등을 시험발사했다.

2017년 9월 3일 북한이 6차 핵실험을 감행한 직후 청와대에서 NSC 전체회의를 열어 대책을 모색하는 한편(위), 21일에는 UN 총회 기조연설을 통해 공개적으로 북한을 대화 테이블로 이끌어내고자 했다(아래).

그해 11월 29일 ICBM을 쏘았을 때는 평창올림픽에 북한을 참가시켜 대화 국면 전환의 계기로 삼겠다는 구상이 물 건너간 것 아닌가 걱정하지 않을 수 없었죠. 그런데 북한은 ICBM 발사 후 핵무력을 완성했다고 선언했어요. 나는 그 선언에서 오히려 희망을 봤습니다.

최종건 북한의 도발이 최고조에 달했을 때인데, 그 상황에서 희망을 보셨다는 것이 뜻밖으로 여겨집니다.

문재인 많은 전문가와 보수언론은 북한의 강력한 엄포나 허세로 평가했죠. 그런데 북한의 메시지를 주의 깊게 보면 나름의 일관된 논리가 있어요. 비록 허세라고 하더라도, 핵무력이 완성됐다고 한다면 더 이상 핵과 미사일 실험을 할 필요가 없게 되는 거죠. 나는 북한의 핵무력 완성 선언에 그런 뜻이 숨어 있다고 봤습니다.

그 상황에서 또 하나 도움이 됐던 것은 국정원의 대북 연락 채널 복원이었습니다. 우리 정부가 출범할 당시에는 북한과 모든 연락 채널이 끊어져 있었고, 유일하게 남은 게 유엔사(유엔군사령부)를 통한 채널이었어요. 그것도 분계선에서 손마이크로 북한에 무엇을 통지하겠다 전달하겠다 외치면, 북한이 때로는 대답하기도 하고 안 하기도 했는데, 그나마 그것이 유일한 소통 통로였어요.

그런데 정부 초기에 서훈 국정원장이 오랜 대북 접촉 경험을 살려서 국정원과 북한 통일전선부(이하 '통전부') 간의 비공식 연락 채널을 만들었습니다. 물론 실제 가동은 제대로 되지 않았어요. 우리가 계속 북한에 대화하자는 메시지를 보내도 북한은 '잘 받았다'고

접수만 했을 뿐 일절 답변하지 않았죠. 그래도 우리로서는 그 채널이 열려 있다는 사실만으로도 긍정적인 가능성을 보여주는 것으로 판단했어요. 우리의 메시지를 접수는 했으니까요. 그 채널을 통해 북한이 처음 연락해온 것은 김정은 위원장의 2018년도 신년사 직후였어요. 그때부터 그 채널은 남북 간에 매우 유용한 소통 수단이 됐죠.

최종건 처음으로 그런 비공식 채널이 있었다는 것을 밝히는 겁니다. 우리 정부에서 남북대화에 국정원이 주도적인 역할을 한 것은 그런 연유가 있었습니다.

2017년 11월 29일 핵무력 완성 발표 이후, 평창동계올림픽을 앞두고 대통령님의 결단으로 한미연합훈련 유예를 전략적으로 활용했습니다. 북한은 우리 정부의 계속된 대북 메시지에 드디어 2018년 1월 1일, 김정은 위원장의 신년사로 공개 응답했습니다. 여명이 밝아온다는 느낌이었습니다. 어떠셨습니까? 김 위원장의 신년사를 보고 책상을 탁 치며 좋아하셨을 것 같은데요.

문재인 맞습니다, 그랬죠. 북한은 해마다 김정은 위원장의 신년사에서 외교와 남북관계의 방향을 제시해왔기 때문에, 그 이전까지 내가 계기마다 냈던 메시지들은 사실 그해 1월 1일 신년사에서 김 위원장의 화답을 이끌어내는 것을 목표로 삼았습니다. 그 신년사 이후 비공식 채널이 가동되면서 남북 간의 물밑대화가 시작됐죠. 북한이 평창동계올림픽 참가와 남북대화 복원 의사를 밝혀온 것이지요.

변방에서 중심으로

최종건 사람들은 그래도 남북 간에 좀 비밀스러운 메시지가 오갔을 거라고 생각하기도 합니다. 그런데 대통령님의 공개 메시지와 우리가 북한에 보낸 메시지는 늘 같았습니다. 대화하자, 나와라, 도발 중단하라, 평창올림픽에 참여하라….

문재인 과거 정부의 대북송금 사건의 교훈이 컸어요. 그 전철을 되풀이해서는 안 된다는 경각심이 매우 강했죠. 그러니 물밑대화는 공식 대화를 보조하는 것일 뿐 다른 목적은 생각할 수 없었어요.

미국을 움직이는 법

최종건 대통령님이 오늘 말씀하신 키워드는 한미 간의 신뢰입니다. 정의용 안보실장과 저는 남북 간의 소통 내용을 미국과 공유했습니다. 궁극적으로 북한과 미국이 만나게 하는 것이 중요했기 때문에, 물론 다는 아니어도 남북 간의 소통이 진행되는 대로 그 내용을 충실히 미국과 공유하는 것이 우리 정부의 기조였습니다. 그렇기 때문에 미국이 우리를 신뢰했던 것 같고요.

　또 북미관계가 안 좋을 때 남북관계에서는 뭔가 돌아가는 것 같으면, 백악관에서 "너희 도대체 무슨 얘기를 하는데?"라면서 청와대 안보실과 대화하길 원했습니다. 저희 같은 비서관들도 자신감을 가지고 미국과 소통할 수 있었어요. 대통령님과 트럼프의 관계도 있었지만 청와대와 백악관, 하우스 대 하우스 간에 주요 정보 공유를 통해서 많은 신뢰가 쌓였던 것 같습니다.

문재인 한미 간에 정보를 공유하고 있지만, 정보 능력에서 큰 격차가 있습니다. 우리는 대북 인적 정보에 미국보다 강점이 있기 때문에, 남북관계가 좋을수록 인적 정보에서 우위에 설 수 있는 것이지요. 그럴수록 미국도 우리를 존중하면서 더 많은 고급정보를 우리와 공유하게 되죠.

그때 우리 참모들의 노력도 대단했습니다. 정의용 안보실장의 경우는 파트너가 미국 국가안보보좌관인데, 파트너가 몇 번 바뀌었습니다. 맥매스터에서 볼턴John Bolton 그리고 오브라이언Robert O'Brien으로. 그들과 매주 한 번씩은 만나거나 적어도 통화하거나 했죠. 그렇게 해서 사드 문제에 대해 한미 간에 입장 정리를 하고, 한미정상회담에서 우리가 원하는 메시지를 담기 위해 맥매스터 집을 방문해서 5시간 동안 와인을 마시며 대화를 하기도 했다는 거예요. 그런 끈질긴 노력을 통해서 사드 문제도 우리가 구상한 선에서 해법을 찾고, 첫 한미정상회담에서도 우리가 원하는 메시지를 담도록 할 수 있었죠.

최종건 학자의 관점에서 보자면, 우리가 움직였기 때문에 미국이 따라서 움직인 게 아닌가 싶네요. 대한민국의 안보실장이 전 세계를 관할하는 미국의 안보보좌관 집까지 가서 사드 문제를 논의했다는 것, 그리고 우리를 신뢰하도록 이끌었다는 것이 중요합니다. 정의용 안보실장이 무박 3일의 일정으로 미국을 가는 등 참 많이 다녔죠.

변방에서 중심으로

지금은 그러지 못하는 것 같습니다. 한편으로는 서훈 국정원장도 그의 카운터 파트너 폼페이오Mike Pompeo CIA 국장과 많은 협의를 했습니다. 폼페이오 국장이 북한을 방문할 때도 서훈 원장이 개인 레슨을 많이 해주었죠. 결국 돌이켜보면 한반도 평화프로세스의 방향은 2017년 가을, 북한이 미사일을 쏘고 있던 그 와중에 만들어졌다고 해도 무방할 것 같습니다. 한편으로 우리가 한미 간에 신뢰를 쌓으려고 노력하던 시기였습니다.

문재인 맞습니다. 한반도 문제를 우리가 주도한다, 한반도 문제의 주인은 우리라고 늘 강조했는데, 많은 사람이 레토릭으로 받아들였죠. 그러나 한반도 문제는 우리가 주도하지 않을 수가 없어요. 과거의 예를 보더라도 북한이 핵과 미사일 시험을 중단했던 시기는 예외 없이 남북관계가 좋았던 시기였습니다. 남북관계가 좋아지면 북한이 핵이나 미사일 도발을 멈추는 거죠. 또 남북관계가 좋아지면 자연히 북미 간의 대화나 북일 간의 대화도 활발해지고, 동북아 전체의 다자외교가 활발해지는 거예요. 그러니까 북미 간의 대화가 제대로 되기 위해서라도 남북관계가 잘 되어야 합니다.

　　우리 정부 때 그것이 더욱 절실했던 것은 북한도 미국과 정상회담을 해본 경험이 전혀 없었기 때문에 미국에 어떻게 접근해야 하는지, 어떻게 협상해야 하는지 우리한테 물어보는 상황이었고, 미국도 트럼프 대통령의 참모들 가운데 북한을 상대해본 사람이 아무도 없었습니다. 대화와 협상을 통한 비핵화를 하려고 해도 그 프로세스를 어떻게 가져가야 하는지 노하우가 없으니, 한국이 그 방안을 강구해서 알려주면 좋겠다, 당신이 주도해달라, 그렇게 트럼프 대통령이 내게 주도적인 역할을 해주기를 여러 번 당부했어요. 심지어 비핵화 로드맵을 어떻게 설정하면 좋을지 페이퍼로 정리해서 보내달라고 부탁하기도 했죠. 정상통화 때 트럼프 대통령이 그런 부탁을 했어요.

최종건 그 사실이 기록으로 남아 있습니다. 첫 한미정상회담 때 공동선언은 세 가지 정도가 핵심이었습니다. 첫 번째는 북한의 비핵화를 평화적으로 해결한다, 두 번째는 대화를 통해 접근하는 데 주도적인 역할을 대한민국 정부가 한다, 세 번째는 한미동맹을 강화한다였습니다.

그런데 2017년 대선 때 대통령님을 지지했던 분들, 평화운동을 하는 분들은 청와대와 대통령의 언어가 이전의 보수정부하고 다르지 않다는 거예요. 이를테면 미국에 가시기 전 CBS 뉴스 인터뷰*에서 대통령님은 북한에 대해 최대압박과 제재를 해야 하고, 북한의 도발을 막아야 한다는 메시지를 내셨어요. 또 한편으로는 대통령이 미국에 가니까 미국한테 좀 듣기 좋은 메시지 내려고 하는 거라는 식의 해석도 있었고요.

문재인 트럼프 대통령과 첫 정상회담 공동성명에서 한미동맹과 확장억제력의 강화를 선언한 후, 완전하고 검증 가능하며 불가역적인

● "South Korean president on dealing with North Korea", CBS Mornings, 2017. 6. 20.

변방에서 중심으로

한반도 비핵화라는 공동의 목표를 '평화적인 방식'으로 달성하기 위해 긴밀하게 공조한다고 천명했습니다. 또 '제재가 외교의 수단'임을 분명히 하면서 북한에 대화를 촉구하는 내용을 담았지요. 여기서 따옴표 안의 문구가 우리 요구로 관철시킨 부분이에요.

'평화적인 방식'이란 지금에 와서 보면 당연하고 원론적인 이야기같이 보이지만, 당시 미국 측에서는 군사적 옵션을 내려놓을 수 없다는 이유로 완강하게 반대했습니다. 우리 측의 끈질긴 설득으로 우리가 바라는 합의를 이끌어낸 것이죠. 그와 함께 남북평화를 위한 노력에서 '대한민국의 주도적 역할'을 지지한다는 합의도 담았습니다. 한반도 문제를 우리가 주도한다는 것이 단순한 수사나 우리의 희망이 아니라 한미 간의 합의였던 것이지요. 공동성명의 문구뿐 아니라, 실제로 트럼프 대통령은 항상 내게 주도적 역할을 당부했고, 치프 니고시에이터chief negotiator(수석협상대표)가 돼달라고 부탁했습니다.

똑같이 '제재와 압박'을 말한 것 같지만, 우리는 북한을 대화로 이끌어내기 위한 수단으로 생각한 반면 보수정권은 북한을 무너뜨리려는 적대적인 사고에 기반한다는 점에서 근본적인 세계관의 차이가 있지요. 한편으로 한미동맹의 공고함을 거듭 확인하고, UN의 국제제재 틀과 미국의 최대압박 전략에 대해 한국이 긴밀하게 공조해나가는 것은 미국과 함께 손잡고 가기 위해 반드시 필요한 일이었어요. 그 점에 대해 의구심을 준다면, 우리의 대화 주도 노력에 미국이 동의하고 따라올 수가 없는 거죠.

진보 진영의 비판을 이해하지만, 한마디 하자면, 과거에는 진보 진영이 늘 비판자의 위치에 있었는데, 이제는 집권을 위해 경쟁하고 정권을 교대로 담당하는 지위로 올라섰죠. 그러니 보다 책임 있게 사고하는 '모드 전환'이 필요하다고 생각해요. 관성적인 비판에서 벗어나 책임 있게 국정운영을 주도한다는 마인드를 가져야 한다고 봅니다. 특히 외교와 안보는 급변하는 국제환경 속에서 섬세한 사고가 필요하죠.

최종건 그렇습니다. 사실 대통령과 정부의 대외적인 메시지는 매우 중요해 보입니다. 예를 들어, 2017년 하반기와 2018년 4·27 판문점선언 전까지를 보면 우리 정부가 내놓은 메시지 내용의 60%는 한미동맹의 공고함과 제재 및 압박, 40%는 대화 그리고 평화적인 접근법이었어요. 5년 정도 지나서 보니까 그런 패턴이 보입니다.

문재인 당연한 세트라고 할 수 있죠. 굳건한 한미동맹과 긴밀한 한미공조, 강한 압박 및 제재를 통해서 북한을 대화로 나오도록 견인하는 한편 북한에 끊임없이 대화하자는 메시지를 보내는 것. 한편으로는 힘을 통한 평화와 강한 국방을 강조하면서, 다른 한편으로는 북한에 대화를 위해 끊임없이 손을 내미는 것이 세트로 이루어지지 않으면 국내적으로 국민의 지지를 받기가 어렵고, 대외적으로는 미국이나 국제사회와 공조해나가기가 어려운 거죠. 우리가 그 공조 대열에서 이탈해 남북 간에만 뭔가 이루어낼 수가 없는 거예요.
　국제제재가 미치지 않는 범위 안에서 작은 성과들을 낼 수도 있겠죠. 하지만 국제제재가 해제되고 북미관계가 정상화되어야 평화협정이 체결될 수 있고, 그래야 북한도 핵 없이 체제 안전을 보장받을 수 있어요. 그런데 작은 성과들로는 거기까지 갈 수가 없는 겁니다.

진보 진영의 비판에 대하여

최종건 당시 제가 평화기획비서관으로서 제재 담당이었는데요. 대통령님의 생각을 시민사회나 학계와 소통했는데, 시민사회는 국제제재나 미국의 제재를 앞세우다 보면 남과 북 사이에 할 수 있는 일들이 너무 적은 것 아니냐고 반론했습니다.

문재인 그렇죠, 맞는 말이에요. 그래서 답답한 것이 사실이죠. 앞에서도 말했지만, 노무현 정부의 2007년 10·4 남북정상회담 때는 그런 제재의 틀이라는 게 없었기 때문에 남북 간에 마음껏 합의할 수 있었지만, 우리는 2018년 판문점과 평양 두 번의 남북정상회담을 통해서 아주 풍성하고 실용적인 합의를 이루어냈어도 제대로 이행되지 않았어요. 결국은 제재의 벽을 넘지 못한 것이죠. 답답하고 아쉽습니다. 화도 나고요. 그렇지만 남북 간에 저지르듯이 할 수는 없는 거예요. 미국이나 국제사회를 설득하고, 우리가 북한을 견인하듯이 미국도 우리가 견인해나가는 노력이 필요한 거죠. 실제로 2019년 하노이 북미정상회담이 노딜로 끝나지 않았다면 거의 가능했던 거 아닌가요? 우리가 정상에 오르지는 못했지만, 정상을 봤죠. 정상을 봤고… 언젠가 다시 노력이 재개된다면 그때는 정상에 오를 거라고 믿습니다.

진보 진영의 비판은 다분히 결과론적인 비판이죠. 그러나 평화라는 것은 끊임없는 과정이에요. 이루지 못한 부분을 갖고 평가할 것이 아니라 이루어낸 부분을 평가해야죠. 진보 진영은 민주정부가 이룬 개혁의 성과를 당연한 일로 치부해버리는 경향이 있어요. 그러나 수십 년간 지속되어온 기득권 질서를 바꾼다는 것은 한 걸음 한 걸음이 무척 힘든 일입니다. 그 과정과 성과가 온당하게 평가되어야죠. 많은 개혁의 성과를 거두고 남북관계에서도 새로운 장을 연 김대중 정부와 노무현 정부에 대해서도 당시 진보 진영은 실패한 정부로 규정하는 평가의 오류를 범한 바가 있습니다.

최종건 저도 매우 놀랐던 것이, 노무현 정부 때까지만 해도 북한에 나무 심어주기 운동이라고 하면 우리가 묘목을 가지고 가서 행사장에서 묘목을 심고 돌아왔는데, 그 묘목들이 남쪽에서 올라간 나무라 북한에서 잘 크지 못합니다. 북한은 그걸 잘 알고 있으니 우리에게 양묘장을 세워달라고 했습니다. 근데 양묘장을 만들기 위한 묘목은 보낼 수 있어도 장비들은 제재에 걸려서 올라갈 수가 없어요. 당연히 체재는 답답한 건데, 제재를 풀어가는 과정에서도 한미 간의 공조 혹은 미국의 신뢰 같은 것들이 중요하다는 경험을 했습니다.[●] 물론 우리 외교가 짊어져야 할 부담인데요. 그런 것들은 우리가

●   UN 제재와 미국 독자 제재에 관해서는 임갑수 저, 《제재의 국제정치학》, 한울아카데미, 2023년 참조.

좀 알아야 할 것 같습니다.

문재인 아쉽기도 하고 뼈아프기도 하죠. 남북 간에 군사적 충돌이 한 건도 없었고, 군사적 충돌로 사망하거나 다친 사람이 한 명도 없었던 시기가 딱 노무현 정부와 우리 정부뿐입니다. 두 정부 때 남북관계가 그처럼 좋았기 때문에 국가 신인도도 최고로 높아져서, CDS 프리미엄이라고 하는 국가 부도 위험지수가 가장 낮았던 때가 노무현 정부하고 문재인 정부였어요. 우리 정부 때는 국채를 마이너스 금리로 발행하기까지 했지요. 당연히 경제도 잘되는 거예요.

국민소득이 노무현 정부 때 1만 달러대에서 2만 달러대로 높아져서 국민소득 성장률이 가장 높았던 시기였습니다. 우리 정부 때는 2만 달러대에서 3만 달러대를 넘어 3만 5000달러대까지 증가해 국민소득 면에서 선진국에 진입하게 됐죠. 전체 GDP 규모에서도 세계 10위권을 처음 기록한 것이 노무현 정부 때였고, 우리 정부 때는 5년 중 3년을 10위에 올랐어요. 마지막 2021년에는 캐나다에 아주 근소하게 뒤졌기 때문에 이대로 가면 다음 해에는 캐나다를 추월해 9위 국가로 올라설 수 있겠다고까지 전망했지요.

그런데 지금은 어떻습니까? 지금 다시 캐나다와 차이가 크게 벌어졌고 13위로 밀려났죠. 1인당 국민소득도 오히려 많이 줄어들었잖아요. 그러니까 남북관계가 단순히 안보만이 아니라 '평화가 경제'라는 것을 실증적으로 보여주고 있는 거죠. 이런 것에 진보 진영이 자부심을 가져야 하는데, 그렇지 못한 것을 보면 참 안타까워요.

최종건 저도 우리 정부 후반기, 코로나 시기에 외교1차관으로 세계 여기저기를 다녔는데요. 가장 보편적 언어인 민주주의와 평화로 외교를 했던 것 같습니다. 이를테면 대북억제, 이건 사실 보편적인 게 아니거든요. 제재와 억제는 설명이 필요한 언어입니다. 그러나 우리 정부가 한반도 평화프로세스를 추진하고 있다고 설명할 때 상대 국가 측에서 당연히 지지하는 것을 보면서 평화만큼 보편적인 게 없는 듯했습니다. 그리고 시장에 한반도 평화만큼 상당히 긍정적인 메시지를 주는 것도 없다고 봅니다. 그래도 아쉽거나 후회스러운 것은 있을 것 같습니다만….

문재인 우리가 다 잘했다고 주장할 생각은 없어요. 남북 간에 안보리 제재를 뛰어넘어서 뭔가 더 진전을 이뤄냈더라면 하는 아쉬움이 크죠. 예를 들자면, 개성공단 재개나 금강산관광 재개는 어떻게 하든지 해냈으면 하는 아쉬움이 큽니다. 그런데 우리가 제재를 무시하고 할 수는 없어요. 제재는 심지어 남북정상회담을 위해서 대통령 전용기를 타고 북한에 가는 것만 해도, 전용기가 대한항공에서 임차한 비행기이기 때문에 UN 안보리 제재에 대한 예외 승인을 얻어야 합니다. 그러시 있고 평양에 갔다 올 경우 대한항공 비행기가 미국에 가지 못하는 제재가 따르는 거죠. 그러니 제재를 무시하고 남북 간에 뭔가 할 수가 없어요. 아주 강력한 제재를 각오해야 합니다. 우리가 그 강력한 제재를 받게 되는 것에 대해서 국민들이 동의나 지지를 해준다면 무릅쓸 수 있겠지만, 미국과의 사이에 균열이 생기고 우리가 외교적으로 고립되고 하는 상황에 대해서, 남북관계에 진전이 있다 한들, 국민들이 지지할 리가 없는 것이 지금의 현실입니다.

그래서 제재를 무시하고 개성공단과 금강산관광을 재개한다는 것은 불가능한 일이었지만, 다만 개성공단과 금강산관광 같은 경우는 남북관계의 특수성을 내세워서 어떻게든지 집요하게 UN 안보리 제재의 예외를 인정받았어야 하지 않았나 하는 아쉬움이 있습니다.

최종건 아쉬움이라고 표현하셨지만, 후회스러우십니까?

문재인 그렇습니다. 지나고 나서 보면, 어찌 보면… 한스럽기도 하죠. 2019년 하노이 북미정상회담이 노딜이 되기 전까지는 남과 북 모두가 북미정상회담에 크게 기대를 걸고 있었기 때문에, 안보리 제재가 부분적으로라도 해제되면 개성공단 재개나 금강산관광 재개는 저절로 해결될 것으로 생각했어요. 우리가 개성공단과 금강산관광을 예외적으로 먼저 할 수 있게 해달라고 미국에 여러 번 요청했는데, 미국 측 말에 의하면 북쪽에서 그 부분에 별로 관심을 두지 않았다는 겁니다. 북한이 관심이 없었던 것이 아니라, 북한은 UN 안보리 제재의 해제를 원했기 때문에 금강산관광과 개성공단 두 가지만을 비핵화의 보상처럼 받는 것이 성에 차지 않았던 거죠. 만약에 하노이회담이 노딜로 끝나고 그것으로 북미대화도 끝날 것이라고 예상했다면, 파탄을 맞기 전에 남북 간에 할 수 있는 일을 좀 더 했을지도 모르죠.

최종건 그럼 대통령님은 하노이회담이 잘될 거라고 보셨습니까?

문재인 노딜로 끝나리라고는 전혀 예상하지 못했습니다.

최종건 그러셨습니까? 왜 그렇게 생각하셨습니까?

문재인 북한의 비핵화와 그에 대한 보상이 단계적·동시병행적 Simultaneous and in Paralle으로 이루어져야 한다는 것은 비핵화 협상에서 오랫동안 합의되어온 방식이었어요. 우리 정부는 줄곧 그 입장이었고, 트럼프 대통령도 이의가 없었습니다. 미국의 대북정책특별대표 비건Stephen Biegun이 2019년 하노이회담을 앞두고 스탠퍼드대학에서 같은 입장을 밝히는 연설도 했죠.* 그리고 미사일 엔진 시험장과 발사대를 폐기한다거나 또 영변 핵단지를 폐기하겠다, 그것도 미국 전문가의 입회하에 미국 기술자들과 함께 하겠다는 약속을 내가 2018년 평양 남북정상회담에서 받아왔기 때문에, 그에 상응하는 조치만 강구하면 훌륭한 딜이 되는 것이었습니다. 그런데 미국이 그런 딜을 거부하고 노딜로 끝낼 것이라고는 생각할 수 없었지요.

최종건 풍계리 핵실험장과 우리가 동창리 미사일발사장이라고 부르는 동창리 엔진시험장의 폐기는 김정은 위원장이 선제적으로 대통

● 〈스티븐 비건, "북한 플루토늄, 우라늄 농축시설 폐기 약속… 미국도 많은 상응조치 준비"〉, 경향신문, 2019. 2. 1.

변방에서 중심으로

령님과의 회담에서 제공한 겁니다. 사실 북한은 9·19 평양 남북정상회담이 열리기 전부터 풍계리 핵실험장과 동창리 미사일발사장을 폐기하기 시작했어요.

앞서 비건 대표가 스탠퍼드 연설에서 밝힌 '동시적이고 병행적인 비핵화 조치와 상응조치', 즉 우리말로 하면 '단계적 조치'에 따라 북한의 이런 선제적 폐기에 상응하는 미국의 조치가 이어지면 됐는데, 결국 하노이에서는 노딜이 된 거죠. 그날이 바로 2019년 2월 28일이었습니다. 아주 명확히 그날을 기억하고요. 담당 비서관인 저도 아연실색하고 허무하고 그랬습니다. 저도 사실 예상 못 했습니다. 심정적으로 매우 안 좋았어요.

최종건 기대가 큰 만큼 실망도 컸습니다. 미국의 속내는 무엇이었을까요?

문재인 트럼프 대통령 본인도 나중에 내게 후회하는 말을 하며 미안해했어요. 자신은 수용할 생각이 있었는데 볼턴 국가안보보좌관이 아주 강하게 반대했고, 그래서 폼페이오 국무장관에게 당신 생각은 어떻소 물어보니 폼페이오도 볼턴에게 동조해서 어쩔 수 없었다는 거예요. 아마 트럼프 대통령으로서는 다음에 다시 기회가 있을 거라고 생각했을지 모르죠. 말하자면 다음에 더 유리한 거래를 하고자 했을 수도 있는데, 안타깝게도 그 후 미국이 대선 국면에 들어서고 또 코로나 상황이 되고 하면서 다시 기회가 오지 않았던 거죠. 트럼프 대통령이 트윗으로 제안한 판문점 삼자회동으로 한번 흐름을 바꿔보려고 노력을 했지만, 그것으로 끝나고 말았고요.

그거 참… 두고두고 통탄스러운 일이죠. 북한도 북미회담이 시작된 이후로는, 북미회담을 통해서 제재를 해결하고 그 속에서 개성공단이나 금강산관광이 함께 해결되는 프로세스를 바랐던 것인데, 지금 지나고 보니 그거라도 해두었으면 하는 아쉬움이 아주 크죠.

최종건 2019년 2월 하노이회담의 노딜에 대해서는 나중에 다시 한번 이야기를 나누겠습니다.

한미 미사일 지침 개정과 건강한 동맹

최종건 임기 초기에 한미 간 신뢰의 증표라고 할까요? 우리의 미사일 능력을 옥죄고 있던 것이 한미 미사일 지침Missile guideline[•]이었

● 한미 간 합의하에 한국의 탄도미사일의 중량과 사거리를 제한한 각서. 1979년 박정희 정부 당시 미국으로부터 고체연료 탄도미사일 기술을 이전받는 조건으로 우리의 미사일 개발에 제한을 둔 지침이다. 최초 합의 당시 탄도미사일 사거리는 180km, 탄두중량은 500kg으로 제한됐다. 기여삼 정부는 미국에 한미 미사일 지침 개정을 요구했고, 김대중 정부 시기 탄도미사일 사거리 세한을 300km로 늘리고 사거리를 줄이면 탄두중량을 늘릴 수 있는 트레이드오프(trade-off) 조항을 추가해, 한미 미사일 지침을 개정했다. 2012년 10월 이명박 정부는 탄도미사일 사거리 제한을 800km로 늘리는 데 합의했다. 또한 사거리가 늘어남에 따라 트레이드오프 조항의 적용 범위도 늘어나 미사일 사거리 500km는 1톤, 300km는 2톤 중량의 탄두를 탑재할 수 있게 되었다. 2021년 문재인 정부는 한미 간 협의를 통해 한미 미사일 지침을 종료시켰다. 이로써 사거리와 탄두중량에 규제를 받지 않고 미사일을 개발할 수 있게 되었다.

는데요. 대통령님이 처음 트럼프 대통령을 만날 때부터 한미 미사일 지침을 풀어달라고 아주 직설적으로 요구했다고 알고 있습니다. 왜 그러셨습니까?

문재인 당연한 거죠. 세계에서 우리나라에만 있는 제약이었고, 우리의 주권이 침해되고 있었죠. 북한은 계속해서 미사일을 고도화하고 있고, 도발을 통해 보여주고 있는데, 우리는 미사일 지침에 묶여서 사거리도 제한받고 탄두중량도 그걸 넘어서지 못하는 거예요. 북한이 핵이라는 비대칭 전력을 발전시켜나가면 우리는 핵무기를 가질 수 없으니 하다못해 재래식 전력으로라도 핵에 맞설 수 있어야 하는데, 그러려면 미사일 지침을 해제하는 것이 절실했죠. 그런데 사실은 트럼프 대통령은 설득하기가 쉬웠어요.

최종건 그렇습니까?

문재인 이게 논리적으로 말이 되잖아요. 아니, 북한은 미사일을 자꾸 저러고 있는데 우리는 못 하냐, 이거 말이 안 되는 거 아니냐, 우리가 못 하니 계속 미국에 더 많이 의존하게 되는데 미국도 부담이 크지 않느냐고 말이죠.

최종건 '너희 돈 든다' 이거지요.

문재인 미국에도 손해가 되니 우리가 개발할 수 있도록 해달라. 트럼프 대통령이 그 이야기를 듣더니, "아니, 그런 제약이 있었어요? 몰랐군요, 당장 그거 풉시다" 하며 금방 호응을 했습니다. 그런데 트럼프 대통령의 말과 달리 그 후 실무협의가 잘 진척되지 않아서, 내가 탄두중량 제한부터 먼저 풀도록 지시했습니다. 왜냐하면 사거리는 800km에서 더 늘리면 중국이나 러시아를 자극할 수도 있으니까요. 그때 북핵 문제 대응에 중국이나 러시아의 협력이 필요한 상황에서 우리가 군이 실리도 없이 그쪽을 자극할 필요가 없었던 거죠.

그래서 탄두중량을 먼저 해제하고 그다음 단계에서는 고체연료를 사용할 수 있도록 했지요. 미사일 지침 해제는 김현종 안보실 2차장이 역할을 많이 해주었습니다.

최종건 임기 말에는 완전히 다 해제했습니다.

문재인 바이든 대통령과의 회담 때 전면 폐지했는데, 미국을 설득하는 데 어려움이 없었습니다. 그걸 보면 진작 요구했더라면 더 일찍 풀 수 있었을 텐데, 전 정부 때까지는 상대가 미국이니까 너무 조심했던 게 아닌가 싶어요.

최종건 당시 상당히 힘든 시기였습니다. 북한은 북한대로 2017년 11월 29일까지 주말 새벽에 미사일을 발사했고요. 또 트럼프 대통령도 상대해야 되고….

문재인 우리 경우도 신형 미사일을 개발할 때마다 실전배치하기 위해서는 평균적으로 12번 정도 시험발사를 합니다. 신형 미사일을 개발하면 시험발사를 많이 하게 되죠. 그러나 북한의 시험발사는 도발의 형태로 행해지기 때문에 긴장하지 않을 수 없고, 또 우리가 긴장해서 엄중하게 대응하는 모습을 국민들에게 보여드려야 되는 것이죠.

최종건 저는 그때 약이 올랐습니다, 아주 많이요.

문재인 그래서 김정은 위원장이 판문점회담 때 약속하기도 했지요. "이제부터 대통령께서 새벽잠 설치지 않게 하겠다"라고요.

최종건 제가 미사일 부분을 특별히 여쭙는 것은 한미 간의 관계가 공고해야 된다, 동맹이 우리 안보의 근간이다, 신뢰가 구축돼야 한다고 하는데, 결국 신뢰는 쌍방향이어야 하는 것이지 한쪽만 해서는 안 되는 것이거든요.

그런 면에서 보면 미사일 지침 해제를 우리가 만들어낸 것은 당연히 우리의 논리와 상황에 대해서 확실히 미국에 이야기할 수 있었던 것도 있지만, 기본적으로 한미 간에 서로 도움을 주고받는 관계가 되면서 더욱 신뢰하게 됐고, 그런 관계의 변화로 당당히 요구할 것은 요구해 달성할 수 있었던 것 같습니다. 예전의 한미 간 신뢰는 미국이 원하는 방향의 그런 신뢰관계였는데, 서로 도움을 주고받는 관계로 변화했기 때문인 것 같아요. 김대중-노무현-문재인 정부를 관통하는 정서임이 틀림없습니다.

문재인 박근혜 정부 때 주한미국대사였던 리퍼트Mark Lippert가 그런 말을 한 적이 있어요. "아무런 이견이 없는 동맹이 건강한 동맹이 아니라 이견을 말하고 서로 토의하는 것이 건강한 동맹이다." 내가 경험해봐도 우리가 합리적인 제안을 하면 미국이 수용할 뿐만 아니라, 미국이 뭔가 요구할 때도 그것이 합리적이지 않다고 생각되면 그렇지 않다고 반대 의견을 분명히 이야기하면 미국에서 수긍을 합니다. 면전에서 아무 소리 하지 않고 그냥 넘어가는 것을 꼭 좋아하는 건 아니라는 걸 많이 느꼈습니다.

첫 번째 정상회담 때 미사일 지침 해제에 합의한 후에 트럼프 대통령이 한미 FTA 개정 문제를 제기했어요. 당신들 너무 협상도 잘하고 장사도 잘한다, FTA 하고 나니까 한국만 덕을 많이 보고 미국은 적자를 본다고요. 예상됐던 일이어서 내가 공부를 미리 하고 갔어요. 그래서 한미 FTA 이후에 오히려 한미 간 적자폭이 줄어들었다, 또 근래 적자가 개선되고 있다, 그래서 이게 우리만 혜택 보는 것이 아니라 미국도 혜택을 봐서 서로에게 이익이 되고 있다고 이야기했죠. 그래도 어쨌든 만국이 세속 추지를 보고 있는 거 사실이니까, 그렇다면 양국 간에 워킹그룹을 만들어서 한미 FTA의 성과에 대해 함께 검증을 해보자, 그러고서 논의하자고요. 이렇게 내가 제안했는데 트럼프 대통령이 수긍하는 겁니다. 더 이상 무리한 주장을 하지 않았어요. 그런 검증 과정을 거쳤기 때문에 우리가 수용할 수 있는 개정으로 그칠 수 있었지요.

사드 문제 같은 경우도, 그냥 기존에 들어온 사드는 우리가 전 정부의 합의를 존중해서 그대로 받아들이되 환경영향평가 등 우리 국내법 절차를 거쳐야 하고, 추가 배치는 우리와 합의 없이는 받아들이기 어렵다는 입장을 분명히 했고, 미국도 우리 의견을 수용했죠.

최종건　네. 결국은 그때 우리 대내외적인 토킹 포인트가 민주주의적 절차를 지킨다는 거였고, 미국도 우리의 국내법 절차를 당연히 존중한다는 것이었어요. 미국도 이런저런 협의를 하거나 협상을 할 때 자기네가 좀 궁해지면 미국 국내법을 이야기하거든요. 우리가 그렇게 얘기할 수 있는 것도 국내법을 어긴 대통령을 우리가 탄핵시킨 법치주의와 민주주의 역사가 있었기 때문입니다.

　　2015년 한일위안부합의도 마찬가지죠. 이 두 사안은 어쨌든 전 정부가 했기 때문에 우리가 좀 불편했어요. 내용도 마음에 안 들었고, 여러 가지 실질적인 피해도 있었고요. 그럼에도 대통령님은 외교의 연속성을 받아들이신 것 같아요. 대통령으로서 어려운 결단이었어요. 사드 배치에 비판적이었던 진영, 그리고 2015년 한일위안부합의에 매우 비판적이었던 진영에서는 몹시 실망했던 걸로 기억합니다. 왜 그렇게 연속성을 중요하게 여기신 겁니까?

문재인　나도 반대했던 입장이니 비판을 이해하지만, 정부 입장에서는 그래야 하는 거 아닌가요? 정부 간에 합의했으면, 개인적으로 반대되는 생각을 갖고 있다 하더라도 다음 정부에서 합의를 그냥 깨

뜨릴 수는 없는 것이지요. 그래서 사드에 대해서는 이미 대선 때 공약을 수정했어요. 내가 야당 대표일 때는 사드 배치를 반대하고 철회해야 한다고 주장했지만, 대선 때는 사드의 효용성과 관련 국내법 절차에 대해서 다시 검토하겠다고 한발 물러섰죠. 대통령이 됐을 때 입장이 같을 수가 없기 때문이었어요.

진보 진영에서는 왜 야당 때 주장했던 것처럼 선명하게 철회하지 않냐 이야기할 수 있고, 반대로 미국 측에서는 사드 배치를 철회하는 쪽으로 가는 거 아니냐고 의구심을 가질 수 있었겠죠. 그때 사드 배치 결정을 철회하고 다시 가져가라고 할 수는 있었겠지만, 만약 그렇게 했다면 한미동맹에 큰 균열이 생기는 거죠. 그것을 국민들이 동의할 리가 없고요. 그렇게 되면 평화프로세스를 힘 있게 추진하기는 불가능해지죠.

최종건 매우 중요한 교훈 같아요. '이어달리기'라는 용어를 쓰진 않으셨지만 저는 연속성 차원에서 한번 여쭤봤습니다. 결국 전 정부의 결정이 정치인이었던 나로서는 불편했지만 행정부 수반이 되고 국가의 대표가 된 후에는 '이어달리기'를 존중해야 한다는 말씀이죠. 오히려 이어달리기를 안 하면 외교관계는 어려워진다는 말씀인 것 같습니다.

문재인 그러면 대한민국의 국제적인 신뢰도가 무너지게 되는 것이죠.

변방에서 중심으로

최종건 우리 정부 때 대통령님의 지침에 따라 워싱턴 D. C.에 6·25 전쟁 참전용사 추모의 벽을 만들었지 않습니까. 제막식이 우리 퇴임 이후에 있었는데, 카멀라 해리스Kamala Harris 부통령의 남편이 축사를 했습니다. 축사 속에 특히 지난 정부 문재인 대통령의 각별한 관심과 지원에 정말 고맙다는 내용이 담겨 있었습니다. 그런데 현 정부의 박민식 보훈처장이 윤석열 대통령의 축사를 대독했는데, 우리 정부의 노력에 대한 이야기는 일언반구 없었습니다.

문재인 협량한 정치죠. 우리 정치가 여러모로 퇴행하고 있습니다.

국면의 전환

최종건 2018년 평창올림픽 개최를 앞두고 KTX 서울-강릉 노선(경강선) 시승을 하십니다. 그때 열차 안에서 NBC와 인터뷰* 중에 한미 연합훈련을 평창올림픽 기간에 안 할 수 있다고 언급하셨죠. 하지만 미국 측의 상당한 반발이 우려되는 것이어서 우리로서는 부담이 컸던 선택의 기로였거든요. 그것이 북한이 긍정적으로 반응하게 된 결정적 계기가 됐는데, 그런 결심을 하신 배경을 듣고 싶습니다.

● 〈문재인 대통령 "한미 군사훈련 연기 검토 미국에 제안"〉, KTV 국민방송, 2017. 12. 20.

문재인 미국과 사전에 합의된 것이 아니어서 미국의 반응이나 국내 여론에 대한 걱정이 있었죠. 그러나 나는 미국이 수용할 것이란 나름의 계산이 있었어요. 동맹 간에 협의할 문제이기는 하지만, 우리 땅에서 하는 훈련이기 때문에 우리 판단이 우선하는 것이죠. 평창 올림픽의 성공을 위해 훈련을 유예하자는데, 동맹국이 반대할 이유가 없죠. 게다가 트럼프 대통령이 내게 북한과의 대화프로세스를 주도해달라고 부탁하기도 했고, 평창올림픽 성공을 위해 도울 일이 있으면 언제든지 말해달라고 하기도 했고요.

트럼프 대통령과 대화해보니, 그는 대규모 연합군사훈련을 상당히 부정적으로 생각하고 있었어요. 워게임wargame에 돈을 많이 쓰는 것은 낭비다, 어리석은 일이다라고 말하기도 했죠. UN 총회에서 올림픽 기간에 적대행위를 중단한다는 평화결의안이 우리 주도로 통과되기도 했고요. 그래서 그 정도는 통할 것이란 판단이 있었습니다.

최종건 2017년 12월 19일이었습니다, 그날이. 그런데 그렇게 중요한 사항을 국내 언론에 말하지 않고 외신에 먼저 말했다는 논란도 있었어요.

문재인 그 이야기가 외신에 보도되니, 국내 언론을 패싱하고 외신에 먼저 말했다고 불만을 제기했는데, 사실은 가는 길에 국내 언론과 먼저 인터뷰하고, 돌아오면서 미국 NBC와 인터뷰를 한 것이었어요. 먼저 인터뷰한 국내 언론이 질문했으면 같은 답변을 했을 텐데,

KTX 경강선 개통에 앞서 2017년 12월 19일 '대통령 전용열차'를 타고 평창동계올림픽을 홍보했다. 서울로 돌아오는 열차 안에서 미국 NBC와 인터뷰를 진행했고, 한미연합훈련 유예 가능성을 언급하며 남북대화의 물꼬를 텄다.

질문이 없었어요. 그래서 말하지 못했던 거고, 돌아올 때 NBC가 질문을 했기 때문에 답변한 것이죠.

　　트럼프 대통령을 내가 믿었던 또 하나의 이유는… 평창올림픽이 워낙 분위기가 뜨지 않은 데다가 북한이 핵실험을 9월에 했죠. 그 이후부터 군사적 긴장과 안보 불안이 더욱 높아졌어요.

최종건　그래서 프랑스와 캐나다에서 선수단을 파견하지 말자는 얘기가 나왔습니다. 안전하지 않다고요.

문재인　그런 분위기가 해외에서 확산되고 있어서 그대로 가다가는 평창동계올림픽이 흥행이 안 될 상황이었어요. 자칫하면 실패한 올림픽이 될 수 있어서 내가 트럼프 대통령에게 도움을 청했죠. 그때 트럼프 대통령은 흔쾌히 그러겠다면서 무슨 일이든 도움이 필요하면 언제든지 말해달라고 했거든요. 그런 것도 믿는 구석이었죠.

최종건　경강선 KTX에서의 발언이 저는 한반도 평화프로세스를 추동할 수 있었던 대통령님의 첫 번째 결단의 순간이었다고 생각합니다. 당시 참모들은 주저하고 있었거든요.

문재인　걱정과 반대가 많았죠.

최종건　저희 표현으로는 대통령님이 일단 저지르신 거죠. 그런데 대통령님의 결단이 통했는지, 미국 측 반응이 나쁘지 않았어요. 1월

4일로 기억하는데요, 그날 대통령님과 트럼프 대통령이 통화한 후 한미연합훈련 유예를 공식 발표했습니다. 브룩스Vincent Brooks 한미연합사령부(이하 '한미연합사') 사령관이 그건 당연한 결과다, 대한민국 대통령의 결정을 존중한다고 했다는 보고도 있었고요. 그래서 그게 한반도 평화프로세스의 분기점이 되는 첫 번째 결단의 순간이었다고 생각합니다.

문재인 정상 간의 관계나 신뢰가 참 중요한 것이, 트럼프 대통령은 평창올림픽에 대해 걱정하는 이야기를 듣고는 뭘 도와주면 되냐, 언제든지 말하라면서 방한했을 때도 국회 연설을 가면서 평창동계올림픽 이야기를 내가 한마디 해주면 도움이 되겠냐고 묻기도 했어요.

최종건 맞습니다. 실제로 당시 트럼프 대통령의 국회 연설이 지체됐어요. 현장 가서 연설문을 고친다고 해서.

문재인 수정을 많이 했다고 내게 이야기했어요. 북한에 대한 메시지를 꼭 좀 포함시켜달라, 평창올림픽도 들어가면 좋겠다는 내 부탁을 연설문에 반영했다는 거예요. 그런 인간적인 신뢰가 많은 도움이 됐습니다.

최종건 돌이켜보니 저도 정상회담 배석할 때 보면 트럼프 대통령은 자기가 원하는 건 강하게 얘기하면서도 판을 깨지는 않았던 것 같아요. 손님을 환대하는 좋은 호스트였던 것 같고요. 밥 먹을 때도 그렇고 대통령님을 맞이할 때도 그렇고 우리한테도 그렇고요.

문재인 나로서는 좋은 면이 많았죠. 트럼프 대통령이었으니 그래도 북미 간에 두 차례의 정상회담까지 갔다고 봐야죠.

최종건 근데 혹시 예상하셨나요? 2017년도에 미국 트럼프 대통령이 북한에 그렇게 관여할 거라고?

문재인 본인이 내게 김정은 위원장을 만날 용의가 있다고 이야기를 했어요. 그래서 우리가 판만 잘 깔면 될 거라고 생각했죠. 아까 이야기했다시피 남북 간에 속도를 낼 수 있는 게 톱다운 방식이었기 때문에, 북미 간에도 톱다운 방식이 바람직하다고 내가 트럼프 대통령에게 말했지요. 그때 그의 반응이 나쁘지 않았기 때문에 가능할 거라고 생각했어요.

트럼프 대통령이 좋았던 점 또 하나는 문제를 섞지 않는다는 것이었죠. 트럼프 대통령이 방위비 분담에 대해 큰소리를 많이 쳤지만 결국 타결에 실패했죠. 내 지시로 우리 협상단이 협상을 거부하면서 시간을 끌기도 했고요. 그러면 다른 문제로 압박을 할 법도 하죠. 그러나 그는 그러지 않고 방위비 분담금 협상은 협상대로, 다른 사안은 사안대로 분명하게 선을 긋고 구분했기 때문에 우리가 부담을 느끼지 않을 수 있었어요. 일본이 강제징용 판결에 수출규제로 대응했던 것과 대비되는 태도였습니다.

최종건 저는 기억나는 게, 트럼프 대통령이 "문 대통령님! 내가 사는 트럼프타워에 LG TV만 있어요. 한국은 우리가 지켜주는 사이에 LG TV 같은 거 만들어서 우리나라에 파는데 우리는 무역적자가 많잖아요!"라고 하니까, 그때 대통령님이 "그 LG TV 다 텍사스에서 만드는 겁니다. 메이드 인 텍사스! 그러니까 그거 자랑하고 다니셔도 됩니다!"라고 하셨어요. 그러자 트럼프 대통령이 반론하지 못하더라고요. 트럼프 대통령이 자기 식대로 계속 방위비 분담금의 대폭 인상을 요구할 때는 대통령님이 "우리는 한국전쟁 이후에 미국이 한 전쟁에 다 나갔어요. 그래서 우리가 피로 맺은 혈맹입니다. 미국의 동맹국 가운데 우리가 유일하죠!" 하면서 대응하셨어요.

우리 정부 출범 당시에, 트럼프-문재인 조합이 2018년에 보여준 것처럼 그렇게 많은 일을 함께 할 수 있을 거라고는 상상도 못 했습니다. 트럼프 대통령하고 케미가 맞다, 말이 통할 것 같다고 느꼈던 포인트나 시기가 언제쯤이었나요?

문재인 첫 번째 정상회담 때 뜻밖에 잘 통했어요. 트럼프 대통령 측근 참모들이 신기하다고 이야기했어요. 트럼프 대통령이 나와 스타일이 전혀 다른데, 어떻게 그렇게 케미가 잘 맞냐… 트럼프 주변 사람들이 이야기했죠.

최종건 2017년 2월에 맬컴 턴불Malcolm Turnbull 호주 총리가 트럼프 대통령 당선을 축하하려고 전화했는데… 트럼프가, 그들은 통역 없이 영어로 얘기했을 거 아닙니까, 전화를 확 끊어버린 일이 있었습니다.

문재인 화가 나서 그랬다는 거죠. 그런 게 알려져서 독일 메르켈 Angela Merkel 총리도 나한테 "어휴! 트럼프, 김정은 그 두 터프가이를 어떻게 서로 마주 앉혔어요? 비법이 뭡니까?"라고 묻기도 했어요.

최종건 당시 일본은 아베 총리였고요, 상당히 극우 쪽이에요. 중국은 시진핑 주석이었고요, 권력욕이 강하죠. 러시아는 푸틴Vladimir Putin 대통령입니다, 뭐 두말할 나위 없이 '마초'입니다. 그리고 워싱턴의 트럼프 대통령이 있었죠. 그런 상황에서 김정은 위원장을 데려다가 트럼프 대통령과 만나게 한 거지 않습니까, 팩트는. 트럼프 대통령이 회담이나 통화 때 자기 주장을 대책 없이 쏟아내면 듣는 우리가 조마조마할 때도 있었거든요.

문재인 그러나 나로서는 트럼프 대통령의 스타일이 오히려 상대하기가 쉬웠어요. 자기 의견을 솔직하게 직설적으로 말해주니까요. 그러면 나도 내 생각을 솔직하게 말하면서 상대하면 되니까 오히려 쉬운 거죠. 사드 문제, 한미 FTA 개정 문제, 방위비 분담금 문제 등에서 의견 차이가 있었지만, 그 때문에 서로 감정이 상한 적은 한 번도 없었습니다.

방위비 분담금 문제의 경우, 트럼프 대통령의 요구가 과다해서 오랫동안 협상에 진전이 없었고, 그래서 내가 협상 중단을 지시하기까지 했는데, 그 때문에 트럼프 대통령과의 관계나 양국관계에 어려움이 생긴 것은 없었어요. 오히려 미국 정부 내에서도 트럼프 대통령의 요구가 과하다는 여론이 생길 정도였죠. 동맹 간에도 국익을 놓고 치열하게 다투는 것이기 때문에, 우리 국익을 우선에 두고 당당하게 임하면 된다는 것을 새삼 확인할 수 있었지요.

트럼프 대통령이 11월에 방한했을 때 내가 평택미군기지(캠프 험프리스)에서 그를 만났어요. 말하자면 트럼프 대통령에 대한 우리의 성의였죠. 또 한편으로는 방위비 분담금에 대한 압박이 트럼프 대통령의 대선 캠페인 때부터 이미 시작된 상황이었기 때문에, 앞으로 있을 협상에 대비해서 그에게 평택미군기지의 모습을 보여주고, 한국의 기여를 각인시켜주기 위한 목적이 컸습니다. 내가 브룩스 사령관에게 그 점을 트럼프 대통령에게 잘 설명해달라고 당부했지요. 한국 역대 정부가 100억 달러를 거기에 쓴 거거든요.

브룩스 사령관에게 정말 고마웠던 점이, 미국이 보유한 해외 기지 중 최대 규모이고, 최첨단이고, 거기에 한국 정부가 100억 달러를 지원했다, 말하자면 방위비 분담금 외에도 한국 정부가 주한미군에 많은 지원을 했다는 것을 직접 트럼프 대통령에게 브리핑했는데, 대통령이 이해하기 쉽도록 워싱턴시 지도 위에 평택미군기지 지도를 겹쳐놓고 800만 평에 달하는 그 기지가 워싱턴 D. C.*로 치면 어느 정도의 구역에 해당하는지 보여주었다는 겁니다. 브룩스 사령관에게 다시 한번 감사를 표하고 싶습니다.

● 미국의 수도 워싱턴 D. C.의 면적은 177km²로, 약 53,542,500평이다. 26.8km² 면적의 평택미군기지는 워싱턴 D. C.의 6분의 1 정도 크기다.

최종건 저도 평택미군기지가 뉴욕 센트럴파크의 여덟 배 정도 되는 걸로 기억하고 있습니다.* 그래서 방위비 분담금을 미국 측과 얘기할 때 평택미군기지의 의미를 강하게 피력했어요. 미국 사람들은 아무 말 못 합니다. 근데 트럼프가 완강하니 어쩌냐… 뭐 이런 식이었죠.

2017년도에 대통령님이 11월 7일인가 가서서 평택미군기지에서 트럼프 대통령을 맞이하고, 점심을 한미 장병들하고 같이 드셨죠. 그게 상당히 인상 깊었던 듯해요. 우리가 종합적이고 다각적으로 트럼프 대통령에게 접근했던 것 같습니다.

* 미국과 방위비 등의 비용을 실제로 계산해야 하는 협상에서 미국 측이 개념적으로 그 크기를 가늠할 수 있는 미국의 주요 지역을 언급하면 유용하다. 이를테면 뉴욕 센트럴파크의 면적은 3.41km²인데, 평택미군기지가 약 7.86배 넓은 셈이다.

2017년 11월 7일 국빈방한한 트럼프 대통령과 평택미군기지를 방문해 장병들과 함께 식사를 했다. 방위비 분담금 협상에 앞서 그에게 평택미군기지의 모습을 보여주고 한국의 기여를 각인시켜주고 싶었다.

2

균형외교

"특히 우리나라는 지정학적인 조건 때문에 균형외교가 더욱 중요합니다. 미·중·일·러 4대 강국에 둘러싸인 나라는 세계에서 우리나라밖에 없습니다. 그런 지정학적 조건 때문에 우리는 역사상 많은 외침을 겪었죠. 지금의 남북분단도 외세에 의해 초래된 것이고요. 그래서 우리에게 균형외교는 안보를 위해서나 경제를 위해서나 반드시 하지 않으면 안 되는 가장 중요한 국가 생존전략입니다. 그런데 과거 역사에서, 또한 근래에 와서도 편향된 이념에 사로잡힌 편중외교 또는 사대외교로 국난을 초래하곤 한 것은 참으로 통탄할 일이죠."

다자외교의 필요성

최종건 2017년 12월 19일 경강선 KTX 열차 안에서 한미연합훈련 유예에 대해 말씀하셨던 것을 다시 짚어볼 필요가 있을 듯합니다. 그리고 임기 초기의 한미 신뢰, 이 부분도 더 살펴보겠습니다. 당시 비판적인 사람들은 조금이라도 한미 간에 이견이 있어 보이면 '한미 균열'이라고 비난했습니다. 특히 연합훈련과 관련해서 그런 비난이 많았습니다. 그와 함께 균형외교로 대화를 넓혀가겠습니다.

먼저 진보정부 이후에 보수정부가 들어서면 늘 '한미동맹을 복원했다', '무너진 한미관계를 다시 살렸다'는 식의 레토릭으로 전 정부, 특히 민주정부에서 있었던 한미관계의 발전을 스스로 부정하는 모습을 봅니다. 외교 문제를 국내 정쟁의 한복판에 갖다놓는 행태가 되풀이되는데, 어떻게 생각하십니까?

문재인 부끄러운 모습이죠. 미국이 요리하기가 얼마나 쉽겠어요? 국민을 우습게 여기는 일이기도 하고요. 우리 외교의 오랜 과제이기도 한데, 우리 외교에서 한미동맹이 가장 중요하기 때문에 미국이 차지하는 비중이 매우 크죠. 그 사실을 누구도 부정할 수 없지만, 그렇다고 미국이 우리 외교의 전부인 것은 아니지요.

중국이나 러시아, EU, 일본, ASEAN(동남아시아국가연합), 중앙아시아 등 많은 나라와 균형 있는 외교를 해야 합니다. 우리 국력이 상승하면서 선도적인 중견국가로 성장한 지금에 와서는 그런 필요가 더 커졌어요. 보수세력이 계속 한미관계에 대해 그런 유의 표현을 하는 이유는, 오로지 미국만을 외교 대상으로 바라보는 구태의연한 사고, 옛날 우리가 미국의 원조에 의존하던 시절의 사고방식에서 지금도 벗어나지 못하고 있기 때문이죠.

최종건 다른 정부와는 달리 우리 정부 때는 대통령님이 미국뿐 아니라 일본, 중국, 러시아 그리고 특이하게 EU와 ASEAN에 특사를 파견하셨습니다. 추후에 계속 말씀 나누겠습니다만 그것이 상당히 특이해 보였습니다. 신남방정책과 신북방정책이라는 우리 고유의 외교정책이 있었습니다. 인수위가 없었던 상황에 이렇게 우리 특사단을 멀리까지 그리고 여러 곳에 파견하신 특별한 이유가 있나요?

문재인 이명박·박근혜 정부의 외교의 협소함, 그걸 우리가 넘어서야겠다는 비판적인 목표의식이 있었고요. 미국뿐 아니라 EU 및 ASEAN과의 관계, 중국 및 러시아와의 관계를 고루 발전시키는 균형외교를 해야겠다는 외교 철학을 가지고 있었죠. 그래서 대선을 준비할 때부터 대통령 취임 즉시 그쪽 지역에도 특사를 보내겠다는 구상을 하고 있었어요. 그 구상대로 미국, 일본, 중국, 러시아뿐 아니라 ASEAN과 EU에도 특사를 보냈습니다. 홍석현 회장, 문희상 전 국회부의장, 이해찬 전 총리, 송영길 전 인천시장, 박원순 서울

시장, 조윤제 전 주영대사가 각각 특사로 수고해주셨죠. 또 마침 그 시기에 천주교광주대교구장 김희중 대주교님이 바티칸 가는 길에 자청해주셔서 바티칸에도 김희중 대주교님을 특사로 보냈고요. 그 특사 외교가 바티칸과의 외교관계를 크게 발전시킨 것은 물론 한반도 평화프로세스에 교황님과 바티칸의 지원을 받는 데 큰 도움이 됐죠.

최종건 균형외교가 왜 중요한가요? 균형외교가 한미동맹을 약화시키는 것처럼 왜곡하는 사람들도 있지 않습니까?

문재인 균형외교는 세계 모든 나라가 추구하는 것이에요. 특히 우리나라는 지정학적인 조건 때문에 균형외교가 더욱 중요합니다. 미·중·일·러 4대 강국에 둘러싸인 나라는 세계에서 우리나라밖에 없습니다. 그런 지정학적 조건 때문에 우리는 역사상 많은 외침을 겪었죠. 지금의 남북분단도 외세에 의해 초래된 것이고요. 그래서 우리에게 균형외교는 안보를 위해서나 경제를 위해서나 반드시 하지 않으면 안 되는 가장 중요한 국가 생존전략입니다. 그런데 과거 역사에서, 또한 근래에 와서도 편향된 이념에 사로잡힌 편중외교 또는 사대외교로 국난을 초래하곤 한 것은 참으로 통탄할 일이죠.

　균형외교는 외교를 다변화해야 한다는 것뿐만 아니라, 경제 면에서도 중국 편중을 벗어나 포스트 중국을 찾아야 한다는 현실적인 필요 때문에 매우 중요한 국정과제였습니다. 한편으로 매우 엄중했던 안보위기 또는 전쟁위기 상황을 평화 국면으로 전환시키는 평화프로세스를 성공시키기 위해서도 주변국들의 지지와 협조가 반드시 필요했죠.

균형외교라고 하면 보통 미국과 중국을 놓고 생각하는데, 더 확장할 필요가 있습니다. ASEAN 국가 가운데는 북한과 오랫동안 수교해온 나라가 여럿 있어서 그들의 적극적인 지지는 한반도 평화프로세스 추진에 큰 힘이 됩니다. 실제로 싱가포르와 베트남은 두 차례 북미정상회담의 장소를 제공해 큰 기여를 했죠. ARF(아세안지역안보포럼)는 남북한이 유일하게 함께 참여하는 다자안보협의체이기도 합니다. 신북방국가들도 북한과 전통 우방국들입니다. 러시아는 6자회담 참가국이지요. 몽골도 비록 성사되지는 않았지만, 남북대화의 중재 역할을 자임하기도 하고, 북미정상회담의 장소 제공을 제안하기도 하면서 적극적인 지지를 보내주었습니다. EU의 중요성은 말할 것도 없죠. 우리 정부의 균형외교는 중국과 러시아뿐 아니라 신남방국가, 신북방국가, EU를 포괄하는 것이라고 말할 수 있습니다.

최종건 사실 미국은 관례적으로 특사를 보내왔고, 일본과 중국, 러시아는 이웃국가들이자 한반도를 둘러싼 4대 강국이어서 특사를 보내는 것으로 이해하는데요. 당시 특히 ASEAN 국가들은 '아니, 한국이 왜 우리에게 특사를 보내죠?'라고 반응할 정도로 상당히 고마워했습니다.

우리 정부 임기 말 때 신남방정책에 대해서, 신남방이라는 이름이라도 좀 유지해달라고 저한테 ASEAN 대사들이 와서 요청했

변방에서 중심으로

2019년 11월 26일 부산에서 개최된 한−ASEAN 특별정상회의에 참석한 말레이시아, 미얀마, 필리핀, 싱가포르, 태국, 대한민국, 베트남, 브루나이, 캄보디아, 인도네시아, 라오스 정상(왼쪽부터)과 손을 맞잡았다. 이 회의는 다자외교를 본격화하고 동아시아 국가들과의 활발한 문화 교류와 우호관계를 다지는 계기가 되었다.

습니다. 왜냐하면 다른 나라들은 소위 인도·태평양 전략이라고 해서 ASEAN의 정체성이 결여된 정책을 편다는 겁니다. 그런데 우리 정부만 신남방이라는, 그들의 지리적 정체성을 반영했다는 거예요. ASEAN 국가들 중 해양 세력이 있고 또 대륙 세력이 있는데 그것을 구별하지 않고 똑같이 본다는 거죠. 이 부분은 우리 국민들한테 다시 한번 재조명되어야 할 것 같아요.

우리 정부 초기에 북한에 집중한 외교를 했다고 인식되는데, 사실 대통령님 임기 초에 ASEAN 10개국° 그리고 신북방에 있는 중앙아시아 국가들을 다 방문하셨거든요. 그러면서 트럼프 미국 대통령과의 신뢰관계를 구축하고 김정은 위원장과 세 번의 정상회담을 했다는 것이죠. 그러니까 어떻게 보면 대한민국이 그전에 보지 못했던, 노태우 정부의 북방정책 이후에 아마 처음으로 우리의 색채와 우리가 생각하는 국익을 가지고 외교를 펼쳤던 것 같아요.

문재인 아시아의 시대가 왔다고 이야기들 하잖아요. 아시아가 과거에는 단지 인구만 많을 뿐이었는데 지금은 경제적인 비중도 굉장히 커지고 있죠. 우리가 아시아의 일원으로서 더 관심을 보여야 하는

● 문재인 대통령은 2017년 11월 인도네시아 방문 시 '사람(People), 상생번영(Prosperity), 평화(Peace)'를 키워드로 "사람 중심의 평화와 번영의 공동체를 만들자"는 신남방정책을 천명했다. 그 후 2017년 11월 필리핀, 2018년 3월 베트남, 2018년 7월 인도·싱가포르, 2019년 3월 말레이시아·캄보디아·브루나이를 방문했다. 2019년 9월에는 태국·미얀마·라오스 등 3개국 순방을 끝으로 임기 초 20개월 만에 ASEAN 10개국을 모두 방문했다. 이는 한-ASEAN 대화관계 수립 30주년이 되는 해에 "대통령 임기 내 ASEAN 10개국을 방문하겠다"라는 공약을 조기에 달성한 것이다.

변방에서 중심으로

이유이기도 합니다. 아시아 지역에서는 과거부터 이른바 동방정책, '룩 이스트Look East' 또는 '한국을 배우자', 이런 정책들이 있었어요. 말레이시아를 비롯한 동남아 국가뿐 아니라 인도도 한국을 발전모델로 삼고자 했는데, 한국은 그들을 그냥 경제적인 교역 대상 또는 수출시장으로만 생각했지, 외교적으로 중시하지 않았습니다. 오로지 미국만 바라보는 외교를 했기 때문에 상대적으로 관심을 덜 가졌던 것이죠.

이제는 우리도 그들의 요구에 부응해서 ASEAN 지역을 더 각별한 외교 대상으로 중시할 필요가 있어요. '우리가 이전에는 4강 중심 외교를 했는데, 이제 ASEAN 지역을 4강 외교와 같은 반열에 올려놓고 대하겠다'는 신남방정책이 아시아 지역에서 많은 호응을 얻었고 성과도 컸습니다. 한마디로 대한민국의 외교 브랜드가 됐다고 할 수 있는데, 그것을 현 정부가 폐기한다고 하는 것은 너무 안타깝죠. 국가 간 신뢰의 면에서 생각하더라도 그래서는 안 될 일이죠.

우리가 최근 엑스포 유치 경쟁에서 고배를 마셨죠. 국제기구의 수장이나 이사국이 되기 위해서 또는 UN 안보리 비상임이사국이 되거나 세계대회를 유치하려면 경쟁해야 하고 투표로 결정하게 되는데, 그때 든든한 지지 세력이 있다는 것이 굉장히 중요하거든요. 예를 들어 프랑스 같은 경우, 유럽 국가들뿐 아니라 아프리카 지역 국가들의 지지를 받기 때문에 늘 든든한 배경을 가지고 경쟁우위에 서게 되죠. 그런 것이 우리에게도 필요합니다. 친구 국가를 많이 확보하는 것, 그것이 국가의 경쟁력이 되니까요.

한편으로 우리가 남북관계 발전, 화해협력, 평화공존 정책에서 구상했던 것이 한반도가 갖는 특수한 지정학적 위치를 살려서 대륙과 해양을 잇는 교량국가가 되자는 것이었습니다. 우리가 말한 교량국가에는 또 하나의 의미가 있습니다. 개도국에서 선진국으로 발전한 경험을 살려 개도국들과 선진국들을 잇는 가교국가가 되자는 의미입니다.

그래서 북쪽으로는 북한을 거쳐 대륙으로 나아가기 위해서 북방국가들과 신북방정책을, 남쪽으로는 해양을 통해 ASEAN 및 인도와 신남방정책을 펼쳤어요. 그런 외교적인 큰 그림을 가지고 신남방정책과 신북방정책을 추진했다고 말씀드릴 수 있습니다. 이 같은 외교적인 상상력의 확대는 노태우 정부의 북방정책에서 영감을 받은 것이기도 해요.

한미 신뢰와 연합훈련 유예

최종건 여기서 한 가지 질문드리고 싶은 것은 한미 신뢰를 늘 강조하셨는데, 김대중·노무현 정부 때 한미 신뢰가 부족했다고 판단해서 집권 후 강조하신 것입니까? 특히 노무현 정부 때는 이래저래 말이 많았습니다. 그런 경험이나 학습효과 때문에 한미 신뢰를 특별히 강조하시게 된 겁니까?

문재인 미국과의 신뢰가 우리 안보에서 굉장히 중요한 역할을 하는 것은 부정할 수 없지요. 특히 미국은 UN 안보리 제재에 더해서 독자적인 제재까지 하면서, 즉 최대압박 전략으로 북한을 압박하고 있었습니다. 그런 상황에서 평화프로세스를 통해 대화 국면으로 전환시켜나가기 위해서는 미국과 '찰떡' 공조가 필요한 거죠. 그 당시 한미 양국에서 많이 사용했던 표현으로, 물 샐 틈 없는 공조를 더 강조해서 이른바 '빛 샐 틈 없는 공조'라고 했어요.

한미 간의 튼튼한 신뢰 속에서 대북정책을 펼쳐야 보수 세력까지도 포함한 국민적인 지지를 받을 수 있기 때문에, 대북정책의 성공을 위해서도 반드시 필요한 일이었습니다. 그런 노력으로 역대 어느 정부보다 한미관계가 돈독해졌어요. 특히 트럼프 정부와 북한의 대화를 위한 긴밀한 공조·협력 단계를 지나, 바이든 대통령과의 2021년 5월 21일 한미정상회담에서는 한미관계를 안보동맹 차원을 넘어서는 글로벌한 가치동맹과 포괄동맹으로 발전시켜나갈 수 있었죠. 그때 업그레이드된 한미동맹 관계가 지금까지 이어지고 있는 것입니다.

김대중·노무현 정부 때 한미 간 신뢰가 부족했다는 말은 사실이 아닙니다. 김대중 대통령은 미국에서 망명생활을 하셨기 때문에 미국 조야에서 큰 호감을 얻으셨고, 노무현 정부 때도 미국과 공조해서 6자회담을 성공시켰어요. 그럼에도 보수 정치세력으로부터 끊임없이 부당한 공격을 받았기 때문에 우리 정부는 그런 공격의 빌미조차 주지 않고자 했습니다.

최종건 보수 정치세력이나 동맹에 관해서 군사적인 관점만 강조하는 사람들은 한반도에 어떤 일이 발생하든 간에 한미연합훈련만큼 은 포기해선 안 된다, 군이니까 당연히 훈련을 해야 한다고 합니다. 이게 사실 군만 바라보는 사람들 입장에서는 타당한 주장일 수도 있겠죠. 이를테면 국가대표 축구선수들보고 훈련하지 말라고 하는 것과 똑같다고 말하는데요. 그러나 대통령은 군 통수권자이면서도 한반도를 평화적으로 관리해야 하는 헌법적 지위와 책임이 있기 때 문에, 한반도의 안정을 추구하고 확보하기 위해 여러 가지 다각적 인 사고를 해야 하지 않겠습니까?

대한민국 대통령으로서 처음 공개적으로 연합훈련을 유예할 수 있다고 하셨거든요. 2017년 12월 19일이었죠. 강릉에서 평창올 림픽 준비를 점검하고 돌아오는 기차 안에서 미국 NBC 방송과 인 터뷰를 통해 전격 발표하셨어요. 참모들과 사전에 의논이 있었습니 까? 아니면 대통령님의 결단이었습니까? 그 당시 상황을 대통령님 의 시각에서 말씀해주시지요.

문재인 남북 간의 대화를 위한 필요 때문에 한미연합훈련을 연기하 거나 유예하거나 한 것이 처음은 아니었습니다. 과거 노태우 정부 때 팀 스피릿Team Spirit 훈련을 중단한 적이 있었지요. 그 같은 적극

● 팀 스피릿 훈련은 1976~1993년 진행된 한미연합군사훈련이다. 냉전 시기 북 한의 군사 위협에 맞서 강력한 혈맹국으로서 한반도의 평화를 수호하자는 '협력 정신'의 의미가 강조됐다. 통상 팀 스피릿 훈련에는 약 20만 명의 한미 육해공 병력과 군사력이 동원되어, 자유 진영에서 실시하는 최대 규모의 기동 훈련이기도 했다. 북한은 한미연합훈련을 북침연습이라고 비난하며 중단을 요구했다. 한미연합훈련을 최초로 중단한 정부는 노태우 정부다. 북핵위기가

　　　　　　　　　　　　　　　　　　　변방에서 중심으로

적인 노력 덕분에 이후 남북합의의 출발점이 된 1991년 남북기본
합의서가 만들어질 수 있었죠.

그런 선례가 있었기 때문에 평창동계올림픽을 평화 올림픽으
로 전환시키고 또 거기에 북한이 참가하게끔 유도하기 위해서는 적
어도 그 기간만이라도 한미연합훈련을 유예해야 한다는 현실적인
필요가 대두됐죠. 그러나 다른 한편으로는 정례적이고 방어적인 성
격의 훈련이기 때문에 정세 변동과 무관하게 중단 없이 계속돼야
한다는 인식이 한미 양국의 군 쪽에서 강했습니다.

청와대 참모들도 의견이 갈렸기 때문에 내가 결단을 해야 했
어요. 정례적인 군사훈련을 함으로써 얻는 안보상의 이익도 중요하
지만, 그보다는 평창올림픽을 평화 올림픽으로 대전환시키고 거기
에 북한이 참가하게 해서, 2017년 1년간 지속됐던 전쟁위기를 불
식하고 평화 국면으로 전환해내는 것이 안보 면에서 보더라도 훨씬
가치가 크다고 최종적으로 판단했던 거죠.

북한을 동계올림픽에 참가시키기 위한 노력이 그것만 있었던
것은 아닙니다. IOC를 중심으로 남북한의 국가올림픽위원회, 그리
고 무주에서 열린 세계태권도대회를 계기로 남북한 태권도계에서
꾸준하게 북한에 평창올림픽 참가를 요청하는 메시지를 보내고 설
득하는 노력을 해오던 중이었습니다.

태동하고 있던 1991년 말 노태우 정부는 북한이 국제원자력기구(IAEA)의 사
찰을 수용하면 팀 스피릿 훈련을 중단할 수 있다는 상응조치를 제안했고, 북
한은 이를 전격 수용했다. 이에 따라 노태우 정부는 1992년 봄 실시할 예정이
었던 팀 스피릿 훈련을 전격 취소했다.

결국 한미연합훈련 유예 방침이 2018년 1월 1일 김정은 위원장의 유화적인 신년사부터 북한의 평창올림픽 참가까지 국면의 대전환을 이끌어내는 데 결정적인 역할을 했지요.

최종건 저는 당시 군비통제비서관이어서 훈련을 유예하자는 청와대 목소리의 한 부분이었는데요. 브룩스 당시 한미연합사 사령관도 모든 옵션을 다 검토하고 있었는데, 북한이 평창에 온 것은 연합훈련 유예가 결정적인 역할을 한 것으로 분석한다는 거예요. 그리고 그것이 한미연합사 사령관으로서 한반도 안보를 관리하는 데 매우 도움이 됐다고 평가했습니다. 군의 관점에서도 긴장관계가 고조되는 것보다 아무래도 평화프로세스가 진행되면 부담이 줄어드는 거죠. 그렇다고 해서 미국 사람들이 브룩스 사령관을 두고 온건파라고 얘기하진 않거든요. 오히려 더 강경한 군인인데 그런 군인들도 평화 혹은 평화적인 환경을 더 선호한다는 데 큰 의미가 있는 것 같아요.

문재인 그렇게 하기 위해서, 취임 직후부터 길게 내다보면서 안보와 국방을 중시하는 여러 행보를 계속해왔습니다. 취임 직후 한미연합사를 방문한다거나 우리 합동참모본부(이하 '합참')과 국방부를 방문하기도 하고, 트럼프 대통령 방한 때는 평택미군기지를 방문해 거기서 트럼프 대통령을 맞이하고 장병들과 함께 식사를 하기도 했죠. 현무미사일 발사시험을 참관하고, 북한의 미사일 도발에 맞서 우리 역시 상응하는 미사일을 발사하고 공중폭격 훈련을 실시하는

2017년 6월 13일 브룩스 한미연
합사 사령관과 함께 한미연합사
지휘통제소를 순시하고(위), 회
의를 진행하면서 굳건한 연합방
위 태세를 강조했다(아래).

등 강력하게 맞대응하기도 했습니다. 그렇게 안보를 중시하면서 강한 국방, 강한 한미동맹, 강력한 연합방위 태세를 강조하는 행보를 축적해놓았기 때문에 연합훈련을 유예한다는 결단을 크게 저항받지 않고 할 수 있었다고 생각합니다.

최종건 저도 자료를 찾아봤는데요. 대통령님의 당시 언어가 어느 보수 대통령보다 강했습니다. 이를테면 2017년 9월 3일 북한이 핵실험을 했습니다. 수소탄 시험에 완전 성공했다고 하고요. 그때 대통령님이 NSC(국가안전보장회의) 전체회의를 주관하셨는데, "심대하고 엄중한 도전이다. 무모하고 무책임하다. 선택은 북의 몫이다. 이런 식으로 가면 자멸이다"라고 강력하게 규탄하는 말씀을 하셨어요.

9월 15일 북한이 미사일 화성-12형을 발사합니다. 그때도 대통령님은 NSC 전체회의를 주관하면서 "북한이 핵과 미사일을 포기하는 것이 안보와 경제발전을 보장받는 진정한 길이다"라고 강조하시고, 다음 날 트럼프 대통령과 통화하셨습니다.

9월 17일 트럼프 대통령과의 통화에서 두 분 정상은 그간 미국이 취한 대북한 압박과 제재 정책, 그리고 한미가 8월 7일 강원도 마차진에서 공동으로 미사일을 대응 발사한 것을 높이 평가했습니다. 동시에 북한은 곧 대화로 나와야 할 것이라는 강력한 메시지를 보도자료로 냈습니다.

이렇게 한미 간의 신뢰 구축과 연합훈련 유예 발표가 합쳐져서 북한이 나올 수 있는 길을 열어줬다고 저는 생각합니다. 돌이켜보면, 한반도 평화프로세스를 사람들은 2018년에 시작한 것으로 보지만, 전쟁의 기운이 가장 높았던 시기에 시작된 거라는 생각이 듭니다.

사드 배치와 한중관계의 복원

최종건 미국과 신뢰를 쌓아가고, 북한에 메시지를 보내기도 했는데, 우리 옆에는 항상 중국이 있었거든요. 그러니까 사드 배치부터 중국과의 관계 복원도 중요했던 것 같습니다. 한중관계에 대해 어떤 비전을 갖고 있으셨나요?

문재인 당장 사드 때문에 발생한 양국 간의 외교적인 경색과 그로 인한 무역의 어려움, 우리 기업들이 입는 피해, 관광산업에 미치는 여러 가지 애로를 해소하기 위해서도 한중관계 개선은 반드시 필요했습니다. 또한 우리의 지정학적인 조건을 생각하면, 중국이 북한의 핵이나 미사일 개발과 도발에 대해서 견제 또는 제어하는 역할을 하도록 하는 것이 매우 중요합니다. 그리고 우리의 평화프로세스를 중국이 지지하게 하는 것, 더 나아가서는 남북 간에 아주 심각한 분쟁이나 충돌이 발생할 경우 중국이 북한 쪽에 치우치지 않고 남북 간 등거리에 서서 역할을 하도록 하는 것이 전략적으로 대단히 중요한 것이죠.
　과거의 경험으로 보면, 2003년 6자회담이 성공할 수 있었던 큰 요인 하나가 중국의 지지를 끌어내고 함께 간 것이었거든요. 6자회담 당시 일본이 소극적이었던 데 비하면 중국은 매우 적극적으로 역할을 해주는 등 기여가 컸습니다. 그 결과 2005년 9·19 공동성명•이 타결될 수 있었지요. 그런 경험으로 보더라도 중국을 우리에게 우호적인 세력으로 만드는 노력이 대단히 중요하죠. 그래서 참여정부나 우리 정부 때는 중국과 북한 간의 전통적인 우호관계에도 불구하고 중국을 최대한 우리 쪽으로 이끌어서 우리와도 우호국가가 되도록 만든 것입니다.

북한의 대외교역 비중에서도 참여정부 때는 남북 간 교역을 발전시켜 한국의 비중이 중국과 반반 정도 되게끔 끌어올렸습니다.••
북한의 중국 의존도를 그만큼 낮추고 우리에 대한 의존도를 높여나가는 데까지 성공을 거둔 것이지요. 그 기조가 지속됐어야 하는데,

● 2005년 베이징에서 개최된 제4차 6자회담에서 채택한 9·19 공동성명의 주요 내용은 다음과 같다. ① 6자회담 참여국들은 한반도의 검증 가능한 비핵화를 평화적인 방법으로 달성할 것을 만장일치로 재확인했고 ② 특히 1992년도 '한반도의 비핵화에 관한 남북공동선언'이 준수·이행되어야 한다고 합의했으며 ③ 북한은 모든 핵무기와 현존하는 핵계획을 포기하고 조속한 시일 내에 핵확산금지조약NPT과 국제원자력기구IAEA의 안전조치에 복귀할 것을 공약했고 ④ '미국' 등은 북한에 대한 경수로 제공 문제를 논의하는 데 동의했다.

●● 참여정부 기간 북한의 대외교역 중 남북교역 비중은 2004년에 19.6%, 2005년 26%, 2006년 31%, 2007년 38.9%, 2008년 32.3%를 기록했다. 같은 기간 북한의 대외교역 중 중국이 차지하는 비중은 39%, 38.9%, 39.1%, 42.7%, 49.5%였다. 사실상 중국에 이어 남한이 북한의 제2교역국 지위를 차지하고 있었던 셈이다. 이명박 정부 출범 이후, 북한의 대남교역 비중은 2009년 33.0%에서 2010년 31.4%, 2011년 21.3%로 계속 낮아졌다. 박근혜 정부 시기인 2016년 2월 개성공단을 폐쇄하면서 남북 간의 교역은 사실상 중단되었다. 통계청, 〈2012 북한의 주요통계지표〉, 2011; 통계청, 〈2011 북한의 주요통계지표〉, 2011 참조.

보수정부마다 그런 기조를 단절시키고 오히려 역행함으로써 북한이 계속 중국에 의존하게 하고, 중국이 계속 북한의 후원 역할을 하게 했는데, 이런 점들은 국가를 경영해나가는 외교전략으로서는 정말 무無전략이라고 말할 수 있는 거죠.

당장 2017년부터 지금까지 지속되고 있는 UN 안보리 제재만 하더라도, 중국이 제대로 이행하지 않으면 실효성이 없어요. 중국이 제재에 동참하게 하기 위해서라도 우리가 중국과의 관계를 잘해나갈 필요가 있는 거죠.

최종건 현 정부에서 사드 문제가 다시 논란이 됐습니다. 우리가 중국과 우호적인 관계를 맺기 위해서 사드 문제를 특별히 양보한 것이 없었습니다. 소위 3불不정책(사드를 추가 배치하지 않는다. 미국의 미사일방어체계에 편입되지 않는다. 한미일 3국동맹을 하지 않는다)을 우리가 중국에 약속했다고 하는데요, 소위 3불이라는 것도 역대 정부의 정책을 그대로 이어간 것이었거든요. 이명박·박근혜 정부가 국민들에게 공약했던 것이 지금도 지켜지고 있는 것이고요.•

• 김대중 대통령은 1999년 5월 5일 CNN과의 인터뷰에서 "한국은 전역미사일방어체계(TMD)에 참여할 계획이 없다"라고 발언하며 미국 미사일방어에 불참 의사를 명확히 했다. 당시 조성태 국방장관은 2001년 2월 20일 국회 국방위원회에서 "우리나라의 지역적 특성을 고려해 현 단계에서 TMD에 참여하는 것을 고려하지 않고 있다"며, "미래 전장환경을 고려해 우리 실정에 맞는 미사일방어체계를 구축하는 것이 필요하다고 보고 대안을 검토하고 있다"라고 발언했다. 이명박 정부 시기에는 "한국형 미사일방어체계는 한반도 방어에 국한되며, 북 미사일을 상대로 하층방어체계를 구성하는 것"이라며 미국 MD체계 편입을 부인했다. 박근혜 정부 시기 김관진 국방장관은 2013년 10월 16

미국의 미사일방어체계에 들어가지 않는다는 것도 마치 우리가 중국에 미래 안보를 포기한 것처럼 왜곡해서 공격하기도 합니다. 거기에 대해서 하실 말씀이 많을 것 같습니다.

문재인 사드 배치는 효용에 관한 논란이 많지만, 어쨌든 우리의 주권 사항이죠. 중국의 반대는 이해하지만 반대가 지나쳐 외교관계가 경색되거나 보복으로까지 나아가는 것은 온당하지 않습니다.

그런데 박근혜 정부의 사드 배치에 대해서 약간 비판적인 관점으로 이야기해보면, 박근혜 정부가 중국이 반대하는 사드 배치를 북한 핵과 미사일에 대한 대응전략으로 하는 것이 좋겠다고 판단했다 하더라도, 그 과정에서 중국에 최대한 설명하고 또 양해를 구하는 과정을 거쳤다면 중국의 반대가 그토록 격렬해지고 보복까지 하는 일은 없었을 것이라고 봅니다. 엊그제까지 중국에 절대 안 한다고 공언했다가 돌아서서 뒤통수치듯이 사드 배치를 발표했기 때문에, 중국이 반대를 넘어서서 분노하게 만들고 그것이 양국관계에 큰 경색을 낳은 측면이 있습니다. 박근혜 정부도 초기에는 중국과의 관계를 매우 중시해서, 박근혜 대통령이 중국의 전승절에 천안문 망루에 올라서는 성의까지 보였는데,* 사드 배치 문제로 오랜 노

일 기자간담회에서 "우리는 분명히 미국 미사일방어체계에 가입하지 않는다", "미국 MD 체계에 편입하려면 합당한 논리와 이유가 있어야 하는데 필요성이나 적합성, 수조 원에 달하는 천문학적 금액 등이 모두 맞지 않다", "우리는 독자적으로 미사일방어체계를 구축할 것"이라고 발언하며, 김대중-노무현-이명박 정부 시기의 정책을 사실상 승계했다.

● 2015년 9월 3일 박근혜 대통령은 중국의 대일항전승리기념일인 전승절 70주

변방에서 중심으로

력을 한순간에 물거품으로 만들었습니다.

중국의 반대가 매우 강력하게 제기되자, 박근혜 정부는 사드의 추가 배치는 없다는 입장을 밝혔습니다. 미국의 미사일방어체계에 들어가지 않는다는 것과 한미일 3국동맹을 하지 않는다는 것은 김대중 정부 때부터 지금까지 이어져오는 한국 정부의 일관된 입장이었습니다. 여기에 한 가지가 더해져 박근혜 정부의 3불 입장이 된 것입니다. 우리 정부는 그 입장을 이어받은 것이지요.

우리는 사드 문제에 대해서 철저하게 '우리의 주권적인 사항이다'라는 점을 분명히 했습니다. 그래서 미국에는 앞선 정부의 결정을 우리는 존중한다, 다만 환경영향평가 같은 국내법적인 절차는 다 거쳐야 한다, 그리고 추가적인 배치에 대해서는 반드시 한국 정부와 새롭게 협의해야 하고 우리 동의 없이는 안 된다는 입장을 분명히 했고, 이를 미국이 받아들인 거죠. 중국에는 이것은 우리의 주권적인 사항이기 때문에 우리가 결정할 문제라는 입장을 분명히 하면서 한국 정부의 기존 세 가지 입장을 다시 확인해준 것이고요.

물론 그것으로 중국과의 관계에서 사드 문제가 완전히 해소된 것은 아니었습니다. 중국은 그 후에도 사드 철회를 요구하는 입장을 고수했고, 그에 대해 우리는 우리의 입장을 되풀이했죠. 사드 문제는 북한의 핵과 미사일에 대응하기 위한 것이기 때문에, 북한의 완전한 비핵화가 진행된다면 그 과정에서 저절로 해결될 문제라고

년 행사에 참석했다. 당시 천안문 망루 위 시진핑 주석과 푸틴 러시아 대통령의 우측에 선 박근혜 대통령은 자유 진영 정상으로는 유일하게 중국 인민해방군의 열병식을 참관했다. 당시 반기문 UN 사무총장도 천안문 망루에 올랐다.

명확히 했습니다. 그것으로 양국은 사드 문제를 봉합하고 사드로 생긴 여러 문제를 풀어나갔던 거예요.

최종건 대통령님의 지침을 받은 정의용 당시 안보실장이 양제츠^{杨洁篪} 중국 외교 담당 정치국 위원과 협의를 할 때도 우리의 입장을 밝히며 치고 나가되 설명은 충분히 했습니다. 중국은 "한국이 우리를 무시한 결정을 했다. 그러면 시진핑 주석과 중국의 지도부가 중국 인민한테 면이 없다. 왜 우리에게 충분히 설명하지 않았느냐"라는 입장이었습니다. 결국은 외교의 기본을 서로 얼마나 지켜주느냐의 문제고, 그것이 신뢰 문제로 연결되는 것 같습니다.

2017년 5월부터 연말까지는 한미관계도 다시 공고화되는 시기였고, 동시에 한중관계도 복원되는 시기였습니다.

문재인 강대국이라고 해서 일방주의적으로 외교를 할 수 있는 것은 아니거든요. 우리가 한미동맹을 중시하지만, 우리에게 중국도 경제적인 면에서나 한반도의 평화와 안정을 위한 면에서나 중요한 관계라는 입장에 대해서, 미국은 그 점을 이해합니다. 그래서 중국과 좋은 관계를 유지하려는 노력을 이해하고 받아들이는 것이지요.

최종건 미국의 외교안보 전문가와 당국자들은 한중관계가 협력적이면 미국에도 전략적으로 이익이 된다는 인식을 갖고 있습니다.

문재인 반대로, 중국과 좋은 관계를 유지하려고 하지만, 한미동맹은

2017년 7월 6일 베를린 G20 정상회의 기간에 열린 중국 시진핑 주석과의 정상회담. 문재인 정부는 사드 문제가 대한민국의 주권 문제임을 명확히 하면서도, 경제적 이익과 한반도 평화를 위해 한중관계를 복원하고자 했다.

우리 외교안보의 근간이기 때문에 우리가 한미동맹을 무엇보다 중시한다는 입장에 대해서, 중국도 충분히 이해를 하는 것이거든요. 서로 이해할 수 있는 범위 내에서 진정성 있게 외교를 한다면 우리 국익을 충분히 지켜내는 균형외교를 할 수 있는 거죠.

예를 들면, 대만해협의 문제만 해도 미국과 중국 양쪽을 다 배려하는 외교적인 표현을 할 수 있습니다. 즉, '하나의 중국' 원칙을 존중하면서 양안 간 대화를 통한 평화와 안정이 지속되기를 바란다는 정도로 표현하면 중국도 용인하고 미국도 인정합니다. 우리의 적절한 외교 스탠스가 되는 거죠. 그런데 그것을 무력에 의한 현상 변경을 반대한다는 식으로 대놓고 표현하면 속이 시원하고 미국도 더 좋다고 할지 모르지만 당장 중국은 거부 반응을 보이기 쉽죠. 그런 것은 외교라는 면에서 현명하지 못합니다.

최종건 방금 말씀하신 양안관계의 안정과 평화가 동북아 안보에 중요하다는 표현을 2021년 5월 21일 발표한 문재인-바이든 공동성명에 최초로 넣었습니다. 그때 저는 외교1차관으로서 문구를 만드는 작업을 했는데요. 임기 후반인 우리 대통령과 임기를 시작한 미국 대통령의 회담을 위해, 미국 입상에서는 양안판세를 얘기하고 싶어서 표현이 강한 문장을 우리한테 가져왔습니다. 힘에 의한 현상 변경을 반대한다는 문구였습니다. 그래서 우리가 그대로 수용하지 않고, '대만해협의 평화와 안정'을 담은 일반적인 문구가 바람직하다고 주장했죠.

또 중국의 수용성도 고려해야 해서, 한중정상회담에서 혹시 대만해협에 어떤 표현을 썼는지 확인해보았습니다. 이명박 대통령 때도 양안관계, 그러니까 대만해협의 평화와 안정을 지지한다는 표현이 있어서 같은 표현을 문재인-바이든 선언에 넣은 것입니다.[●] 그랬더니 중국이 별로 이의를 제기하지 못했습니다. 어떻게 한국이 미국과 양안관계를 얘기할 수 있냐는 정도로 약하게 불만을 토로해왔지만, 우리가 과거 한중정상회담에서 사용했던 문구를 그대로 사용한 것이라고 설명하니까 이해하더라고요. 그런 에피소드가 있었습니다.

혼밥 논란과 공공외교

최종건 한미 신뢰와 한중관계의 중요성에 대해서 말씀 나누고 있는데요, 이 표현을 아십니까? '문재인 대통령 아침세트.' 베이징의 식당에 가면 문재인 대통령 아침세트가 있습니다. 그러니까 대통령님이 방중하셨을 때 일종의 공공외교 차원으로 베이징 시민이 일상적으로 가는 아침 식당에서 조찬을 하셨습니다. 그게 어이없게도 혼

● 2021년 5월 21일 문재인 대통령과 바이든 대통령이 발표한 〈한미정상회담 공동성명〉에 대만 부분은 "바이든 대통령과 문재인 대통령은 대만해협에서의 평화와 안정 유지의 중요성을 강조하였다"라고 기술되어 있다. 당시 한국 측은 대만 문제의 민감성을 인식하고 한중 정상이 발표한 공동선언문을 검토한 결과, 2012년 1월 11일 〈이명박 대통령 국빈방중 계기 한중 공동언론발표문〉 제2항의 "대만 문제에 있어, 한국 측은 하나의 중국 정책을 계속 견지한다는 입장을 밝혔으며, 양안관계의 평화발전을 지지한다고 하였다"라는 문장을 활용했다.

밥 논란으로 퍼집니다. 그런데 한 번도 거기에 대해서 말씀을 안 하셨거든요.

문재인 우리 스스로 수준을 떨어뜨리는 이야기지요. 예를 들면, 오바마Barack Obama 대통령이 베트남에 가서 쌀국숫집을 방문해 서민적인 음식을 먹고 하는 것은 베트남 국민에게 다가가 마음을 얻으려는 큰 성의 아닙니까? 외교는 상대 국가와 그 국민들의 마음을 얻는 것이거든요. 그런 면에서 보자면, 무슨 관광 명소를 방문하는 것보다 대중적인 시장을 찾아간다든지 또는 서민들의 식당을 방문해서 그들과 같은 음식을 먹는다든지 하는 행보만큼 효과적인 것이 없는 거죠.

더구나 해외순방 때 오찬이나 만찬은 외교 일정 속에 들어갈 때가 많지만 아침은 원래 숙소에서 따로 먹는 건데, 그 시간에 서민식당을 이용하는 비공식 외교를 한 것이지요. 서민식당 이용은 중국에서만 한 것이 아니라 이탈리아와 베트남 등에서도 여러 번 시도했어요. 그것이 현지에서 매우 좋은 평가를 받아서 지금도 중국식당에서는 그때 내가 먹은 음식이 '문재인 대통령 아침세트'라는 메뉴로 만들어져 많이 팔리고 있고, 내가 앉았던 좌석도 표시해놓았다고 들었습니다. 최근에 중국 여행을 다녀온 분이 사진을 찍어왔는데, 그 식당은 그 때문에 장사가 잘돼서 크게 확장했다고 하고, 4면 벽에 우리 일행이 식사하는 장면을 찍은 사진과 동영상을 게시했더군요. 그런데 그것을 혼밥 논란으로 만들어버리니까, 우리 외교를 굉장히 후지게 전락시키는 거죠. 기본적으로 공부가 부족하고,

변방에서 중심으로

상상력이 부족한 것이라고 봅니다.

최종건 기본기가 중요한데요. 그러니까 오바마 대통령이 쌀국수를 먹은 베트남 하노이의 식당을 제가 가봤는데, 심지어 그 테이블까지 유리관 속에 넣어 보관하고 있습니다. 관광객이 아주 들끓더라고요. 대통령님이 식사하신 베이징의 그 식당도 여전히 문전성시를 이룬다고 하네요. 어떻게 보면 우리나라 외교가 할 일이 많아졌습니다. 대통령이 방문 국가의 국민을 상대로 공공외교를 해야 할 정도니까요.

문재인 그래서 인도네시아에 갔을 때는 그곳 서민시장, 우리의 평화시장 같은 곳을 조코위 대통령과 함께 가서 셔츠를 사입기도 했는데, 이런 서민적인 행보가 그 나라 국민들의 마음을 얻는 공공외교나 정상 사이의 친교외교 면에서 공식 외교 일정 못지않게 중요하다고 생각해요. 조코위 대통령이 평소 서민적인 대통령이어서 할 수 있었던 일정이었죠.

최종건 신남방정책과 조코위 대통령과의 에피소드도 언급하셔서 기록상 말씀드리는데요. 취임 1년 내 2017년 5월부터 2018년 5월까지 ASEAN 10개국을 모두 순방하셨고요. 그 후 부산에서 한-ASEAN 특별정상회의와 한-메콩 정상회의를 했는데, 이 정책은 계속 이어달리기를 했으면 좋겠다는 생각이 듭니다. 우리 정부때는 '신남방정책', '신남방정책 플러스'라고 이름 붙였는데 지금은

순방 국가에 가면 정상과의 외교 외에도 방문국 국민들의 마음을 얻기 위해 서민들이 자주 이용하는 시장과 식당을 꾸준히 방문했다. 2017년 11월 9일 인도네시아에서는 시장을 방문해 조코위 대통령과 함께 전통의상을 입어보았다(위). 2017년 12월 14일 중국에서는 베이징 현지 식당에 들러 아내와 조찬을 했다(아래).

이름이 '한국형 인도-태평양 전략'으로 바뀌어서 미국, 일본 등 여러 나라의 인도-태평양 전략 중 하나가 돼버린 것 같네요.

문재인 내가 취임 1년 사이에 ASEAN 10개국을 다 순방해서 무리하다 할 만큼 순방 속도를 낸 것은 2019년 한-ASEAN 수교 30주년에 예정되어 있는 한-ASEAN 특별정상회의를 위해서 사전에 각 나라를 다 한 번씩 순방해야겠다고 목표를 세웠기 때문이었어요. 물론 그 나라들을 방문하지 않고도 한-ASEAN 정상회의를 할 수 있죠. 그러나 우리가 그런 성의를 먼저 보였기 때문에 그들도 우리에게 성의를 다한 거죠.

국가정책의 명칭 같은 것을 정부가 바뀔 때마다 바꿔버리는 것은 우리 국가정책의 연속성이나 이어달리기 면에서 큰 손실입니다. 내가 취임해서 보니까 ASEAN 국가들, 특히 메콩 지역 국가들과 우리 코이카KOICA(한국국제협력단)를 통해 농촌지역 개발협력사업을 하는데, 그 사업의 이름이 새마을협력사업이었어요. 그 나라들은 '새마을'이라는 용어와 상관없이 그들의 농촌 개발에 큰 도움이 됐기 때문에 매우 고마워했는데, 우리가 집권하니까 사업 명칭을 바꾼다는 말이 들려왔습니다.

최종건 진보정부의 입맛에 맞추려고요.

문재인 무슨 '농촌개발협력사업' 같은 이름으로 바꾸겠다고 해서, 내가 그러지 말라고 했어요. 기왕에 그 나라에 그 이름이 각인돼 있고 그것이 호응을 받는다면 기존 정책의 이름을 그대로 지속시키는 게 좋겠다고 지시했지요. 지금도 '새마을협력'이라는 사업 명칭이 유지되고 있어요. 전 정부 지우기를 해서 얻는 게 뭔지 모르겠어요.

최종건 지역외교가 신남방이 됐든 신북방이 됐든 우리 국익에 관련된 것이고요. 그리고 신남방, 신북방이라는 이름이 이념적 표현도 아니고요. ASEAN 국가들이 "아니, 왜 이름을 바꿉니까?" 하고 질문할 정도니까요.

문재인 명칭을 바꾸면 기존 외교정책의 후퇴처럼 느껴지는 거죠. ASEAN 국가들은 그게 걱정이었을 테죠.

신남방정책, 신북방정책

최종건 이번에는 '신뢰'를 주제로 질문드리겠습니다. 결국은 외교의 기본기에 관련된 질문입니다. 약간 쉬어가는 질문이기도 합니다. 대통령님을 모시고 여기저기 순방을 다녀본 제 입장에서는 항상 궁금한 게 있었습니다. 공군 1호기에 탑승하면 비행기 안에서 회담 준비에 몰두하시는 모습을 봤습니다. 그래서 대통령 전용기에서 좀 편안하게 쉬시면 좋겠다는 생각을 하곤 했습니다. 사람들은 늘 궁금해하거든요. 대통령이 그 비행기 안에서 무엇을 하시는지요. 전용기라 할지라도 비행기라는 환경이 자료를 보기에 불편할 텐데요.

변방에서 중심으로

해외 순방은 한 번에 보통 2~4개국을 묶어서 하
므로 옮겨갈 때마다 자료를 봤다. 외교는 상대의
마음을 얻는 것이라서 순방 국가들에 대한 공부
를 하지 않을 수가 없다. 우리 같은 중견국의 외
교는 진정성을 가지고 성의를 다하는 것 이상은
없다고 생각했다.

문재인 전용기에서 쉬기도 많이 했어요. 영화를 보기도 하고, 음악을 듣기도 하고, 휴식을 취하기도 했죠. 그러면서도 순방 가는 길에는 순방 국가들에 대한 공부를 하지 않을 수 없지요. 한 번에 한 나라만 가는 것이 아니라, 한번 나가면 보통 2~3개국 혹은 3~4개국을 묶어서 순방하기 때문에, 국가들을 옮겨갈 때마다 자료를 봐야 하고요.

자료를 보지 않아도 준비해준 토킹 포인트만 가지고 충분히 대화를 할 수는 있어요. 그렇지만 어디서 표가 나든 내가 그 나라를 더 잘 이해할수록 상대가 그걸 느끼게 되지 않겠어요? 외교라는 게 상대의 마음을 얻는 것인데, 강대국의 경우에는 갖고 있는 힘에 의해서 우위에 서는 외교를 할 수 있을지 모르죠. 또는 강대국이 뭔가 지원을 제공하는 방법으로 상대의 마음을 얻을 수도 있겠고요. 하지만 우리 같은 중견국 외교는 진정성을 가지고 성의를 다하는 외교 이상이 없다고 생각해요.

최종건 회담을 임기 중에 정말 많이 하셨어요. 자료도 상당히 많이 올려드린 것으로 기억합니다. 마치 학생들도 교수들이 준비를 해왔나 안 해왔나 알 수 있듯이, 참모들도 대통령께서 얼마나 준비를 하셨는지 알 수 있거든요. 대통령께서는 웬만큼 다 소화하신 다음 정상회담을 하셨어요. 때로는 토킹 포인트 이상으로 말씀하신 적도 많고, 참모들한테 질문도 많이 하셨고요. 회담 준비의 노하우가 있었습니까? 아니면 그냥 모범생 스타일로 시간을 오래 투자해서 준비하셨나요?

변방에서 중심으로

문재인 회담에 임할 때 긴장해서 준비를 많이 하는 것이 외국과 회담하는 기본 자세겠죠. 상대에 대해 많이 알수록, 충분히 이해할수록 상대가 그걸 알게 돼요. 우리에 대해서 많이 알고 노력을 기울이는구나 하고 느끼는 거죠. 나는 그 이상의 외교 노하우가 없다고 생각해요. 그게 외교의 최상의 방법이라고 생각합니다. 내가 정상회담장에서 장관들에게 답변을 넘기는 경우에도 대답하기가 어려워서 넘긴 경우는 거의 없어요. 그렇게 하는 것이 더 성의 있는 답변이 되고, 또 장관을 존중하는 모습을 보여주는 것이 바람직하다고 판단될 때 그렇게 했죠.

사실 국가 간에 확대정상회담을 하면 양국의 관련 장관들이 다 배석하고 있는데 정상끼리만 발언하는 모양새가 이상했어요. 그래서 나는 기술적인 문제는 장관에게 답변을 넘기거나 보충하게 할 때가 많았어요. 답변이 충실하면 그만큼 더 상대가 성의를 느끼게 되는 거죠. 나는 회담할 때 그런 것을 피부로 느꼈기 때문에 가급적 완벽하게 소화하고 이해한 가운데 협상에 임하려고 노력했어요.

최종건 그런데 정말 동남아 사람들은 현 정부 들어 신남방정책을 없앤 것에 대해 저한테 와서 하소연을 많이 했습니다. 왜 굳이 거기다 '한국형 인도-태평양 전략'이라는 이름을 붙였냐고요. 퇴임 인사를 하려고 여러 나라 대사를 만났을 때 그 얘기를 하더라고요. 인도-태평양이란 말은 자기들에게 부담스럽다고요. 저만 하더라도 아시아-태평양 세대거든요. 아시아는 대륙, 태평양은 해양, 그러면 해양과 대륙이 조화로운 거고 또 당연히 중국이 포함되는 건데요. '인태'

그러면 인도양하고 태평양이니, 대륙과 해양이 어울려 있는 ASEAN 의 정체성과 맞지 않는다는 거죠. ASEAN에 집중하는 외교전략이 아니기도 하고요.

우리가 동남아 국가들과 가까워지니까 미국을 상대하는 데도 더 당당해지더라고요. 왜냐하면 ASEAN과 사이에서 우리만큼 하는 나라가 없었거든요. 프랑스에 갔더니 프랑스 외교부가 노하우를 가르쳐달라고 해서, 우리 아세안 국장을 파리에 보냈습니다. 유럽국장을 보낸 게 아니라 아세안 국장을 보냈더니 그쪽에서 큰 환대를 받았죠.

문재인 원래 인도-태평양 전략은 일본의 구상이었어요.* 그것을 미국이 받아들여서 미일 양국의 지정학적 전략으로 삼은 거죠. 그 명칭에는 중국을 배제한다는 뜻이 내포되어 있고, 인도-태평양 국가들이 중국을 포위한다는 뜻이 담겨 있어요. 우리 입장에서는 바람직한 명칭인지 의문이 듭니다. 인도의 모디Narendra Modi 총리 또한 어떤 국가도 배제하지 않는 개방성과 포용성을 가져야 한다고 이의를 제기했어요. 우리 정부도 우리의 신남방정책과 미국·일본의 인

● 아베 총리는 2012년 12월 〈프로젝트 신디케이트(Project Syndicate)〉에 발표한 기고문을 통해 일본, 미국, 인도, 호주를 중심으로 한 일종의 협력체를 제안했다. 2013년 1월에는 그의 첫 소신 표명 연설에서 일본이 처한 불안정한 역내 외교안보 환경을 강조했고, 일본 정부는 '자유롭고 열린 인도-태평양(Free and Open Indo-Pacific, FOIP)' 전략 개념을 구체화했다. 일본 외무성은 2018년 12월 '자유롭고 열린 인도-태평양' 외교전략을 발표하며 일본의 대외전략으로 공식화했다. Shinzo Abe, "Asia's Democratic Security Diamond", *Project Syndicate*, 2012. 12. 27 참조.

도-태평양 전략 간의 협력을 이야기할 때 언제나 개방성과 포용성을 전제로 했습니다.

최종건 북방정책 또는 신북방정책이라고 하면 우리가 대륙으로 나아가는 듯한, 우리의 심리적 경계선이 확장되는 것 같은 느낌이거든요. 물론 지리적인 부분을 포함해 북한과 통해야 하는 문제도 있어서 과거 정부의 북방정책이 지속되지 못했어요. 그런데 우리는 북한 문제는 북한 문제대로 진행하면서, 대통령님이 중앙아시아, 소위 '스탄-stan 컨트리들'을 많이 방문하면서 그 나라들과의 관계가 돈독해졌습니다. 그들도 많이 왔고요. 그만큼 외교의 경계를 확장하는 시기였다고 보는데요, 어떻습니까?

문재인 맞습니다. 그런 면에서 미국 중심 외교를 하다가 냉전이 무너지는 시기를 맞아 공산권과 수교하고 1991년에 남북한 UN 동시 가입을 한 노태우 정부의 북방정책은, 외교정책에서 그야말로 대전환을 한 겁니다. 북방정책을 통해서 우리 외교가 다변화된 것은 물론이고, 경제적인 면에서도 우리가 개방통상국가로 나아가면서 중진국으로 성장하는 계기가 됐죠. 당시 진보 진영에서는 남북한 UN 동시 가입이 분단을 고착화한다는 비판을 했는데, 그런 인식 때문에 국제법적으로 두 국가가 된 남북한의 관계에 대한 담론이 발전하지 못한 측면이 있었어요.

1991년 남북기본합의서 체결로 남북관계에 획기적 전환도 있었고요. 결국은 남북기본합의서가 2000년 6·15 남북공동선언,

2007년 10·4 남북정상선언, 2018년 판문점과 평양에서의 남북정상선언으로 계속 이어졌습니다. 아쉬운 것은, 북방정책을 통해서 남북한이 동시에 UN에 가입할 당시 우리는 소련, 중국, 동구권과 수교를 했지만, 북한은 미국이나 일본과 관계 정상화를 못 한 것이죠. 당시 한국 정부가 견제를 많이 했다고 하는데, 그것이 사실이라면 멀리 보지 못했다는 아쉬움이 남습니다.

결국 그런 과정을 거쳐서 남북 간에 한국의 비교우위가 더 커지게 됐죠. 우리로서는 좋은 점이었지만, 한국의 비교우위가 커질수록 북한이 비대칭 전력인 핵과 미사일 개발로 나가게 된 측면이 있는 것이죠. 그렇게 보면 당시 북한도 미국, 일본과 수교해 관계를 정상화하도록 용인하고 이끌어주는 더 통 큰 정책을 펼쳤다면, 남북 관계가 크게 달라지지 않았을까 하는 아쉬움이 있습니다.

어쨌든 우리가 북한과 새로운 관계를 맺어서 경제협력을 할 수 있게 된다면, 그것이 한반도에 국한되지 않고 북한을 거쳐서 북방으로 이어질 수 있어요. 예를 들면 철도가 러시아나 중국의 철도와 이어져서 유럽까지 갈 수 있는 철도협력이나, 러시아의 천연가스가 배관을 통해서 북한을 거쳐 남쪽으로 내려오게 하는 에너지협력 등 우리의 경제영역이 북한을 지나 대륙으로, 북방으로 뻗어가는 그런 시대가 우리가 꿈꾸는 미래라고 생각합니다. EU의 역사처럼 동북아 철도공동체와 에너지공동체가 다자안보체제로 발전해가는 큰 구상을 할 수 있다면 얼마나 좋겠습니까?

역사적으로 볼 때, 우리가 고구려시대처럼 영토상으로는 아니더라도 우리의 경제력이나 문화가 대륙까지 미치는 시대를 다시 복원한다는 면에서도 가슴 뛰는 일이지요. 신북방정책의 대상 국가들, 특히 중앙아시아 국가들은 우리와 인종적으로 근친성이 있습니다. 500만 고려인이 살고 있기도 하고요. 무엇보다 한국과의 경제협력을 절실히 바라고 있어서, 우리의 경제성장 경험이나 모델을 공유할 수 있는 나라들이죠.

최종건 그래서 우즈베키스탄 미르지요예프Shavkat Mirziyoyev 대통령이 대통령님을 형님으로 부르기도 했죠.

자연스럽게 북한 이야기를 좀 해야겠는데요. 북방정책을 말씀하셨지만, 지금 우리는 사실상 대륙과 연결성이 끊어진 거잖아요. 어떻게 보면 우리나라의 국경은 인천공항이 되어버린….

문재인 육로로는 연결되지 못하고 비행기와 배로만 외부로 나갈 수 있는 섬처럼 돼버렸죠. 남북이 평화롭게 교류협력할 수 있을 때 비로소 섬에서 벗어나 대륙의 일부가 될 수 있는 것이죠.

최종건 저는 2018년 평양 방문 당시 능라도5·1경기장에서 카드 매스게임mass game을 보면서 무엇이 가장 충격이었냐면요. 대통령님이 앉은 주석단 뒤쪽에 앉았는데, KTX 같은 열차를 매스게임으로 표현하면서 기차가 대륙으로 나아가는 모습을 보여줬거든요. 평창 올림픽 때 북한 특사단이 강릉 가는 KTX를 타서 그랬는지 모르겠지만, 그것을 표현해서 매우 놀랐습니다. 북한의 철도가 몹시 낙후되어 있거든요. 그러니까 아마 북한도 중국과는 연결되어 있지만,

2018년 9월 19일 평양 남북정상회담 당시 능라
도5·1경기장에서 집단체조 공연 '빛나는 조국'을
관람했다.

남으로는 휴전선으로 단절되어 있기 때문에 연결을 바라는 열망이 있는 것 같아요.

문재인 카드섹션으로 동영상처럼 움직이는 모습을 보여주는 기법이 대단했죠? 당시 남북 간에 철도협력과 도로협력이 매우 중요하게 논의됐어요. 우리가 북한 철도의 고속철도화 또는 개량을 실행하지는 못했어도, 적어도 실행할 수 있는 현장 조사와 계획까지는 다 했고요.* 그것이 남북 간의 철도 연결에 그치지 않고 중국이나 러시아의 철도와 연결되면, 한반도가 대륙과 해양을 잇는 물류 중심지 역할을 하게 되는 거죠. 그런 기대들이 표현된 것 같아요. 생각해보면 옛날 이준 열사 등 헤이그 열사들은 기차로 경성역에서 출발해, 경의선을 타고 결국 네덜란드까지 갈 수 있었는데, 우리가 100년 전보다 못한 거죠.

- 우리 측은 2017년 12월 17일부터 총 19일간 북한 철도를 따라 남북 철도 북측 구간 현지 공동조사를 실시했다. 남북 공동조사단은 조사열차로 선로를 따라 이동하면서 북한 철도 시설 및 시스템 분야 등을 점검했다. 우리 측 28명이 서울역에서 새벽 6시에 출발해 북측 판문역에 9시경 도착했다. 이어 북측 인원들과 합류해 북한 기관차와 연결한 뒤 북한 철도 2600km를 돌며 조사했다. 조사단은 개성을 출발해 신의주까지 조사한 뒤 평양으로 내려왔고, 평라선을 이용해서 원산으로 이동해 동해선을 점검했다. 그리고 원산에서 안변으로 내려와 평라선을 거쳐 평양으로 귀환한 후, 개성으로 이동해 우리 측 기관차에 연결한 뒤 서울역으로 이동했다.

도보다리 대화

최종건 이제 한반도 평화프로세스에 대해 본격적으로 말씀을 나눌수 있을 것 같은데요. 정의용 당시 안보실장은 "4·27 판문점 정상회담 당시에 도보다리에서 김정은이 우리 대통령에게 발언했던 내용들이 아직도 기억난다. 눈물 나는 장면이라고 생각한다. 그날 두분의 대화는 남북관계의 핵심이다"라고 회고했고요. 임종석 비서실장은 "그 도보다리 대화가 전 세계에 전달한 기운은 어마어마했다"라고 말했습니다. 그 '기운'이라는 표현이 좀 의미 있게 다가오네요. 왜냐하면 30분 정도 새소리만 났거든요. 또 "그 장면은 어마어마한 평화의 시위였다"라고 임종석 실장은 표현합니다. 윤건영 의원, 당시 국정기획상황실장은 "도보다리 대화가 백두산 천지와 삼지연 밀영 산책까지 이어졌다"라고 말한 적이 있습니다.

앞으로 본격적으로 대북정책 관련해서 말씀을 나눌 텐데요. 그전에 말씀드리고 싶은 것은, 대통령님이 김 위원장과 가장 산책을 많이 하신 지도자가 아닌가 싶네요. 그러니까 다른 사람들 없이 오랫동안 이야기한 대통령입니다. 상당히 나이가 어린, 매우 젊은, 그래서 아들뻘 나이의 젊은 지도자였는데요. 인간적으로 인상은 어떠셨습니까?

문재인 도보다리 산책과 대화가 그 뒤에 다른 나라들 외교에도 도입돼서, 김 위원장이 중국의 시진핑 주석을 만날 때도 바닷가에서 함께 산책을 한다든지, 또 트럼프 대통령과도 싱가포르에서 그런 모

변방에서 중심으로

2018년 4월 27일 김정은 위원장과 함께 기념식 수 행사를 마친 후 판문점 도보다리에서 담소를 나눴다. 새소리로 가득했던 이때를 두고 임종석 비서실장은 "어마어마한 평화의 시위였다"고 회고했다.

습을 보여준다든지 하는 것이 유행이 됐어요.

최종건 그 당시에 유행했던 말이 '친교 산책'입니다.

문재인 맞습니다. 김 위원장이 내게 그 말을 하기도 했어요. 시진핑 주석이 '친교 산책'을 가자고 했다고요. 똑같이 따라 했다고 말한 적이 있습니다. 무엇보다 단독회담이든 확대회담이든 배석자가 있기 마련인데, 배석자 없이 두 정상이 진솔하게 속마음까지 털어놓으면서 이야기할 기회가 있었다는 게 좋았어요. 또 통역이 필요 없는 것도 좋았습니다. 통역 없이 두 사람이 대화하는 모습을 보여주면서 역시 저들은 단일민족이라는 것을 세계인들에게 각인시켜주는 기회가 되지 않았을까 싶어요.

내게 보여준 김 위원장의 모습은 우선은 매우 솔직했습니다. 그들의 고충도 솔직히 털어놓았고요. 그때 미국과 회담이 예정돼 있었는데, 미국과 처음으로 정상회담을 하는 것에 대한 기대와 함께 아무런 경험이 없다는 것에 대한 걱정도 이야기했어요. 또 어떻게 접근하면 좋을지, 그런 것에 대한 질문이 많았죠.

한편으로는 자신들이 굉장히 불신받고 있다, 그러니까 북한이 아무리 비핵화를 말해도, 그에 대해 진정성 없이 시간을 버는 것이고, 거짓말하면서 속여왔다는 식의 불신이 미국을 비롯해 국제사회에 아주 강하게 퍼져 있다는 것을 잘 알고 있었어요. 그래서 비핵화에 대한 자신들의 진정성과 진심을 어떻게 인정받을 수 있을까 하는 고민을 토로했고요. 자신들은 진심으로 체제 안전만 보장된다

변방에서 중심으로

면 핵을 내려놓을 것이라면서 이런 표현을 쓰기도 했습니다. 나도 딸이 있는데, 딸 세대한테까지 핵을 머리에 이고 살게 할 수는 없는 거 아니냐, 안전만 보장된다면 우리가 왜 세계로부터 제재니 뭐니 그런 어려움을 겪으면서 핵을 머리에 이고 살겠느냐, 언제든지 우리는 내려놓고 싶다, 미국이 자신들의 진정성을 믿게 하려면 어떻게 하는 것이 좋겠느냐는 이야기도 했고요. "문 대통령께서 그런 이야기를 미국에 잘 전해달라"라고 부탁하기도 했습니다.

최종건 학자로 돌아와서 복기해보면, 당시 남북미 삼각관계가 구축됐던 것 같습니다. 우리는 가운데 있으면서도 한미 간의 신뢰와 남북 간의 신뢰를 동시에 확보하고, 북미 간에 신뢰를 구축하는 작업이 한반도 평화프로세스의 핵심인 것 같아요. 결국은 이 삼각관계의 서곡이 4·27 도보다리에서 시연된 듯한 느낌입니다.

당시 저희는 오디오를 못 듣는 상황이었고 저도 판문점에서 TV로만 봤는데요. 산책을 하고 10분 정도 후에 오시게 되어 있는데, 왜 두 분이 안 오시지 하는 생각을 했습니다.• 그때 김 위원장이 대통령께 많은 질문을 했던 것 같습니다. 남한 대통령에게 미국을 어떻게 상대하면 좋겠느냐며 노하우를 물었고, 그 질문은 9·19 평양

• 문재인 대통령과 김정은 위원장은 판문점에서 소나무 기념식수를 마치고, 오후 4시 36분에 도보다리로 친교 산책을 시작했다. 두 정상은 도보다리 위 101호 군사분계선 표식물이 있는 곳에 마련된 테이블에 마주 앉아 약 30분간 사실상의 단독회담을 진행했고, 평화의집 2층으로 돌아와 5시 20분부터 확대회담을 진행했다.

판문점 도보다리에서 김정은 위원장과 배석자 없이 진솔한 대화를 나눈 이후 다른 나라의 외교에서도 '친교 산책'이 유행했다.

정상회담 때도 계속 이어졌습니다. 이는 대통령님이 미국 측과 신뢰를 쌓았기 때문에 김 위원장도 그런 질문을 할 수 있었던 것 같습니다.

문재인 그때 언론에 공개하지 않은 부분이 있어요. 북미정상회담의 장소에 관한 것입니다. 김정은 위원장은 솔직하게 자기들의 전용기로 갈 수 있는 범위가 굉장히 좁다, 미국 쪽에서는 나름 호의를 가지고 트럼프 대통령의 플로리다 마라라고 별장으로 오라고 하기도 하고, 하와이와 제네바를 제안하기도 했는데, 자기들 전용기로 가기 어렵다는 겁니다.

미국 측에서는 비행기를 보내줄 수도 있다고 했지만, 자존심 상해서 할 수 없는 거 아니냐, 중국에 의존해 비행기를 이용하고 싶지 않다, 그래서 자기들이 쉽게 갈 수 있는 곳으로 정하면 좋겠다고 고충을 솔직히 털어놓았습니다. 그래서 북한이 가장 선호하는 곳이 판문점이었고, 다음이 몽골의 울란바토르였어요. 미국이 제안한 장소 중에는 그나마 싱가포르가 가까워서 나은데, 거기도 자기들의 전용기로는 갈 수 없으니 그런 고충을 다시 한번 말해주면 좋겠다고 했죠. 회담 장소 이야기에 꽤 오랜 시간이 걸렸습니다.

또 하나는 기자회견에 관한 것입니다. 그전까지 남북정상회담은 공동선언문이 작성되면 두 정상이 함께 손잡는 모습을 보여주고 선언문은 별도로 발표했죠. 하지만 4·27 판문점회담 때는 두 정상이 나란히 기자들 앞에 서서 회담 결과를 발표하는 통상적인 방식을 권했는데, 한 번도 해본 적이 없다며 어떻게 하면 되는 건지, 어떤 내용을 담으면 되는지 질문하기도 했습니다.

최종건 김정은 위원장의 언론 데뷔, 그러니까 국제언론 데뷔는 4월 27일 그날 오후에 우리 대통령님하고 한 거죠.

문재인 맞습니다. 기자회견을 마치고 와서도, 자기가 잘했냐고, 이렇게 하면 되는 거냐고 내게 물었죠.

최종건 김 위원장의 첫 기자회견 데뷔 현장이 판문점이었다는 것도 의미가 있습니다.

문재인 당시에는 김 위원장도 세계 외교무대에서 정상적인 국가가 되겠다는 의지가 있어서 수용한 것이죠. 회담도 생중계했는데, 그것도 북한으로서는 처음이었어요. 회담 장소 이야기가 나와서 말이지만, 싱가포르 북미정상회담이 뜻깊은 회담이 되긴 했지만, 사실 미국이 통 크게 회담 장소에서 북한의 요구를 수용했다면, 회담 내용에서 더 많은 합의를 할 수 있었을 거라고 봅니다. 나는 그게 참으로 아쉬웠어요.

최종건 저도 당시에 미국 백악관, 국무부 사람들하고 이런저런 협의를 할 때 "장소는 양보해라, 결국 그들의 자존심을 세워주는 거다, 내용은 미국이 원하는 쪽으로 회담 성과를 낼 수 있을 것이다"라고 설득했는데요. 그래서 평양 방문을 권하기도 했는데, 미국은 '평양

2018년 4월 27일 남북정상회담을 마치고 평화의
집 앞에 마련된 회견장에서 김정은 위원장과 함
께 판문점공동선언을 발표했다. 김 위원장의 첫
국제무대 데뷔였다.

은 나중에'라고 선을 그었습니다.

문재인 트럼프 대통령은 판문점에서 하는 것이 좋겠다는 내 설득에 동의했어요. 모양으로도 좋고, 두 정상이 회담 마치고 공동선언문을 발표한 후에 내가 합류해서 3국 정상이 함께할 수도 있다는 것이 특히 좋은 점이었죠. 북미 간에 논의가 잘되면 그 자리에서 종전선언까지 할 수도 있고, 그것이 아니어도 함께 판문점에 선 모습만 해도 세계사적으로 굉장한 장면이 되는 거죠. 트럼프 대통령이 남북 정상의 가운데 서는 모습이 된다고 설득하니, 트럼프 대통령도 솔깃해하면서 공감했어요.

   그런데 미국은 결국 판문점을 받아들이지 않았죠. 나중에 트럼프 대통령은 내게 미안해했어요. 참모들 반대가 심해서 할 수 없었다고. 아마도 판문점은 나와 김정은 위원장이 먼저 좋은 모습을 보여준 곳이어서 피했던 것 같아요.

   판문점 삼자회동은 다음 해 2019년 6월 30일에 트럼프 대통령의 트윗 제안으로 뒤늦게 실현됐죠. 트럼프 대통령의 머릿속에 판문점에서 김정은 위원장을 만난다는 생각이 남아 있었던 거죠. 그때 내게 사기도 분단경계선을 넘어가보고 싶은데 어떻게 하면 되냐고 물었거든요.

최종건 그래서 뭐라고 하셨습니까?

문재인 김정은 위원장에게 그렇게 말하고 같이 손잡고 넘어갔다가 돌아오면 된다고 말해줬죠.

결국 미국은 몽골 울란바토르도 수용하지 않았어요. 북측에서는 기차로 갈 수 있기 때문에 판문점이 안 되면 그곳이라도 좋다고 했는데요.

최종건 이것도 처음 하는 이야기가 될 텐데요. 미국은 울란바토르 시내에 자신들의 기준에 맞는 경호가 가능한 호텔이 하나밖에 없다고 했습니다. 북한은 묵을 곳이 없다는 거였죠.

문재인 북측에서는 미국이 그 호텔을 사용하고, 자기들은 게르(몽골 텐트)를 크게 설치해서 사용할 수도 있고, 또 자기들은 기차에서 숙식하는 데 익숙하다고 김 위원장이 내게 말했어요. 미국 측에 그런 말까지 전했는데, 수용하지 않았습니다.

결국 2018년 6월 1차 북미정상회담은 장소까지 우리가 중재한 셈이 됐습니다. 북한이 바라는 장소로 정해지지는 못했지만, 북한이 다른 선택지 가운데서 싱가포르를 선택했기 때문에 그 뜻을 미국에 전한 거죠. 싱가포르가 회담 장소로 결정되는 바람에 북한은 결국 중국 비행기를 이용하게 됐고, 또 중국을 방문해서 시진핑 주석과 북중정상회담을 하게 됐습니다. 김정은 위원장은 최고지도자가 된 후에 김일성, 김정일과 달리 그때까지 중국을 방문하지 않고 있었는데, 그럴 수 없게 된 거죠.

미국이 싱가포르를 선택했기 때문에 북한이 다시 중국과 밀착하도록 만든 셈이 된 것입니다. 미국이 계산하지 못했겠지만, 2차

회담 장소인 하노이도 마찬가지였죠. 상대의 입장을 배려하는 섬세한 외교가 아쉬웠습니다.

최종건 하나하나가 다 처음 해보는 거니까 매뉴얼이 없고 전례가 없는, 상상의 영역을 현실화하는 시간이었던 것 같습니다.

문재인 복기해보면, 그때 미국이 판문점을 받지 않은 것은 참으로 아쉬운 대목입니다.

최종건 장소는 양보하되 회담의 결과를 미국이 받아냈으면 좋았을 텐데 말입니다. 석 달 후쯤 평양 남북정상회담에서 이루어진 9·19 남북군사합의를 어떻게 협상했느냐고 미국 실무진이 나중에 많이 물어봤습니다. 똑같은 얘기를 했습니다. "회담 장소가 평양이다. 시간도 북한이 정했다. 호스트가 북한이니, 북한도 합의를 위해 성의 있게 임했다. 그래서 우리에게 유리한 내용을 밀어붙일 수 있었고, 북한이 버티다가도 결국은 수용하곤 했다." 시간과 장소를 북한에 주니 합의 내용은 우리가 바라는 대로 할 수 있었다고 설명해줘도 미국은 이에를 잘 못 하더라고요. 미국의 상상력이 좀 부족했던 것 같아요.

　어쨌든 4·27 판문점 남북정상회담은 국민들 견지에서 흥미로운 포인트가 많았습니다. 회담 후 만찬하실 때요. 김정은 위원장은 자기 딸만 북쪽에 남겨놓고 우리 영토에 넘어온 겁니다. 김여정 노동당 중앙위원회 부부장도 내려와 있었죠. 아내 리설주도 저녁에 내려오면서 북측 지역에는 아이들만 남겨진 거예요. 김 위원장이 싱가포르와 하노이에 갈 때는 아내와 아이들을 평양에 남겨놓았고요. 그만큼 협상에 대한 의지가 강했다는 것을 보여주는 게 아닐까 싶습니다.

북미 협상의 실패

최종건 지금 김정은 위원장과의 도보다리 대화 등 여러 에피소드를 말씀하셨는데, 당시 김정은 위원장을 믿으셨습니까? 그가 정말 비핵화 의지가 있다고 생각하셨나요?

문재인 그것은 분명해요. 상응조치가 있다면 비핵화하겠다는 김정은 위원장의 약속은 진심이었다고 생각합니다. 트럼프 대통령도 김정은 위원장의 비핵화 의지를 직접 확인했다고 말했고, 폼페이오를 비롯한 미국 측 협상 관계자들도 여러 차례 같은 말을 했어요.

최종건 사실 사람들이 잊어버리고 있는 중요한 포인트가 있었습니다. 김 위원장이 판문점으로 내려오기 전에 당대회를 개최해서 병진 노선을 폐기합니다. 경제와 핵을 동시에 발전시키겠다는 노선을 폐기하고 경제 중심으로 가겠다고 한 거죠. 저는 그게 외부에 보내는 북한의 시그널이었다고 생각해요. 상응조치를 말하는데, 따지고 보면 미국이 해줄 수 있는 조치는 언제든지 다 무효화할 수 있는 가역적인 것이었죠. 일종의 약속어음입니다. 북한이 없애야 하는 것은 핵물질과 핵시설이어서 원상복구가 안 되죠. 다시 건설하고 만들어야 합니다. 우리는 항상 김정은 위원장의 선의를 이야기하는데, 그렇다면 북한에만 선의를 요구하는 게 공정한 것인지 생각해볼 필요가 있습니다.

문재인 그렇죠. 그래서 상응조치들이 동시적으로 이행되어야 한다는 거죠. 협상이라는 것이 서로 신뢰하고 양보해야 하는 건데, 힘 있는 쪽에서 상대에 대한 불신 때문에 먼저 다 비핵화하면 우리가 후에 보상해주겠다, 이런 기조에서 크게 벗어나지 못했기 때문에 결국은 최종 합의에 이르지 못한 것이죠.

최종건 당시 미국 측 이야기를 들어보면, 북한이 경직된 협상 태도를 보였고, 북측 실무대표가 협상 권한이 없었다고 말합니다. 그래서 회담이 안 되었다고요. 물론 지금은 미국 사람들이 그때 영변을 받았어야 했다고 후회 섞인 말을 하기도 합니다. 저는 당신들이 안 받아서 우리가 지금 고생하고 있다고 푸념하곤 합니다. 그때 받았으면 지금 영변에 미국 사람들이 가서 북한 과학자들, 기술자들하고 같이 폐기 작업을 하고 있었을 텐데요. 지금 같은 남북관계의 파탄도 없었을 거고요.

문재인 결국 미국은 우리보다 덜 절박한 거예요. 내가 트럼프 대통령과 비건 대북정책특별대표, 폼페이오 국무장관 같은 미국 사람들

변방에서 중심으로

에게 한 이야기가 있어요. "당신들은 북한의 핵이 멀리 떨어져 있기 때문에 그것이 당장 닥쳐올 위협이 아닐 수 있다. 미사일 사거리가 늘어나고 핵 능력이 고도화되고 있기 때문에 미래의 위협이 되지만, 우리에게는 당장 생존의 문제다. 그래서 당신들은 비핵화를 핵동결 정도로 만족할 수 있을지 몰라도, 우리는 완전한 비핵화가 관철되지 않으면 안 된다." 비핵화에 대한 의지가 우리가 훨씬 더 절박하다는 걸 여러 번 강조했죠. 우리 같았으면 어떻게 하든 접점을 찾아서 실질적인 비핵화에 착수했을 텐데… 미국은 더 내놓아라, 한꺼번에 다 비핵화하면 우리가 충분히 보상해주겠다는 과거의 태도에서 달라지지 않았던 거죠. 절박하지 않은 거예요. 그런 미국에 운명을 맡길 수밖에 없는 우리 처지가 참 안타깝습니다.

최종건 결국 미국은 한반도의 미래를 가지고 협상하는 겁니다. 미국이 북한에 줄 수 있는 것은 한미동맹 사안도 있고, 평화협정이라는 한반도 정치질서에 관한 것도 있죠. 그러니 우리의 미래를 가지고 협상하는 건데도 우리가 더 관여하지 못했다는 것이 지금 많이 안타깝고요. 제재도 사실 우리나라가 그 어떤 나라보다 가장 강하게 하고 있다고 우리는 계속 이야기하고 다녔죠.

문재인 그렇습니다. UN 제재 이전에 우리는 국가보안법이 있어서 아예 접촉도 못 해, 가지도 못해, 무역도 안 돼, 위반하면 형사처벌도 받죠. 세계 어느 나라에도 없는 제재를 하고 있는 셈입니다.

최종건 2018년에 한반도 평화프로세스가 정말 빠르게 진행됐습니다. 청와대에 있었던 저희로서도 마치 고속도로 노견에 서 있는 것처럼 느꼈을 정도니까요. 4·27 판문점 남북정상회담, 북측 판문각에서 한 5·26 번개 남북정상회담, 9·19 평양 남북정상회담, 그리고 그사이에 6·12 싱가포르 북미정상회담이 있었습니다. 남북정상회담이 끝나면 항상 대통령님이 미국에 가서서 트럼프 대통령과 직접 회담하며 이런저런 설명을 했습니다.

북한과 미국을 끌어다가 대화를 시키는 그 과정이 한반도 평화프로세스였어요. 예전에는 남북 사이에는 남북관계만 논의하면 됐지만, 이제는 비핵화 프로세스를 함께 끌고 가야 하니 우리가 더 바빠졌어요. 그런데 우리가 북한을 위해 제재 해제를 읍소하고 다녔다고 터무니없이 왜곡하는 사람들도 있습니다.

문재인 미국이나 한국의 극우세력들은 북한의 비핵화가 아니라 북한을 무너뜨리는 것이 궁극의 목표이기 때문에 제재 완화가 논의되는 것 자체가 싫은 거죠. 나는 반대로 후회를 해요. 제재 해제에 대해서 우리가 좀 더 적극적으로 설득하고 노력했어야 하지 않았나… 비핵화에 대한 미국 쪽의 상응조치라는 것이 결국은 두 가지죠. 하나는 북미관계를 정상화하는 것이고, 또 하나는 경제제재를 풀거나 완화하는 것. 그런데 이런 큰 방향에 대해서는 우리가 미국을 설득하고 중재했지만, 구체적인 상응조치, 즉 어떤 해제를 할 건가 하는 구체적인 로드맵에 대해서는 북미 간에 협상할 문제라고 생각해서 거기까지는 개입하지 않았거든요.

그 정도 했으면 북미 간에 충분히 타결을 볼 거라고 판단했던 것인데, 그게 아니었어요. 돌이켜보면 우리가 좀 더 개입해서, 북한이 하겠다는 비핵화 조치에 대한 상응조치로 어떤 제재 해제가 필요한지 북한의 요구를 듣고, 합리적이라고 판단되면 미국에 전달하는, 더 적극적인 중재를 했어야 하지 않았나 하는 후회가 있어요. 지금도 우리는 하노이에서 북한이 제시한 조치는 알지만, 상응조치로 무엇을 요구했는지는 정확히 알지 못하니까요.

또는 북한이 핵·미사일로 도발할수록 제재가 추가돼왔기 때문에, 북한이 조치하는 것에 따라서 가장 나중의 제재부터 거꾸로 풀어나가는 방식도 있지요. 또는 제재 해제에 대한 미국 쪽의 우려를 불식하기 위해서 우리가 나중에 제안했던 스냅백Snap Back, 즉 북한이 약속을 지키지 않을 경우 도로 제재가 복원된다는 조건부 제재 해제 같은 아이디어*도 보다 조기에 제시해서 더 집요하게 설득했었으면 하는 후회가 남아요. 그걸 못 한 게 오히려 아쉽죠. 지금은 비핵화와 남북관계가 함께 가지 않을 수 없기 때문에 비핵화에 대해서 북미 간의 문제로 미루지 말고 더 적극적으로 관여할 필요가 있었습니다.

● 2015년 7월 20일 미국, 영국, 프랑스, 러시아, 중국, 독일은 EU의 중재로 이란과 '이란의 비핵화를 위한 포괄적 공동이행계획(JCPOA)'에 합의했다. 이때 스냅백 조항을 넣어, 이란이 합의에 따라 저농축 우라늄 생산을 연간 300kg으로 제한하고, 이란의 중수로 시설을 플루토늄 생산이 불가능하게 개조하는 등 10년간 포괄적 공동행동계획의 모든 조건을 준수하지 않을 경우 UN 안보리에 회부해 제재를 다시 부과할 것을 결의하도록 했다.

최종건 합의 메뉴판을 만들어줬어야 했습니다. 사실 그때 미국 고위 관계자들에게 우리가 합의 메뉴판을 만들어줄 수 있다고 했습니다. 대통령님이 후회라는 표현을 쓰셨지만, 이게 그 당시 우리가 마음속에 가지고 있었던 생각이 아닌가 싶습니다. 왜냐하면 답답했거든요. 뭔가 만들어보고 싶지만 '제재 틀에 갇힌 느낌'이 들었어요. 그걸 왜 못 푸느냐는 지지자들의 비난이 많이 아팠습니다.

문재인 앞으로를 떠올리면, 우리가 좀 더 판을 흔드는 역할까지도 이제는 고민해야 된다는 생각이 들죠. 북한의 실질적인 비핵화 조치가 있다면 그에 대한 상응조치로 북한의 민생을 좌우하는 제재부터 우선적으로 해제하는 게 바람직하다는 것을 적극적인 목소리로 국제 여론에 호소한다든지, 안보리 이사국들을 상대로 설득 작업을 한다든지, 또는 남북 간에 선제적으로 합의해서 국제사회에 제시한다든지 하는, 보다 적극적인 역할을 할 필요가 있다고 생각해요.

북한도 마찬가지예요. 북한도 '우리 민족끼리'를 강조하지만 실제로는 비핵화와 상응조치의 로드맵을 미국과 협상하려 하지 우리와는 논의하려고 하지 않았거든요. 북한이 영변 핵단지 폐기를 남북회담에서 언급한 것은 우리 정부 때가 처음이었어요. 우리 정부 이전까지는 비핵화 이야기를 남측이 꺼내기만 해도, 당신들이 관여할 문제가 아니라며 회담장을 박차고 나갈 정도였으니까요. 그래서 북한 쪽에서도 남북 간에 문제를 풀려고 하는 자세 전환이 좀 더 필요하죠.

북한의 태세 전환 이유

최종건 사실 최초로 '한반도 비핵화'를 정상회담 문건으로 명문화한 것이 4·27 판문점선언의 세 번째 조항입니다. 그때 남과 북이 한반도의 완전한 비핵화를 위해 협력한다는 문구가 나와서 다들 놀랐던 거죠. 말씀하셨듯이 북한은 '조선반도의 비핵화'라고 하는 것은 미국하고만 이야기하는 것이고, '전시작전권도 없는 남조선'하고 이야기할 수 없다는 게 그들의 전형적인 표현이었습니다. 그런데 같은 해 9·19 때 판문점선언의 내용을 좀 더 명확히 해서 영변 핵단지의 폐기를 이야기했던 거죠. 앞으로 어떻게 진행될지 모르지만, 언젠가는 우리가 직접 북한과 한반도 비핵화를 협상할 날이 올 거라고 봅니다. 왜냐하면 북미 간에 문제를 풀지 못하고 있고, 부담이 점점 커지고 있으니까요.

2017년도에 만난 김 위원장과 2023년 현 대담 시점의 김 위원장은 달라 보입니다. 김 위원장은 자기가 미국을 제일 잘 안다고 주장할지도 모릅니다. 미국 대통령과 두 차례 정상회담을 했고 수십 통의 친서를 교환했으며, 또 CIA 국장과 국무장관을 만났으니까요. 대북정책특별대표도 만나고… 미국 고위 관료와 가장 많이 접촉한 북한 지도자가 된 거죠. 그러나 북미대화가 결국 실패로 끝났기 때문에 지금 김정은 위원장은 더욱 강경해졌습니다.

다시 김정은을 만난다면 혹은 그와 친교 산책을 하신다면, 지금 상황에서 전해주고 싶은 말씀이 있습니까?

문재인 남북한 정권이 함께 노력해야 할 일이지만, 남북은 어떤 상황에서도 대화의 끈을 놓으면 안 됩니다. 지금 대화에서 너무 멀어졌어요. 남과 북은 더 이상 상황을 악화시키는 행동을 중단하고 즉시 대화를 모색해야 합니다. 서로 군사적 긴장을 고조시켜서 남북이 군사적 충돌에 이른다면, 그것은 민족 앞에 돌이킬 수 없는 죄를 짓는 게 될 것입니다.

지난 정부 시기의 남북대화와 북미대화가 결국 실패로 끝나고, 그 성과까지 무無로 돌아가는 상황을 겪으면서 북한이 느꼈을 실망과 좌절을 이해하지만, 북한도 대화와 외교를 더 긴 호흡으로 볼 수 있어야 합니다. 지난 대화 시기가 2018년과 2019년 불과 2년도 되지 않았어요. 그러고는 미국의 대선 국면과 세계가 다 함께 겪은 코로나 상황 때문에 북미대화가 이어지지 못했고, 그 때문에 남북대화도 멈춰섰던 거지요. 대화와 외교를 통해 오래된 문제를 해결하는 데는 원래 시간이 오래 걸리는 법이지요. 더구나 70년간 적대해온 국가들 사이에 고작 2년도 안 되는 대화에서 빠른 성과를 얻지 못했다고 대화를 포기한다면, 그것은 어리석은 일입니다.

지난 대화를 돌아보면, 미국 측에서 조금 더 전향적으로 상응조치를 강구했었으면 하는 아쉬움이 있듯이, 북한도 협상 상대인 미국이 가지고 있는 상당한 불신을 해소하고 신뢰를 구축해나가는데 오랜 시간이 걸린다는 것을 인식하고, 좀 더 인내심 있는 외교를 할 필요가 있습니다. 북한이 말하는 행동 대 행동의 원칙에서 유연성을 발휘해 먼저 좀 더 선제적으로 과감한 조치들을 할 수 있었으면 하는 아쉬움도 있습니다. 물론 북한이 세 가지 중요한 선제조치를 했어요. 풍계리 핵실험장 폭파와 동창리 미사일발사장 폐기 제안, 그리고 핵과 미사일 실험이나 발사를 유예하는 조치를 선제적으로 했죠. 실질적인 비핵화 부분에서도 때로는 북한이 좀 더 과감하게 국제사회를 믿고 선제조치를 취한 다음 제재 해제를 요구하는 방안도 강구해보길 바랍니다.

또 하나는 정말 '우리 민족끼리'라는 말처럼 남북 간의 문제를 남북 간에 좀 더 적극적으로 풀어나가려는 노력도 필요하지요. 종전선언도 지금까지 3자 또는 4자에 의한 종전선언을 도모해왔지만, 앞으로 전쟁을 하지 않아야 될 당사자는 남과 북이기 때문에 남북 간에 종전선언과 평화협정 체결을 못 할 이유가 없다고 생각합니다. 그 점에 대해 북한의 태도 변화도 필요하고 우리 측에서도 국민들의 인식 전환이 필요하지요.

남북 간의 종전선언이나 평화협정이어도 국제적인 지지를 받아 공고해지면, 북한은 비대칭 전력에 국력을 낭비할 이유가 줄어들고, 국제사회의 정상국가로서 나아가는 데도 큰 도움이 될 것입니다. 결국 우리 민족의 운명을 좌우하는 일인데, 그것이 우리 손을 떠나 남의 손에서 결정되고 좌우되는 데 대한 안타까움이 있지요. 비핵화 문제도 재래식 전력의 군축 문제처럼 구체적인 실행에 관한 논의를 남북 간에 할 수도 있을 것입니다. 언젠가 그런 때가 오기를 고대합니다. 2019년 하노이 북미정상회담 노딜로 남북관계도 그냥 멈춰버렸는데, 그것은 북한의 한계이기도 하지요.

최종건 무슨 뜻이시죠?

문재인 우리로서는 하노이 노딜 이후에도 남북관계를 지속시키기 위해 많은 노력을 했습니다. 그걸 통해서 북미 간의 대화 모멘텀을 되살리고자 했는데, 북한은 그때부터 오로지 미국과의 대화에만 매달린 탓에 결국 남북관계 역시 더는 진전을 보지 못한 채 끝나고 만 거죠.

최종건 그 부분을 말씀하셔서 이 질문을 꼭 드려야 할 것 같은데요. 그러니까 하노이 이후에 북한이 사실상 태세 전환을 한 거죠. "남쪽하고 얘기 안 해!" 이런 건데, 그 이유가 우리가 "영변이면 될 거야, 미국이 받을 거야"라는 식으로 희망적인 사고를 심어줘서 그랬다는 의견이 있습니다. 맞는 이야기입니까?

문재인 북한이 그렇게 생각했을 수도 있죠. 우리가 미국을 설득해줄 것이라는 기대가 있었겠죠. 하노이 노딜에 대해서 미국에 느낀 배신감과 함께 남쪽의 역할에 대한 불만도 있었을 것이라고 이해합니다. 북한이 미국과 잘되지 않으면 남북 간에 의미 있는 진전이 어렵다고 생각했을 수도 있고요. 그러나 북미관계가 어려워졌으면 다시 남북관계를 통해서 북미관계의 모멘텀을 찾아나가는 노력이 필요한데, 그런 노력이 없었던 것이 아쉽죠.

한반도의 주인인 우리가 한반도 정책을
주도할 수 있어야 합니다.

3

평화 올림픽의 꿈을 이루다

문재인 회고록 외교안보 편

"당시 여자 아이스하키팀은 우리나라에 실업팀이 하나도 없어서 국가대표팀이 유일한 팀인, 말하자면 음지 중의 음지 스포츠였어요. 올림픽 본선 출전도 예선전을 통과해서가 아니라, 개최국 프리미엄으로 출전하게 된 것이었죠. 그래서 북한과 단일팀이 가능했던 거예요. 결과적으로 여자 아이스하키팀은 엄청난 각광을 받았고, 선수 개개인에게도 큰 보람이 됐어요. 그 덕분에 여자 실업팀도 하나 생겼고요. 함께 고생한 일부 선수의 출전 기회가 없어진다는 것이 당시 불공정하다고 지적받은 이유였는데, 그 걱정도 감독이 선수들을 골고루 출전시키면서 해소됐어요. 결국 불공정의 우려는 여자 아이스하키팀이 주목을 받으면서 저절로 해소된 셈이죠. 그게 올림픽의 목적이기도 하고요. 올림픽을 통해서 평화, 공존, 화합, 통합을 이루는 거예요."

물밑 접촉

최종건 한반도 평화프로세스의 2018년도와 2019년도 이야기를 이어가겠습니다. 2018년에 기념비적인 사건이 많았습니다.

2월 평창동계올림픽이 있었고, 북한이 참가했습니다. 남북 간에 특사를 교환해 북한 특사는 대통령님을 뵀고 우리 특사는 김정은 위원장을 만났습니다. 4·27 판문점 남북정상회담이 있었고요. 북미정상회담이 싱가포르에서 개최됐습니다. 취소될 뻔했는데 5·26 번개 남북정상회담으로 다시 살려냈죠. 그리고 9·19 평양 남북정상회담으로 이어졌습니다. 이전에 없었던 그림이 많이 나왔습니다. 능라도5·1경기장 연설, 백두산 천지 방문, 그 사이에 군사합의도 있었고요. 매우 빠른 속도로 진행됐던 시기입니다.

우리 외교사에 특별한 순간도 있었습니다. 2018년 3월 9일 정의용 안보실장과 서훈 국정원장이 트럼프 대통령을 만난 후, 북미정상회담 개최 계획을 미국이 아닌 우리 안보실장이 백악관 로즈가든에서 발표했습니다. 사상 유례없는 이례적인 일이었습니다. 저는 이 일련의 과정이 한반도 프로세스의 첫 번째 파도였다고 생각합니다. 2017년에는 북한의 핵·미사일 도발과 전쟁위기에 대응하느라 노심초사했는데, 2018년에는 평화의 파도가 거세게 몰아쳤고, 그

파도를 우리가 밀고 갔습니다.

2018년 1월 1일에서 4월 27일까지 트럼프 대통령과 다섯 차례 통화하셨고, 다음 날 28일에도 통화하셨고요. 펜스 부통령 부부를 접견하고, 이방카Ivanka Trump 보좌관까지 접견하셨습니다. 아베 총리와도 두 차례 통화하고, 평창에서 한 차례 한일정상회담을 하신 뒤 4월 29일에 또 통화하셨습니다. 김정은 위원장은 대통령님을 만나기 전에 중국을 방문합니다. 그러고 나서 시진핑 주석이 양제츠 특사를 보내서 접견하셨고요. 시 주석과는 두 차례 통화하셨습니다. 이렇게 일이 급격히 진행될 수 있었던 이유 중 하나가 2017년 12월 19일 대통령님의 한미연합훈련 유예 발표였어요. 그에 화답한 김정은 위원장의 2018년 1월 1일 신년사가 있었습니다. 남한 사람들에게 안부를 전하며 올림픽 성공을 기원했고, 평창동계올림픽 참가를 위한 특사를 보내겠다고도 했죠.

문재인 정말 뭐 그런 때가 있었는가 싶죠. 북한의 1년간 대내외 정책이 매해 1월 1일 김정은 위원장의 신년사로 발표되거든요. 북한의 대내 정책도 관심사지만, 우리에게 제일 큰 관심사는 김 위원장이 남북관계를 어떻게 가져가려고 하는지였기 때문에 그해 신년사는 그야말로 초미의 관심사였습니다. 왜냐하면 2017년 내내 계속된 핵과 미사일 도발, 그로 인해 커져가던 전쟁위기를 종식시키고, 평창동계올림픽을 평화 올림픽으로 대전환해내는 계기가 될 수 있었기 때문이죠. 그런 면에서 보면, 2017년도에 있었던 나의 모든 메시지, 한미정상회담, 베를린에서의 쾨르버재단 연설, 8·15 경축사,

UN 총회 연설 등의 모든 메시지가 1월 1일 신년사에서 김 위원장의 화답을 이끌어내기 위한 것이었다고 해도 과언이 아닙니다. 신년사 후 북한과 대화가 시작됐을 때 김 위원장과 김영철 등 북측 인사들은 12월 19일의 한미연합훈련 유예 발표가 북한이 대화 재개와 평창동계올림픽 참가로 선회하는 데 결정적인 역할을 했다고 여러 차례 말했습니다. 그러나 그때까지 있었던 많은 노력이 축적되어 얻은 성과로 봐야겠지요.

최종건 대통령님은 그 신년사를 사전에 예상하셨습니까?

문재인 그 신년사가 더 극적으로 느껴진 것은 북한의 2017년 11월 29일 ICBM 발사 때문이었죠. 북한은 그해 9월 6차 핵실험을 한 데 이어, 사거리를 늘려가는 미사일 도발을 해오다가 급기야는 ICBM 고각 발사로 미국 본토까지 갈 수 있는 미사일 능력을 과시함으로써 미국뿐 아니라 전 세계에 충격을 주었습니다. 그래서 한반도의 군사적 위기가 극도로 고조됐고, 대화나 평화는 아주 멀어진 것으로 보였죠.

그런데 사실 우리는 그런 가운데서도 한편으로 기대를 가졌어요. 우리의 꾸준한 대화 메시지를 북한이 긍정적으로 받아들인다는 느낌이 있었고, 특히 한미연합훈련 유예를 말한 후에 그 느낌이 더욱 강해졌어요. 우리가 긍정적으로 느낀 첫 번째 징후는 북한이 ICBM 발사 후 '핵무력을 완성했다'는 메시지를 낸 것이었습니다. 그때 언론들은 그 발표를 북한의 말폭탄 또는 허세와 엄포로 다뤘죠. 그러나 북한의 대외 메시지를 주의 깊게 보면 나름대로 논리적인 일관성이 있어요. '핵무력을 완성했다'는 것은 허세라고 하더라도 더는 미사일 발사시험을 하지 않아도 된다는 의미가 내포되어 있는 것으로 볼 수 있죠. 당시 서훈 국정원장도 그렇게 분석하면서 김 위원장의 신년사를 기대해봐도 될 것 같다고 보고했습니다.

또 하나의 긍정적인 징후는 UN의 펠트먼Jeffrey Feltman 사무차장이 2017년 12월 5~9일 평양을 방문한 것이었어요. 당시 그의 방북은 보도가 됐는데도 큰 주목을 받지 못했어요. 김정은 위원장을 만나지 못한 데다, 리용호 외무상을 만나 평창동계올림픽 참가를 요청했다는 것 외에 별다른 발표가 없었기 때문이죠. 그런데 그가 나중에 2021년 2월 언론 인터뷰로 밝힌 바에 의하면, 그 방북 때 김정은 위원장과 만날 용의가 있다는 트럼프 대통령의 메시지를 전달했다는 겁니다.* 그렇다면 펠트먼의 방북과 그가 전한 트럼프 대통령의 메시지도 북한의 태도 변화에 영향을 미쳤을 수 있지요. 물론 우리는 당시 트럼프 대통령의 메시지를 알지 못했어요. 그러나 UN 사무차장이 방북할 수 있도록 북한이 초청해준 사실만으로도 북한 내부에 기류 변화가 일어나고 있다는 느낌이 있었죠.

● 2021년 2월 20일 방송된 영국 BBC 다큐멘터리 〈트럼프, 세세계 및 시대〉에서 제프리 펠트먼 UN 사무차장은 2017년 12월 5일 평양을 방문했을 당시 북측에 북미정상회담을 하자는 트럼프 전 대통령의 극비 메시지를 리용호 외무상에게 전달했다고 밝혔다. 그의 증언에 따르면, 구테흐스 UN 사무총장이 백악관을 방문한 자리에서 트럼프 대통령은 북한의 초청을 받은 펠트먼 사무차장의 평양 방문을 적극 권장했고, 자신이 김정은 위원장과 기꺼이 마주 앉겠다는 말을 북측에 전해줄 것을 요청했다. "Donald Trump takes control of the world: Part 3 Asia", BBC, 2021. 2. 20 참조.

　　　　　　　　　　　　　　　　　　　변방에서 중심으로

최종건 대통령님은 당시 그의 방북을 알고 계셨습니까?

문재인 나는 사전에 알고 있었죠. 그의 방북에는 비하인드 스토리가 있어요. 나는 2017년에 구테흐스Antonio Guterres UN 사무총장을 여러 번 만났는데, 그때마다 남북이 대화할 수 있도록 역할을 해달라고 부탁했죠. 그해 9월 UN 총회 연설에서는 한반도 평화를 위한 UN의 적극적인 역할을 공개적으로 촉구했고요. 그러자 구테흐스 사무총장은 펠트먼 사무차장을 연내에 북한으로 보낼 계획이라고 내게 알려주었습니다. 그런데 미국 측에서 그 계획에 부정적인 반응을 보이고 있다는 거였어요.

특히 트럼프 대통령이 어떻게 생각할지 걱정했어요. 당시 트럼프 대통령은 UN 사무처의 강도 높은 개혁을 요구하면서 UN 분담금 납부를 거부해 압박하고 있을 때였거든요. 미국과 UN 사이에 긴장이 높았어요. 그래서 내가 구테흐스 총장에게 말해주었죠. 트럼프 대통령이 내게 남북정상회담이 성사되면 자신도 김정은 위원장을 만날 용의가 있다고 말했으니 걱정하지 않아도 된다고요. 그 후 구테흐스 사무총장이 내게 알려왔어요. 트럼프 대통령을 만나 사무차장의 방북 계획을 말했더니 흔쾌하게 지지해주었다는 겁니다.

그러나 그때도 트럼프 대통령이 김 위원장에게 전하는 메시지가 있다는 말은 없었어요. 트럼프 대통령의 메시지에 대해 철저하게 보안을 지킨 거죠. 어쨌든 나는 펠트먼 사무차장의 방북 계획을 사전에 알고 있었고, 또 방북 후에도 연락을 받아서 그 사실을 알고 있었어요. 당시 한반도의 긴장이 극도로 고조되고 북미관계가 최악의 수준으로 험악하던 시기에 트럼프 대통령이 김 위원장에게 만날 용의가 있다는 메시지를 보낸 것에 대해선 크게 칭찬할 만하다고 생각해요. 또한 당시 한반도 평화프로세스에 도움을 준 구테흐스 사무총장과 펠트먼 사무차장에게도 감사를 표하고 싶습니다.

최종건　결국은 2017년 대통령님 취임부터 2018년 김 위원장 신년사까지, 8개월 정도 걸린 겁니다. 서훈 원장이 복원한 국정원의 대북채널을 '문 로드'라는 코드네임으로 불렀습니다. 당시 북한과의 유일한 통신선이었는데, 그것을 통해서 우리는 일관된 대화 메시지를 꾸준히 보냈습니다. 저쪽이 뭐라 하든 행동을 어떻게 하든 간에 꾸준하게 대화 메시지를 보낸 거죠. 대통령님의 메시지와 의지를 전했고, 연설도 그때그때 보냈습니다. 한번 만나서 논의하자고 제안도 하고요.

　결국은 김 위원장이 '핵무력을 완성'한 후 선회한 거죠. 말씀하신 대로 '나는 완성했으니 이제 대화로 나아가겠다'고 한 것이죠. 그런데 첫 번째 발걸음이 매우 컸어요. 2018년 2월 평창올림픽 때 자신의 여동생을 서울로 보낸 거죠. 그들로 따지자면 백두혈통인데요. 북한 헌법상 국가수빈인 김영남 최고인민회의 상임위원장이 대표로 왔는데, 김여정 부부장을 함께 보냈거든요. 김여정을 통해서 김정은 위원장은 대통령께 어떤 시그널을 보내고 싶었을까요?

문재인　여러 가지 의미가 있었다고 생각해요. 우선은 2007년 노무현 대통령과 김정일 국방위원장의 10·4 남북정상선언으로부터 11

년을 건너뛰어서 다시 남북대화를 시작하는 마당이었기 때문에 북한에서도 대화에 진정성을 보일 필요가 있었죠. 그래서 여동생 김여정 부부장을 보내서 북한의 진정성을 보여주고자 한 것으로 봅니다.

또 하나는 2000년 6·15 남북공동선언이나 2007년 10·4 남북정상선언에서 거듭 약속되었던 것이 북한 최고지도자의 남한 답방이었는데, 번번이 북한이 그 약속을 지키지 않은 채 넘어갔죠. 그것이 남북대화가 지속되지 못한 하나의 원인이기도 합니다. 그런 상황에서 김 위원장이 자기 대신 여동생을 보냄으로써 자신의 남한 답방에 갈음하는 외교적 행위를 한 것이라고 볼 수 있겠죠. 북한 역시 남북관계 개선이나 북미관계 개선을 바라는 아주 강렬한 의지를 갖고 있었다는 징표였다고 봅니다.

최종건 일종의 가정적 질문인데요. 취임하시고 나서 북한은 북한대로 연이어 미사일을 발사하고, 핵실험까지 했습니다. 미국 정부는 소위 최대압박을 했고요. 또 아베 총리는 그런 미국을 더 부추기는 듯한 모습도 보였습니다. 한중관계는 안 좋았고요. 그런 상황에서 우리 정부가 최대압박 기조만 따라갔다면 어떤 일이 있었을까요? 첫 번째로 평창올림픽에 어떤 영향이 있었을까요?

문재인 우선은 당장 평창올림픽을 평화를 위한 대전환의 계기로 삼으려던 우리의 구상이 무너지는 것은 말할 것도 없고, 평창올림픽에 대한 국제적 불안이 높아져 올림픽으로서 성공하지 못하고 흥행도 못 했을 겁니다. 그 이전에 어떤 형태로는 남북 간 또는 북미 간에 군사적 충돌이 발생할 가능성도 있었죠. 당시 미국에서 군사적 옵션을 검토한다, 또는 전쟁 시나리오를 검토한다는 정보가 있었는데, 나중에 다 사실로 확인됐어요. 그런 상황 속에서 우리마저 그런 폭주에 제동을 걸지 않고 가세했다면, 아마 남북관계는 6·25 전쟁 이후 최악의 파탄, 심지어 전쟁까지 갈 수 있는 위험한 상황을 맞이했을 가능성이 컸죠.

최종건 그렇다고 해서 대통령님이 평화만 강조하신 건 아니었습니다. 북이 중장거리 미사일로 도발했을 때 대통령님은 답답해하셨어요. 우리가 규탄성명을 내거나 보도자료를 내는 것 외에는 할 수 있는 게 없냐고 하시면서, 국방부에 대응할 수 있는 실질적 조치가 무엇이냐고 물었죠. 그래서 강원도 마차진 대공사격장에서 에이태큼스ATACMS(전술지대지미사일시스템) 미사일을 발사했습니다.

문재인 전투기가 공중폭격하는 훈련도 함께 했죠.

최종건 그게 아마 우리 군에서 북한의 도발에 대해 취한 첫 번째 실질적 대응조치였던 것 같아요. 마차진에서 순안공항(평양국제비행장)까지 200km 이상의 거리와 동일한 거리를 타격하는 미사일을 동해상으로 쏜다거나 원점 타격할 수 있는 능력을 보여준 것, 말뿐 아니라 행동으로 보여주는 결기 같은 게 그 당시 처음으로 표출된 겁니다. 이명박·박근혜 정부까지 그야말로 말로만 대응했거든요.

문재인 평화 메시지뿐 아니라 북한의 도발이 있을 때 단호한 대응을 행동으로 보여주는 것도 필요한 일이라고 판단했어요. 북한의 도발을 용납하지 않는다는 우리의 단호한 의지를 보여줌으로써 북한의 도발을 억제하는 한편, 북한이 대화 외에는 방법이 없다는 것을 받아들이고 대화에 나서도록 압박하기 위한 것이었죠.

톱다운 방식

최종건 일종의 위기관리 3종 세트인 것 같습니다. 북한에 대한 결연한 의지, 그리고 한미동맹 공조 강화, 마지막은 평화 메시지.

　　대통령님은 북한과의 대화에서 톱다운 방식을 강조하셨습니다. 그에 대해 비판도 있었지만 성과도 있었습니다. 그런데 대통령님은 국정운영의 다른 영역에서는 보텀업bottom-up을 강조하셨습니다. "부처와 협의하라, 과정이 중요하다." 그런데 북한과 미국을 다루고 대화하는 데는 톱다운을 강조하셨어요. 이게 김정은과 트럼프라는 인물적 특징 때문이었습니까, 아니면 대북한정책, 안보정책의 특성 때문이었습니까?

문재인 현실적이고 실용적인 방식이죠. 빠른 시일 내에 국면을 전환해 평화를 구축할 방법이었어요. 민간 영역에서 다양한 교류가 이루어지고, 지자체 차원에서 활발하게 교류하는 가운데 남북 간에 화해 분위기가 조성되고, 그 토대 위에서 당국 간 교섭이 이루어져서 정상회담으로 연결되는 것이 튼튼하고 지속성 있는 방법일지 모르지만, 현실은 그렇지 못합니다. 북한 체제의 특성상 중요한 결단은 최고지도자만이 할 수 있는 것이죠. 그래서 나뿐 아니라 그동안 남북 간의 모든 대화가 톱다운 방식으로 이루어졌어요.

2000년 6·15 남북공동선언, 2007년 10·4 남북정상선언도 그랬고요. 그전에 1991년 남북기본합의서나 1972년 7·4 남북공동성명도 마찬가지 방식이었어요. 우리 정부 당시 북한뿐 아니라 미국 측의 사정도 마찬가지였다고 생각해요. 미국 역시 공화당 쪽은 전통적으로 북한과의 대화에 부정적인 기류가 강하고, 트럼프 대통령만이 거의 유일하게 대화에 전향적인 입장이었죠. 그런 상황에서 북미 간의 효과 있는 회담을 위해서는 이른바 양 정상이 직접 만나는 것이 최선의 방법이라고 판단했던 거죠.

최종건 그럼 내가 김정은 위원장에게 직접 메시지를 넣어야겠다, 트럼프 대통령하고 지속적으로 소통해서 톱다운 어프로치를 해야겠다는 것은 2017년 그 당시에 결심하신 것입니까?

문재인 나는 처음부터 그렇게 생각하고 목표를 세웠어요.

최종건 일각에서는 트럼프 대통령의 통치 스타일, 성격, 리더십 스타일로 볼 때 톱다운 방식으로 하기엔 좋은 파트너가 아니었다는 의견도 있는데, 어떤가요?

문재인 트럼프 대통령이 결단해서 진행되던 북미정상회담에 제동을 걸고 끝내 하노이회담을 무산시킨 과정을 보면 트럼프 대통령 주변에서 폼페이오나 볼턴, 심지어 펜스 부통령까지도 대화의 발목을 잡는 역할을 한 거죠. 그나마 트럼프 대통령의 결단 없이는 거기까지 가지도 못했을 거예요. 우리로서는 트럼프 대통령이 직접 대화에 나서도록 이끄는 것이 최선이었다고 생각해요.

물론 톱다운 방식은 지속 가능성 또는 대화의 완결성 면에서 우려가 있는 방식이기는 합니다. 사전에 충분한 교섭을 통해 실무적인 합의를 먼저 이루는 과정 없이 양 정상이 만나면 만남 자체는 파격적으로, 전격적으로, 결단의 모습으로 보이지만 성과를 담보할 수 없는 면이 있죠. 불행히도 하노이회담이 그렇게 되고 말았습니다. 크게 성공할 수도 있었지만 노딜로 끝날 수도 있는 위험 부담이 있는 방식이기는 했어요.

그래서 나는 정상회담에 나서는 김정은 위원장과 트럼프 대통령에게 거듭거듭 강조했어요. 정상회담을 하는 것은 양 정상의 결단이지만 회담 전에 충분한 실무교섭을 통해 최소한의 실무적인 합의안을 가지고 회담에 나서야 한다, 그래야 회담에 실패가 없고, 정상 간의 결단을 더해서 더 높은 합의를 할 수 있다고요. 하노이회담은 최소한의 실무적 합의도 없이 열렸기 때문에 실패한 셈인데, 결국 양국의 실무선에서 회담을 뒷받침해주지 못한 것이죠.

최종건 당시 백악관에 정의용 안보실장과 제가 많이 오갔습니다. 미국 사람들과 북한을 대하는 미국의 전략에 대해서 많은 이야기를 했어요. 특히 톱다운 어프로치의 필요성에 대해 많이 강조했지요. 톱다운은 겉에서 보이는 모습이다, 사실상 실무진의 발걸음이 정말 바빠야 한다고 강조한 기억이 납니다.

트럼프 대통령의 톱다운 스타일을 알 수 있는 에피소드가 있는데요. 정의용 안보실장이 서훈 당시 국정원장과 함께 백악관 오벌오피스(미국 대통령 집무실)에 들어가 평양특사 방문 결과를 브리핑하면서 김정은 위원장의 북미대화 의지를 이야기하니, "그래, 내 말이 맞잖아. 내가 김정은과 대화한다고 했잖아!"라고 트럼프 대통령이 주변의 참모들에게 말했다는 겁니다. 그는 이미 의지가 있었던 거죠. 그래서 김정은 위원장의 정상회담 의지를 전하니 트럼프 대통령이 바로 그 자리에서 북한과 정상회담 하겠다고 결정한 거예요. 김 위원장의 태세 전환도 있었지만, 트럼프 대통령의 태세 전환 또한 상당히 두드러져 보였습니다.

이때 주변의 안보 관련 장관급 참모들이 거듭 말렸다는 겁니다. 아직 이르다며 맥매스터 안보보좌관 등은 반대했고, 펜스 부통령만이 대통령의 결정을 부통령으로서 지지한다는 정도의 소극적인 의사를 피력했다는 거죠. 그러자 트럼프 대통령이 "그럼 정의용 실장님이 직접 내가 김정은 위원장과 정상회담 하다는 것을 발표해 줘요"라고 했다는 겁니다.

정의용 실장은 그때 우리 대통령한테 허가를 받아야 한다고 하면서 대통령께 우리 시간으로 심야에 전화를 한 것으로 알고 있습니다. 그때 대통령님은 실장의 전화를 받고 어떠셨습니까?

변방에서 중심으로

문재인 무척 기뻤어요. 내 허가를 받을 필요도 없는 일이었지요. 나는 트럼프 대통령이 북미정상회담을 수용할 것이라고 예상했어요. 그럴 거라고 기대하고 특사단을 보낸 거죠. 그런데 백악관 측에서 발표하지 않고, 우리 특사단에게 발표하도록 한 것이 매우 특별한 의미가 있었어요. 한미 양국의 전례 없는 신뢰관계를 전 세계에 과시한 것이잖아요? 정의용 실장은 발표를 준비하는 동안 승인을 받는다는 명분으로 내게 경과보고를 해준 거죠.

2018년 3월 9일 정 실장이 트럼프 대통령의 요청으로 백악관에서 미국 언론과 해외 언론에 발표한 내용은 다음과 같았어요.

정의용 국가안보실장의 미국 백악관 발표문 (전문)
오늘 저는 트럼프 대통령에게 최근 저의 북한 평양 방문 결과에 대해 브리핑하는 영예를 가졌습니다. 저는 트럼프 대통령과 부통령, 그리고 저의 가장 가까운 친구인 맥매스터 장군을 포함한 그의 훌륭한 국가안보팀에 감사의 뜻을 표하고 싶습니다. 저는 트럼프 대통령에게 트럼프 대통령의 리더십과 최대압박정책이 국제사회의 연대와 함께 우리로 하여금 현 시점에 이를 수 있도록 했다고 설명했습니다. 저는 트럼프 대통령의 리더십에 대한 문재인 대통령의 개인적인 감사의 뜻을 전달했습니다.
저는 트럼프 대통령에게 북한의 지도자인 김정은 위원장과의 면담에서 김 위원장이 비핵화에 대한 의지를 갖고 있음을 언급했다고 했습니다. 김 위원장은 북한이 향후 어떠한 핵 또는 미사일 실험도 자제할 것이라고 약속했습니다. 김 위원장은 한미 양국의 정례적인 연합군사훈련이 지속되어야 한다는 점을 이해하고 있습니다. 그리고 김 위원장은 트럼프 대통령을 가능한 한 조기에 만나고 싶다는 뜻을 표명했습니다.

트럼프 대통령은 오늘 브리핑에 감사를 표시하고, 항구적인 비핵화 달성을 위해 김정은 위원장과 금년 5월까지 만날 것이라고 했습니다.

대한민국은 미국, 일본, 그리고 전 세계 많은 우방국과 함께 한반도의 완전한 비핵화에 대한 완전하고 단호한 의지를 견지해나가고 있습니다.

트럼프 대통령과 함께, 우리는 평화적 해결 가능성을 시험해보기 위한 외교적 과정을 지속하는 데 대해 낙관하고 있습니다.

대한민국, 미국, 우방국들은 과거의 실수를 되풀이하지 않고, 북한이 그들의 언사를 구체적인 행동으로 보여줄 때까지 압박이 지속될 것임을 강조하는 데 있어 단합된 입장을 견지하고 있습니다.

최종건 트럼프 대통령의 북미정상회담 수용을 예상하셨다고 했는데, 근거가 무엇이었습니까?

문재인 트럼프 대통령의 갑작스러운 태세 전환이 아닙니다. 나는 트럼프 대통령을 만날 때마다 지속적으로 평화적인 방식의 비핵화를 강조했고, 북미정상회담의 필요성을 설득했어요. 첫 번째 한미정상회담 중에 단둘이 환담을 나눌 기회가 있었을 때, 평화적 방식으로 비핵화를 해내면 그것은 전임 오바마 대통령과 역대 어느 대통령도 하지 못한 위대한 업적이 되고, 당연히 노벨평화상을 받게 될 거라고 트럼프 대통령을 설득했죠. 그 후에도 기회가 생기면 같은 내용으로 설득을 되풀이했고요.

트럼프 대통령은 북한이 충분한 비핵화 의지와 진정성 있는 대화 의지를 보여주기만 하면 자신이 직접 김정은 위원장을 만날 수 있다고 이미 내게 말했어요. 그러니 정의용 실장을 비롯한 우리 특사단이 북한을 방문해서 김정은 위원장에게 비핵화에 대한 의지와 트럼프 대통령과 회담하고자 하는 강한 의지를 직접 듣고 전달하니까, 트럼프 대통령이 좋다고 즉석에서 쉽게 결단을 내린 것이죠. 배석한 참모들은 깜짝 놀라서 반대하거나 만류했다는 거고요.

그런 상황 속에서 발표를 우리에게 맡겼다는 것은 우리에 대한 신뢰가 크게 작용한 것이죠. 또 트럼프 대통령은 한국이 대화의 장을 만드는 데 주도적인 역할을 해달라고 내게 요청했어요. 자신의 참모들이 북한과 대화한 경험이 없으니 '당신이 주도적인 역할을 해달라'는 것이었죠. '북미정상회담을 하겠다'는 매우 중대한 발표인데 대한민국 안보실장에게 맡긴 것은 우리의 주도적인 역할을 자신의 참모들과 북한에 알리는 뜻이 담겨 있다고 생각했어요.

최종건 그렇게 의도했든 안 했든 간에 결과적으로 우리에게 좋았던 것 같아요. 정의용 실장, 서훈 원장이 백악관 로즈가든에서 발표하는 것을 본 북한의 입장에서는 우리에 대한 신뢰가 더욱 높아졌을 테니까요. 김정은 위원장이 우리 특사단에게 자신의 북미대화 의지를 전달해달라고 했는데, 그걸 접수한 트럼프 대통령이 즉석에서 수용하고 우리 특사단에게 발표하라고 했으니, 의도했든 의도하지 않았든 트럼프 대통령이 한 수 위였다는 생각이 듭니다.

문재인 우리가 대화 프로세스를 주도해야 한다고 말해왔지만, 사실 주도할 수 있는 방법이라는 게 딱히 없잖아요. 유일한 방법은 우리가 정직한 전달자 역할을 하는 거죠. 북한의 입장을 정직하게 미국에 전달하고 미국의 입장을 정직하게 북한에 전달하고. 결국은 양 지도자의 생각을 서로 전달해주면서 정직한 중재자 역할을 하는 것밖에는 방법이 없는데, 그런 우리의 역할이 극적으로 부각된 순간이었습니다.

뜻밖이었던 것은, 측근 참모들의 반대였어요. 나와 트럼프 대통령 사이에 그동안 많은 대화가 있었기 때문에 김정은 위원장과 만날 의지가 있다는 트럼프 대통령의 뜻이 그의 참모들과 공유되고 있는 것으로 알았거든요. 귀국한 특사단으로부터 그 보고를 받았을 때, 남북정상회담 직후 우리 특사단을 선제적으로 미국에 보내서 트럼프 대통령에게 직접 보고하도록 했는데, 매우 잘한 일이었다는 안도감이 들었어요. 보통 때처럼 미국의 국가안보보좌관과 국무장관에게 방북 결과를 알리고 트럼프 대통령에게 보고해달라고 요청했다면, 일이 그렇게 잘 안 됐을 수도 있으니까요. 나중에 돌이켜보면, 측근 참모들의 반대는 그때뿐 아니라 그 후에도 지속되어 북미회담의 진도를 발목 잡았고, 끝내 하노이회담을 좌절시키는 원인이 됐습니다.

최종건 취임하시고 2017년 여름, 가을, 겨울로 넘어오면서 트럼프라는 매우 독특한 미국 대통령과 대한민국 대통령 사이에 일종의 신뢰관계가 굳건히 형성되었다고 평가합니다. 물론 트럼프 특유의 성향도 있었던 것 같고요. 제가 김정은 위원장의 신년사가 나오고 그다음 날 미국을 방문했습니다. 그런데 미국 백악관 인사가 우리와는 완전히 다른 해석을 하더라고요. 너무 놀랐죠. 그는 2016년의 신년사보다 '통일'이라는 단어가 더 많이 나왔다, 핵무력을 완성했으니 적화통일의 야욕을 드러낸 거라고 이야기했어요. 문맥을 보기보다는 통일unification이라는 단어가 많이 나왔다는 식으로 완전히 다른 해석을 해서 설명하는 데 애를 먹었습니다. 대통령님이 말씀하셨다시피 그만큼 북한에 대한 시각이 너무 기계적일 때도 있고, 혹은 편향된 의견만 듣는 것 같았는데, 다행인지 불행인지 트럼프 대통령은 좀 다른 시각을 가지고 있었던 것 같아요.

문재인 맞아요. 우리나라에서도 극우세력들은 북한에 대해 덮어놓고 부정적으로 생각하고 불신하죠. 남북대화를 하고 좋은 합의를 해도 나쁜 의도가 깔려 있는 것으로, 뭔가 속임수가 있는 것으로, 하다못해 시간 벌기라고 생각하는 사람이 많습니다.

미국도 똑같습니다. 미국에서도 공화당 쪽의 네오콘 세력들은 북한을 악의 축으로 생각해서, 북한과 대화를 통해 평화를 만들어내는 것이 아니라 북한의 붕괴를 바라고 또 붕괴를 믿는 그런 사람이 많습니다. 그런데 트럼프 대통령은 전혀 이념적이지 않았어요. 서로 조건이 맞으면 대화할 수 있고 거래할 수 있다는 실용적인 생각을 갖고 있었죠. 그런 면이 한반도 평화프로세스를 추진하는 나로서는 아주 좋았습니다. 그 점이 사상 최초의 북미정상회담을 가능하게 하고, 심지어 미국 대통령이 북한 땅으로 한 발자국 넘어가기도 하는 모습까지 보여주게 된 것이죠.

최종건 저도 대통령님과 트럼프 대통령이 정상회담을 하거나 통화를 할 때, 늘 트럼프 대통령이 대통령님에게 북한의 현재 상황 평가, 향후 추진 방향 등을 많이 물어봤던 기억이 납니다. 대통령님도 여러 생각을 말씀하셨는데, 두 분이 말씀 나누시던 모습이 지금도 저한테는 굉장히 특별한 기억으로 남아 있습니다. 트럼프 대통령이 대통령님의 말씀을 집중해서 경청했을 뿐만 아니라, 자신의 생각을 논리적으로 피력할 때면, 아 정상 간의 전략대화란 이런 것이구나 느낄 수 있었어요.

문재인 북미정상회담이 결정된 이후에, 비핵화 과정이 평화체제를 구축하는 것과 같이 가야 하는 것이기 때문에, 그 프로세스를 어떻게 가져가야 하는지, 또 로드맵을 어떻게 설정해야 하는지 트럼프 대통령이 굉장히 궁금해서 내가 진화로 설명하면 트럼프 대통령이 페이퍼로 정리해서 보내줄 수 없냐고 부탁하기도 했죠.

최종건 그것은 로드맵 부분이죠. 처음 공개하는 것인데요. 당시 저를 비롯한 안보실과 외교부, 국정원의 최고 전문가들이 평화프로세스를 위한 로드맵을 작성했습니다.

이면에서의 발목 잡기

최종건   이렇게 트럼프와 김정은 두 지도자에 대해 계속 질문하는 이유는, 펜스 부통령이 그 시기에 두드러지게 행동했기 때문입니다. 그는 평창동계올림픽 미국 방문단의 단장 자격으로 왔고, 대통령님은 트럼프 대통령과의 통화에서 고위급을 보내줘서 고맙다고 하셨어요. 하지만 당시 펜스는 도쿄에 들렀다 오면서 아베 총리와 짝을 이뤘죠. 조금 밉상이라고 해야 할까요, 개막식 리셉션에는 나타나지 않았고 만찬장에는 늦게 나타나고 그랬거든요. 어떻게 보셨습니까, 펜스 부통령을요?

문재인   주변의 참모 그룹과 괴리된 트럼프 대통령의 상황을 보여주는 단적인 사례라고 생각해요. 펜스 부통령이 오게 된 것은 평창동계올림픽에 대한 미국의 굳건한 지지를 보여주기 위한 것이었죠. 북한의 도발이 계속되고 강해지니까 프랑스와 캐나다 등에서 안전의 불안을 말하면서 참가를 재고한다는 등의 움직임이 있어서 평창올림픽의 실패가 우려되는 상황이었죠. 그래서 평창올림픽을 살리기 위해 미국의 적극적인 역할을 트럼프 대통령에게 부탁했어요.

평창동계올림픽에 대한 지지와 함께 안전한 개최를 보장하는 모습을 보여주기 위해서 고위급 대표단을 보내달라고 요청했는데, 트럼프 대통령이 흔쾌하게 화답해서 자기 가족을 포함한 최고위급 대표단을 보내겠다고 약속했어요. 그래서 대표단 단장으로 펜스 부통령이 오고, 딸인 이방카 보좌관도 함께 대표단으로 오게 된 거죠.

그런데 그 시기에 북한 측 특사단도 내려왔기 때문에, 우리로서는 당연히 그 기회에 펜스 부통령과 북한의 김영남 위원장 또는 김여정 부부장하고 서로 만날 기회를 만들면 좋겠다고 생각해서, 또 그 부탁을 트럼프 대통령에게 했어요. 그 역시 오케이해서 트럼프 대통령이 그렇게 하도록 펜스 부통령에게 지시했죠.

그런데 펜스 부통령 본인은 한국에 올 때부터 북측과는 조우하지 않겠다, 자신의 동선에서 북측 인사를 만나지 않게 해달라, 좌석도 따로 해달라고 하면서, 환영만찬 때 북측 인사들이 있는 헤드테이블에 앉지 않고 인사만 한 뒤 가버리는 결례를 보였죠. 그는 트럼프 대통령의 지시 때문에 북측 인사를 따로 만나는 것은 오케이했는데, 그 대신 철저한 보안을 요구해왔어요. 그래서 장소도 청와대 상춘재로 결정된 상황에서 공개적으로 북한을 자극하는 행보를 하는 바람에, 결국 그 만남이 취소돼버렸어요. 매우 아쉬운 대목이었고, 북한 측에서는 그의 결례를 두고두고 문제 삼았습니다.

미국이 북한을 불신하듯이 북한도 미국의 대화 의지를 불신했어요. 그 여러 가지 이유 중에 펜스 부통령이 북한에 보여준 오만함과 무시하고 적대하는 행동이 있었고, 북측은 그것을 거듭 이야기했어요. 펜스 부통령이 미국 내에서는 상당히 품격 있는 보수 정치지도자로 존경받는 분이고, 당시 트럼프 대통령에 대한 충성심이 각별했는데도 북한과의 대화에서는 트럼프 대통령과 생각이 전혀 달랐던 거죠.•

• 마이크 펜스 전 부통령은 자신의 회고록《신이여 나를 도와주소서(So Help Me

　　　　　　　　　　　　　　　　　　변방에서 중심으로

최종건 소위 펜스 발언이라고 있었습니다. 평창에 오는 길에 일본에 들러서, "평창에 가기 전에 일본에 먼저 온 것은 올림픽이 김정은의 선전장이 되는 걸 막기 위해서다"라고 했고요. "우리는 지속적으로 압박과 제재를 최대치로 할 것이다"라고 했습니다. 처음 밝히는 것이지만, 청와대 내 상춘재에서 미국 대표단과 북한 대표단의 만남을 추진했고 약속까지 했는데, 펜스 발언과 그의 행동 때문에 취소됐죠. 펜스 발언은 나중에도 한 번 더 문제가 됩니다. 4·27 판문점 선언이 끝나고 5·26 번개 남북정상회담 전에 펜스 부통령이 볼턴이 이야기한 리비아 모델을 한 번 더 강조하듯이 이야기하면서 북한이 강력히 반발하기도 했습니다. 그 바람에 싱가포르회담이 한때 취소되기도 했고요.

아베 총리도 펜스 부통령과 함께 움직이면서 두드러지게 북한을 피하는 모습을 보였어요. 그런데 대통령님은 취임하시고 나서 계속 아베 총리에게 정성을 들이셨거든요. 소통도 많이 하시고, 일본의 주된 관심사인 납북자 문제를 북한에 전달해달라는 일본의 요

God)》의 제32장 〈최대압박(Maximum Pressure)〉에서 2018년 2월 9일 평창올림픽 개막식 사전 환영행사에 참석했던 상황과 입장을 소개했다. 그의 회고에 따르면, 당시 문재인 대통령은 행사장에서 펜스 부통령과 김여정 부부장, 김영남 북한 최고인민회의 상임위원장의 만남을 주선하려 했다. 펜스 전 부통령은 아베 신조 당시 일본 총리와 함께 단체사진 촬영에 고의로 지각해 참여하지 않았다고 밝혔다. 행사장에 늦게 도착했지만 문 대통령이 자신을 안내하며 김여정 부부장, 김영남 위원장과의 만남을 '정중하게 강요(politely force)'한다고 판단했다. 펜스 전 부통령은 다른 나라 정상들과 악수만 하고 행사장을 빠져나왔다. 그는 북한 최고위급 인사들과의 만남을 피한 데 대해 "그렇게 만나게 되면 북한에게 거대한 승리를 상징하는 것이었다"라고 밝혔다. Mike Pence, *So Help Me God*, New York: Simon&Schuster, 2022, pp.278~285 참조.

구에도 적극적으로 협력하셨어요. 그때 평창에서 한일정상회담을 하셨거든요. 분위기는 어땠습니까?

문재인 2018년 2월 9일이었죠. 사실 한일정상회담을 하기에 분위기가 좋은 때는 아니었어요. 왜냐하면 2017년 12월 무렵에 한일위안부합의에 대한 우리 정부의 조사결과가 발표됐는데, 그 합의가 피해자들의 입장을 전혀 반영하지 않았고, 사전에 피해자들과 의논하는 과정도 없었으며, 공식적으로 발표한 합의 외에 국민들에게 알리지 않은 이면합의까지 있었다는 사실을 확인했어요. 그래서 양국 정부 간의 공식합의라는 것은 인정하지만, 그 합의로서 '위안부' 문제가 해결됐다고 볼 수 없다는 우리 정부의 입장을 정리해서 발표했기 때문에, 일본 측에서 발끈한 상황이었죠.

한일정상회담 때도 정식 의제가 아니었지만 아베 총리가 그 문제를 제기했고, 우리는 우리의 입장을 거듭 밝히면서 어긋나기 시작했죠. 거기까지는 일본을 이해하면서 그러려니 할 수 있었는데, 이어 우리가 어렵게 맞이한 평화의 기회를 가까운 우방국으로서 성원해주기는커녕 딴지를 거는 듯한 모습이 매우 실망스러웠어요.

그 회담에서 아베 총리는 북한이 올림픽에 참가한다고 해서 한미연합훈련을 유예해서는 안 된다, 또 제재가 최대한 유지되어야 한다, 완전한 비핵화 전에는 제재를 완화해선 안 된다고 주장했어요. 엇갈릴 수밖에 없었죠. 그래서 당시 회담은 아베 총리가 평창동계올림픽 개막을 축하하기 위해서 방문해주었고, 그 계기에 두 정상이 마주 앉았다는 의미 외에는 한 걸음도 나아가지 못한 회담이

　　　　　　　　　　　　　　　　　변방에서 중심으로

되고 말았습니다.

사실 한미연합훈련 유예는 한국이 미국과 협의해서 결정할 문제이지, 일본이 간섭할 일이 아니죠. 게다가 한미 양국이 합의한 일이었어요. 불쾌할 수밖에 없었죠.

최종건 지금 덤덤하게 말씀하시지만, 당시 대통령님은 꾹 참고 그래도 손님이니까 잘해주자는 태도를 유지하셨지만 회담이 끝나고 나서는 상당히 화가 나셨다는 이야기를 들었습니다. 게다가 대통령님이 지금 말씀하신 것처럼, 한일관계 현안뿐 아니라 대북관계에 대해서도 아베 총리는 준비해온 토킹 포인트만 읽는 모습이었어요. 아베 총리는 또 대통령님이 판문점회담을 하시기 전날인 4월 26일 통화 요청을 합니다. 그날 유일하게 외국 정상과 통화하신 게 아베 총리입니다. 그때는 또 납북자 이야기 좀 잘 해달라고 했어요. 그때 어떻게 생각하셨습니까?

문재인 그 문제는 일본의 오랜 현안이고 북일관계를 정상화하는 데 하나의 관건이 되어왔기 때문에 아베 총리의 부탁을 흔쾌히 받아들였고, 김정은 위원장을 만날 때마다 아베 총리 부탁을 전하면서 관심을 보여줄 것을 촉구했죠. 그때마다 김 위원장은 일본이 왜 자기들에게 직접 말하지 않고 문 대통령을 통해서 말하는지 모르겠다는 반응을 보여서, 아베 총리에게 그 말을 전해주었어요.

그런데 남북대화에 대해 아베 총리는 그 회담 이후에도 같은 주장을 계속했습니다. 북미회담에 대해서도 아베 총리는 심지어 비핵화 대상에 미국이 문제 삼지 않는 단거리탄도미사일도 포함되어야 한다고 주장하고, 더 나아가 생화학무기도 포함되어야 한다거나 사전에 생화학무기를 포함한 핵 리스트를 신고받아야 한다는 등의 발목 잡는 주장을 지속적으로 했어요. 2017년에는 군사적 긴장이 고조된 상황에서 한미일 연합군사훈련을 주장하기도 하고, 심지어 한국에 있는 일본인들을 철수시키는 훈련을 하겠다고 하면서, 긴장 관리를 위해 노심초사하는 우리의 입장을 전혀 배려하지 않고, 불안을 부추기는 태도를 보여주었어요. 가까운 우방국이라고 하면서 어려울 때 이웃국가를 배려하지 않는 태도가 아쉬웠죠. 남북관계가 좋아지는 것을 일본은 바라지 않는 건가 하는 생각이 들 정도였습니다.

최종건 그래도 대통령님은 계기마다 서훈 원장을 일본에 보내서 아베 총리에게 직접 브리핑을 하게 하셨습니다. 일본 대사를 불러 설명하거나 우리 대사를 통해 설명해도 되는데요.

문재인 어쨌거나 일본은 우리가 함께 가야 하는 가까운 이웃국가입니다. '위안부'나 '강제징용' 같은 과거사 문제에도 불구하고 한일 미래협력만큼은 별도의 트랙으로 계속 발전시켜나가야 하기 때문에 우리가 할 수 있는 한 성의를 다한 거죠. 남북 간에 또는 한미 간에 의미 있는 대화나 합의를 이루면, 우리가 할 수 있는 최고의 성의로서 특사를 보내 알려주거나 내가 통화로 직접 알려주고 사전에 협의하는 모습을 취하는 등 노력을 기울였어요.

최종건 평창올림픽 국면에서 대통령님은 트럼프 대통령과 신뢰가 구축되어 있었고, 김정은 위원장은 여동생인 김여정 부부장을 보내면서까지 대통령님에게 신뢰 제스처를 취했는데, 아베 총리는 남의 집 잔치에 와서 한반도 평화프로세스에 대해 우리와 완전히 반대되는 입장을 보였습니다. 이게 평창올림픽 물밑에서 벌어졌던 외교 현장의 여러 모습인 것 같아요.

문재인 일본의 그런 모습이 회담장에서 유쾌하지 않은 정도로 끝난 게 아니고 실제로 아주 부정적인 영향을 미쳤다고 생각해요. 왜냐하면 미국에서, 특히 볼턴의 경우 트럼프 대통령의 접근과 다르게 북한이 핵 리스트를 신고해야 한다거나, 비핵화 대상에 생화학무기를 포함해야 한다든지, 단거리탄도미사일도 포함해야 한다고 끊임없이 주장하면서 협상의 발목을 잡았는데, 사실상 아베 총리의 주장을 그대로 대변한 것이었거든요.

최종건 일본 이야기는 추후에 더 해보겠습니다. 평창올림픽 개막식 날 세계가 주목했던 것은 VIP 박스의 자리 배치였을 겁니다. 대통령님과 김정숙 여사를 중심으로 김영남 위원장과 김여정 부부장이 어디 앉을 것이며, 펜스 부통령과 이방카 보좌관은 어디 앉을 것이냐가 초미의 관심사였습니다.

그런데 사실 VIP 박스의 자리 배치 권한은 IOC에 있습니다. 몇 안 되는 자리라서 다들 주빈국 정상 주변에 앉고 싶어 하는데, 펜스 부통령은 북한 대표단과 떨어져 최대한 거리를 둘 것을 요구했습니다. 당시 정의용 실장이 IOC 위원장하고 여러 차례 통화를 했습니다. 어떻게 좀 붙여보려고요. 그러나 미국에서는 계속 멀리 떨어지려 했어요. 원래 우리는 대통령님 내외를 중심으로 좌우에 앉히려고 했죠.

문재인 그럼요. VIP 박스라는 게 여덟 자리밖에 안 되는데, 우리로서는 미국의 수석대표인 펜스 부통령을 당연히 1순위로 예우하지 않을 수 없죠. 그러면 펜스 부통령은 우리 부부하고 같은 열에 앉게 되는데, 북한의 김여정 부부장과 김영남 위원장이 같은 열의 반대쪽에 앉는 것을 미국 측에서 반대했습니다. 하는 수 없이 북한 측을 우리 부부의 뒷자리에 앉게 했는데, 북측에서는 홀대라고 반발이 있었어요. 그래서 우리가 실제로 카메라는 대통령을 중심으로 잡힐 건데, 그럼 오히려 돋보이는 자리라고 설득해 북한 측에서 받아들였죠.

최종건 북한 측도 미국 측만큼 자기 특사단 대표, 김영남 위원장과 김여정 부부장의 자리 배치에 신경을 썼단 말씀이신가요?

문재인 자리 배치에 대접을 요구했죠. 북한은 의전에 매우 민감합니다. 당연히 우리로서도 미국 다음으로 예우해야 할 대상이었죠. 그런데 펜스 부통령의 요구 때문에 우리 부부 좌우에 앉지 못하고 뒷자리에 앉은 건데, 결과적으로는 그날 화면에서 펜스 부통령은 거의 보이지 않고 김영남 위원장과 김여정 부부장이 오히려 부각돼서 나중에 북한 측에서 상당히 흡족해했지요.

2018년 2월 9일 평창올림픽 스타디움에서 각국
정상들과 함께 평창올림픽 개막식을 관람했다. 당
시 VIP 박스의 자리 배치는 초미의 관심사였다.

최종건 두 사람이 전 세계에 실황 중계되었죠. 아마 상징적이었을 겁니다. 우리나라 대통령 내외와 북한 특사단이 한 프레임에 들어오게 됐으니까요.

문재인 더구나 남북이 함께 입장할 때 하이파이브까진 아니어도 서로 축하하는 악수도 하고 그랬어요.

최종건 개막식 끝나고 2월 10일에 대통령님이 청와대에서 북측 특사단을 맞이하십니다. 집권 후 8개월 남짓 만에 김 위원장의 여동생인 김여정과 함께 김영남 위원장이 들어온 거죠. 식사도 함께하고 대화도 길게 나누셨는데, 그때 특별히 특사단에게 강조하신 말씀이 있으셨을까요?

문재인 그들을 만났을 때나 김 위원장을 만났을 때나 내가 늘 강조한 점은, 남북관계의 대전환이 남북의 의지만으로 되는 것은 아니라는 겁니다. 북미관계 개선과 함께 가야 하고, 북미관계 개선은 결국 비핵화와 함께 가야 한다는 점을 설명하면서 남북대화와 북미대화가 선순환을 이뤄야 한다는 것을 누누이 강조했습니다.

최종건 특사단이 2월 12일 평양으로 돌아가서 김정은 위원장에게 보고를 했습니다. 이례적으로 조선중앙통신에 보도가 됐더라고요, 김 위원장의 말을 인용해서요. "김정은 위원장이 방남 성과를 보고받고 만족감을 표시하면서, 남측이 고위급 대표단을 비롯해 평창동

2018년 2월 10일 청와대에서 김영남 위원장과 김여정 부부장 등 북한 특사단을 접견했다. 북측 인사를 만날 때는 늘 남북대화와 북미대화가 선순환을 이뤄야 한다고 강조했다.

계올림픽에 참가한 우리 측 성원들의 방문을 각별히 중시하고 편의와 활동을 잘 보장하기 위해 온갖 성의를 다해 노력하는 모습이 인상적이었다고 말했다." 김 위원장으로서는 우리 정부가 자기 선수단과 특사단을 환대해줘서 고맙다는 표현이었던 것 같습니다.

문재인 취소됐지만 펜스 부통령과 청와대에서 회동을 하도록 주선하고 약속까지 잡았죠. 거기에 우리가 기울인 노력이 있었고, 또 개막식 때 좌석 배치에서도 우리가 성의를 보인 것, 이런 것들이 다 포함됐겠죠. 그때 북한 대표단이 가장 감명받은 것은 서울-강릉 간 KTX였다고 해요. 나중에 평양회담 때 김정은 위원장이 남쪽의 KTX가 좋다고 들었다며 자기도 보고 싶다고 이야기했어요. 김여정 부부장을 가리키며 "남한 사람 다 됐다"고 농담을 하기도 했고요.

단일팀 논란과 평창올림픽의 흥행

최종건 그렇죠. 그들도 철도협력을 원하는구나, 그렇게 생각했습니다. 올림픽 관련해서 한 가지만 더 이야기하면, 외교안보와 직접적인 연관은 없습니다만, 평창동계올림픽이 한반도 평화프로세스를 구동하는 중요한 이정표였는데, 당시 우리 정부 사람들이 놀란 사건이 하나 있었습니다. 여자 아이스하키 남북단일팀을 구성했을 때, 청년들 사이에 기회의 역차별과 불공정과 관련해 생각지 못한 비판이 있었죠. 우리 정부에서는 '공정'이 중요한 화두였는데, 그때

변방에서 중심으로

어떠셨어요?

문재인 나도 정말 뜻밖이었고 놀랐죠. 사실 1988년 서울올림픽이 물론 올림픽으로서도 성공했지만, 세계사적으로 의미가 있었던 것은 그전 두 번의 올림픽이 모두 동서 진영이 쪼개져서 한쪽만 참석하고 다른 진영은 참석하지 않은 반쪽 올림픽이었거든요. 그런데 서울올림픽 때는 양 진영이 함께 참여해서 냉전 구조가 해체되는 과정에서 큰 역할을 했죠. 사상 최대로 많은 나라가 참가했고요. 평창동계올림픽도 북한의 참가와 여자 아이스하키 남북단일팀이 성사되면서 세계가 경탄하는 평화 올림픽으로 성공했으니, 그전 같으면 그런 대의 속에서 일부 선수가 단일팀 때문에 불이익을 받는다고 해도 양해되는 일이었죠. 그런데 평창 때는 단일팀이 갖는 대의는 엄청 큰데도 공정 논란이 일어난 것이 뜻밖이었고요. 요즘 젊은 세대의 공정에 대한 생각이 우리하고는 참 다르다는 것을 실감한 계기가 됐죠.

　그런데 젊은 세대가 불공정하다고 분노했던 여자 아이스하키팀을 놓고 보면, 당시 여자 아이스하키팀은 우리나라에 실업팀이 하나도 없어서 국가대표팀이 유일한 팀인, 말하자면 음지 중의 음지 스포츠였어요. 올림픽 본선 출전도 예선전을 통과해서가 아니라, 개최국 프리미엄으로 출전하게 된 것이었죠. 그래서 북한과 단일팀이 가능했던 거예요. 예선을 통과해야 되는 자격이었으면, 예선을 치르지 않은 북한과 단일팀을 구성할 수 없었을 텐데, 개최국 프리미엄으로 출전이 허용됐기 때문에 IOC의 특별승인으로 남북단일팀을 구성할 수 있었던 거죠.

　결과적으로 여자 아이스하키팀은 엄청난 각광을 받았고, 선수 개개인에게도 큰 보람이 됐어요. 그 덕분에 여자 실업팀도 하나 생겼고요. 정부의 권장으로 수원시청 팀이 결성됐죠. 처음으로 여자 실업팀이 생겨서 선수들에게 전에 없던 큰 혜택이 되었죠. 함께 고생한 일부 선수의 출전 기회가 없어진다는 것이 당시 불공정하다고 지적받은 이유였는데, 그 걱정도 감독이 선수들을 골고루 출전시키면서 해소됐어요. 결국 불공정의 우려는 여자 아이스하키팀이 주목을 받으면서 저절로 해소된 셈이죠.

　그게 올림픽의 목적이기도 하고요. 올림픽을 통해서 평화, 공존, 화합, 통합을 이루는 거예요. 불공정 시비도 올림픽이라는 용광로 속에서 녹아 잘 해결됐어요.

최종건　제 입장에서 봤을 때, 앞으로 남북이 단일팀을 만드는 일은 쉽지 않겠구나 생각했어요. 말씀하셨듯이 남북화해라는 큰 대의가 있어도요. 민주주의가 성숙해서 그럴까요? 대의보다 개인의 욕망과 기회가 더 중요해졌구나 하는 생각이 들었습니다.

문재인　불공정 논란은 그 후 공공기관 비정규직의 정규직 전환 때 다시 한번 제기됐죠. 우리 정부는 제도적이고 구조적인 불공정성을 없애는 것, 정규직과 비정규직이 같은 일을 하는데도 비정규직이라는 이유로 부당한 차별을 받는 걸 해소하는 것이야말로 공정이라고 보았습니다. 또는 원천적으로 불평등 관계에 있는 경우 약자를 우

2018년 2월 10일 토마스 바흐 IOC 위원장 그리
고 북한 특사단과 함께 여자 아이스하키 단일팀
의 경기를 관람한 후 선수들과 인사를 나눴다.

대해서 기회를 주는 것이 공정이라 생각해요. 그것이 젊은 세대들이 바라는 세상일 테지요. 그런 세상에서는 젊은이들이 일자리에서 구조적인 불공정을 겪지 않아도 되니까요. 그런데 공공기관에서 업무 면이나 기간 면에서 정규직과 아무 차이가 없는 비정규직들에게 정규직으로 전환될 기회를 부여하는 것에 대해 특혜이고 불공정하다는 논란이 이는 게 당혹스러웠어요. 공정 문제를 좀 더 세심하게 생각하고 다뤄야 한다고 느꼈습니다. 그러나 능력주의를 공정이라고 보는 것은 우려스러운 현상이라고 생각해요.

최종건 만약 북한이 안 왔으면 어떻게 됐을까요? 평창올림픽이 흥행했을까요?

문재인 흥행이 될 수가 없었죠. 엄청난 실패가 뻔히 보였어요. 북한 특사단이 내려오고, 여자 아이스하키팀이 남북단일팀이 되고, 북한 응원단이 내려오고 하면서 국민들의 관심과 세계적인 관심이 평창에 모이게 된 거죠. 안 그랬으면 티켓 판매도 굉장히 저조했을 거예요. 물론 4·27 판문점 남북정상회담도 없었을 테고요.

최종건 아까 대통령님이 처음으로 언급하셨는데, 김정은 위원장이 김여정을 가리키면서 남한 사람 다 됐다, KTX 타봤나 하며 농담을 했다고 하셨어요. 그러면 김여정이 어느 정도 역할을 했다고 봐야 하나요? 두 정상의 메시지를 전달하고, 남쪽에서 보고 들은 것을 김정은 위원장에게 잘 전달한 메신저였을까요?

문재인 나중에 상황이 나빠졌을 때 악역으로 전면에 나섰지만, 일이 잘 진행되는 동안에는 김여정 부부장의 역할이 컸다고 생각합니다.

최종건 저는 먼발치에서만 봤습니다만, 언론보도를 보면 김여정은 활동적이라기보다는 수줍음이 많은 사람인 것 같았는데요. 첫인상이 어떠셨어요?

문재인 수줍음을 타면서도 때로는 당찬 모습을 보여주기도 했죠. 평창올림픽 이야기를 조금 더 할까요. 저번에 새만금잼버리대회도 있었으니까.

우리 정부 출범 당시 올림픽 준비가 부실할 수밖에 없었어요. 탄핵 국면 동안 행정이 제대로 돌아가지 않았으니까요. 그렇지만 기존의 조직과 사람을 바꾸는 것은 바람직하지 않다고 봤어요. 개막식 감독도 바꾸지 않았지요. 다만 우리가 점검해보고 부족한 부분을 보완해갔어요. 개막식도 드론쇼 같은 것이 추가되면서 훨씬 역동적인 모습을 갖추게 됐죠.

그런데 제일 문제가 평창의 추위였어요. 가장 추운 시기인 데다 옛날에 황태덕장이 있던 곳이라서 바람이 아주 세고, 체감온도도 더 낮은 곳이었어요. 당연히 추위에 대한 대책을 충분히 세우라고 지시했고, 이런저런 조치를 취하는 등 만전을 기하고 있다는 보고를 받았지만 미덥지가 않은 거예요. 그래서 청와대 사회수석실이 여러 번 평창에 가서 개막식 하는 그 시간대에 직접 추위를 겪어보도록 지시했죠.

최종건 스타디움에 3시간씩 일부러 앉아 있었다고 하더라고요.

문재인 리허설 때는 다른 부서 직원들까지 함께 참관한 후 보고하도록 지시했어요. 여러 차례 점검회의를 했는데 한결같은 이야기가 너무 추워서 기존의 대책 가지고는 안 되겠다는 거였어요. 그렇게 해서 추위 대책을 계속 추가하고 보완했죠.

첫 번째 대책으로 논의됐던 것은 임시로 천막이나 경량 패널로 지붕을 덮어씌우는 거였는데, 기술적으로 가능하다고 보고받았지만 문제는 불꽃놀이와 드론쇼를 볼 수가 없는 거예요. 하는 수 없이 개별적인 보온 대책을 강구해야 했죠. 좌석에 열선을 깐다든지, 구역별로 방풍 칸막이를 설치한다든지, 방석과 담요, 핫팩을 충분히 공급해서 깔고 덮을 수 있도록 준비한 거죠. 그렇게 여러 번 청와대의 직접 점검과 보완이 이루어지면서 추위에 완벽하게 대비할 수 있었죠. VIP가 많이 참석하는 개막식뿐만 아니라 개별 경기들을 볼 때도 특별히 추위 때문에 고생하지 않고 경기를 잘 치를 수 있었어요.

결국은 청와대가 보고만 받지 않고 직접 챙기고 실제 체험을 하면서 섬김는 것이 중요해요. 잼버리대회도 대책을 지시하고 보고받는 데서 그치지 않고, 대통령실이 직접 현장에서 잼버리 대원들이 캠핑하는 곳에 텐트를 치고 체험해보는 점검을 했더라면 그와 같은 실패가 없었을 겁니다. 좋은 교훈이 됐으면 좋겠어요.

최종건 사실 같은 공무원들이었는데요. 결국은 리더가 얼마만큼 챙겼냐인 것 같아요. 잼버리가 아니었다면 2017년 가을부터 우리가 얼마만큼 평창올림픽을 챙겼는지가 생각나지 않았을 겁니다. 왜냐 하면 우리는 전 정부 책임이라는 사고방식이 아예 없었고, 다 우리 책임이라는 자세였거든요. 안보실에서는 북한을 어떻게 참여시키 느냐가 중요했지만 대회 자체의 흥행을 위해서 유관 비서관실끼리 치열하게, 뭐 이런 걸 가지고 회의를 해, 할 정도로 챙겼던 것 같아 요. 인수위도 없었고 탄핵 이후에 들어선 정부가 몇 달 만에 동계올 림픽을 치러야 했으니 정책실도 상당히 긴장했습니다.

잼버리 때문에 많은 사람이 상처를 받았더라고요. K-방역으로 크게 올라갔던 국격이 많이 무너졌습니다. 잼버리에 온 친구들이 각 나라에서 적게는 70만 원, 많게는 150만 원씩 저축한 돈으로 참 가했다고 하거든요. 잘사는 미국에서도 보이스카우트로 외국에 나 간다 그러면 지역 단위에서 모금fund-raising을 하더라고요. 세차 알 바를 하기도 하고요. 영국 〈가디언〉이나 스웨덴 쪽에서는 이런 뒷이 야기가 많이 실렸습니다.

4

그리고 판문점

"우리 사회에 두 가지 확연하게 다른 철학이 있는 거예요. 세계관이라고 해도 되고요. 하나는 분단 상태를 정권의 목적으로, 정치적 목적으로 이용하면서 적대적 공생을 추구하는 세력이 있고, 다른 한편으로는 분단을 어떻게든 극복해나가야 한다, 통일이 최고의 형태지만 통일되지 않더라도 적어도 평화를 이루고, 서로 왕래하고 교류하고 협력해야 한다는 근본적으로 상이한 두 가지 철학이 있는 거죠."

김정은 위원장과의 첫 대면

최종건 2018년 4·27 판문점 남북정상회담에 관해 말씀 나누도록 하겠습니다. 제가 보니까 4·27 남북정상회담이 그전의 2000년 6·15 남북정상회담이나 2007년 10·4 남북정상회담과 확연히 다른 게 하나 있는 것 같습니다. 대통령님은 뭐라고 생각하십니까?

문재인 판문점에서 했다는 게 다르죠.

최종건 장소가 우리 남쪽이었습니다. 회담 장소를 왜 남쪽에서 하자고 하셨습니까?

문재인 앞에서도 이야기했지만 6·15와 10·4 남북정상회담 전부 북쪽에 가서 했기 때문이죠. 또 두 번 다 답방 약속이 지켜지지 않았기도 하고요. 그 때문에 북한이 서울은 아니더라도 남쪽으로 내려와서 회담하는 것이 좋겠다고 생각했어요.
   2018년 3월 5일 우리 특사단이 북한을 방문했을 때 김정은 위원장이 나를 평양으로 초청했어요. 그래서 평양으로 갈 수도 있었지만⋯ 11년의 공백 후에 많은 성과를 낼 수 있을 만한 충분한 신뢰가 남북 간에 쌓이지 않은 상태였죠. 그래서 평양 방문은 나중에 좀 더 신뢰가 쌓여서 더 풍성한 결과가 담보될 때 하기로 하고, 첫 번째 회담은 판문점에서 실무적 성격으로 하는 것이 좋겠다고 판단했어요. 그렇다면 남쪽 지역인 '평화의집'에서 하는 것이 좋겠다고 생각한 거죠.

북한에서도 받아들였고요. 우리는 이틀에 걸쳐 남쪽에서 하루, 북쪽에서 하루씩 오가며 회담해도 좋다고 제안했는데, 남쪽 판문점에서 하자는 우리 취지를 북한 측에서도 충분히 이해하고 받아들였기 때문에 그렇게 결정된 거죠.

최종건 말씀은 북한 측이라고 하셨지만 김정은 위원장의 결단이었겠죠. 왜 받아들였을까요? 대통령님도 방금 말씀하셨듯 신뢰가 아직 굳건하지도 않고, 본인 입장에서는 '내가 1월 1일 신년사를 통해 국면을 전환했고, 먼저 특사단도 보냈고, 우리가 남측 특사단을 받았을 때 평양에서 하자고 했는데, 남측에서 하자고?' 그랬을 수도 있었을 텐데요.

문재인 불발되기는 했지만, 김정은 위원장은 서울로 답방하고 제주도 한라산도 가보고 싶다는 생각이 강했어요. 과거에 답방 약속을 지키지 못했다는 부채 의식 같은 것도 있었고요. 그래서 우선은 판문점 남쪽 지역, 다음은 평양, 그다음은 서울로 이어지는 것이 자연스럽다고 생각했어요. 먼저 남쪽에서 하는 것이 우리 국민이 보기에도 그 상황에서 내가 바로 북한으로 가는 것보다 수용하기 좋은 방식이었다고 생각합니다. 김 위원장도 그에 대해 이견이 없었고요.

최종건 대통령님 입장에서는 국내 여론이 '또 평양이야?' 하는 걸 신경 쓰셨습니까? 그럼 북에서 계속 평양을 주장했으면 어떻게 했을까요?

문재인 아니, 뭐 평양에 못 갈 것 없죠. 제3국도 가능하고요. 시기, 장소 불문하고 만나겠다고 했으니까요. 다만 평양에 가려면 그만큼 풍성한 성과가 담보되어야 한다고 생각했을 뿐입니다.

최종건 회담의 목표치에 관련된 것인데요. 제가 대통령님하고 인터뷰 진행하면서 재임 중에 기록해둔 노트를 보니, 4월 17일에 남북정상회담 전문가, 자문단과 만나셨습니다. 청와대 본관에서요. 저도 거기 배석했는데, 어느 자문위원 한 분이 김정은 위원장을 만나면 김 위원장이 어떤 사람인지 파악하는 정도에서 회담하시라, 너무 과도하게 욕심내지 마시라고 이야기하는 거예요. 그때 대통령님이 심각하게 말씀하시더라고요. '그 정도론 부족하다, 우리는 작심을 하고 나선 길이다'라는 표현을 쓰셨어요. 김정은 위원장과의 첫 대면 회담이었는데요. 회담의 목표치를 어디까지 두셨나요?

문재인 우리로서는 6·15 남북공동선언과 10·4 남북정상선언을 계승하는 입장이었기 때문에 적어도 이 두 합의를 더 구체화하고 실천적으로 만드는 합의까지는 단숨에 가야 한다는 생각이 기본적으로 있었죠.

　11년의 공백이 있었기에 아까 그 자문위원은 공백을 녹이려
면 오랜 시간이 필요하니까 너무 큰 욕심 부리지 말고 만난 것에 의
미를 두라고 조언했는데, 나로서는 그럴 수가 없었어요. 또 6·15나
10·4 때는 근본적으로 다른 상황인 게 그때는 UN 안보리 제재라
는 것이 없었어요. 그러나 우리는 UN 안보리 제재 속에서 남북관
계를 진전시켜야 했죠. 그래서 남북관계의 진전과 함께 북미관계를
개선해나가고, 그것을 통해 비핵화와 더불어 UN 안보리 제재를 해
소해나가야 한다는 과제가 있었습니다. 그 출발점이 판문점회담이
었기 때문에 그와 같은 큰 원칙에 대한 합의는 반드시 필요하다고
생각했죠.

최종건 그게 4·27 판문점 남북정상선언문에 담겨 있습니다. 3개 조
로 이루어진 문건인데, 1조는 당연히 남북관계를 다뤘습니다. 2조
는 당시 전쟁위기를 겪었기 때문에 한반도에서 전쟁위기를 낮춘다,
실질적인 조치로 대남·대북 확성기를 끈다, 철거시키고 나서 군사
회담을 열어 실질적인 조치를 강구한다는 것이죠. 결국 9·19 군사
합의로 이어졌죠. 3조에서 처음으로 남북 간 정상급 합의문에 한반
도의 완전한 비핵화를 위해 남과 북이 협력한다는, 6·15 남북공동
선언과 10·4 남북정상선언에서 볼 수 없었던 문항이 등장합니다.●

●　"남과 북은 완전한 비핵화를 통해 핵 없는 한반도를 실현한다는 공동의 목표
　를 확인하였다. 남과 북은 북측이 취하고 있는 주동적인 조치들이 한반도 비
　핵화를 위해 대단히 의의 있고 중대한 조치라는 데 인식을 같이하고 앞으로

종전선언과 정전협정의 평화협정 전환, 평화체제 문제와 함께였죠. 북한의 기존 입장은 '남한하고 핵 문제 이야기 안 해, 핵은 미국하고 만 이야기해'였는데 판문점 남북정상회담 때 그게 왜, 어떻게 가능했을까요?

문재인 그게 바로 근본적인 차이점, 근본적으로 달라진 상황 때문이죠. 종전선언은 2007년 10·4 남북정상선언 때도 합의했던 내용인데요.* 비핵화 부분은 전통적으로 북한에서는 미국과 협의할 문제라는 입장이어서 남쪽이 비핵화라는 말을 꺼내는 것조차 거부 반응을 보일 정도였죠. 그러나 판문점회담 때 상황은 그렇게 접근할 수 없었는데, UN 안보리 제재를 풀어가고 북미관계가 정상화의 길로 나아가지 않으면 남북관계의 진전이 UN 안보리 제재에 가로막혀서 근본적인 한계가 있었어요. 작은 일들은 할 수 있겠지만 큰 경제협력은 불가능하죠. 이것을 타개하기 위해서는 북미 간의 비핵화 대화가 필요한데, 그러려면 판문점회담에서 북한이 비핵화에 대한 확실한 의지를 천명해야 하는 거죠. 그것이 북미대화를 여는 문이

각기 자기의 책임과 역할을 다하기로 하였다. 남과 북은 한반도 비핵화를 위한 국제사회의 지지와 협력을 위해 적극 노력해나가기로 하였다." 〈한반도의 평화와 번영, 통일을 위한 판문점선언〉, 2018. 4. 27, 제3조 제4항.

● 노무현 대통령과 김정일 북한 국방위원장은 2007년 10월 4일 전날의 정상회담 내용을 담은 〈남북관계 발전과 평화번영을 위한 선언〉, 즉 10·4 남북정상선언에 서명했다. 그리고 이 선언의 4조 "남과 북은 현 정전체제를 종식시키고 항구적인 평화체제를 구축해나가야 한다는 데 인식을 같이하고 직접 관련된 3자 또는 4자 정상들이 한반도 지역에서 만나 종전을 선언하는 문제를 추진하기 위해 협력해나가기로 하였다"에 종전선언 추진 의지를 담았다.

되니까요. 그에 대해서 김정은 위원장이 공감했던 것이고요.

최종건 그러면 세 번째 조항은 판문점에서 타결을 보신 겁니까, 그전에 남북 양측의 실무회담에서 이루어진 겁니까?

문재인 비핵화 같은 중대한 사항은 북한 체제의 특성상 최고지도자만이 결정할 수 있죠. 2018년 4월 27일 판문점 남북정상회담을 앞두고 3월 5일 우리 대북특사단이 평양을 방문했을 때, 김 위원장이 "김일성 주석의 유훈인 조선반도 비핵화 원칙에 달라진 것은 없다. 군사적 위협이 제거되고 안전이 보장된다면 북이 핵을 보유할 이유가 없다"라고 말한 바 있었어요. 판문점회담에서는 거기서 한발 더 나아가 "남과 북은 완전한 비핵화를 통해 핵 없는 한반도를 실현한다는 공동의 목표를 확인하였다. (…) 남과 북은 한반도 비핵화를 위한 국제사회의 지지와 협력을 위해 적극 노력하기로 하였다"라는 합의로 끌어올린 것이지요.

"지금 한 발짝만 넘어가볼까요?"

최종건 대통령님이 판문점 군사분계선에 서서 김정은 위원장을 맞이하셨을 때, 저는 자유의집 2층에서 대통령님의 뒷모습을 보고 있었습니다. 김정은 위원장이 대통령님을 보고 미소를 지으며 걸어오던 그 장면을 직접 보았습니다. 그때 대통령님은 무슨 생각을

변방에서 중심으로

하셨을까요?

문재인 긴장됐죠. 욕심은 컸고 뜻대로 될지 알 수 없었으니까요. 비핵화 원칙을 합의하고 그것으로 북미 간 비핵화 대화의 문을 연다는 것은 거의 역사적인 사명 같았거든요. 그에 대한 부담감이 있었죠. 그런데 첫 대면이 굉장히 좋았어요. 군사분계선에서 내가 김정은 위원장 손을 잡고 한 걸음 북쪽으로 넘어갔다가 돌아오는 장면이 상당히 화제가 됐죠. 서로 인사한 후에, 김 위원장이 "이렇게 가까운 거리인데, 오는 데 시간이 많이 걸렸습니다"라고 말하길래, "그래도 김 위원장은 이렇게 남쪽으로 오게 됐는데, 나는 언제 북쪽으로 가볼까요?" 했더니, 김 위원장이 "대통령께서 오신다고 하면 우리는 언제든지 환영이지요"라고 화답해주었어요. 그래서 내가 "그러면 지금 당장 한 발짝만 넘어가볼까요?" 했더니, 김 위원장이 "좋습니다" 해서 함께 손잡고 넘어갔다 넘어오고 했죠.

그 대화가 아주 순조롭고 기분 좋게 이어져서 두 사람이 뭔가 통한 것처럼 한순간에 긴장이 풀어졌어요. 북쪽으로 넘어간 것을 누가 제의했느냐에 대해 당시 대화가 압축적으로 전달되다 보니 정확하지 않게 알려진 부분도 있었는데, 이 답변으로 정리합니다. 미리 계획한 것이 아니었는데, 대화를 하다 보니 순간적으로 그런 제의를 하게 됐고, 김 위원장도 선뜻 좋다고 해서 만들어진 장면이었습니다.

최종건 김정은 위원장이 내려왔고, 대통령님이 악수와 함께 "반갑습

2018년 4월 27일 남북정상회담을 위해 김정은
위원장을 처음 대면했다. 미소를 지으며 걸어오
는 그를 판문점 군사분계선에 서서 맞이했다.

니다"라고 하셨습니다. 김정은 위원장은 "대통령님께서 여기서 직접 맞아주시니 영광입니다"라고 화답했고요. 그런 다음 말씀하신 장면이 연출됐습니다. 온 국민과 전 세계 사람들이 놀랐습니다. 나중에 미국 대통령도 따라 했죠. 대통령님 입장에서는 집권 1년이 좀 안 되는 시기였습니다. 상상하셨습니까?

문재인 집권 1년 안에 남북정상회담을 하겠다는 것이 취임 당시 목표였어요. 늦어도 집권 1년 안에 하겠다는 것은 내 오랜 공약이었습니다. 기억할지 모르겠는데, 2012년 대선 때는 정상적인 대선이었기 때문에 내가 당선되면 북한을 취임식에 초청하겠다, 그리고 1년 안에 남북정상회담을 하겠다고 공약했죠. 2017년 대선 때는 상황이 달랐기 때문에 취임식에 초청하겠다는 공약은 하지 못했지만, 그때도 집권 1년 내 정상회담을 공약했어요. 나로서는 괜한 소리가 아니었어요. 나는 2007년 10·4 남북정상회담 준비위원장을 했고 그때의 합의문도 내가 조율해서 만들었기 때문에 우리가 거기서 다시 시작할 수 있다는 믿음이 있었습니다. 북쪽도 내가 그런 의지를 갖고 있다는 것을 신뢰했을 거라고 생각해요.

최종건 저도 기억하는 것이, 초기에 진도를 빼야 한다는 말씀이었습니다. 안보실이나 외교안보 부처에서 대통령님을 모시고 회의하면 항상 '초기에 진도를 빼야 한다'고 하셨어요. 방금 말씀하신 것을 들어보면… 그게 결국은 10·4 남북정상회담의 교훈이기도 했습니까? 10·4 회담이 너무 늦었다는 교훈이었을까요?

2018년 4월 27일 판문점 군사분계선에서 김정은 위원장을 맞이한 뒤 "그래도 김 위원장은 이렇게 남쪽으로 오게 됐는데, 나는 언제 북쪽으로 가봅니까?" 했더니 "대통령께서 오신다고 하면 우리는 언제든지 환영이지요"라고 화답해왔다. "그러면 지금 당장 한 발짝만 넘어가볼까요?"라는 내 말에 그가 "좋습니다" 해서 함께 손잡고 군사분계선을 넘어갔다가 올 수 있었다.

문재인 맞습니다. 10·4 때는 북핵 문제가 6자회담에서 먼저 타결되는 것을 기다린 후에 우리가 한 걸음 뒤따라가면서 남북관계를 진전시켜나갔기 때문에, 남북정상회담이 노무현 정부 임기 말에 성사됐지요. 그래서 그 합의가 뿌리내리기 전에 정권이 바뀌어 합의가 유명무실해지는 아픔을 겪었죠. 우리가 다시 집권하게 되면 집권 초기부터 남북정상회담을 시작해서 우리 임기 내에 남북평화가 거의 불가역적인 단계까지 가도록 해야겠다고 목표했고, 특사단 방북이나 판문점회담 때도 그 점을 누누이 강조했어요. 그 점에 대해 김 위원장도 화답하면서 같이 노력해주었다고 생각합니다.

최종건 초기에 진도를 빼야 한다는 것은 우리가 미국 측에도 많이 이야기했습니다.

문재인 트럼프 대통령과 그의 참모들에게도 강조했죠.

한반도 비핵화 의지를 확인하다

최종건 어쨌든 대통령님이 군사분계선에서 김정은 위원장을 맞으실 때는 긴장도 했지만, 악수하고 넘어가고 하면서 긴장이 풀리셨습니다. 평화의집에서 김 위원장을 대면하는데, 먼발치에서 비서관 입장으로 봤을 때 김 위원장도 준비를 단단히 해온 것 같더라고요. 회담 전에 북한의 지도자가 어떤 사람이라고 보고를 받지 않습니까. 국정원으로부터도 보고를 받았는데, 어떠셨어요? 보고의 내용과 실제로 만나신 김 위원장의 첫인상이요.

문재인 정보 보고나 언론보도를 보면 그가 북한에서는 굉장히 폭압적인 독재자이고 안하무인인 사람으로 여겨졌는데, 내가 만난 김 위원장은 전혀 다른 모습이었어요. 아주 예의 발랐고요. 연장자에 대한 존중이 몸에 밴 듯 행동했지요.

최종건 어떨 때 예의 바르다 느끼셨습니까?

문재인 시종일관 그랬어요. 예를 들면, 북한에서 일정을 할 때 항상 먼저 와서 기다리고, 떠날 때 안 보일 때까지 배웅하고, 어디 들어갈 때는 항상 앞세우고, 말도 깍듯하고… 판문점 만찬 때는 바깥에 나가서 담배를 피우고 들어오기도 했고요. 매우 예의 바르면서, 솔직하게 자기 생각을 이야기하고, 결단도 빨랐어요. 하여튼 내가 만난 김 위원장은 대화할 만하고 말이 통한다고 느껴지는 사람이었어요. 그게 그 사람의 진면목인지, 폭압적으로 보인 모습이 진면목인지, 아니면 그때그때 상황에 맞게 처신하는 것인지는 알 수 없죠.

최종건 솔직한 것이 좋을 수도 있고요, 아닐 수도 있지 않습니까?

문재인 나는 5년간 많은 외교를 해봤는데, 외교에서 제일 필요한 덕목이랄까, 가장 외교를 잘하는 방법은 솔직한 거라고 생각해요.

변방에서 중심으로

최종건 김정은 위원장은 2017년 11월 29일 '핵무력 완성'을 말했습니다. 그리고 2018년 1월 1일 신년사를 했고, 2월 평창올림픽에 참가했고, 4월 대통령님을 만났어요. 핵에 대해서는 뭐라고 이야기했습니까?

문재인 김 위원장이 그런 표현을 누누이 썼어요. 핵은 철저하게 자기들의 안전을 보장하기 위한 것이다, 사용할 생각 전혀 없다, 우리가 핵 없이도 살 수 있다면 뭣 때문에 많은 제재를 받으면서 힘들게 핵을 머리에 이고 살겠는가, 자기에게도 딸이 있는데 딸 세대까지 핵을 머리에 이고 살게 하고 싶지 않다… 그렇게 비핵화 의지를 나름대로 절실하게 설명했어요. 미국을 비롯한 국제사회가 자신들의 비핵화 의지를 불신하는 것에 대해 매우 답답한 심정을 거듭 토로했고요.

최종건 제3자의 관점에서 보면, 2017년 9월 3일 6차 핵실험에 이어 11월 29일 ICBM을 쏘아가면서 핵무력 완성을 선언했는데, 5~6개월 만에 대통령님 앞에서 '우린 비핵화 의지가 있다'고 하는 것이 신빙성 있게 들리셨습니까?

문재인 북한은 엄청난 국력을 핵에 투입했고, 그 바람에 굉장히 많은 어려움을 겪고 있죠. 1970년대까지만 해도 남북한의 경제가 비슷한 수준이었고, 그전에는 북한이 오히려 앞섰죠. 지금은 남한의 GDP가 북한의 50배에 달해요. 갈수록 격차가 더 벌어지고 있죠.

핵을 가지고 자기들의 안전을 보장받고 번영을 누리고 하는 것은 불가능한 거예요. 북한이 아무리 핵을 가진다 한들 그게 남한에는 큰 위협이 되지만, 그것으로 거대강국인 미국에 대항하는 것은 사실 불가능하죠. 핵을 안고 고슴도치처럼 가시를 세운 채 웅크리고 있으면 경제는 어떻게 합니까? 국제적으로 고립을 벗어날 수도 없고 영원한 제재 대상이 되는 거죠. 김 위원장도 그 사실을 잘 알고 있다고 내게 말했어요. 그들에게 체제 안전을 보장받고 제재 해제로 경제발전을 도모하는 것보다 더 절실한 과제가 어디 있겠어요? 핵을 내려놓는 대신 안전을 확실히 보장받고, 경제제재를 해제받고, 미국과 관계를 정상화할 수 있다면 그런 선택을 할 것이라고 보는 게 합리적인 판단 아닌가요?

최종건 그게 오전 회담의 주요 내용이었습니까? 두 분이 처음 만나시는 거고, 북한의 입장에서는 그들이 주장했듯이 생존에 관한 문제였을 텐데, 예전과는 다르게 남측 대통령에게 이야기하는 것이었거든요. 미국에 전달해주기를 바라는 것이 그들의 기획 또는 동기였을 것으로 보입니다. 회담장에서 양측이 동의하지 않거나, 어색한 분위기가 있었다거나, 언성이 높아진 순간은 없었습니까?

문재인 전혀 없었어요. 서로 잘해보자는 좋은 분위기여서, 회담과 대화가 무척 순조롭게 진행됐어요. 그 분위기가 평양 남북정상회담까지 이어졌죠. 그런 분위기 속에서 김 위원장이 합의문에 담기지 않은 선물을 내놓기도 했어요.

2018년 4월 27일 판문점 평화의집 1층 환담장 벽에 나란히 걸려 있는 시계가 남북한의 30분 시차를 보여주고 있다. 공동기자회견을 마친 후 만찬을 기다리며 함께 환담을 나누던 김정은 위원장이 시계를 가리키며 즉석에서 북한의 표준시간을 남한에 맞추는 결정을 내렸다.

최종건 "남북한의 시차가 30분이 왜 납니까?" 하면서 말이죠.

문재인 예. 남북한의 시간을 단일화해서 우리 표준시간에 자신들의 표준시간을 맞춰 변경하는 결정을 김 위원장이 바로 그 자리에서 했죠. 공동기자회견을 마친 후 만찬을 기다리면서 환담을 나누던 중에 김 위원장이 평화의집 1층 환담장 벽에 걸린 시계를 가리키면서 남북한 사이에 시간부터 통일해야겠다며, 자신들의 시간을 당장 우리 시간에 맞추겠다고 한 거죠. 환담장 벽에 남북한의 시간을 알리는 시계 두 개가 나란히 걸려 있었는데, 30분 시차가 있었어요.

최종건 풍계리 핵실험장의 폭파도 합의문에는 없는 거였죠.

문재인 그렇죠. 김 위원장이 자신들의 비핵화 의지를 보여주기 위해 선제적으로 풍계리 핵실험장을 폭파하겠다, 그것도 미국을 비롯한 해외 언론의 참관하에 하겠다고 약속했죠. 합의문에 없는 두 가지 약속을 한 것인데, 북한은 그 약속들을 실제로 이행했어요.

최종건 제재에 대해 내통령님도 신경을 많이 쓰셨고, 저희도 참모로서 답답하기도 했는데, 김 위원장 입장에서는 피제재국으로서 상당히 압박감이 심했을 텐데요. 그 점에 대해서 정상 간에 대화한 것이 있습니까?

문재인 김 위원장은 솔직히 힘들다고 토로했어요. 북한 경제를 발전시키는 것이 자신의 가장 중요한 과제인데 제재 때문에 어렵다고 요. 제재를 푸는 방법은 북한이 비핵화를 성의 있게 해나가면서 그에 대한 상응조치로 얻어내야 하는 과정이어서, 나는 그런 프로세스를 설명하는 데 많은 노력을 기울였지요. 결국 북한이 미국과의 협상 과정에서 합의를 봐야 할 로드맵이라고 설명해주었어요.

다리 위의 30분

최종건 판문점회담의 상징적인 장면은 도보다리 대화였습니다. 여러 번 말씀하셨지만, 김 위원장이 대통령께 진솔하게 묻고 이야기했다는 것이거든요. 처음에 경계를 했을 텐데 말씀을 나누다 보니까 경계하는 마음이 풀려서 진솔하게 이야기하게 된 것일까요?

문재인 원래 그 일정은 점심 후 다음 일정으로 넘어가는 브레이크 타임에 잠시 넣은 휴식과 친교의 시간이었어요. 나로서는 그 기회에 진솔한 대화를 해보고 싶은 욕심이 있었죠. 단독회담을 해도 항상 배석자가 있기 때문에 단둘이 만날 기회가 잘 없어요. 외국하고 정상회담을 할 때도, 단둘이 이야기할 수 있는 시간이 굉장히 귀해서 짧은 시간이라도 활용하려고 애씁니다. 예를 들어, 트럼프 대통령에게 했던 노벨평화상 이야기도 그런 시간에 하는 거죠. 공식 회담에서 할 수 없는 이야기니까요. 굉장히 소중한 시간이어서 이번에도 그런 시간을 갖고 싶었죠. 김 위원장도 단둘이 이야기할 수 있는 기회를 바랐던 것 같아요. 그래서 두 사람의 이야기가 길어졌죠.

최종건 결국 북미회담 잘하라는 이야기였습니까?

문재인 그렇죠. 나는 북미회담 잘하라는 거였고, 김 위원장은 어떻게 하면 잘할 수 있을까, 어떻게 하면 미국을 설득하고 자기들의 진정성을 받아들이게 할 수 있을까 하는 것이었죠.

최종건 대통령님이 보시기에 김 위원장이 상황을 잘 판단하고 있다고 느끼셨습니까? 어떤 부분에서 그렇게 느끼셨습니까?

문재인 트럼프 대통령이 본격적인 대화가 열리기까지 판을 만들어내는 과정을 우리가 주도해달라고 당부했듯이, 북한도 초기 과정에서는 우리를 메신저로 활용해 자신들의 뜻이 우리를 통해서 미국으로 전달되고, 또 우리가 미국을 설득해주기를 바랄 수밖에 없는 상황이었죠. 김 위원장은 바로 그 점을 절실하게 부탁했습니다. 그래서 김 위원장이 주로 질문하고 내가 조언하는 식으로 대화가 많이 진행됐죠. 그 이야기들은 내가 트럼프 대통령에게 전해주었어요. 공식적인 회담 결과를 알려주는 것 외에 별도로.

최종건 시청자 입장에서는 그 그림이 아주 훌륭했거든요. 휴식시간을 활용한 연출이었는데, 저희 입장에서는 '왜 아직 안 들어오시지?' 했어요. 10분 정도로 기획했고, 길어져도 20분인데, 30분을 홀

2018년 4월 27일 판문점 도보다리에서 김정은 위원장과 나눈 대화는 30분을 훌쩍 넘어 이어졌다. 원래는 식사 후 다른 일정으로 넘어가기 전 휴식과 친교의 시간이었는데, 나는 이 기회에 그와 진솔한 이야기를 해보고 싶었다.

쩍 넘겼으니까요. 그 시간이 길게 느껴지지 않으셨어요?

문재인 아니요. 내 욕심 같아서는 단독회담을 다 그런 식으로 대체하고 싶은 생각이 들 정도였어요. 다음 일정 때문에 하는 수 없이 끝냈죠.

최종건 남북관계사를 보더라도 양 정상이 배석자 없이 군사분계선에서 말씀을 나누셨다는 것이, 다음에도 이런 일이 또 있을지 모르겠습니다.

문재인 결국 회담의 성패는 양 정상 간의 신뢰에 많이 좌우되기 때문에, 그런 일정을 통해서 인간적인 신뢰를 축적해나가는 것이 매우 중요하죠.

최종건 그런데 상황이 나빠지면 북한은 또 고약한 메시지를 내놓지 않습니까? 그럴 때는 어떠셨습니까? 예를 들어, 대통령님에 대한 인신공격도 있었고요. 미국에 대해서도 매우 거친 메시지를 내놓기도 하고 미사일 도발을 하기도 했거든요. 북한 매체에서 대남비방을 할 때는 완전히 표변한 모습을 보여주잖아요.

문재인 상황이 악화되면 북한은 반감과 실망감을 매우 거칠게 표출했죠. 미국이 리비아 모델˚을 이야기하거나 핵 리스트를 신고하라거나 할 때도 북한은 아주 험악한 반응을 내놓았어요. 그러면서도

변방에서 중심으로

정상 간에는 개인적인 신뢰를 계속 유지해가기 위해서 끊임없이 친서를 교환한 것이, 당시 북한 외교가 달라진 점이었어요. 이른바 친서외교죠. 판을 깨지 않으려는 정상 간의 노력이라고 할 수 있죠. 어쨌든 북한은 독설과 험한 말 습관을 고쳐야 해요. 반대와 비난의 말도 품위가 있어야죠. 국가의 말이 국가의 품격이 된다는 사실을 북한은 유념할 필요가 있어요.

최종건 북미 간 2차 정상회담이 많이 늦어져 하노이에서 2019년 2월에야 열린 이유도 김영철이 폼페이오에게 험악한 서한 메시지를 보냈기 때문이죠.

문재인 그래서 폼페이오가 북한 방문을 취소해버리고, 실무접촉이 경색되면서 하노이 북미정상회담이 많이 늦어지게 됐죠. 북한은 폼페이오가 북한에 와서 실무교섭을 하면서 계속 핵 리스트를 내놓아야 한다고 이야기했기 때문이라고 했어요. 종전선언의 대가로 그렇

● 리비아 모델은 핵무기와 핵물질 그리고 핵시설 등을 먼저 폐기하면 그 후에 보상한다는 방식의 대명사다. 리비아 모델이 등장한 시기는 2003년 12월로, 당시 리비아는 미국과의 협상을 통해 모든 대량살상무기 포기 및 비핵화를 선언했고, 핵사찰과 핵물질 등의 국외 반출 등을 전격 수용했다. 미국은 리비아와 단계적인 국교 정상화 조치와 함께 경제지원을 제공했다. 두 나라 간 국교가 정상화된 시점은 2006년이다. 그 이후 2010년 12월 튀니지에서 발생한 재스민 민주화혁명(일명 '아랍의 봄')이 리비아로 확산되어 카다피 정권에 반대하는 대규모 시위가 발생했다. 카다피 정권이 시위대에 발포하자 UN은 리비아에 대한 제재를 결정했고, 다국적군은 리비아군을 대상으로 공습을 감행했다. 리비아에서 내전까지 발생하자 카다피는 수도 트리폴리를 탈출했고, 2011년 10월 고향 시르테에서 반군에 발각되어 사살됐다.

게 요구했다는 건데, 그 때문에 북한이 발끈했던 거죠.

　　김정은 위원장이 내게 한 표현으로는, 미국이 핵 리스트와 종전선언을 바꾸자고 했는데, 우리보고 폭격 타깃을 먼저 내놓으라는 거 아니냐, 신뢰하는 사이도 아닌데 시작도 하기 전에 폭격 타깃부터 내놓으라는 게 말이 되느냐는 것이었어요. 내가 트럼프 대통령에게 그 말을 그대로 전했더니, 트럼프 대통령도 "맞는 말이야. 나라도 그렇게 생각했겠어. 김정은 똑똑해" 이렇게 말했어요. 그 후로는 트럼프 대통령 입으로는 그런 요구를 한 적이 없어요. 그러나 폼페이오나 볼턴이 그 후에도 그런 말을 하는 것은 막지 못했죠.

최종건　도보다리에서 두 분이 나눈 대화가 북한의 정책으로 나타난 적이 있었습니까?

문재인　예, 북한은 그 기조대로 접근했다고 생각해요.

최종건　예를 들면 어떤 것이 있을까요?

문재인　북한이 북미정상회담을 속도감 있게 진행하려고 노력한 것이 기본적으로 그러하죠. 풍계리 핵실험장 폐기, 동창리 미사일발장 폐기 제안 등 북한이 나름대로 선제적으로 성의 있는 비핵화 조치를 내놓으면서 상응조치를 요구한 것도 그렇게 볼 수 있죠.

최종건　대통령님이 선제조치의 중요성을 말씀하셨던 걸로 이해하고 있습니다. 4·27 판문점 남북정상회담이 끝난 시점에서 대통령님을 가운데 놓고 봤을 때 대통령님만 트럼프와 김정은을 만났고 두 사람은 아직 만나기 전인 거죠. 두 사람이 잘 맞을 거라고 보셨어요?

문재인　김 위원장 자신이 트럼프 대통령과 성격이 통해서 잘 맞을 것 같다고 말했어요. 트럼프 대통령도 사랑한다는 표현까지 쓰면서 김 위원장에게 호감을 표현했고요.

　　트럼프 대통령의 캐릭터를 이야기했지만, 상당히 실용적이고 합리적인 거래를 할 수 있는 마인드를 가지고 있다고 봤어요. 나와 처음 만났을 때부터 비핵화 문제를 평화적으로 해결해야 한다는 공감과 평화적 해결의 주역이 되고 싶다는 욕심이 있었고요. 북미관계와 남북관계에서 가장 큰 장애가 되는 대규모 한미연합군사훈련에 대해서도 평창동계올림픽을 위해 유예하자는 제안을 수용한 일도 있어서 나 또한 두 사람이 잘 맞을 거라고 생각했습니다.

최종건　당일 만찬 행사를 하고, 문화 행사도 있었고… 끝나고 청와대로 돌아오는 차 안에 30~40분 정도 계셨을 텐데, 그때 어떤 생각을 하셨습니까?

문재인　돌아올 때? '아유, 한고비 넘겼다. 큰 고비 하나 넘었다'는 생각이었죠.

최종건 저희는 서훈 국정원장, 장관급 인사들하고 버스를 타고 왔는데요. 이 질문을 드린 이유는… 버스 안이 조용했어요. 피곤해서 자고 있었던 것이 아니라, 다들 생각이 복잡했어요. 저는 그 침묵을 잊을 수가 없습니다. 누가 4·27 판문점 남북정상회담 때 뭐가 제일 기억나느냐고 물어오면, 저는 돌아오는 버스 안의 침묵이더라고요. 9·19 평양 남북정상회담 때는 우리가 공군 2호기를 타고 삼지연에서 서울로 오지 않았습니까. 그때도 비행기 안은 매우 적막했어요. 저희는 넥스트, 다음을 생각해야만 했으니까요. 그다음 날 이제 뭐하지, 어떻게 하지 생각해야 했습니다.

문재인 그렇네요. 실무를 하는 분들은 당연히 다음 스텝을 생각하게 되니까 그럴 것 같네요. 나는 내일 일은 내일 생각하면 된다는 주의여서 그날 돌아올 때는 정말 한고비 넘었구나 하는 안도감이 컸어요.

세 명의 대통령, 세 번의 정상회담

최종건 특이하죠. 민주정부 대통령들만 남북정상회담을 하게 된 겁니다.

문재인 그러니까요. 결국은 김정은의 결단이고 선택이었던 것 아니냐고 말하는 사람도 있지만, 남북대화가 된 것도 민주정부 시기에,

북미 간의 대화가 된 것도 참여정부 때 6자회담 형태로, 그리고 우리 정부에서 양 정상 간에 이루어졌죠. 김정일 위원장이나 김정은 위원장에게 그런 뜻이 있었다 해도 그것을 결단과 행동으로 이끌어내는 역할은 민주정부가 해낸 거죠.

최종건 왜 그럴까요? 이어서 드리는 마지막 질문인데요. 4·27 판문점회담 하나만 뚝 떼어놓고 보면 민주정부에서 김대중, 노무현 대통령님에 이어 대통령님이 세 번째 남북정상회담을 한 것이거든요. 대통령 개인의 역량이었을까요, 아니면 민주정부를 관통하는 평화에 대한 의무감이었을까요? 노무현 대통령님도 그렇고, 대통령님도 그렇고, 자주국방에 대한 욕망이 높았고 그만큼 예산도 투자했고요. 동시에 남북관계는 평화적으로 관리해야 한다, 교류해야 한다는 신념이 있었는데요. 왜 그럴까요? 민주 진영에서는 왜 그런 신념이 강한 걸까요?

문재인 당연한 일이죠. 우리 사회에 두 가지 확연하게 다른 철학이 있는 거예요. 세계관이라고 해도 되고요. 하나는 분단 상태를 정권의 목적으로, 정치적 목적으로 이용하면서 적대적 공생을 추구하는 세력이 있고, 다른 한편으로는 분단을 어떻게든 극복해나가야 한다, 통일이 최고의 형태지만 통일되지 않더라도 적어도 평화를 이루고, 서로 왕래하고 교류하고 협력해야 한다는 근본적으로 상이한 두 가지 철학이 있는 거죠. 민주정부는 이 철학에 굳건하게 기초해 있기 때문에 대북 접근이 아예 다른 것이고, 북한도 그 사실을 알고 있기에 민주정부의 대북 접근에 호응을 해올 수 있는 거예요.

우리 정부의 평화프로세스가 끝을 보지 못했기 때문에 실패한 것이라는 식의 평가들이 있는데, 다하지 못한 실망감, 아쉬움의 표현이라고 생각합니다. 우리 스스로도 그런 아쉬움이 있으니까요. 그점을 부정하지 않지만, 결과를 다 얻지 못했다고 그 과정 자체를 폄훼하는 것은 옳지 않아요. 평화라는 것이 언젠가는 공고해져야겠지만, 공고한 평화에 이르기까지 평화를 위한 노력은 모두 평화로 가는 하나의 과정이거든요. 그 과정 하나하나가 중요하죠. 이 과정은 끊기기도 합니다. 그렇지만 다시 민주정부 같은 철학을 갖고 임한다면 이어지는 거죠.

그래서 1972년 7·4 남북공동성명이 20년을 건너뛰어 1991년 남북기본합의서로 이어진 것 아닙니까. 또 그때로부터 다시 8년을 건너뛰어서 2000년 6·15 남북공동선언으로 계승되었죠. 그리고 다시 7년 세월이 흘러서 2007년 10·4 남북정상선언으로… 갈수록 앞의 선언들을 확대하고 구체화해나간 것 아닌가요. 2018년에 이루어진 4·27 판문점선언이나 9·19 평양선언은 2007년 10·4 남북정상선언에서부터 다시 출발해 더 풍성하게 만들었죠. 11년의 공백이 있었어도 처음 시작하는 대화가 아니었어요.

그래서 우리 정부에서 뜻을 이루지 못한 평화프로세스도 언젠가, 지금 정부든 다음 정부든 진정성 있게 남북대화에 임한다면 다시 그 선에서 출발할 수 있습니다. 우리는 그 점에서 많은 성과를 냈다고 자부할 수 있어요. 이제 국민들도 보수가 안보를 더 잘한다거나, 한미동맹이 더 강해진다는 허황된 말에 현혹되지 않아야 해

요. 남북관계에 관한 근본적으로 다른 철학 또는 세계관의 차이를
직시하면서 정치세력을 선택해야 합니다.

5

결단의 번개회담

"그 타이밍에 북한이 그런 요청을 해온 것은 어떤 면에서는 고마운 일이기도 했죠. 비핵화 대화 의지를 보여주는 것이었으니까요. 또 한 가지 큰 의미가 있었던 것은, 4·27 판문점회담처럼 정식 남북정상회담을 하려면 사전에 오랜 시간 서로 의사를 타진하고, 실무교섭을 통해 많은 논의를 거쳐서, 드디어 회담을 하게 되는 것이 일반적이죠. 그런 방식을 뛰어넘어 정상들 간에 문자를 보내거나 전화로 만납시다, 좋습니다 만납시다, 이런 식의 번개팅처럼 남북이 만날 수 있다는 것도 큰 의미가 있다고 생각했어요."

두 번째 결정적 순간

최종건 2018년 5월 26일 소위 '번개 남북정상회담'에 대해 말씀을 나눠보겠습니다. 4·27 판문점 남북정상회담과 9·19 평양 남북정상회담에 대해서는 많은 사람이 이야기를 했지만, 5·26 판문점 남북정상회담은 상대적으로 그 중요성이 덜 부각됐습니다. 5월 26일에 판문점 통일각에서 약식 정상회담을 하셨는데요. 우리는 '번개회담'이라고도 불렀습니다. 돌이켜보면, 문재인 정부의 조정 능력, 중재 능력이 빛난 순간이었습니다. 왜냐하면 5·26 남북정상회담이 있었기 때문에 6·12 싱가포르 북미정상회담이 있었고, 다시 9·19 남북정상회담과 이듬해 하노이 북미정상회담까지 연결된 거죠. 5·26이 없었다면 그 후의 평화프로세스가 상당히 큰 어려움에 직면했을 거라고 봅니다. 그래서 5·26 판문점 번개 남북정상회담이 한반도 평화프로세스의 두 번째 결정적 순간인 것 같아요.

4·27 판문점 남북정상회담 이후 한 달 동안 북한은 실질적인 조치를 취하며 북미정상회담을 하고자 하는 의지를 강하게 드러냅니다. 5월 9일 폼페이오 국무장관이 평양에 갔을 때 억류자 세 명을 미국으로 송환했습니다. 5월 12일 풍계리 핵실험장 폐쇄를 선언하고 24일 실행했습니다.

그런데 바로 5월 24일 그날, 잘나가던 흐름에 파탄이 발생합니다. 최선희 외무성 부상이 회담을 취소하겠다면서 막말성 담화를 발표한 것이죠. 앞서 5월 13일 존 볼턴 국가안보좌관이 리비아 모델을 적용해 북한이 모든 것을 내놓지 않으면 상응조치는 없다고 말하자, 15일 북한은 싱가포르에서 예정됐던 고위급 실무회담에 나타나지 않았고, 16일에 김계관 외무성 제1부상이 담화를 발표했습니다. 그런 후에도 21일 펜스 부통령이 다시 리비아 모델을 말하자, 김계관에 이어 최선희도 회담 못 하겠다는 강경한 입장을 표명한 것입니다. 그러자 트럼프 대통령이 최선희 부상의 담화가 발표된 그날 전격적으로 싱가포르 북미정상회담 취소 선언을 해버렸습니다.

문재인 당시 미국 측에서 리비아 모델을 주장하고, 북한 측에서 회담을 안 할 수 있다고 격앙된 반응을 보이고, 실무교섭 자리에 나타나지 않기도 하고, 미국 측에서 회담 취소를 발표한 일련의 과정은 사상 최초의 북미정상회담을 앞두고 일종의 샅바잡기 성격이 있었다고 생각해요.

판문점에서 열린 5·26 번개 남북정상회담이 없었다나면 북미정상회담이 없었을 것이라고 말할 수는 없다고 봅니다. 미국이라는 대국이 북핵 문제 해결을 위해서 북한과 정상회담 하겠다고 세계에 발표를 한 마당에, 그런 정도의 다툼 때문에 끝까지 회담을 취소해버린다는 것은 대국의 외교로서는 체면이 서지 않는 일이죠. 결국 어떻게든 회담은 했을 거라고 생각해요. 다만 회담이 훨씬 지연될 수도 있고, 샅바잡기를 하느라 서로 간 신뢰가 많이 깨져버리면 성과를 내기도 어려워질 수 있기 때문에, 북미정상회담이 시작도 되기 전에 아주 큰 암초를 맞이한 것이었죠. 그것을 해소한 것이 5·26 번개 남북정상회담이었습니다.

당시 상황을 보면, 회담을 앞두고 미국에서 리비아 모델을 언급한 것은 회담 상대에 대한 배려가 없었다고 할까, 강대국의 오만 같은 것이 있었다고 생각해요. 북한이 리비아 모델에 극도로 강한 거부감을 갖고 있는 것은 이미 알려져 있는 사실이었어요. 그런데도 미국의 국가안보보좌관이 굳이 리비아 모델을 언급해서 북한 측에서 한 번 강한 불만의 목소리를 냈는데도 미국 부통령이 다시 한번 리비아 모델을 언급하는 바람에 북한이 크게 격앙되었던 것이죠.

물론 최선희 외무성 부상이 낸 성명은 대단히 거칠고 일반적인 외교 문법에 없는 표현을 썼어요. 그에 대해서 미국이 화낼 만했죠. 하지만 미국의 고위급들이 거듭 리비아 모델을 주장한 것은 북한 쪽에서 볼 때는 '이게 협상하자는 태도냐, 사상 최초로 북미정상회담을 통해서 평화적인 방식으로 비핵화를 이루자는 미국의 제안을 신뢰할 수 있나' 의구심을 갖게 하는 측면이 있었어요.

최종건 그즈음 대통령님은 미국을 방문하셨습니다. 5월 20~22일 미국을 실무방문해서 북미정상회담을 앞두고 중재를 위한 한미정상회담을 가졌고, 이런저런 메시지를 전달했습니다. 상당히 울퉁불퉁한 기간이었습니다. 그 기간을 돌이켜보면 어떤 생각이 드십니까?

문재인 내가 미국을 실무방문했을 때는 이미 볼턴 국가안보보좌관의 리비아 모델 언급에 대해 북한의 격앙된 반응이 나온 상태였어요. 그래서 나는 트럼프 대통령에게 "리비아 모델은 북한이 결단코 받아들일 수 없다, 체제 안전을 위해서 개발한 핵을 포기하는 대가로 강력한 체제 안전 보장조치를 요구하는 것이 북한의 입장인데, 카다피 대통령의 피살로 끝난 리비아 모델로 가자는 것은 북한 입장에서는 모순되는 것 아니냐, 회담이 깨질 수 있다"라고 충분히 설명했고, 트럼프 대통령도 전적으로 공감하면서 동의를 표했어요. 그런데 돌아오는 길에 또다시 펜스 부통령이 똑같은 발언을 해 북한 측에서 더 격앙된 반응이 나왔고, 우리는 서울에 도착하자마자 트럼프 대통령의 북미정상회담 취소 소식을 듣게 됐죠. 우리로서는 정말 황당한 상황을 맞이한 것이고 화도 났어요. 어쨌든 우리가 큰 기대를 걸었고, 전 세계가 크게 기대했던 사상 최초의 북미정상회담이 좌초될 위기에 처했기 때문에, 어떻게 되살릴 것인지 고심하게 됐죠.

다행스럽게 북한 측에서 발 빠르게 노력을 기울여줬어요. 하나는 김계관 외무성 제1부상이 담화를 통해서 여전히 대화 의지가 있음을 공개적으로 천명한 것이고, 또 하나는 우리에게 신급히 정상회담을 요청해서 중재를 부탁한 것이었어요. 다행히 그 노력이 통해서 취소됐던 싱가포르 북미정상회담이 다시 극적으로 되살아나는 계기가 됐습니다.

최종건 미국 현지 시간으로 5월 22일 대통령님이 한미정상회담을 마치셨고, 그날 오후에 귀국길에 오릅니다. 워싱턴에서 마지막 일정이 대한제국 주미공사관 복원 개소식 방문이었습니다. 알래스카를 경유해 도착하니까 한국 시간으로 5월 24일 새벽이었죠. 우리가 착륙하고 보니 이미 취소 발표가 났더라고요. 저도 그 비행기 안에 있었는데, 왜 이런 일이 일어났는지 당황스러웠습니다. 대통령님과의 정상회담에서는 낌새도 없었거든요.

다만 대통령님과 트럼프 대통령이 함께 백악관 오벌오피스에 들어갈 때 트럼프 대통령이 기자들 질문을 받는 자리에서 "(북한과) 회담을 할 수도 있고 안 할 수도 있다. 하면 좋지만 안 해도 우리로서는 나쁠 것 없다"고 답변한 일이 있었습니다. 하지만 그 후 회담에서 싱가포르 북미정상회담을 위해 진지하게 논의한 시간이 길었기 때문에 트럼프 대통령의 회담 전 답변은 특유의 어법으로 여겨져 비중 있게 다뤄지지 않았습니다.

대통령님은 상황이 안 좋으니, 귀국 당일 밤 11시경에 관저에서 국방부 장관, 외교부 장관, 국정원장, 비서실장, 안보실장을 소집해 긴급 NSC를 열었습니다. 그리고 회의 결과 밤 12시경 북미 정상 간 회담을 촉구하는 입장을 발표해서, 회담의 끈을 놓지 않고 불씨를 살리려는 노력을 이어갔습니다. 다음 날인 25일 아침 7시 반경에 김계관 외무성 제1부상이 '회담을 다시 할 수 있다'는, 한발 물러선 성명을 냈습니다.

그리고 그날 오전에 국정원 라인을 통해 김영철 통전부장이 서훈 국정원장에게 긴급히 만나자는 요청을 해왔고, 오후 3시 판문점 북측 지역에서 두 사람이 만났습니다. 그가 전달한 김정은 위원장의 요청은 '대통령님을 내일 뵙고 싶다. 격의 없는 대화를 제안한 다'였습니다. 그래서 안보실에서 안보실장, 비서실장, 국정상황실 장, 서훈 원장 등이 회의를 하고 관저에 가서 대통령께 보고를 드린 게 아마 저녁 8~9시경인 것 같습니다. 그때 참모들이 어떤 보고를 드렸는지 기억하십니까?

문재인 우리로서도 상당히 화가 나는 상황이었어요. 황당했고요. 역사적인 회담을 취소하기까지 과정도 화가 났지만, 미국이 취소 발표를 하더라도 그 타이밍에 그런 식으로 발표해서는 안 되는 거였어요.

싱가포르 북미정상회담을 앞두고 논의할 목적으로 미국에 갔던 것이고, 그 회담을 시작하는 모두에 기자의 질문을 받고 트럼프 대통령이 그렇게 말했거든요. "하면 좋지만 안 해도 우리로서는 나쁠 것 없다"라고 답변했는데, 그 앞에 최선희 외무성 부상이 회담을 재검토할 수 있다고 발언한 것에 방어적으로 맞대응하면서 일종의 기싸움을 한 것이죠. 그래서 그 회담에서 더더욱 리비아 모델은 북한이 받아들일 수 없는 것이라고 설명하고 회담을 잘 하기로 논의가 됐죠. 그렇다면 취소하더라도 적어도 사전에 우리에게 미리 알려준 다음에 했어야지, 귀국하는 비행기 안에 있을 때 발표해서 귀국하자마자 그 소식을 듣게 했으니, 정말 어처구니없는 일이었죠. 미국의 일방적인 행태에 분노가 컸어요.

그렇지만 회담을 되살리는 것이 무엇보다 중요했죠. 김 위원장의 급박한 회담 제의는 북한도 그 상황을 당황스러워하고 심각하게 여긴다는 것을 보여주었죠.

최종건 오늘 대통령님을 뵙기 전에 서울에서 몇 분한테 그 순간을 어떻게 기억하고 있는지 물어봤는데요. 그 당시 참모들이 모여서 난상토론을 했는데 의견이 반반이었답니다. 어떻게 대통령님을 만나자는 한 마디로 북측 지역으로 가시라고 할 수 있냐, 며칠 상황을 보면서 논의하자는 신중론과 싱가포르회담을 되살리기 위해 뭐든 해야 하지 않느냐는 적극적인 입장이 팽팽했다는 거죠. 결국 대통령께 결정을 맡기기로 하고 관저로 가서 말씀드렸다고 하네요.

문재인 보고를 받았는데 두 의견이 팽팽했어요. 받자는 의견과 당장 그날 받는 것은 어렵다, 며칠 상황을 보고 판단하자는 의견. 두 의견 모두 일리가 있었어요. 내가 결단해야 했는데, 받자고 결정했죠.

최종건 왜 그러셨습니까?

문재인 6월 12일로 예정돼 있던 싱가포르 북미정상회담을 되살리려면 시간 여유가 없었어요. 당장 결정해야 했죠. 우리 특사단의 미국 방문과 4·27 판문점 남북정상회담을 통해서 우리가 북미정상회담의 문을 연 것 아니에요? 그런데 비핵화라는 목표에 대한 서로 간의 입장 차이 같은 본질적인 문제가 아니라, 회담에 앞서서 나온 일종의 신경전 때문에 좌초되는 것은 말이 안 되잖아요. 그래서 그것을 되살리는 데도 우리가 주도적인 노력을 해야 한다고 생각했죠.

그리고 그 타이밍에 북한이 그런 요청을 해온 것은 어떤 면에서는 고마운 일이기도 했죠. 비핵화 대화 의지를 보여주는 것이었으니까요. 또 한 가지 큰 의미가 있었던 것은, 4·27 판문점회담처럼 정식 남북정상회담을 하려면 사전에 오랜 시간 서로 의사를 타진하고, 실무교섭을 통해 많은 논의를 거쳐서, 드디어 회담을 하게 되는 것이 일반적이죠. 그런데 그런 방식을 뛰어넘어 정상들 간에 문자를 보내거나 전화로 만납시다, 좋습니다 만납시다, 이런 식의 번개팅처럼 남북이 만날 수 있다는 것도 큰 의미가 있다고 생각했어요.

최종건 대통령님이 수락하신 것은, 당시 전략 환경이라고 하는 북한과 미국의 대화를 복원해야 하는 이유도 있지만, 사정이 위급한 이웃이 무슨 문제가 있으니 만나서 의논 좀 하자고 연락해서 만나는 모습 같은 형태의 정상회담을 의미 있게 보셨다고 생각하면 됩니까?

문재인 그렇게 내가 의미를 부여했어요. 회담 후 기자회견에서도 말했지요. 남북 정상이 이런 방식으로 만날 수 있다는 그 자체가 남북 관계에 새로운 시대가 열리는 것이라고. 남북 정상이 번개팅 식으로 일상적인 만남처럼 볼 수 있는 회담 방식에 큰 의미를 부여했죠.

최종건 기자회견에서 하셨던 말씀을 보니까, '일상처럼 만나는 것이 중요하다'고 표현하셨던데요. 2000년 6·15, 2007년 10·4, 2018년 4·27까지 이전의 남북정상회담은 오랜 기간 준비해야 했는데 하

변방에서 중심으로

루 만에 뚝딱 열렸거든요.

문재인 그게 사실 쉽게 결정할 수 있는 일은 아니었어요. 내가 북한 구역으로 올라가야 했거든요. 북측에서 우리 구역으로 내려오려면 유엔사와의 협의에 시간이 많이 걸리고 보안이 안 되니까요. 내가 북측 지역으로 올라가는 것 자체도 엄중한 상황이 되는 거라 남북 간 협력 경호가 필요한 일인데, 준비 시간이 짧으니 경호 불안에 대한 염려가 당연히 있을 수 있죠. 그러나 우리 경호처에서 충분히 대응할 수 있다고 보고해왔고, 돌발상황이 발생할 가능성이 사실상 없는 곳이어서 결단할 수 있었지요.

한 달 만의 두 번째 만남

최종건 정상회담 자체가 보안을 요하는 데다 대한민국 대통령, 군 통수권자가 북한 영토로 들어가는 것이어서, 군 차원에서도 철저한 대비가 필요했습니다. 그래서 청와대는 송영무 국방장관에게 만반의 대비를 지시했고, 유엔사 관할 구역을 넘어가기 때문에 한미연합사 사령관, 주한미국대사, 미국 안보보좌관실 등 미국 측에도 통보해서 필요한 조치를 취하게 했습니다.

저는 그때 화면으로 봤는데요. 김정은 위원장이 대통령님을 꽉 껴안더라고요, 통일각에서. 그때 김 위원장은 곤란한 상황이었을 텐데요. 한 달 만에 만나셨는데, 어땠습니까?

2018년 5월 26일 번개 남북정상회담을 앞두고 판문점 평화의집에서 참모들과 사전회의를 진행했다. 북미 대화 복원을 위해서뿐 아니라 남북 정상이 일상적으로 만나듯 회담하는 방식도 의미가 있다고 생각했다.

문재인 김 위원장은 당연히 매우 당혹스러워했죠. 급박한 상황이어서 급히 만나자고 했는데, 내가 호응해줘서 감사하다는 인사를 거듭해서 했고요. 또 자신들의 비핵화 의지를 다시 거듭 강조했죠.

그리고 미국의 태도에 대해서, 미국이 자기들을 불신하고 있음을 잘 알지만, 자기들도 미국에 불신이 있고 오랜 적대관계 속에 있는데, 미국이 리비아 모델을 계속 이야기하는 것을 보면 도대체 미국이 자기들과 진정으로 대화할 자세가 되어 있는지 강한 의구심을 갖지 않을 수 없다면서, 미국의 대화 의지를 나를 통해 확인받고자 했습니다. 결국 우리가 북미 양국에 상대의 대화 의지를 믿고 대화를 계속해달라고 설득하는 모양새가 됐어요.

최종건 사실 그 회담 내용은 사람들한테 별로 안 알려졌습니다. 심지어 정부 내부에서도 잘 안 알려졌는데… 그렇다면 결국 김정은 위원장은 당시 대통령님에게 미국이 리비아 모델을 계속 말한다면 대화하기가 어렵다고 일종의 하소연을 하고, 미국과 계속 대화해도 될지 확인받고자 한 것으로 이해해도 될까요? 대통령님은 어떻게 설득하셨습니까?

문재인 나로서는 북미 정상이 마주 앉도록 하는 것이 중요했죠. 북한 측에는 미국이 리비아 모델을 언급한 것은 북한이 화를 낼 만하다, 충분히 이해가 간다, 그러나 최선희 부상의 성명은 외교 관례에서 볼 수 없는 지나치게 거칠고 무례한 표현이다, 그런 식으로 격한 반응을 쏟아낸다면 미국으로서는 자신들과 대화할 뜻이 과연 있는 거냐고 생각할 수 있다는 지적을 해주었지요.

미국 측에는 반대로 그것이 미국 입장에서는 굉장히 낯설고 외교무대에서 있을 수 없는 표현이라고 생각하겠지만, 북한이 거칠고 격한 말로 벼랑 끝 외교를 하는 것은 오래된 일이다, 남북 간에는 그 정도 표현들이 늘 있어왔다, 나한테는 그보다 더 심한 표현들도 한다, 불쾌하겠지만 그 때문에 판을 깨면 안 된다고 설득했죠.

또, 미국에게는 북한에 대해 리비아 모델을 주장하지 말도록 요청했고, 북한에게는 적어도 트럼프 대통령은 북한에 대해 진심을 가지고 있다고 본다, 내가 한미회담에서 충분히 설명했기 때문에 트럼프 대통령은 리비아 모델을 말하지 않을 것이다, 이 회담은 당신과 트럼프 대통령 두 사람의 결단으로 이루어지는 것이고, 당신들 내부에서도 회담에 대한 반대가 있듯이 미국 내에도 부정적인 생각을 가진 사람이 많이 있다, 그 상황을 두 정상이 돌파해나가야 하는 것이라고 긴 시간 설명했어요.

최종건 70년을 적대하고 전쟁까지 치른 양국 간에 정상회담을 하도록 중재하려면, 양측 모두에서 신뢰를 얻지 않으면 안 되기 때문에 부담이 매우 컸을 테데요. 한쪽은 동맹이고, 다른 한쪽은 동족이니 자칫 오해받기 쉽고요. 5·26 번개 남북성상회담은 당시 대한민국 대통령이 중재자로서 져야 했던 부담이 얼마나 컸는지 상징적으로 보여주는 장면인 듯합니다.

문재인 실제로 북미정상회담이 성사되어 세계에서 찬탄을 받던 시기에 내가 외교무대에 나가면 그런 말을 많이 들었어요. 도대체 어떻게 트럼프와 김정은 두 터프가이를 설득해서 서로 대화하게 했느냐. 특히 독일의 메르켈 총리를 비롯해 유럽 쪽 정상들이 그런 이야기를 많이 했죠. 하지만 우리로서는 분단 이후 북미 간에 처음으로 정상들을 마주 앉히는 것인데, 그 과정을 우리가 중재해야 하는 것은 너무나 당연한 일이었죠. 북한과 미국도 우리의 중재 노력을 당연한 역할로 받아들였고요.

최종건 볼턴의 리비아 모델이 처음 등장했을 때, 저는 "드디어 방화범이 나타났다"고 이야기했습니다. 트럼프 대통령 주변에 있지만 북미정상회담을 안 되게 하고 싶은 사람들이 등장했다는 뜻이었습니다. 리비아 모델은 와서 항복하라는 뜻이고, 리비아가 겪은 일들, 특히 카다피가 죽임을 당했기 때문에 북한으로서는 당연히 거부감이 클 수밖에 없는데 말입니다.

5월 26일 번개 남북정상회담 결과, 6·12 싱가포르 북미정상회담이 이루어지면서 워싱턴 조야, 특히 '방화범'처럼 생각하는 사람들은 우리를 상당히 경계했던 것으로 기억합니다. 안 되길 바라는 염불을 외듯이, 결국은 6월 12일 싱가포르선언 자체가 별것 없었다는 주장이 미국에서는 주류를 이룹니다.

유럽 국가들은 아무래도 중재의 역사가 많기 때문에 대통령님이 중재하신 5월 26일 회담을 보고 많이 감탄했던 것 같아요. 우리 외교사에서 없었던 명장면이라고 생각합니다. 메르켈 총리 같은 경우는 트럼프와 사이가 매우 안 좋아서 "하, 트럼프…" 하며 고개를

저으면서 대통령님에게 어떻게 두 터프가이를 붙였냐고 이야기했던 게 기억납니다. 5·26 번개 남북정상회담을 겪으면서 문재인-김정은 두 사람의 관계가 더 돈독해졌다고 보는 게 맞겠죠?

문재인 그렇죠. 그래서 그 회담에서 우리가 얻은 성과도 있었습니다. 4·27 판문점선언의 실천을 위해 6월 1일부터 남북고위급회담과 군사당국자회담 그리고 이산가족 상봉을 위한 적십자회담을 연속으로 속도감 있게 진행하기로 합의했죠. 김 위원장이 내가 보는 앞에서 김영철에게 직접 지시했어요. 모두 그대로 실행돼서 이산가족 상봉이 이뤄졌고, 9·19 남북군사합의를 할 수 있게 됐죠. 아마도 나에 대한 고마움이 반영됐을 테죠.

"이메일로 하시죠"

최종건 북한의 최고지도자가 그들 입장에서 현안을 의논하기 위해 남한 최고지도자를 급하게 찾았다는 것은 대단한 일 같아요. 다시 한번 그 의미가 부각됐으면 좋겠습니다.

문재인 남북관계가 본격적으로 발전하려면 셔틀외교를 넘어서 그와 같은 소통이 필요하지요. 판문점회담 며칠 전에 남북 간의 합의로 내 집무실과 김 위원장의 집무실을 연결하는 직통전화가 개설됐고, 시험통화까지 했는데 실제 가동은 되지 않았어요. 그래서 5·26

2018년 5월 26일 판문점 북측 통일각에서 한 달 만에 김정은 위원장을 '번개'로 다시 만났다. 그는 트럼프 대통령이 6월 12일로 예정된 싱가포르회담을 취소하자 급박하게 회담을 제의해 왔다. 사상 최초의 북미정상회담을 살리려면 시간 여유가 없었기에 만나기로 결단을 내렸다.

번개 남북정상회담에서 내가 그 전화를 가동하자고 독촉했죠. 그에 대한 김 위원장의 대답은, 집무실이 노동당 청사에 있는데, 일주일에 한두 번 출근하고 대부분 지방을 다니기 때문에 없을 때가 많고, 보안도 염려되니 확실히 보안이 지켜지는 이메일로 하면 좋겠다, 이메일은 자기가 지방 현장에 가도 노트북을 늘 가지고 다니기 때문에 언제든지 주고받을 수 있다는 거였어요. 그래서 직통전화는 임종석 실장과 김여정 부부장이 관리하기로 하고, 정상끼리는 이메일로 연락하기로 그 회담에서 새로 합의했어요.

최종건 이메일 이야기는 처음 나왔는데, 김 위원장이 먼저 제안한 건가요? 이메일 주소도 서로 교환하셨어요?

문재인 김 위원장이 먼저 제안했어요. 직통전화의 경우 개통을 공개했기 때문에 김 위원장이 도감청을 걱정해서 사용하지 않았을 수 있겠다고 생각해서, 이메일 이야기는 대외적으로 발표하지 않았던 것입니다.

　그런데 그것도 결국 안 됐어요. 국정원의 설명에 의하면, 우리 쪽은 기술적으로 아무 문제가 없는데, 북한 쪽에서 보안 시스템을 구축하는 작업이 계속 지연되다가 국면이 나빠져버렸다는 겁니다.

최종건 이메일 소통을 합의하고서도 사용하지 못한 것은 상당히 아쉽네요. 친서 교환 대신 실시간으로 이메일을 주고받을 수 있었다면 얼마나 좋았을까요.

문재인 번개팅에서 한 걸음 더 나아가는 획기적인 소통 방법이 될 수 있었죠. 코로나 상황에서도 서로 연락할 수 있었을 테고요.

최종건 영화 같은 이야기입니다. "전화기는 노동당 청사에 있으니 이메일로 하시죠"라고 한 것은 젊은이답다는 생각도 드네요. 실현이 됐으면 정말 좋았을 텐데요.

문재인 그 회담에서 서훈 원장과 김영철 통전부장에게 빨리 실무작업을 하도록 지시했어요. 우리로서는 보안 시스템을 금방 구축할 수 있었는데, 북한은 그러지 못했던 것 같아요. 무슨 연유가 있는지 모르지만 김 위원장은 보안에 대한 염려가 매우 강했어요.

최종건 남북의 회담사를 보면, 북쪽 최고지도자와 우리 대통령 사이에 여러 가지 합의를 해도 실무에서 막히는 경우가 많았습니다.

문재인 남북한 정상이 직통전화나 이메일로 소통한다는 것은 꿈 같은 일로 여길 수 있지만, 같은 민족으로 사이좋은 관계라면 그것이 정상적인 모습일 것입니다. 남북이 분단 80년이 되도록 분단 극복은커녕 사이좋게 지낼 방법조차 찾지 못했으니 한스러운 일이죠. 남북한은 국제법상으로 두 개의 국가입니다. 각기 UN 회원국이지요. 그렇게 보더라도 긴 국경선으로 이어지는 이웃국가인 만큼 서로 사이좋게 지내야만 함께 발전하고 함께 번영할 수 있습니다. 직통전화와 이메일 소통은 그러기 위해서 필요한 일이지요. 그런 날이 하루빨리 와야 할 것입니다.

　　김 위원장이 최근 남북한을 적대적 두 국가로 규정한 것은 매우 유감스럽습니다. 결코 평화를 지향하는 국가지도자의 자세가 아닙니다. 평화통일이라는 겨레의 염원을 배신하는 처사죠. 남북은 함께 2018년의 모습을 기억해야 합니다.

최종건　여담입니다만, 5월 26일 통일각에서 진행된 번개 정상회담은 당시 청와대 식구 대다수가 몰랐습니다. 그 사실이 공개됐을 때 저희끼리 "너 알았어? 왜 너만 알았어?"라고 물었어요. 저도 사실 몰랐고, 당연히 정의용 실장은 입 다물고 있었고, 국정원 간부들도 몰랐다는 겁니다. 그날 상황을 알았던 사람들을 보고 다음 날, "알고 보니 핵심이었네"라며 농담을 주고받았죠.

문재인　사실은 그게 비공개 회담일 뿐이지 비밀 회담은 아니었죠. 월경을 했기 때문에 유엔사에 통지되고, 한미연합사 군사령관에게도 통보되고… 알릴 데 다 알렸기 때문에 마친 후 공개하게 되어 있었어요. 하지만 회담 당시에는 경호와 보안 때문에 최소의 사람만 알도록 했지요.

최종건　저는 개인적으로 아내가 물어봤을 때 가장 곤란하더라고요. "당신 알았어?" 하는데, 저는 몰랐거든요. 이렇게 청와대 직원들이 남편이나 아내로부터 그런 질문을 많이 받았다고 합니다.

2018년 5월 26일 판문점 통일각에서의 번개 남
북정상회담을 마친 후 평화의집에서 참모들과 대
화를 나눴다. 경호와 보안 문제로 청와대 안에서
도 최소의 사람들만 회담 사실을 알고 있었다.

비핵화 의지의 재확인

최종건 통일각에서 남북정상회담을 마친 후 대통령님이 기자회견을 하셨는데, 이때 김 위원장이 다시 한번 완전한 비핵화 의지를 분명히 했다고 공개적으로 말씀하셨습니다. 덧붙여서 이 말씀을 하신 게 미묘했습니다. 보수언론에서 비난을 하기도 했고요. "김 위원장에게 불분명한 것은 비핵화 의지가 아니라 자신들이 비핵화할 경우 미국에서 적대관계를 종식하고 체제 안전을 보장하겠다는 것에 대해 확실히 신뢰할 수 있는가에 대한 걱정이었다." 그에 대해 이런 질문들이 당시 있었습니다. "대통령님이 북의 의지를 과신하는 건 아니냐? 북한의 입장을 보증한 것처럼 들린다."

문재인 북한의 비핵화 의지를 보증한다는 의미가 아니라, 리비아 모델 때문에 북한에서 생겼던 거부 반응을 대변해준 것이죠. 그런 상호 불신이 회담의 장애가 되는데, 미국 측에서만 북한을 바라보는 관점에 불신이 있는 것이 아니라, 북한 측에서도 마찬가지로 미국에 대한 불신이 있다, 그러니 미국 측에서도 그런 북한의 생각을 충분히 배려해가면서 협상에 임할 필요가 있다는 것을 우리 입장에서 말해주고 싶었던 거죠.

최종건 그런데 그다음 날 사설을 보니까요. 특히 보수언론들은 그 발언을 콕 짚어서 '대통령이 마치 미국의 협상 태도에 문제가 있는 것처럼 지적한 거다, 동맹이 어떻게 그럴 수 있냐' 하는 식으로 비

변방에서 중심으로

판했습니다.•

문재인 제대로 본 거예요. 사실 나는 그 말을 하고 싶었어요. 에둘러서 말한 거죠. 동맹이라고 해서 다 잘하는 것은 아니고, 문제를 지적할 수 없는 것도 아니죠.

최종건 사실 이 문제의 발단은 미국이 리비아 모델을 뜬금없이 꺼내면서 북한이 반응하게 만들었던 것이고, 그 반응의 언어가 미국 측을 또다시 반응하게 한 거죠. 어쨌든 대통령님이 22~24일 미국을 1박 3일로 다녀오는 중에 그런 문제가 발생했기 때문에 우리로서는 상당히 불쾌한 상황이었어요. 그 불쾌함을 표출하셨다고 봐도 될까요?

문재인 그런 점도 있지요. 진심으로 회담이 성공하길 바라는 마음에서 미국 측에도 에둘러서 한마디 해야겠다고 생각했어요. 서로 친

• 〈조선일보〉는 2018년 5월 28일 사설 "'韓·北 對 美' 북핵 구도, 자칫 일 그르칠 수 있다"에서 다음과 같이 논평했다. "문 대통령은 '김 위원장이 한반도의 완전한 비핵화 의지를 분명히 했다'고 밝혔다. 그러나 '김정은이 미국이 요구하는 '완전하고 검증 가능하고 불가역적인 핵 폐기(CVID)'에 동의했느냐'는 질문에는 '미·북 간에 확인할 일'이라고 했다. 가장 기초적이고 기본적인 것조차 확인하지 않고서 북의 비핵화 의지가 분명한지 어떻게 안다는 건가. 국민 생명을 그저 김정은의 선의에 맡기나. 북의 선의는 무슨 근거로 그토록 신뢰하나. 안보를 책임진 대통령으로서 무책임하다고 할 수밖에 없다. 지금은 한·미가 한 몸이 돼서 북을 설득하고 때로 압박해가면서 빠른 시일 내 핵 폐기를 결심하도록 해야 할 때다. 미·북 중간에 서서 어설픈 중재 역할을 하는 것은 자칫 일을 그르칠 수 있다."

한 사이에서 하는 회담이 아니라 70년 적대의 전쟁 당사자였던 나라 간에 사상 최초로 정상회담을 하는 것 아닙니까? 당연히 양측의 불신이 크죠. 그럴수록 서로 간에 신뢰를 주고받으면서 축적해나가야 최종 목표에 도달할 수 있는 거예요. 회담에 들어가기도 전에 기존의 불신을 되풀이한다면 회담이 성공할 수 없죠.

당시 미국이 말한 리비아 모델은 결국은 북한에 대한 불신의 표출 아닙니까? 우리가 충분히 북한을 도와주겠지만, 먼저 다 내놓아야 도와준다는 거죠. 북한이 도저히 받아들일 수 없는 요구를 싫다고 하는데도 되풀이하는 것은 강대국이라고 할지라도 바람직한 협상 태도가 아니에요. 두 번의 회담이 있었지만 그 불신을 서로 걷어내지 못했던 게 결국은 회담이 실패한 이유 아닌가요? 그 점을 말하고 싶었던 거죠. 미국도 그 점을 인정했기 때문에 싱가포르회담을 할 수 있었던 것이죠.

중재자의 숙명과 복기

최종건 우리는 정직하게 메시지를 전달하는 중재자 역할을 하고자 했어요. 북한의 의도를 미국에, 미국이 하고자 하는 것을 북한에. 하지만 우리의 관점을 말하는 것이 필요할 때가 있죠. 방금 말씀하신 것처럼 왜 그런 식의 표현을 쓰느냐, 왜 리비아 모델을 말하느냐. 중재를 하려면 중재자에게 레버리지leverage가 있어야 하는 건데, 당시 대통령님은 우리의 레버리지가 무엇일지 생각해보셨습니까?

문재인 미국과 북한 사이에서 우리에게 레버리지라고 할 만한 힘이 따로 있다고 생각하지 않아요. 비핵화가 꼭 필요하지만 반드시 평화적인 방법으로 해야 한다, 외교를 통해서 해결해야 한다, 그 외의 프로세스에 대해서는 협력할 수 없다는 우리의 강력한 의지를 보여주는 것이 유일한 레버리지 아닐까요?

최종건 보수 일각에서는 혹은 이 상황이 낯설었던 사람들은 "중재는 스웨덴 같은 중립국이 완전한 삼자적 입장에서 해야 한다, 우리는 당사자 아니냐"라고 하면서, 중재자 역할을 하는 우리를 불만스럽게 봤습니다. 북한과 같은 민족이고 미국의 동맹국이기도 한 한국이 북한과 미국의 대화를 중재하는 것은 매우 어려운 일이었던 것이 사실입니다. 미국 사람들은 "야, 우리 동맹인데 북한하고 더 잘 지내는 것 아니야? 북한하고 관계가 너무 급격히 발전하는 것 아니야? 우리하고 스텝을 맞춰야지"라고 시그널을 보내기도 했고요. 북한은 북한대로 왜 우리 민족끼리 안 하냐고 하고요. 어찌 보면 우리의 운명인 것 같기도 하네요.

문재인 그러나 우리가 하지 않으면 누가 해주겠어요? 스웨덴이? 스위스가? 우리 스스로 하지 않으면 안 되는 거죠. 5·26 번개 남북정상회담이 싱가포르 북미정상회담을 되살렸는데, 우리가 아니면 어느 나라가 할 수 있었을까요? 비록 실패로 끝났지만, 두 번의 북미회담을 성사시켰으니 우리의 중재 노력이 성공한 것이죠. 언젠가 북미정상회담은 다시 열릴 테고, 싱가포르 합의와 하노이의 실패라는 그 지점에서 협상이 다시 시작되지 않겠어요?

최종건 집권 1년 동안 북한을 두 번 방문하고 남북정상회담을 세 번 하신 거예요. 5·26 회담은 번개팅이기도 했고 북에서 한 회담이기도 했지만, 유일하게 합의문 또는 공동보도문이 없는 회담이었어요. 그것도 특이했어요. 완전히 하나의 목적만 가지고 한 회담, 북한과 미국을 다시 붙이기 위한 회담, 이어서 한반도 평화프로세스를 초기에 진도를 뺄 수 있게 해준 교두보 같은 회담이라고 생각합니다.

문재인 바로 내일 만납시다, 오케이, 이렇게 남북 정상이 쉽게 만날 수 있다는 것, 아무런 의전 없이, 사전에 의제 조율 없이 급한 일 한 가지를 가지고 한번 봅시다 해서, 그 일로만 이야기를 나누고 헤어지는 만남의 경험을 가졌다는 게 아주 특별한 의미가 있었어요. 그 과정이 당시 남북 간 또는 김정은 위원장과 나 사이에 신뢰를 높이는 데 매우 큰 도움이 됐고요. 김 위원장은 그다음 이어진 9·19 평양회담에서 죽었던 북미회담을 내가 되살려주었다고 여러 번 감사 인사를 했어요.

최종건 그것도 공개되는 모두발언에서 다른 사람들도 들으라고 이야기하는 것같이 저는 느꼈습니다. 5·26 번개 남북정상회담이 새로운 선례를 만든 건 사실이라고 봅니다. 남북 정상이 급하면 만날 수 있다, 경호와 의전은 두 번째 문제고 회담 자체가 중요하다, 한두 개의 어젠다만 가지고 이야기할 수 있다….

변방에서 중심으로

문재인 북한도 워낙 이례적인 일이었기 때문에 급해서 그렇게 회담을 요청했지만, 우리가 받아들일 거라고 기대를 크게 하진 않았다고 합니다. 회담을 제의할 때도 우리가 수락하지 않아도 이해한다고 말했으니까요. 그런데 우리가 선뜻 받아들여서 굉장히 고마워했던 것이고, 그런 신뢰가 나중에 능라도5·1경기장에서 평양 시민들에게 연설하는 기회를 준 것으로 돌아오지 않았을까 싶어요.

최종건 5·26 번개 남북정상회담은 격의 없는 만남으로 제안되었고 대통령님은 일상처럼 만난다는 데 큰 의미를 두고 만나신 건데요. 왜 다시 이런 만남이 이루어지지 않았을까요?

문재인 그러게요. 그때는 생각을 못 했던 것인데, 하노이회담이 노딜로 끝난 직후에 이번에는 내가 거꾸로 그런 제안을 해봤으면 좋았을걸 하는 후회가 남아요. 당시로서는 하노이 노딜이 끝이라고 생각하지 않았고, 끝난 이후에도 트럼프 대통령이 긍정적인 말을 하고, 김 위원장과 트럼프 대통령 사이에 친서도 계속 오가고, 나중에 판문점 삼자회동이 있었고요. 그랬기 때문에 북미 간에 3차 정상회담을 열려는 노력이 계속되고 있는 것으로 생각했어요. 그대로 회담 없이 끝나리라고는 생각하지 못했죠. 나중에 그런 판단을 하게 됐을 때 김 위원장에게 만나자고 여러 번 제안했는데 이뤄지지 않았어요. 실기한 것이죠. 지금 와서 생각하면 그 타이밍에 내가 제안해서 한번 보자고 했으면 좋았겠다는 후회가 있습니다. 수용했을지 알 수 없지만, 남북이 다시 만났다면, 하노이회담이 왜 실패했는지 직접 들어보는 기회가 될 수 있었겠지요.

최종건 그렇네요. 일종의 리턴하는 것처럼, '이번에는 평화의집으로 내려올래, 내가 올라갈 수도 있다…' 저도 생각해보지 못했지만, 우리도 한번 제안했으면 좋았겠다는 생각이 듭니다. 다 지난 일이 됐습니다만.

앞에서 말씀하셨듯이 톱다운 방식이 중요했지만, 중재하는 입장에서는 부담이 크죠. 잘되면 칭찬을 받지만, 잘되지 않으면 욕을 먹는 거고, 당사자들이 '얘 때문에 그랬어'라고 이야기할 수도 있으니까요. 북미 간 양자회담보다 4자회담, 6자회담처럼 우리도 함께 참여하는 다자회의 같은 것은 생각해보지 않으셨습니까?

문재인 아니요. 과거 6자회담에서 좋은 합의를 했던 전례가 있기 때문에 우리 정부 출범 후 러시아와 중국은 6자회담을 주장했어요. 나도 6자회담이 복원되면 좋겠다는 뜻을 말한 적이 있고요. 어떤 형태의 대화도 다 좋다, 6자, 4자, 3자, 양자 또는 다자와 양자를 함께하는 어떤 형태의 회담도 좋다고 우리는 열어두고 있었죠. 그런데 남북과 북미, 두 양자회담이 빠르게 진행되었기 때문에 다른 형태의 다자회담은 당장 추진할 필요성이 없었어요.

최종건 이 질문을 드린 이유는, 사후 복기지만 지금 상황으로 돌이켜 보면, 평화프로세스를 어렵게 추진해보니 아무래도 우리의 외교적 부담을 줄이고, 평화프로세스의 안정성을 높이기 위해서라도 양자보다는 3자 이상의 다자가 더 낫지 않았을까 하는 생각이 들어서요.

문재인 만약 그랬다면 그처럼 진도를 낼 수가 없었겠죠. 미국과 일본은 6자회담에 부정적이거나 소극적이었기 때문에 6자회담의 틀을 만들고 6개국이 함께 만나는 데만 오랜 시간이 걸렸을 테죠. 끝내 안 될 수도 있었을 테고요. 그래서 그 과정을 어떻게 구상했는가 하면, 일단 양자로 시작해서 진도가 나가면 종전선언과 평화협정 체결을 포함해 평화체제에 대한 논의 테이블이 마련될 테고, 그러면 이때 자연스럽게 4자회의로 넓어질 거라고 생각했죠. 적어도 미국과 중국, 남북 이렇게 4자가 되어야 하고, 경우에 따라서는 러시아나 일본까지 참여해서 다자적으로 평화체제를 논의할 수도 있고요. 그래서 그 타이밍에 다자로 전환될 필요가 있다고 본 건데, 거기까지 가지 못한 거죠.

최종건 납득이 갑니다. 우리는 북미를 어떻게든 붙여야 하는 상황이었고, 우여곡절 끝에 2018년 6월 12일 싱가포르에서 북미 두 정상이 만났습니다.

문재인 그 이야기 전에 아까 레버리지 질문에 대해, 앞으로 언젠가 평화프로세스를 이어가게 될 때 참고가 될까 해서 한 가지 더 말하고 싶습니다. 결국 지금 상황은 남북관계 발전이 북미관계의 발전과 함께 가지 않으면 안 되는 것이죠. 그래서 우리로서는 남북관계 발전을 위해서 북미관계 발전을 견인해가야 하는데, 미국은 생각이 다를 수 있죠. 우리와 항상 같은 입장일 수는 없는 것이죠. 그럴 때 우리가 발휘할 수 있는 또 하나의 레버리지는, 우리가 최대한 미국과 함께 가지만 남북관계 발전이 동맹 못지않게 중요하기 때문에 마냥 기다릴 수는 없다, 만약 계속 지체된다면 남북 간에 먼저 속도를 낼 수도 있다는 의지를 보여주는 것이라고 생각해요.

최종건 사실 제재와 최대압박이라는 언어 체계에서 대화를 할 수 있다는 언어 체계로 바뀌었던 것도 남북관계가 먼저 치고 나갔기 때문이죠.

문재인 남북관계가 진전되면 미국도 대화에 더 관심을 보이게 되죠.

최종건 대통령님 하신 말씀을 생각해보면, 그렇다면 하노이 이후에 우리가 남북관계에 힘을 더 줬어야 했다는 후회가 있다는 말씀이십니까?

문재인 그렇죠. 그 이후에 우리가 기회를 잡지 못했던 건데, 그런 타이밍에라도 남북 간에 다시 대화가 시작돼서 제재 범위 안에서라도 최대한 협력을 해내고, 제재에 관계되는 부분은 우리가 적극적으로 UN 안보리에 예외 승인을 요청하는 등 노력을 더 했었으면 하는 아쉬움이 있죠. 그것은 우리의 후회이기도 하지만 북한도 하노이회담 이후에는 오로지 미국에만 매달리면서 우리의 대화 노력에 호응하지 않았고, 우리에게 여지를 주지 않았어요. 북한도 자세 전환이 필요하다고 생각해요.

최종건 저도 그 말씀을 드리려고 했는데요. 저는 그때 평화군비통제 비서관이어서 9·19 군사합의 이행에 많이 참여했습니다. 그런데 하노이 이후에는 북한 측이 다 중단하더라고요. 화살머리고지 유해 발굴 작업도 그랬고요. 원래 합의는 비무장지대 GP(감시초소)를 다 철거하자는 거였는데, 그것도 중지되었죠. 이런 것들은 사실 제재 와 상관없는데, 북한과 미국이 대화가 안 되고 긴장 상태가 높아질 수록 남북이 군사적 긴장관계를 낮추는 게 좋다고 계속 이야기해도 더는 진전이 없었어요. 저도 그것이 되게 아쉽습니다. 개성공단, 금 강산관광 다 아쉽지만 한반도에서 대통령님이 강조하셨던 것처럼 남과 북이 전쟁 가능성을 낮출 수 있는 조치를 계속할 수 있었는데 요. 매우 아쉽습니다.

6

드디어 북미 정상 마주 앉다

"당시 북한은 회담 장소로 판문점을 가장 원했고, 나도 트럼프 대통령에게 그렇게 설득했죠. 트럼프 대통령도 동의했는데, 결국은 참모들의 반대로 성사되지 못했어요. 장소가 싱가포르로 결정되는 바람에 북한이 중국 항공기를 이용하지 않을 수 없었고, 결국은 중국에 신세를 지게 됐죠. 그전까지 북한은 중국과 관계가 조금 뜨악했는데, 북한을 다시 중국에 밀착시키는 계기가 됐어요."

사상 최초 북미 정상의 만남

최종건 오늘 대담을 준비하면서 옛날 화면들을 많이 봤는데요. 2018년 6월 12일 싱가포르 북미정상회담이 열려 트럼프와 김정은 두 사람이 악수를 했을 때 대통령님은 국무회의장에 계셨어요. 국무회의를 잠시 중단하고 TV를 켰습니다.

문재인 국무회의 중에 봤죠. 함께 손뼉 치고 했죠.

최종건 그때 어떠셨나요? 대통령님은 흐뭇하게 웃고만 계셨어요.

문재인 실제로 기뻤죠. 드디어 사상 최초로 북미 정상을 마주 앉게 하는 데 성공했으니까요. 만남이 이루어진 것 자체가 우리로서는 역사적이고 가슴 벅찬 일이었죠.

최종건 하루 전날인 6월 11일 트럼프 대통령의 요청으로 대통령님이 통화를 하셨고요. 6월 12일 오후에도 한 번 더 통화하셨어요. 11일 통화할 때 트럼프 대통령에게 주로 뭐라고 말씀하셨습니까? 트럼프도 뭔가 긴장돼서 대통령님을 찾은 것 같은데요.

문재인 회담 성공을 빌어주었죠. 그와 별도로, 북미정상회담이 잘 될 경우 원한다면 회담이 끝난 후 내가 그 자리에 합류할 수도 있다고 언급했어요. 합류해서 최소한 함께 축하하는 세리머니를 할 수도 있고, 더 나아가서 원한다면 3국 간에 종전선언을 하거나 종전선언을 논의할 수도 있다고요. 원한다면 언제든지 갈 수 있도록 그날 일정을 비워놓고 기다리겠다고 알려주었죠.

최종건 6월 11일 통화에서요. 사실 그 말씀을 들으려고 했던 질문인데요. 대통령님은 북한과 미국이 회담하거나 대화할 때 우리가 한발자국 물러서줘야 한다는 입장을 취하셨던 것 같아요. 너무 과도하게 개입하지 말라는 지침을 주셨고요. 그렇더라도 우리가 그냥 싱가포르에 갔더라면 어땠을까요?

문재인 그럴 수는 없는 일이죠. 양국의 초청 없이 우리가 회담에 참여할 수는 없었죠. 우리가 끼어드는 것은 양국 모두에 껄끄러울 수 있고, 우리에게 관심이 쏠리는 것을 좋아하지도 않을 테죠. 그렇지만 회담이 성공하고 난 후에 함께 축하 세리머니를 한다거나, 함께 종전선언을 하는 것은 두 정상이 동의한다면 가능한 일이라고 생각했습니다. 실무적으로도 우리 안보실장이 미국에 그런 기회를 만들자고 요청했었죠. 나는 실제로 그날 일정을 비우고 지켜봤는데, 미국에서 가타부타 아무런 답이 없었어요.

최종건 결국 안보실에서 회담 직전에 마지막으로 미국에 보낸 메시

© 연합뉴스

2018년 6월 12일 싱가포르에서 사상 최초의 북미
정상회담이 열려 김정은 위원장과 트럼프 대통령
이 마주 앉았다. 나는 청와대에서 국무회의를 잠시
중단하고 국무위원들과 함께 TV로 이 장면을 지켜
봤다.

지는 미국과 북한끼리라도 종전선언을 해도 좋겠다는 것이었어요. 대통령님은 아니더라도 우리 고위급 인사가 싱가포르나 하노이에서 똬리를 튼다고 할까요, 현지에서 필요한 대응을 했다면 좋았겠다는 생각도 들어요. 싱가포르회담 때는 안보실 2차장이 실무진을 데리고 갔지만 사실상 대기 상태였고요. 하노이회담 때는 외교부의 교섭본부장이 가서 정보를 공유받는 정도였습니다. 다시 한번 생각해보면 아쉬운 지점이 있어요.

문재인 초대받지 않은 손님이 되면 뻘쭘할 수 있지요. 진짜 아쉬운 것은 싱가포르선언의 내용이었어요. 회담 자체가 역사적이긴 하지만, 합의된 내용은 추상적이고 원론적이었어요. 구체성 있는 합의가 되길 바란 우리의 기대에 미치지 못했죠.

기본적으로 미국이 싱가포르회담에 임하는 준비가 부족했어요. 그동안 우리와 북한 사이에, 그리고 우리와 미국 사이에 많은 대화가 있었는데도 반영되지 못했습니다. 우리로서는 밥상을 많이 차려줬는데, 우리가 차려준 밥상도 제대로 반영되지 않아서 아쉬웠죠. 아마도 도중에 한 번 취소됐다가 우여곡절 끝에 하게 된 것 때문에도 더욱더 준비가 부족하지 않았을까 싶어요.

트럼프 대통령에게도, 김정은 위원장에게도 톱다운으로 하는 것이기 때문에 구체성 있는 합의들을 정상 간에 해야만 후속 실무협상이 순조롭고 속도감 있게 진행될 수 있다고 누누이 강조했고, 두 정상도 공감했거든요. 아마 북한 측은 욕심을 가지고 많은 준비를 했을 텐데 미국 측에서 따라가지 못한 것으로 보입니다. 트럼프 대통령 참모들의 열의가 부족했을 수도 있고요.

최종건 대통령님 말씀에 전적으로 동의하는데요. 너무 포괄적이었습니다. 네 가지를 합의한 건데요. 한반도에서 평화체제를 구축한다, 북미관계를 개선한다, 완전한 비핵화를 한다, 유해 발굴을 한다는 것인데, 보니까 우리 4·27 판문점선언에 있는 언어들을 많이 갖다 쓴 것 같아요. 마지막의 '유해 발굴' 말고는 판문점선언과 같은 내용이죠. 북미 사이에 처음으로 CVIDcomplete, verifiable, irreversible dismantlement(완전하고 검증 가능하며 돌이킬 수 없는 비핵화 원칙)라는 용어를 버리고 '완전한 비핵화'라는 용어를 써서 추후에 논쟁이 됐고요.

6·12 싱가포르 북미정상회담 후에 우리 실무자들이 미국 사람들하고 이야기를 나눌 때 싱가포르선언과 판문점선언은 쌍둥이 합의문과 같다고 했죠. 그들도 동의했고요. 싱가포르선언 2항에 남과 북이 맺은 판문점선언을 재확인한다고 했으니까요. 그래서 싱가포르선언이 실행되려면 판문점선언이 실행되어야 하고, 북미와 남북이 같이 가야 한다고 했죠. 유해 발굴이 다른 조항과 레벨이 맞지 않았지만, 신뢰 조치로서 유해 발굴을 넣은 것은 나쁘지 않았습니다. 실제로 북한은 유해 발굴을 이행했죠. 하와이에서 수송기가 원산 지역으로 들어가 그들이 모아놓은 유해를 하와이로 실어왔고, 일부는 우리 한국으로 돌아왔습니다.

회담 결과의 아쉬움

최종건 그 당시 우리 정부의 스탠스는 '첫술에 배부르랴'였습니다.

문재인 우리가 공식적으로 회담 결과를 축하하는 메시지를 냈지만, 사전에 준비한 것에 비하면 많이 부족했다는 아쉬움이 남았죠. 그때 의미 있는 구두 합의도 있었는데, 대화 기간에 북한은 핵과 미사일 실험을 하지 않고, 미국도 대규모 한미연합훈련을 중단한다는 것이었어요. 그것도 선언문에 명시됐으면 좋았을 텐데 구두 약속에 그친 것이 아쉬웠습니다.

최종건 트럼프 대통령이 그 내용을 기자회견에서 발표했습니다.

문재인 발표를 했는데, 말로만 서로 약속하고 선언문엔 명시하지 않으면서 나중에 한미연합훈련이 계속 다시 논란이 됐죠.

최종건 저는 그때 트럼프 대통령 기자회견을 대통령님 옆에서 봤습니다. 대통령님 집무실에서 당시 윤영찬 국민소통수석, 임종석 비서실장, 정의용 안보실장이 모였는데, 저도 부르셨어요. 기자회견의 맥락을 대통령께 설명해달라는 임무였죠.

문재인 싱가포르회담은, 앞에서도 말했지만 회담 장소가 많이 아쉬웠어요. 당시 북한은 회담 장소로 판문점을 가장 원했고, 나도 트럼프 대통령에게 그렇게 설득했죠. 그도 동의했는데, 결국 참모들의 반대로 성사되지 못했어요. 만약 판문점에서 했다면, 내가 어떤 형태로든 회담이 끝난 후 합류할 수 있었을 테고, 그 기회에 종전선언까지도 협의해볼 수 있었을 거예요. 또 회담 장소에 대한 북한의 요청을 미국이 수용하면 북한에 큰 선물이 되기 때문에, 내용 면에서는 북한으로부터 더 양보를 이끌어낼 수 있었을 겁니다.

제3국에서 해야 한다면 북한은 다음 순위로 몽골의 울란바토르를 희망했는데, 미국은 그것도 수용하지 않았어요. 그 대신 미국은 트럼프 대통령의 플로리다주 마라라고 별장, 하와이, 제네바 등 다른 곳을 제안했고, 그 가운데 그나마 북한이 선택한 곳이 싱가포르였습니다. 싱가포르로 결정되는 과정에도 우리가 북한의 의사를 전달해주었어요. 그렇지만 장소가 싱가포르로 결정되는 바람에 북한이 중국 항공기를 이용하지 않을 수 없었고, 결국은 중국에 신세를 지게 됐죠. 그전까지 북한은 중국과 관계가 조금 뜨악했는데, 북한을 다시 중국에 밀착시키는 계기가 됐어요.

최종건 미국과 담판을 지으러 가는 건데, 김정은 위원장 입장에서는 중국 비행기를 타고 가니까 모양새가 안 좋았을 것 같습니다.

문재인 9월 남북정상회담을 위해 평양에 갔을 때 김 위원장도 그렇게 말했어요. 그전에 4·27 판문점 남북정상회담 당시 도보다리 대화에서도 그는 회담 장소에 대한 걱정, 자기들 전용기가 멀리 갈 수 없다는 한계… 이런 고충들을 이야기하면서 회담 장소로 판문점을 희망했어요. 그와 같은 북한의 사정을 미국에 충분히 전달했는데, 미국의 아량이 부족했던 거죠.

최종건 말씀하시니 생각나는데요. 회담 장소에 대해 저희가 몇 가지 안을 미국에 이야기했던 것 같네요. 심지어 인천도 이야기했고요.

문재인 맞습니다. 미국에 우리가 제시한 것은 1순위 판문점, 아니면 인천에 있는 트럼프 대통령과 친분이 있다는 미국 기업의 골프장을 다음 순위로 제안하기도 했죠. 북한의 희망을 고려해서 우리가 제시한 아이디어였어요.

최종건 인천은 제2의 인천상륙작전이라는 의미를 부여할 수 있다고 미국을 설득했는데요. 어쨌든 미국은 결정적인 순간엔 자기들이 독점적으로 또는 독창적으로 가려고 했던 것 같아요.

문재인 나중에 트럼프 대통령이 상당히 미안해했어요. 자기는 판문점으로 하고 싶었는데 주변 참모들의 반대가 심해서 못 했다고. 그 판문점에 대한 미련이 남았던 게 결국은 다음 해 2019년 6월의 판문점 깜짝 회동으로 이어진 거라고 생각해요.

최종건 싱가포르 북미정상회담 한 달 전쯤에 장소 가지고 옥신각신하던 중, 2018년 4월 30일 트럼프가 뜬금없이 '판문점은 어떨까' 트윗을 날린 적이 있습니다. 그때 그의 참모들이 다 뒤집어졌던 것이 기억납니다. 트럼프의 싱가포르 정상회담 기자회견을 다시 한번 돌려봤는데요. 방금 말씀하신 것처럼 소위 워게임 안 하겠다, 돈이 많이 든다, 대화가 진행되는 동안 안 하겠다고, 그의 입장에서는 일방적으로 선언했다고 하는 거죠. 그게 저한테는 앞서 논의했던 첫 번째 결정적 장면, 즉 대통령님이 2017년 11월 29일에 한미연합훈련을 유예할 수 있다고 하신 그 발언을 떠올리게 했습니다. 그 말을 싱가포르에서 트럼프가 반복한 것으로 보입니다. 그때 대통령님은 크게 안 놀라셨던 것 같아요. 그 부분은 사전 소통이 있으셨나요?

문재인 네, 그 부분은 사전에 협의가 있었던 거예요.

최종건 그렇다면 두 정상이 한미연합훈련을 매우 전략적으로 공조해 활용했다고 기록을 남겨도 될 것 같습니다. 왜 이런 말씀을 드리냐면, 한미연합훈련은 수단인데 목적화되어버린 것 같아서요. 한미연합훈련을 조금 조정하려고 해도, 우리 군도 그렇지만 특히 미군은 부정적인 기류가 많았는데, 매우 놀랍게도 두 분 정상이 이심전심으로 북한을 끌어들이고 외교적으로 관여engage하기 위해서 연합훈련을 전략적인 카드로 활용했다는 게 중요하고요. 당시 국방장관이었던 매티스James Mattis의 자서전을 보니까, 자기들도 처음 알았대요. 그래서 합참을 중심으로 훈련을 재조정하느라 고생이 많았다고 이야기합니다.

문재인 그런 면에서도 그것이 싱가포르선언에 담겼으면 좋았겠다는 것이지요. 미국만의 일방적인 조치가 아니거든요. 그 대신 북한은 대화하는 기간에는 ICBM 발사와 핵실험을 안 하는 것과 서로 맞바꾸는 거였어요. 따라서 그걸 선언문에 담았더라면, 북한에서 핵실험을 하거나 ICBM을 발사할 경우 레드라인을 넘는 것이 되듯이, 미국 쪽에서도 대규모 한미연합훈련을 할 경우 레드라인을 넘어선 것이 되므로 서로 합의 위반의 책임을 지게 되죠. 그렇게 됐으면 그 뒤에 한미연합훈련 문제를 놓고 논란이 없었겠죠. 나중에 한미연합훈련에 대한 논란이 이어지면서 결국 대화의 애로로 작용했기 때문에 그 점도 아쉬운 대목 중 하나예요.

최종건 사실 대규모 연합훈련이라고 하는 것이 1970~1980년대에는 말이 됐죠. 그런데 지금은 무기체계가 다 디지털화되어 있고, 대부분 컴퓨터로 하는, 트럼프 대통령 말대로 워게임이기 때문에 몇 개 군단이 모여서 들과 산으로 다니는 야외훈련은 예전에 비해 의미가 없어졌어요. 오히려 군 지휘관들 사이에서는 실속 있다는 의견도 있더라고요. 훈련을 너무 정치화하고 노출하면 심리적 부담이 상당히 크다고 합니다.

문재인 시뮬레이션 훈련과 지휘소 훈련 위주로 하면서 야외기동훈련은 대대급으로 가는 편이 더 내실 있다는 게 당시 군의 의견이었어요. 그런데 정권이 바뀌니 군의 입장도 달라지더군요.

최종건 맞습니다. 6·12 싱가포르 북미정상회담과 관련해서 마지막 질문인데요. 어쨌든 회담이 끝나고 트럼프 대통령이 제일 먼저 찾은 외국 정상은 대통령님이었습니다. 기자회견을 마치고 대통령 전용기에서 전화를 걸어왔죠. 뭐라고 하던가요?

문재인 트럼프 대통령은 아주 자랑스러워했죠. 그래서 나도 흔쾌하게 축하했고요.

최종건 대통령께서 기대 이상의 성과를 이루셔서 축하드린다는 표현을 했던 걸로 보도자료에도 나와 있고요. 그리고 트럼프 대통령은 자신이 결과를 잘 설명했다고 말했죠. 어떻게 보면 그때만큼 한미 간에 소통이 잘 이뤄진 적이 없었던 것 같아요. 북미정상회담 전날에도 트럼프 대통령과 통화하고 끝나고도 바로 통화할 정도였으니까요. 특히 트럼프 대통령은 '나 잘했지?'라고 자랑하고 싶었던 것 같고요.

이틀 후에 폼페이오 국무장관이 서울에 왔습니다. 6월 13일까지 싱가포르에 머물다가 그날 따로 서울로 들어와서 14일에 대통령님을 찾아뵙고 싱가포르 북미정상회담의 이런저런 내용을 직접 보고드린 것이 특이했습니다. 요즘은 그런 일이 별로 없는 것 같아요.

문재인 그때 폼페이오 장관은 트럼프 대통령의 지시에 따라 귀국길에 보고드리러 왔다고 말했어요. 보고 내용은 우리가 다 아는 것이었어요. 그 길에 한미일 3국 외교장관 회동을 서울에서 했죠.

최종건 회담은 싱가포르에서 했는데, 서울에 사람이 많이 모였습니다. 통상 미국 국무장관이 동북아시아에 오면 우리를 보고 일본에 가거나 우리를 보기 전에 일본을 들렀다 오거나 하는데, 일본 고노 다로河野太郎 외상(외교장관)이 그날 14일에 청와대에 들어와서 대통령님을 접견했습니다. 왜 그런가 했더니 폼페이오가 도쿄에 가지 않고 들어오라고 해서 강경화 외교장관, 폼페이오 국무장관, 고노 외상이 북미정상회담의 결과를 서울에서 공유했던 거죠. 대통령님은 고노 외상을 접견하면서 한일관계도 이야기하셨고요. 그리고 그날 오후에 NSC 전체회의를 열어서, 한미연합훈련에 대해 신중하게 검토하고 6·12 싱가포르선언의 내용을 한반도 평화프로세스의 관점으로 검토하라는 전략지침을 내리셨습니다. 우리도 나름대로 후속 조치를 하며 흐름을 이어가던 좋은 시기였습니다.

대통령님은 그다음 날 6·15 남북공동선언 18주년을 맞아 상당히 의미 있는 메시지를 내고, 7월에 싱가포르에 가셨어요. 국빈방문 중 싱가포르 최대 일간지 〈스트레이츠 타임스The Straits Times〉와 인터뷰에서 "판문점선언에서 합의한 대로 정전협정 체결 65주년이 되는 올해 종전선언을 하는 것이 중요하다"라고, 종전선언을 다시 한 번 강조하셨습니다. 6·12 싱가포르 북미정상회담 이후 남북관계는 상당히 빠르게 진행됐습니다. 금강산에서 8월 20일 이산가족 상봉 행사가 열렸고요. 북미는 북미대로, 남북은 남북대로 진행했습니다. 우리는 9·19 평양 남북정상회담을 준비하고 있었죠. 8월 15일에 광복절 경축사에서 평화경제, 경제공동체, 동아시아 철도공동체를 말씀하셨습니다. 그게 9·19 때 북한의 매스게임에 표현된 거죠.

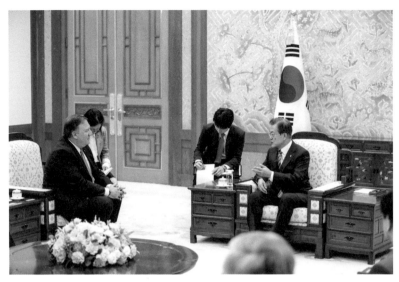

2018년 6월 14일 청와대에서 마이크 폼페이오 미국 국무장관(위)과 고노 다로 일본 외상(아래)을 접견했다. 폼페이오 장관이 싱가포르 북미정상회담을 내용을 보고해주었고, 한미일 외교장관 회동도 함께 열렸다.

7

평양, 능라도, 백두산

문재인 회고록 외교안보 편

"남북회담의 본령은 남북 간의 항구적 평화구축이죠. 그러려면 접경지대에서 빈번히 우발적으로 일어나는 도발이나 군사적 충돌로 인한 전쟁위협을 원천적으로 없애는 것이야말로 6·25 전쟁을 겪은 분단국가로서 우리 정부 이전에도 역대 정부의 숙원 같은 것이었어요. 그래서 군사적 충돌 방지에 대한 원론적인 합의는 남북 간에 늘 있어왔죠. 1991년 남북기본합의서에도 있었고, 2000년 6·15 남북공동선언과 2007년 10·4 남북정상선언 모두 원론적인 합의는 있었지만 구체적인 실천방안에 대한 합의를 못 했어요. 평양에서 드디어 구체적인 실천방안에 대한 합의가 이루어진 것은 대단히 중요하고 역사적인 일이었어요."

평양으로 가는 길

최종건 이제 평양 정상회담으로 가는데요, 우리는 6·12 싱가포르 북미정상회담 후 9·19 평양 남북정상회담을 향해 가는 여러 물밑 작업을 했습니다. 4·27 판문점 남북정상회담 합의사항 중 하나인 남북연락사무소 개설을 위해서 우리 실무진이 미국과 상당한 샅바 싸움을 했습니다. 사실상 대사관 같은 걸 건립하는 것이니 제재와는 연관이 없다는 논리로 미국 측에 우리 요구를 관철시켜서 연락사무소를 만들었죠. 그리고 8월에 금강산에서 이산가족 상봉 행사가 있었고요.

대통령님이 9월 18일 평양에 들어가시기 전에 9월 4일 트럼프 대통령과 통화를 하면서 우리 특사가 평양에 갈 것이라는 내용을 공유하셨습니다. 북미정상회담 이후 북미 간에 대화와 핵 협상이 어떻게 진행되고 있는지도 공유 받으셨고요. UN 총회가 9월에 있으니 이를 계기로 만나자고 약속하셨어요.

문재인 남북연락사무소 개설에 대해 설명을 추가하면, 한미 간에 협의된 사안인데도 실제로 개설하려고 하니 UN 제재가 장벽이 됐어요. 컴퓨터 등 여러 가지 업무용 기자재와 발전기가 들어가야 하니까 UN 제재 때문에 상당한 실랑이가 있었죠. 그래서 북한에 제공하는 게 아니라 우리가 사용하는 것이라고 주장해서 결국 관철시켰지요. UN 안보리 제재라는 것을 그렇게 돌파하면 되지 않느냐고 쉽게 생각하는 분들도 있는데, 그럴 수 없는 것이 군사분계선을 넘어 월경을 해야 하기 때문에 협의가 되지 않으면 유엔사의 협조를 받을 수 없죠. UN 안보리 제재는 그처럼 국면마다 애로로 작용했습니다.

최종건 9월 5일 당일 방문으로 정의용 실장을 단장으로 한 대북 특사단이 평양에 가서 공식적으로 평양 남북정상회담을 9월 18~20일 하기로 했습니다. 우리 특사단에게 김 위원장이 자신의 완전한 비핵화 의지를 다시 한번 설명했고, 남북 간 북미 간 협력 의사를 표명했으며, 평양회담에서 목표로 하는 남북군사합의에 대해서 보고받고 있다고 했습니다. 잘될 것이라고 정의용 단장에게 언질을 한 것이죠. 그리고 대통령님은 9월 11일 청와대에서 비건 대북정책특별대표를 접견하셨어요. 비핵화 대화에서 성공적인 결과를 거둬달라고 당부하고, 남북연락사무소 개소에 대해 설명을 많이 하셨습니다. 급은 좀 안 맞았어요. 차관보급이지만 새로운 대북정책특별대표로 왔기 때문에 대통령님이 접견하는 배려를 한 것이죠. 9월 13일 새벽 3시경에 남북군사합의가 실무선에서 타결됐습니다. 그때 제가 대통령님에게 보고드렸던 기억이 납니다. 그리고 이제 9월 18일 평양에 공군 1호기를 타고 가십니다.

제가 오늘 대통령님 대담을 준비하기 전에 노무현 대통령, 김대중 대통령께서 평양에 들어가시던 그날 어떤 심정이셨는지 알아봤습니다. 특히 지금으로 치면 공군 2호기를 타고 가신 김대중 대통령님은 순안공항에 비행기가 착륙해서 문이 열렸을 때, 바로 계단으로 안 내려오고 하늘을 응시하셨다고 해요. 나중에 회고록에 쓰셨는데, 북녘 하늘을 바라보고 결기를 다지셨다고 합니다. 노무현 대통령님은 군사분계선을 넘어갈 때 "내가 이 군사분계선을 넘어가면 앞으로 많은 사람이 오고 가게 될 거다" 하셨어요. 대통령님은 판문점에서 4·27 남북정상회담과 5·26 번개 남북정상회담을 하셨지만 평양은 처음 방문하신 거잖습니까? 도착했을 때 첫 심정이 어떠셨나요?

문재인 우리 특사단이 갔을 때 특별했던 점은, 그전까지 남한 측에 공개한 적이 없는 노동당 청사에서 김정은 위원장을 만났는데, 김 위원장이 현관 앞에까지 내려와서 특사단을 영접했다는 겁니다. 김 위원장이 특사단 영접에 상당한 예우를 한 것이죠. 앞서 9월 11일 비건 대북정책특별대표를 만났을 때는 비핵화와 상응조치의 동시적 이행과 단계적 이행을 강조했습니다. 비건 대표도 동의했고요. 사실은 그 동의를 받기 위해서 그를 특별히 만났던 거죠.

평양에 도착했을 때 말할 수 없이 감개무량했어요. 2017년의 전쟁위기 상황 속에서 국면을 전환하기 위해 숨 가쁘게 뛰어온 것이 결국 여기까지 왔구나 하는 감개무량함이 제일 컸고요. 내가 드디어 평양에 왔으니 다음에는 김정은 위원장의 서울 답방을 실현시켜야겠다고 다짐했죠. 서울 답방이 중요한 이유는, 단순히 이번에 남이 북으로 갔으니 다음엔 북이 남으로 온다는 의미 때문만은 아닙니다. 우리의 평양 방문 때 더 진전된 합의가 이뤄졌듯이 한 차원 더 높은 합의가 이뤄지는 계기가 되기 때문이에요. 그러면 내 임기 중에 남북관계 발전을 위해서 해야 할 일은 다 하는 것이라고 생각 했어요.

최종건 그날 저도 기억을 하는데요. 평양의 날씨가 상당히 맑았습니다. 평양 시민들이 도열해서 우레와 같은 환영을 해주었습니다. 그리고 김 위원장이 백화원 초대소까지 대통령님을 모시고 간 거죠. 그중에 제가 특이하다고 느꼈던 게, 김정은 위원장이 대통령님에게 "백화원 초대소가 상당히 초라합니다. 대통령께서는 여러 세계 좋은 데 가셨겠지만, 참 초라합니다. 우리가 이 정도밖에 안 됩니다" 라고 하는 것이 상당히 인상 깊었습니다. 리설주 여사도 옆에 대동 하고 상당히 예우를 갖춰서 마치 자기 집에 찾아온 손님을 숙소까 지 모셔다드리는 듯한 그 장면이 김정일과는 달랐다는 생각이 듭니 다. 따뜻하게 맞이하려고 하는 마음을 느낄 수 있었습니다. 평양 시 내에 도열한 시민들은 예전에도 본 모습이지만, 백화원 초대소까지 대통령님을 에스코트해준 것은 상당히 인상 깊었습니다.

문재인 평양 시민들이 도로변에 도열해 우리가 지나가는 전 구간에 서 열렬히 환영했죠. 동원된 군중으로 늘 생각했는데, 그때는 도로 변뿐만 아니라 뒷골목과 높은 지대의 아파트 베란다에서까지도 사 람들이 손을 흔들며 환호하는 모습을 보고 '평양의 시민들도 이런 모습을 갈망하고 있구나' 하는 느낌을 받았어요. 김 위원장은 공항

2018년 9월 18일 남북정상회담을 위해 평양을 방문했다. 당시 시민들의 열렬한 환영(위)에 잠시 이동을 멈추고 화답했다(아래).

2018년 9월 18일 평양 백화원 초대소에서 김정
은 위원장 부부가 우리 부부를 영접해주었다. 김
위원장은 노동당 청사를 보여주며 현관으로 내려
와 우리를 맞이한 뒤 초대소까지 에스코트했다.

에 도착하는 순간부터 백화원 초대소에 들어가는 순간까지, 그리고 북한에 머무는 내내 성의를 다해줬습니다.

최종건 저도 그때 이 많은 인원이 다 동원됐을까 하는 생각이 들었어요. 어쨌든 분위기는 상당히 좋게 시작했습니다. 9·19 평양 남북정상회담을 준비하는 단계에서 4·27 판문점 남북정상회담과는 사뭇 다르다는 점을 대통령님이 많이 강조하셨습니다. 2018년 평창 동계올림픽을 치르고, 4·27 판문점회담을 만들어내고, 5·26 번개 남북정상회담이라는 교두보를 지나서 6·12 싱가포르 북미정상회담까지 했기 때문에, 9·19 평양회담을 판문점회담의 2부라고 생각하지 않으셨던 것 같아요. 9·19 회담의 목표치가 있었습니까?

문재인 크게 보자면 4·27 판문점선언을 보다 심화시키고 구체화하며 실천적인 내용을 합의하는 것이라고 설명할 수 있겠지만, 매우 중요한 두 가지 차별점이 있었어요. 하나는 남북군사합의. 적대행위의 종식이나 군사적·우발적 충돌을 막기 위한 여러 조치를 구체적으로 합의했다는 것이 컸죠. 또 하나는 북한이 해야 할 구체적 비핵화 조치의 큰 로드맵을 남북 간에 합의했다는 것이 과거의 남북합의에는 없던 특징입니다. 그것이 평양 정상회담에 임하는 목표치였어요. 그리고 그 목표치를 이뤘죠.

9·19 군사합의의 가치와 의의

최종건 9·19 평양회담을 준비하면서 정의용 실장과 대통령님 집무실에 가서 한반도 지도를 크게 펼쳐놓고 대통령님에게 많은 질문을 받았던 걸로 기억해요. 왜 여기는 30km만 넓히냐, 절충 구역은 왜 이러냐 하시며 관심을 많이 보이셨죠. 외부에서는 '비핵화회담'이라고 할 정도로 평양 정상회담에서 김정은 위원장의 비핵화 약속을 얼마만큼 받아내느냐에 관심이 쏠려 있었습니다. 군사합의는 일종의 히든카드였어요. 대통령님이 9·19 정상회담의 하이라이트는 군사합의라고까지 하면서 여러 가지를 강조하셨어요. 핵을 다루는 회담이었음에도 재래식 군비통제에 관심을 두신 이유가 있습니까?

문재인 남북회담의 본령은 남북 간의 항구적 평화구축이죠. 그러려면 접경지대에서 빈번히 우발적으로 일어나는 도발이나 군사적 충돌로 인한 전쟁 위협을 원천적으로 없애는 것이야말로 6·25 전쟁을 겪은 분단국가로서 우리 정부 이전에도 역대 정부의 숙원 같은 것이었어요. 그래서 군사적 충돌 방지에 대한 원론적인 합의는 남북 간에 늘 있어왔죠. 1991년 남북기본합의서에도 있었고, 2000년 6·15 남북공동선언과 2007년 10·4 남북정상선언 모두 원론적인 합의는 있었지만 구체적인 실천방안에 대한 합의를 못했어요. 평양에서 드디어 구체적인 실천방안에 대한 합의가 이루어진 것은 대단히 중요하고 역사적인 일이었어요.

　　그리고 비핵화와 별개로, 종래에는 남북 간에 재래식 무기에 대해서도 군축까지 가야 하기 때문에, 거기까지 가는 중요한 길목이었다고 생각해요. 군비통제 가운데 군사운용의 통제를 먼저 합의한 것이니까요. 그것이 갖는 의미는 대단히 크고, 남북 간 군사적 충돌의 위험을 막아주는 안전핀 역할을 하죠. 과거에 개성공단만 하더라도 그 일대의 장사정포(장거리 사격이 가능한 화포) 같은 북한의 군사력을 개성공단 후방으로 후퇴하게 함으로써 얻은 우리 안보상의 이익이 매우 컸어요. 그러니 접경지역 전역, 그리고 육·해·공 전 영역에서 군사운용을 통제함으로써 얻는 안보상 이익은 이루 말할 수 없는 거죠.

그런데 남북한이 그처럼 중요한 군사합의를 파기하고 무효화했다는 것은 대단히 위험하고, 무모하고, 어리석은 일입니다. 더구나 안전핀이 있다가 없어지면 원래 없었던 것보다 위험이 훨씬 증폭되죠. 참으로 통탄할 일입니다. 원래 접경지역의 충돌을 막기 위한 군사합의는 우리의 안보를 위해 필요했기 때문에 우리 측 역대 정부가 요구해온 거예요. 물론 군사합의는 남북한 쌍방에 이익이 되는 것이지만, 그동안 북한의 도발로 피해를 보고 위협을 받아온 것은 우리였죠. 그래서 군사합의는 우리에게 북한의 군사적 도발과 우발적 충돌 가능성을 막아주는 안전핀 역할을 하는 것인데, 현 정부가 스스로 안전핀을 무력화해버렸으니 이해할 수 없는 일이죠.

최종건 우리 정부 때 군도 운영을 해보니까 북한의 손발을 묶는 효과가 있고, 군사적 부담이 크게 낮아져서 매우 좋다고 평가했습니다. 정보 획득 면에서도 그들은 더 가까이 와야 우리가 보이는 건데, 우리는 멀리서도 볼 수 있는 정보자산이 훌륭히 겸비되어 있기 때문에, 정보 활동과 능력 측면에서도 우리에게 더 유용하다는 거죠.° 아무리 상대방이 폭주한다고 해도 군사합의를 먼저 깨는 건 우리가 스스로 안전벨트를 푼 것이나 마찬가지입니다. 9·19 남북군사합의는 평양 남북정상회담과 한반도 평화프로세스를 추진한 문재인 정부의 중요한 유산이었어요. 이를테면 김대중 대통령의 남북관계 중요 유산이 금강산관광과 개성공단이라면, 우리 정부는 군사합의를 유산으로 남긴 것인데요. 그러고 보면 그 소중한 유산들을 보수정부가 모두 무너뜨렸습니다. 군사합의에 대해서 당시 김 위원장도 우리와 같은 생각이었을까요?

문재인 기본적으로 남북의 뜻이 같았다고 생각해요. 남북 간에 다시는 전쟁이 있어선 안 되겠다, 그러기 위해서 군사적 충돌의 가능성을 막아야겠다는 점에 대해 남북이 같은 생각을 한 것이죠. 전쟁이 발생하면 남북 모두가 궤멸적인 타격을 받을 것이 자명하기 때문이에요. 그 국면에서 군사합의가 중요했던 또 하나의 이유는, 당시 비핵화 대화 중인데, 거기 남북 간 북미 간 대화 분위기가 조성되다가

● 9·19 남북군사합의 체결 후, 군사분계선 기준 10~40km 비행금지구역 설정으로 우리 군이 북한의 장사정포를 감시하기 어렵다는 주장이 제기됐다. 이는 사실이 아니다. 우리 군은 평시에도 북한의 장사정포와 같은 주요 표적은 전방에서 운용되는 군단급 무인정찰기뿐 아니라 원거리 정찰자산, 고고도 유무인 정찰기, 인공위성 등 다양한 정찰자산을 활용해 감시하고 있다. 가까이에서 상대를 감시해야 한다는 주장은 우리의 정찰 능력을 고려하지 않은 발언이다.

도 접경지역에서 우발적인 충돌이라도 발생하면 다시 국면이 얼어붙어서 대화 분위기가 깨지곤 했기 때문입니다. 그런 가능성을 원천적으로 봉쇄함으로써 비핵화 대화에 더 집중하고 전념할 수 있는 분위기를 만든 거예요.

남북 간의 군사적 긴장은 핵뿐 아니라 재래식 군사력에서도 오는 것이기 때문에, 한편으로 비핵화를 추진하고 다른 한편으로 재래식 군사력에 대한 통제장치를 마련하는 것은 비핵화 대화 국면에서 반드시 필요한 일이었죠. 그 점에서는 남북한의 이해가 일치했고요. 그래서 재래식 군사력을 통제하는 군사합의를 파기한 일은 앞으로 비핵화 대화를 재개하는 데 큰 어려움으로 작용할 겁니다.

접경지역에서 상대의 군사활동으로 인한 부담을 보면, 육상과 해상에서는 언제나 우리가 어려움을 겪어왔어요. 그러나 공중의 경우에는 한미연합의 공군력이 압도적이기 때문에 북한의 부담이 컸죠. 그래서 육상·해상·공중에서 군사운용을 통제하는 것은 남북한 모두에 안보상 이익이 되고, 서로에게 균형이 맞습니다. 군사합의에서 육상·해상·공중의 군사운용 통제는 분리할 수 없는 것이고요. 따라서 우리 정부가 먼저 군사합의 중 공중 부분의 효력을 정지한 것은 비록 파기라는 말을 하지 않았지만 사실상 군사합의를 파기한 것이나 진배없죠.

최종건 그해 12월 12일 남북이 비무장지대에 있던 GP 중 11개씩을 철거 또는 철수시키고 상호 검증을 하면서 우리가 획득한 중요한 정보가 있습니다. 북한의 GP에 대략 80명 정도가 근무했다면 병력

1000~1500명이 다른 GP로 분산될 거라고 생각했는데, 그 병력을 고스란히 모아서 원산 갈마 지역 공사장으로 보냈더라고요. 거긴 본디 군이 공사를 하니까요. 우리는 GP에 근무하던 병력이 워낙 정예병이어서 재배치했는데, 북한은 원산 갈마 경제개발구역으로 보내서 노동력으로 활용한 겁니다. 그런 것을 보면, 북한으로서도 군사적 부담을 낮추는 것이 자신들의 경제개발에 도움이 되는 것 같아요.

문재인 우리도 접경지역의 군사적 긴장감이 낮아지면 접경지역의 개발이 활성화되는 평화경제의 효과가 생기게 되죠. 경기도 파주의 상전벽해와 같은 변화가 잘 보여주잖아요. 그래서 군사합의는 남북 모두에게 안보와 경제에서 대단히 중요한 의미가 있습니다.

최종건 저도 청와대 비서관으로 들어가서 비무장지대를 처음 가봤는데 목가적이지 않더라고요. 너무 소란스러운 겁니다. 북측과 우리가 확성기를 서로 경쟁하듯이 트니까요. 음악이나 정보는 하나도 전달이 안 되고 웅웅거리는 소리만 들려요.

문재인 그래서 국가 운영은 당면한 과제뿐 아니라 미래까지 멀리 내다보면서 해야 하는 것이죠. 비무장지대 내에 들어가 있는 군사력을 해체하고 말 그대로 비무장지대로 되돌리기만 하면, 거기에는 세계에 다시 없는 천혜의 자연생태계가 보존되어 있거든요. 장차 그 지역에 여러 국제기구가 유치된다든지, 남북연락사무소 같은 시설이 들어선다든지… 남북 간의 평화를 더욱 돈독하게 하는 목적으로 활용될 수 있고, 세계적인 생태평화공원이나 생태체험 관광지가 될 수도 있죠. 거기까지 갈 수 있는 길을 연 건데, 다 이루지 못하고 멈춘 것이 아쉽습니다. 김 위원장도 군사분계선 일대에 남북연락사무소를 다시 설치하자고 화답한 적이 있는데, 까마득한 이야기가 돼버렸어요.

최종건 그래서 대통령님이 2020년 UN 총회 연설을 통해 DMZ를 국제평화지대로 만들자고 하면서 방금 해주신 말씀을 했어요. 아마도 2019년 하노이 북미정상회담이 잘됐으면 남북군사회담에서 합의한 것들을 더 진도를 뺄 수 있었을 텐데요. 당시 군사회담을 할 때 북측 분위기는 합의를 어떻게든 만들라는 김 위원장의 지침이 명확했던 것 같습니다. 마지막 날까지 김 위원장이 모니터링을 했던 것 같아요. 북측 수석대표가 전화를 받으러 나가더라고요. 그다음부터는 술술 풀렸습니다.

우리가 이런 내용을 미국 측에 이야기했습니다. 특히 스티븐 비건 대북정책특별대표의 팀이 어떻게 군사 분야에서 그렇게 합의할 수 있냐고 우리를 부러워하면서 여러 가지 질문을 했어요. 우리는 장소를 평양으로 양보했기 때문에 회담을 앞두고 협상을 밀어붙일 수 있었고, 북한의 양보를 끌어낼 수 있었다고요. 그러니 핵회담이나 정상회담을 할 때 그런 방법을 써보라고 했죠. 미국은 그들의 논리가 있었는지 안 먹혔습니다.

문재인 미국은 초강대국이니까요. 자기들 하고 싶은 대로 할 수 있죠. 트럼프 대통령도 언젠가 평양을 방문하고 싶다는 뜻이 있었어요. 하노이회담으로 대화가 끊기지 않고 이어졌다면 다음 북미정상회담을 평양에서 했을 수도 있죠. 북한은 찾아온 손님에게 최대한 대접한다는 체면 같은 것이 강한 나라여서, 만약 그랬다면 기대 이상의 큰 성과를 올릴 수도 있었을 테죠. 아마 트럼프 대통령도 내심 그런 프로세스를 바랐을 텐데 거기까지 끌고 갈 만한 동력이 되지 않았던 것 같습니다.

NLL 논란에 대하여

최종건 군사회담 마지막 부분에 드리고 싶은 질문이, 저 개인적으로도 궁금했던 건데요. 대통령님은 항상 군사회담 관련해서는 과정만 지침을 주셨어요. 이를테면 절충 구역을 40km로 하라고 지시하지 않고 군과 협의하라고 하셨죠. 그것은 이해할 만합니다. 군이 이행을 해야 하고, 군의 동의 없이는 지속 가능하지 않으니까요. 그런데 NLL(북방한계선)만큼은 기존의 선을 사수하라고 하셨어요. 이건 과정과 결과의 문제인데 왜 그러셨는지 궁금합니다. 노무현 정부 시절의 일종의 트라우마 때문에 그러신 겁니까?

문재인 실제로 NLL의 법적인 성격이 애매한 점이 있어서 육상의 군사분계선과 다른 면이 있거든요. 그래서 늘 예민한 곳이에요. 거

변방에서 중심으로

기서 군사적 충돌이 많이 발생했죠. 6·25 전쟁 이후 큰 충돌은 다 NLL상에서 발생했어요. 따라서 우리 국민도 NLL을 국경선 내지는 영토선이라고 생각해서 굉장히 예민한 면이 있고, 그런 예민함이 터져나온 것이, 노무현 대통령이 2007년 10·4 남북정상선언 때 NLL을 양보했다고 공격을 받은 배경이죠. 터무니없는 공격이었지만, 그런 공격이 먹히는 것이 서글픈 현실이죠.

그렇기 때문에 NLL을 지키는 것은 굉장히 중요한 일이었고, 실제로 2018년 9·19 남북군사합의의 큰 성과 중 하나예요. 그전까지 북한은 NLL을 부정해왔거든요. 북한이 주장하는 해상경계선이 따로 있었죠. 그런데 군사합의에서 육상의 군사분계선과 똑같이 해상에서 NLL을 기준선으로 군사합의를 했기 때문에, 북한이 NLL을 공식적으로 인정한 셈이 된 거죠.* 우리가 북한을 자극하지 않으

●   9·19 남북군사합의서 제3조에는 '북방한계선'이라는 용어가 나온다. 당시 북측이 북방한계선의 존재를 인정했다는 뜻이다. 제3조는 다음과 같다. "남과 북은 서해 북방한계선 일대를 평화수역으로 만들어 우발적인 군사적 충돌을 방지하고 안전한 어로활동을 보장하기 위한 군사적 대책을 취해나가기로 하였다." 이는 2007년 10·4 남북정상선언에서 공동어로수역과 평화수역의 위치를 명시하지 않은 것과 뚜렷이 대비된다.
  또한 9·19 남북군사합의서 제1조 제2항은 북방한계선을 육상의 군사분계선과 같은 개념으로 다루고 있다. 제1조 제2항은 다음과 같다. "쌍방은 2018년 11월 1일부터 군사분계선 일대에서 상대방을 겨냥한 각종 군사연습을 중지하기로 하였다. 지상에서는 군사분계선으로부터 5km 안에서 포병 사격훈련 및 연대급 이상 야외기동훈련을 전면 중지하기로 하였다. 해상에서는 서해 남측 덕적도 이북으로부터 북측 초도 이남까지의 수역, 동해 남측 속초 이북으로부터 북측 통천 이남까지의 수역에서 포사격 및 해상기동훈련을 중지하고 해안포와 함포의 포구 포신 덮개 설치 및 포문 폐쇄 조치를 취하기로 하였다. 공중에서는 군사분계선 동 서부 지역 상공에 설정된 비행금지구역 내에서 고정익항공기의 공대지유도무기사격 등 실탄사격을 동반한 전술훈련을 금지하기로

려고 그 점을 강조하지 않았지만, 사실은 그것이 큰 의미가 있었어요. NLL상의 군사적인 분쟁뿐 아니라 NLL의 법적 지위를 둘러싼 분쟁까지 우리 입장을 관철하는 결과가 됐다는 점이 중요한 거죠.

군사합의의 파기는 결국 NLL의 법적 지위에 관한 분쟁을 원점으로 되돌리는 빌미가 됐어요. 실제로 북한은 9·19 남북군사합의 파기 이후 NLL을 부정하고 나섰습니다.[•] NLL 해역의 군사적 예민함과 군사적 충돌의 위험이 다시 살아나는 악몽이 재연될 위험성이 있어요. 우리로서는 비록 9·19 군사합의가 효력을 잃게 됐다고 해도 북한이 9·19 군사합의로 NLL을 인정한 바 있으니, NLL이 남북 간의 해상경계선이란 사실을 부정할 수 없다고 적극적으로 주장할 필요가 있죠.

최종건 NLL 관련해서는 9·19 군사합의가 남북회담사에 또 하나의 새로운 전례를 만들었습니다. 예전에는 모든 것을 동의해야 합의가 되는 거였죠. 99개를 동의해도 하나가 동의되지 않으면 전체 합의가 안 됐어요. NLL 관련해서는 NLL을 기점으로 그 해역 일대에 공동어로구역과 평화수역을 설정한다는 원칙에 합의했지만 구체적인

하였다." 즉, 해상에서도 육상의 군사분계선과 마찬가지로 북방한계선을 기준으로 남북이 각각 일정 거리 내의 군사활동을 중지하기로 합의한 것이다.

● 2024년 2월 15일 조선중앙통신의 보도에 따르면, 김정은 위원장은 14일 "한국 괴뢰들이 국제법적 근거나 합법적 명분도 없는 유령선인 '북방한계선'이라는 선을 고수하려 각종 전투함선들을 우리 수역에 침범시키며 주권을 심각히 침해한다"라고 발언했고, "연평도와 백령도 북쪽 국경선 수역의 군사적 대비 태세를 강화하라"라고 지시했다.

변방에서 중심으로

구역은 합의하지 못했는데, 그럼에도 서로 동의된 내용으로 군사합의를 타결하고, 군사공동위에서 동의가 안 된 부분을 지속적으로 논의한다는 것에 합의했죠. 이게 새로운 전례인 것 같아요.

문재인 그렇죠. NLL을 기준으로 남북 간 등거리에서 군사운용을 통제하기로 합의했을 뿐 아니라, NLL을 기준으로 평화수역과 공동어로구역을 설정한다는 원칙에 합의했기 때문에 NLL이 해상경계선이라는 우리 주장이 관철된 거예요.

　　욕심 같아서는 실제로 평화수역과 남북 공동어로구역을 어떻게 설정하느냐, 구체적인 구역까지도 합의됐으면 남북 어민들에게 아주 큰 도움이 됐을 텐데, 평양에서 거기까지는 결실을 맺지 못했죠. 그러나 NLL을 기점으로 남북 등면적으로 한다는 우리 입장은 충분히 개진했고, 거기에 오랜 시간을 들였어요. 미합의된 부분은 앞으로 군사공동위에서 다루기로 합의했기 때문에 우리로서는 만족할 만한 결과였어요.

최종건 평화수역과 공동어로구역, 일반인들은 잘 모를 수 있는데요. 어떤 개념인지 설명을 부탁드립니다.

문재인 평화수역은 육지에 있는 비무장지대와 같은 개념입니다. NLL 일대에서 군사적 충돌이 잦았으니, 그 일대를 비무장 수역으로 만들어서, 그 수역에는 남북한의 해군 군사력은 들어가지 않고 해양경찰의 공동순찰로 질서를 유지하게 함으로써 군사적 충돌의 가능성을 원천적으로 없애자는 구상이죠.

공동어로구역은 그 수역 가운데 어로 가치가 있는 구역을 남북 어민이 공동으로 어로활동을 할 수 있는 구역으로 설정하자는 구상이고요. 지금은 우리 어민들이 NLL보다 남쪽에 설정되어 있는 조업한계선 이남에서만 조업할 수 있어요. 그래서 북쪽의 황금어장을 눈앞에 두고도 들어가지 못하는 안타까움이 있죠. 공동어로구역이 설정되면 훨씬 북쪽의 NLL 또는 그보다 더 북쪽의 북한 해역까지 조업 구역이 늘어나서 우리 어민들의 어로와 소득에 큰 도움이 되지요. 북한 어민들도 마찬가지예요. 남북한 간에 조업 능력에서 큰 차이가 나는 문제는 어획 쿼터를 정하거나 조업 기간을 교대로 정하는 등의 방법으로 해결하면 되고요. 결국 평화수역과 공동어로구역은 NLL 일대를 분쟁의 바다에서 평화의 바다로 바꾸고, 그 바다를 남북한 어민들에게 돌려줘서 평화가 경제가 되게끔 하자는 구상이라고 정의할 수 있습니다.

이 구상은 노무현 정부 때 나와서 10·4 남북정상선언에 평화수역과 공동어로구역을 설정한다는 합의가 담겼어요.* 그런데 설정을 어디에 할 것인가를 합의하지 못했기 때문에 공동선언에 설정한다는 원칙만 담은 거예요. 나중에 국방상관외남과 군사딩국지회담에서 논의해보니 남북 간에 동상이몽을 하고 있었다는 사실이 드러

• "남과 북은 해주 지역과 주변 해역을 포괄하는 '서해평화협력 특별지대'를 설치하고 공동어로구역과 평화수역 설정, 경제특구 건설과 해주항 활용, 민간선박의 해주 직항로 통과, 한강하구 공동이용 등을 적극 추진해나가기로 하였다." 〈남북관계 발전과 평화번영을 위한 선언〉, 2007. 10. 4, 제5조.

났어요. 즉, 우리는 NLL을 기준선으로 해서 그 남북으로 설정해야 한다고 주장한 반면, 북한은 우리의 NLL과 북한이 주장하는 해상경계선 사이의 수역을 평화수역과 공동어로구역으로 정해야 한다는 것이었죠. 결국 2007년 10·4 남북정상회담의 후속 실무회담에서 평화수역과 공동어로구역은 더 이상 논의되지 못하고 끝나버렸어요. 그런데 그 회담에서 평화수역과 공동어로구역을 논의했다는 이유만으로 노무현 대통령이 NLL을 포기하고 양보했다며 비난을 해댄 것이죠.

2018년 9·19 평양 남북정상회담에서는 그것을 교훈 삼아 2007년 10·4 남북정상선언의 평화수역과 공동어로구역 구상을 되살리면서, 남북군사합의에서 NLL 즉 북방한계선을 기준으로 평화수역을 만들고 공동어로구역을 설정하기로 합의했어요. 당초 우리의 구상대로 합의를 관철시킨 결과가 되었죠.

최종건 군사합의는 14일 새벽에 실무적으로 타결됐습니다. 구체적인 구역 설정은 군사공동위로 미뤘지만, 평화수역과 공동어로구역의 규범까지 합의했습니다. 중국에서 넘어오는 불법 어선들의 불법 어로를 남북 공동순찰로 차단한다는 합의였습니다. 수역과 구역을 설정하는 선과 면의 문제만 군사공동위로 넘긴 거죠. 우리 군도 그렇고 북한군도 그 시기엔 서로 유연했던 것 같습니다.

그래서 당시 청와대 내에서는 남북군사합의가 9·19 이후에 이행이 되니까, 우리가 선군정치를 한다고 농담을 했습니다. 우리 국방부와 북한 인민군이 함께 판문점을 비무장지대로 만들었고, 이건 여전히 유효합니다. 우리 군도 적극 협력했습니다.

문재인 NLL을 기준으로 평화수역과 공동어로구역을 설정한다는 것이 우리로서는 너무 당연한 일이지만, 사실 북한으로서는 큰 양보를 한 것이었어요. 자신들이 오랫동안 주장해온 해상경계선이 무색해졌으니까요.

또 하나는 NLL이 북한의 옹진반도, 황해도 쪽하고 매우 가깝기 때문에, NLL을 기준으로 평화수역과 공동어로구역을 설정하게 되면 북한 측의 육지와 아주 근접하게 돼서 북한 입장에서는 안보에 상당한 부담이 되죠. 그런데도 받아들인 것에 대해서는, 북한도 당시 상당히 양보하면서 성의를 보인 것이라고 평가해줄 필요가 있다고 봅니다.

최종건 언젠가 다시 평화프로세스가 진행되면 군사합의 부분이 서로의 신뢰를 회복하는 데 첫 단추가 될 것 같다는 생각이 듭니다. 평양 정상회담 하면 비핵화 등 여러 가지가 강조되지만, 군사합의가 중요한 기초를 만들었습니다. 우리가 알게 모르게 그 혜택을 누려온 거죠. 그리고 보면 우리는 평양 정상회담에 인하면서 크게 양보한 것이 없는 듯합니다.

문재인 그렇죠. 사실은 비핵화든 남북평화를 위한 군사합의든 우리가 얻어내야 하는 것이기 때문에 크게 보면 북한 측의 양보를 이끌어낸 것이죠. 우리가 양보한 것은 우리도 남북군사합의에 기속되니

2018년 9월 19일 남북정상회담을 마치고 평양
백화원에서 공동언론발표 직전 마지막으로 발표
문을 들여다보고 있다. 이때 발표된 남북군사합
의는 사실상 북한의 양보를 이끌어낸 것이었다.

준수해야 하는 부담을 함께 진다는 것 말고는 양보라 할 게 없어요. 여러 차례 말하지만, 군사합의 덕분에 우리 정부 기간에 남북 간 군사적 충돌을 걱정하지 않아도 됐습니다. 우리 임기 말에 대북전단 때문에 긴장이 높아졌을 때도 마찬가지였죠. 현 정부 들어 남북관계가 다시 악화됐을 때도 최악의 사태는 없을 것이라고 믿을 수 있었고요. 그러나 군사합의가 파기된 지금은 무슨 일이 일어날지 알 수 없게 됐습니다.

영변 핵단지 폐기 공약의 의미

최종건 평양공동선언은 판문점선언의 확장 버전, 심화 버전이었습니다. 판문점선언은 3개 조항으로 이루어져 있지만, 평양 9·19 공동선언은 5개 조항과 부속합의로 군사합의가 있습니다. 군사합의서는 34페이지고 평양공동선언은 10페이지 정도 됐는데요. 평양공동선언의 네 번째 조항이 영변 조항입니다. 사람들도 놀랐죠. 영변 핵시설의 조건부 폐쇄, '미국이 상응조치를 한다면'이라는 조건부가 있습니다만… 북한의 핵단지 폐기 공약은 내부 이체저으로, 남북정상회담 이래 평양공동선언에 처음으로 등장했습니다. 지명이 나왔고 시설이 나왔다는 것이 특이합니다. 김정은 위원장이 먼저 제안한 겁니까? 내가 영변을 내놓겠다고. 아니면 우리가 압박을 한 겁니까? 누군가가 영변을 맨 먼저 이야기한 순간이 있지 않았겠습니까?

문재인 우리 특사단이 평양회담을 위해 2018년 9월 5일 평양을 방문했을 때 김정은 위원장이 먼저 말한 것입니다. 보고받은 바에 의하면, 미국이 제재를 해제하거나 적어도 완화하는 상응조치를 해주면 영변 핵생산시설을 미국의 요구대로 불가역적이고 완전하게 폐기할 수 있다는 것이 내게 전해달라는 김 위원장의 말이었습니다. 비핵화에 대해서는 남북 간에 협의할 사안이 아니라는 것이 그때까지 일관된 북한의 입장이었어요. 그래서 4·27 판문점회담 때 비핵화 합의는 원론적 합의여서 거기까지는 그렇다고 쳐도, 구체적인 로드맵에 해당하는 영변 핵단지 폐기를 남북 간에 합의한 것은 굉장히 이례적이고 특별한 일이었죠.

당시 남북대화가 비핵화 대화를 이끌어가야 하는 상황이었고, 북미 간의 실무교섭이 계속 난항을 겪고 있었습니다. 그래서 남북 간에 비핵화 방안을 선제적으로 마련할 필요가 있었던 것이죠. 당시 북미 2차 정상회담을 앞두고 북미가 상당한 난관에 봉착해서 경색된 국면이었어요. 폼페이오가 평양에 갔는데 김정은 위원장을 만나지 못하는 등 냉대를 받고,* 다음에는 폼페이오가 평양 방문을 취소하기도 하고… 이런 어려운 상황이었기 때문에 그 부분을 타개해

● 2019년 6월 12일 싱가포르 북미정상회담 후 폼페이오 국무장관이 7월 6~7일 방북했지만 김정은 국무위원장과의 면담이 불발됐다. 폼페이오 국무장관은 CIA 국장 시절, 2018년 3월 31일부터 4월 1일까지 북한을 극비리에 방문한 바 있다. 당시 방문 목적은 2018년 3월 8일 정의용 안보실장이 트럼프 대통령에게 직접 전달한 김정은 위원장의 북미정상회담 제안의 진위를 확인하기 위해서였다. 당시 폼페이오 CIA 국장은 김정은 위원장의 비핵화와 북미정상회담 의지를 확인하고 트럼프 대통령에게 보고했다.

서 다시 북미회담의 동력을 확보해내는 역할을 해야 했죠. 그러다 보니 우리 국민들이나 세계의 이목도 비핵화에 대해 평양 정상회담에서 어떤 특별한 합의가 나올지에 관심이 모여 있었어요. 그에 대해 뭔가 결과물을 내놓아야 한다는 부담을 우리도, 북측에서도 갖고 있었죠.

영변 핵단지 폐기는 과거에도 비슷한 합의가 있었고 냉각탑을 폭파한 적도 있었죠. 그래서 비핵화 로드맵에서 초기에 반드시 거쳐야 할 길목이었어요. 그런데 냉각탑 폭파 이후에 영변 핵단지가 많이 확장되고 현대화되어 북한 핵에서 차지하는 비중이 여전히 컸기 때문에 우리는 김 위원장을 어떻게 설득할지 고심하고 있었어요. 그런데 뜻밖에도 김 위원장이 먼저 그런 뜻을 전함으로써 우리 특사단의 발걸음을 가볍게 해주었죠.

최종건 사실 북한이 핵을 포기한다 치면, 당연히 자기들의 공개된 시설인 영변부터 하자고 했을 것입니다. 영변에 주요 고농축 우라늄, 플루토늄, 삼중수소 생산시설이 있기 때문이에요. 조사해보니 영변 핵단지가 여의도 넓이의 세 배, 270만 평에 달하더라고요. 약 300동의 건물과 시설이 들어서 있고요. 어떤 학자는 북한 핵 능력의 60%, 어떤 학자는 80%를 차지한다고 하는데, 건축공학적 측면에서 보면 여의도 넓이 세 배의 핵단지를 해체해 불능화시키는 데는 오랜 기간이 걸리죠. 원자로와 플루토늄을 재생산하는 시설, 재처리 시설까지 더하면 매우 정교한 불능화 작업, 해체 작업이 있어야 합니다. 방사능의 유출을 철저하게 차단해야 하니까요.

왜 평양공동선언에 영변을 넣었냐고 말하는 사람들도 있었습니다. 영변 핵단지 폐기는 남북끼리 합의해서 미국한테 주면 미국이 하노이 북미정상회담의 성과로 만들어 과시할 수 있었을 거라고요. 그랬다면 하노이회담이 노딜이 아니라 영변을 통해 타결됐을지도 모른다고 주장하기도 합니다.

문재인 글쎄요… 무슨 말인지 알겠는데, 만약 그랬다면 평양회담에서 비핵화에 대해 의미 있는 합의를 이루지 못했다고 비판했을 테죠. 또 북한이 우리에게만 영변을 말했을 거라는 것도 순진한 생각이죠. 김 위원장이 평양회담 며칠 전인 2018년 9월 6일자로 트럼프 대통령에게 보낸 친서가 나중에 공개됐는데, 그 친서에서 김 위원장은 '핵무기 연구소와 위성발사 구역의 완전한 중단 및 영변 핵물질 생산시설의 불가역적 폐쇄'를 할 용의가 있다고 제안했어요. 평양회담 전에 미국에도 같은 뜻을 전한 거죠. 친서의 내용 중 '핵무기 연구소'는 북한 핵의 두뇌 또는 컨트롤타워라고 말할 수 있어요. 그것을 완전히 중단한다는 것은 이른바 미래 핵을 포기한다는 의미가 되지요. '핵무기 연구소'는 김 위원장이 평양회담을 위한 특사단에는 말하지 않고 미국에 추가로 제안한 겁니다.

그 친서에서 김 위원장은, 폼페이오가 트럼프 대통령의 의중을 충분히 대변할 수 없을 것 같으니 자신과 트럼프 대통령이 직접 만나는 것이 좋겠다는 제안도 했어요. 그때 미국과 실무협상이 잘 됐으면 영변 폐기 등을 협의할 수 있었을 텐데, 그렇지 않았다는 뜻이죠. 실무협상이 안 된 이유는, 우리가 평양에서 김 위원장으로부터 들은 바로는, 폼페이오가 평양을 방문해서 종전선언의 대가로 핵 신고 리스트를 요구했다는 거예요. 종전선언이라는 것이 평화체제로 가기 위한 하나의 과정이고 정치적 선언일 뿐인데, 미국에서는 마치 그것이 북한의 표현에 의하면 '하사품이나 되는 듯이' 종전선언 해줄 테니 핵 신고 리스트 내놓아라 했다는 거죠. 북한은 그것을 황당한 요구라고 생각한 것 같아요. 김 위원장은 '제대로 사귀어보기도 전에 폭격 타깃부터 내놓으라는 거냐', '맹수 앞에 포수가 총 한 자루로 생명을 지키고 있는데 총을 내려놓으라는 것 아니냐'고 비유했어요.

그런 이유로 폼페이오가 김 위원장을 만나지 못하는 상황이 벌어졌고, 그 뒤에도 그런 주장을 거듭하니까 김영철이 폼페이오한테 아주 험악한 서한을 보내고 하는 바람에 폼페이오가 평양 방문을 취소하는 등의 어려움을 겪은 것 아니겠습니까? 2차 북미정상회담이 상당 기간 지체되고 불투명해지는 상황까지 가게 된 거예요. 그래서 북미 간에 비핵화 로드맵을 논의하는 실무협상이 이뤄지지 못했던 것이고, 그런 도중에 평양회담이 열리게 된 거죠.

최종건 영변 핵단지 폐기에 대해서 평양선언에 담지 않은 합의도 있었죠?

문재인 합의된 내용을 평양선언에 다 담은 건 아니에요. 별도로 구두로 합의한 내용이 있었고 그것을 미국에 전해주었어요. 영변 핵시설 폐기는 과거에도 비슷한 합의가 있었는데, 북한 측이 폐기하고 사후에 IAEA(국제원자력기구) 검증을 받는 것이었어요. 그와 달리 평양에서 합의한 것은 미국의 전문가, 기술자와 함께 공동으로 폐기 작업을 한다는 것이었죠. 사후검증 논란 때문에 프로세스가 파탄 났던 과거의 경험에 비추어 아예 그런 논란의 여지가 없게 하는 방식이 필요하다는 나의 권유에 따른 거였죠.

그렇게 되면 작업에 참가한 미국의 전문가들이 북한 영변의 핵 활동 이력을 파악할 수 있기 때문에, 다른 쪽으로 분산되어 있을 수 있는 핵물질이나 핵무기를 파악할 길이 열리게 되죠. 그보다 더 중요한 것은, 적어도 수백 명의 전문가와 기술자가 여러 해 동안 작업해야 하니까 당연히 북한 내에 미국 측 연락사무소가 생기고, 그것이 임시 대사관 같은 역할을 하게 된다는 거예요. 그 부분까지 남북 간에 합의했고, 합의문에는 없었지만 미국 측에 전달해줬죠. 나중에 하노이회담이 노딜로 끝났을 때, 최선희 부상이 그날 밤 기자회견을 하면서 그 부분을 이야기했어요.

또한 영변으로 끝나는 것이 아니라, 미국의 상응조치가 있다면 그 밖의 추가적인 비핵화 조치를 취해나간다는 것이 북한의 약속이었어요. 나는 그에 더해서, 미국 측이 특히 신경 쓰는 것이 중·장거리 미사일이니 그것을 먼저 폐기하면 미국에 성의 있는 비핵화 조치가 될 수 있다고 설명했어요. 그에 대해 김 위원장은 중·장거리 미사일은 만든 것 모두 시험발사하고 보유한 것이 없기 때문에 그것도 문제없다고 했어요. 그 내용도 미국에 전해줬죠.

최종건 사실 미국 측에 전달하는 역할을 우리가 했는데요. 핵공학자들의 이야기를 들어보니, 아무리 우리의 기술이 뛰어나다 하더라도 핵시설은 만든 사람이 불능화하고 철거해야 한다는 겁니다. 왜냐하면 그들이 만든 방식을 100%까지 알 수가 없고, 혹시라도 생길 안전사고에 대한 책임 문제 때문이랍니다. 북한은 소련 모델을 가져온 것이라 미국식 건설 방식과 북한식 건설 방식이 다를 수 있으니까요. 대통령님 말씀대로 서로 대화하고 협의하면서 해체하고 철거해야 한다는 겁니다.

미국 핵무기의 산실인 로스앨러모스 국립연구소 소장으로 재직했고 북한 영변을 여러 번 방문해 최고의 북핵 전문가로 인정받는 시그프리드 헤커Siegfried Hecker 박사의 증언에 의하면, 플루토늄 재처리 시설과 고농축 우라늄 시설, 삼중수소 생산을 멈추게 하는 것은 생산시설의 스위치를 끄는 것으로 안 되고 안전 처리를 하면서 중단시켜야 하는데, 그것만 8개월이 걸린다는 겁니다. 공동작업 인원을 저희가 실무적으로 계산해보니 미국의 기술자, 전문가, 외교관, 통역, 심지어 음식 만드는 주방 스태프들까지 합치면 450~500명이 돼요. 그 인원이 평양과 영변에 상주해야 하는 거죠. 또 자재들과 식료품, 보급품은 가까운 우리 남한에서 보내줘야 하고요.

문재인 거기에 많은 장비가 들어가고 기자재가 들어가게 되면, 해딩 품목은 자연히 UN 안보리 제재를 해제하지 않으면 안 되는 상황이 되죠. 미국 스스로 필요한 일이 되니까요. 그뿐만 아니고 헤커 박사는 영변이 북한의 핵 능력에서 차지하는 비중이 80% 정도 된다고 판단하죠. 그보다 더 크게 90% 정도 된다고 보는 사람도 있어요. 그보다 적게 보는 사람도 적어도 50% 이상은 된다고 하죠. 특히 플루토늄 생산시설은 거기가 유일해요. 삼중수소 생산시설도 거기가 유일해서 영변의 생산시설이 폐기되면 소형 핵탄두를 만드는 일이 불가능하게 되죠. 다른 데 있는 고농축 우라늄 시설에서 핵무기를 만들 수는 있어도 소형화할 수가 없어서, 미국이 크게 위협을 느끼는 ICBM에 소형 핵탄두를 장착할 수 있는 능력이 봉쇄되는 겁니다. 또 삼중수소는 수소탄을 만드는 데 필요한 것이어서, 북한이 마지막 핵실험에서 성공했다고 하는 수소폭탄의 위험도 없어지죠.

트럼프 대통령과 내가 이른바 CVID(완전하고 검증 가능하며 불가역적인 비핵화 원칙) 개념에 대해서 의견을 주고받은 적이 있어요. 북한의 모든 핵이 완전히 다 없어져야만 불가역적인 상태가 되는 게 아니고, 되돌릴 수 없는 단계가 되면 불가역적인 상태에 접어드는 것이어서, 20~30%가 폐기되거나 불능화되면 그때부터는 비핵화의 불가역적인 단계에 들어가는 것으로 볼 수 있다고 의견을 모은 바 있어요. 트럼프 대통령이 공개적으로 그런 발언을 한 적도 있죠.• 그런 관점에서 보면, 영변 핵단지가 폐기된다면 북한이 불가역적인 비핵화 단계에 들어갔다고 할 수 있어요. 하노이 노딜은 정말로 유감스럽습니다.

최종건 그렇습니다. 유감스럽다는 말씀은 점잖은 표현 같아요. 저는 아직도 마음에 열불이 나는데요.

●　〈김정은 "조건부 영변 폐기"… 트럼프 "20% 비핵화" 접점〉, YTN, 2018. 9. 24.

문재인 영변을 평양공동선언에 넣은 것이 문제가 아니라, 지금 시점에서 내가 아쉽게 생각하는 것은, 북한이 요구하는 상응조치가 무엇인지 남북 간에 논의하지 않은 겁니다. 만약 남북이 논의해서 어떤 상응조치가 필요한지 공개했으면 어땠을까 생각합니다. 하노이 회담에서 북한이 요구한 상응조치가 무엇이었는지 지금까지도 확인되지 않고 있어요. 최선희 외무성 부상이 그날 밤 기자회견에서 말한 것은 민생과 관련된 제재를 우선 해제해달라는 것이었죠. 제재 전부를 해제해달라는 것도 아니고, 민생 관련 제재를 풀어달라는 것이었다면 미국이 수용하지 않은 이유를 이해하기 어렵죠. 미국 측에서는 북한의 요구가 과다했다고 하는데, 무엇이 왜 그렇다는 것인지도 모르고요. 그래서 평양선언에 북한이 요구하는 상응조치의 내용을 담았거나 따로 발표했으면, 그에 대해 객관적인 평가가 가능하지 않았을까 하는 거지요. 그랬다면 미국도 치러야 하는 비용과 얻는 이익을 합리적으로 계산해서 수용 여부를 판단하지 않았을까요? 적어도 어느 쪽의 요구가 과다했던 것인지는 알 수 있었을 테죠.

아마 트럼프 대통령으로서는 다음 기회가 있다고 생각했겠죠. 그랬을 거라고 나는 생각해요. 당시 미국이 청문회 국면이었고 탄핵이 논의되는 상황이어서 주변 참모들의 깅턴 반대를 돌파하지 못했지만, 아마도 트럼프 대통령으로서는 다음을 기약했을 것이라고 봅니다.

최종건 대통령님이 지금 말씀하신 부분들이 안보학 하는 사람들 입장에서 두 가지로 견해가 갈립니다. 먼저 비핵화는 핵공학적·기술적 관점이라고 주장하는 사람이 있습니다. 이들은 CVID를 무조건적으로 생각하는 근본주의자입니다. 북한이 핵을, 예를 들어 100을 가지고 있다면, 완전하게 불가역적으로 검증 가능하게 하려면 핵이 0이 되어야 한다, 그래야 CVID 비핵화를 선언할 수 있다는 거고요. 대통령님과 트럼프 대통령이 대화한 내용은 또 다른 관점입니다. 비핵화도 정치적 과정이고, 그래서 당장 20%만 걷어내도 진행이 지속된다면, 양국의 합의로 CVID 비핵화를 선언할 수 있다는 거죠. 저는 그 관점이 맞다고 봅니다. 하노이회담은 전자의 관점이 작용한 것 같아요.

문재인 아니, 그보다 더 나가요. 근본주의자들은 북한의 현존하는 핵물질과 핵무기 생산시설을 폐기하는 것만으로 안 되고, 핵 능력까지 폐기해야 한다고 주장하죠. 심지어 볼턴은 핵과학자들을 데려와야 한다고까지 주장한 적이 있어요. 그건 사실 대화하지 말자는 것과 같습니다.

최종건 그냥 상대가 무너지거나 무릎 꿇기를 기다리는 거죠. 냉전이 끝나고 우크라이나, 카자흐스탄, 우즈베키스탄에 소련의 핵이 남겨졌습니다. 우크라이나 케이스는 특이하더라고요. 카자흐스탄이나 우즈베키스탄은 핵이 배치되었던 지역인데, 우크라이나는 핵을 만들었던 지역이에요. 그래서 소련이 해체되니까 우크라이나가 전 세계에서 핵이 세 번째로 많은 나라가 됐는데, 자발적 비핵화를 하면서 핵기술자와 핵공학자들은 어떻게 하지 하는 문제에 봉착했어요. 그래서 일부는 미국이 이민을 받아서 데려갔고, 남은 사람들은 다른 직장을 알선해줍니다. 북한에 대해서 근본주의적으로 핵을 0으로 만들자고 하는 사람들은 북한의 핵과학자들에 대한 조치까지 이야기합니다.

최종건 평양회담에서 영변 핵단지의 영구적 폐기를 합의할 때 김 위원장과 대통령님은 그 합의가 북미정상회담을 성공적으로 이끌어줄 것으로 기대하셨습니까?

문재인 그렇죠. 그렇게 기대했기 때문에 남북 간에 합의한 것이죠. 다만 김 위원장은 미국이 제대로 평가하고 값을 쳐줄 것인가에 대한 걱정이 있었어요. 북한에서는 값을 싸게 매기는 것을 '값이 눅다'라고 표현하더군요. 평안도 말인 것 같은데, 여러 번 말했어요. 풍계리 핵실험장을 폐기했는데 그에 대해서 제대로 평가해주지 않는다, 값을 쳐주지 않는다, 값을 눅게 매긴다고 불만스러워했죠. 그 회담에서 합의했던 동창리 미사일발사대 폐기와 영변 핵단지의 폐기에 대해서도 값을 눅게 평가하지 않을까 걱정했어요. 미국이 제대로 평가해서 자신들이 원하는 상응조치를 해줄 것인가 하는 걱정이 있었습니다.•

• 북한 핵시설의 가치(value)를 상정하고, 그 가치에 맞게 어떤 상응조치를 북에 제공할 수 있는가가 비핵화 협상의 핵심이다. 즉, 상응조치는 미국과 한국 그리고 국제사회가 북한의 핵시설과 핵물질, 핵탄두, 중장거리 미사일과 운반체계 그리고 기술에 어떤 값어치(pricing)를 제공할 수 있는가를 의미한다. 최종건 저, 《평화의 힘》, 메디치미디어, 2023년, 제3장 참조.

최종건 그럴 때 대통령님은 무슨 말을 해주셨습니까?

문재인 영변 핵단지 폐기까지 결단하고, 그것도 미국의 전문가, 기술자와 함께 폐기 작업을 하는 진정성을 보여주면 실질적인 비핵화 조치라고 미국이 평가할 것이다, 그에 대한 상응조치를 어떻게 얼마나 이끌어내느냐는 두 나라 간의 협상에 달렸다고 희망적인 이야기를 해주었죠. 결과적으로 보면 그것이 맞지 않은 셈이 됐기 때문에 내가 그때 희망적인 전망을 이야기한 것에 대해서 북한이 원망할 수도 있겠다는 생각이 들어요.

최종건 그래서 하노이 이후에 김정은 위원장과 북한은 침묵했고, 어느 정도 시간이 지나서는 북한이 대통령님에 대해 비난과 공격을 했다고 생각하십니까?

문재인 예, 그런 점도 있었을 거라고 생각해요. 그 한 대목뿐만 아니고 4·27부터 9·19까지 전체적인 과정에서 북한은 미국과의 비핵화 대화에서 상당 부분을 우리에게 의존했는데, 결국 실패한 것은 우리가 북한의 진정성을 충분히 전달하지 못했거나 미국을 설득하지 못한 측면이 있었다고 북한이 생각할 수 있지 않을까요?
　미국이 값을 눅게 매긴다는 김 위원장의 불만과 걱정이 하노이회담에서 현실화된 셈이에요. 볼턴의 회고록을 보면 처음부터 판을 깨려는 나쁜 의도가 작용했습니다. 최고의 북핵 전문가 시그프리드 헤커 박사의 저서에 의하면, 트럼프 대통령과 미국의 협상팀은 준비되어 있지 않았고, 김 위원장이 제안한 영변 핵단지의 불가역적 폐기와 핵무기 연구소의 완전 폐쇄가 갖는 의미를 제대로 이해하지 못한 것으로 보입니다.

헤커 박사에 의하면, 영변 핵단지는 과거에 폐기가 논의됐던 때보다 훨씬 확장되고 현대화됐습니다. 또한 핵무기 연구소는 북한 핵 프로그램의 두뇌에 해당하는 곳이어서, 그것의 완전 폐쇄는 북한 핵 프로그램의 궁극적 종식을 뜻하는 것이었어요. 그러나 트럼프 대통령과 협상팀은 북한의 비핵화 프로세스에서 영변 핵단지의 폐기와 핵무기 연구소의 폐쇄가 갖는 비중과 의미를 제대로 몰랐다는 게 헤커 박사의 판단입니다. 볼턴 국가안보보좌관에게 핵무기 연구소가 무엇인지 질문했더니 그 의미조차 몰랐다는 겁니다.

비건 대북정책특별대표도 헤커 박사에게 "만약 김정은이 영변에 있는 모든 것이 포함된다는 이야기를 좀 더 빨리 했더라면 그로써 역사가 바뀌었을 것이다"라고 했는데, 이 역시 북한의 제안을 제대로 알지 못했다는 이야기죠. 볼턴은 회고록에서 트럼프 대통령이 김 위원장에게 '제재를 완전히 해제하는 것보다 일부만 완화하는 식으로 할 수는 없겠느냐'고 물었는데, 만약 거기서 김 위원장이 '예스'라고 말했으면 끝났을 텐데, 김 위원장이 거부했기 때문에 '다행히' 타결되지 않았다고 했습니다.●

이 역시 민생 관련 제재의 해제를 요구했다는 최선희 외무성

● 존 볼턴 저, 박산호·김동규·황선영 역,《그 일이 일어난 방: 존 볼턴의 백악관 회고록》, 시사저널, 2020년, 제11장.

변방에서 중심으로

부상의 말과 달라요. 평양회담에서 김 위원장도 나에게 상응조치로 제재의 해제 또는 완화가 필요하다고 말한 바가 있어요. 전면 해제를 요구하는 것이 아니라는 거죠. 볼턴과 비건의 말에 의하면, 그날 트럼프 대통령과 미국의 협상팀은 북한의 제안 내용조차 제대로 이해하지 못했다는 것을 보여줍니다.

북한은 하노이회담 결렬 이후에도 상당 기간 대화가 이어지기를 기다렸죠. 그러나 결국 더 이상 진전이 없자 미국에 분노를 표출했는데, 그 분노의 유탄이 우리 정부에도 날아온 것으로 이해합니다.

최종건 당시 9월 19일 평양 백화원에서 마지막 정상회담이 예정보다 오래 걸렸습니다. 영변 조항을 합의문에 담기 위한 것이었습니까? 그래서 오래 걸린 것이었나요? 비핵화 부분 때문에 늦어지는구나 생각했는데요.

문재인 아니요. 그 부분은 특사단이 갔을 때부터 있었던 얘기여서 쉽게 타결됐어요. 시간이 오래 걸린 것은 두 가지였어요. 하나는 서울 답방으로, 답방의 시기를 못 박으려고 했는데 올해 겨울, 이번 겨울, 연내 등 여러 표현을 놓고 논의하는 데 시간이 꽤 걸렸고요.

또 하나는 NLL 상의 평화수역과 공동어로구역의 구체적인 설정을 내가 김 위원장과 풀어보려고 설득했는데 거기서 꽤 오랜 시간이 걸렸어요. 평화수역과 공동어로구역 설정은 남북 간에 공평하게 설정돼야 하는 거죠. 제일 간단한 방법은 군사합의에서 군사운용을 통제하는 구역을 NLL을 기준으로 남북 등거리로 합의한 것처럼 같은 방식을 적용하면 간단하죠. 그런데 그럴 경우 평화수역이나 공동어로구역이 북한의 황해도와 옹진반도에 아주 근접하게 되기 때문에, 북한이 수용하기 어렵다는 현실적인 문제가 있었어요. 그래서 지형에 따라 구역 설정을 탄력적으로 하면서 공동어로구역의 전체 면적을 같게 맞추는 방안, 즉 등거리를 등면적으로 바꾸는 방안을 설명하느라 꽤 시간이 걸렸죠.

최종건 사실 결과 문서만 본 사람들은 '영변 가지고 시간이 많이 걸렸겠구나' 생각할 수도 있습니다. 지금 대통령님 말씀으로 당시 회담의 속사정이 처음 공개되는 겁니다. 결국은 남북정상회담의 본령에 집중하신 회담이라고 생각하면 되겠습니까? 오히려 김정은 위원장이 영변은 쉽게 내놨고요. 그러면서도 미국과 협상하고 협의해야 할 내용을 남북정상회담 합의에 담은 것이 특이합니다.

문재인 우리가 그때까지만 해도 북미 양국 모두에 중재자로서 인정받은 거죠. 그런 역할로 영변 합의가 된 것이고, 그것은 당시 우리 국민의 바람이기도 했고요.

김정은 위원장 답방 논의와 무산

최종건 그때 백화원 초대소에서는 매우 제한된 인원만 정상회담장 안에 있을 수 있었어요. 저는 그때 밖에 있었는데요. 연내 답방하느냐 가까운 시일 내에 답방하느냐, 문구 조정을 오래 하신 걸로 기억해요. 원래 '연내 답방'이라고 쓰여 있는 버전을 제가 가지고 있었는데, 회담장 안에 있던 서훈 국정원장이 제게 수정본을 줘서 회담장에서 70~80m 떨어진 회담CP(지휘소)로 뛰어갔던 기억이 납니다. 동시에 똑같은 내용을 청와대에도 보내줘야 했어요. 어차피 회담 결과가 나오면 다른 합의 내용도 중요하지만, '김정은 연내 답방이냐, 겨울 답방이냐'가 중요했기 때문에요. 뛰어다니느라 땀을 엄청 흘렸죠.

문재인 북측의 당초 안은 '가까운 시일 내'로 하자는 것이었어요. 그런데 가까운 시일 내라고 하면 뜻은 좋지만 잘 안 될 수도 있으니 내가 시한을 못 박자고 요구했지요. '연내'로 하자고 제안했는데, 연내라는 것이 너무 선을 긋는 것 같으니까 여유 있게 '이번 겨울', '올해 겨울' 이렇게 수정안이 나왔어요. 그런데 북에서는 이번 겨울과 올해 겨울을 다르게 생각하더라고요. 이번 겨울이라고 하면 다음 해 2월 말까지가 되고, 올해 겨울이면 12월 말까지라는 겁니다. 그렇게 김영철 통전부 부장이 주장하더라고요. 하여튼 이런저런 논란에 시간이 꽤 걸렸죠. 김정은 위원장은 나중에는 빨리 끝내서 서명식도 하고 밥 먹으러 가자고 재촉했어요.

최종건 결국은 김정은 위원장이 원하는 방식으로 된 것 같아요, 표현 상은. 그렇지만 대통령님은 기자회견에서 "가까운 시일이란 연내를 의미합니다"라고 못 박으셨어요.

문재인 결국 그렇게 설명하기로 합의를 봤어요. '가까운 시일 내'라 고 합의문에 담지만, '연내'를 의미하는 것으로 서로 양해했고, 또 그렇게 말해도 좋다고 합의한 거죠.

최종건 그렇지만 결과적으로는 안 왔죠. 여러 가지 이유가 있었겠지 만, 연내에 오기로 구두 합의를 했는데요.

문재인 역시 '연내'로 합의문에 못 박았어야 했어요. 그랬으면 좀 더 일찍 실무협상이 시작됐을 거고, 북측 특사단이 준비차 내려오기도 해야 하기 때문에 답방이 실현될 수 있었을 겁니다. 답방을 논의할 때 김 위원장은 제주도 한라산에 가보고 싶다는 뜻이 매우 강했어 요. 그래서 우리가 실제로 여러 가지 준비를 했죠. 또 KTX를 타보 고 싶다고 해서 KTX로 이동하는 방안도 검토했죠. 한 가지 뜻밖이 었던 것은, 언젠가 연평도를 방문해서 연평도 포격사건으로 고통을 겪은 주민들을 위로하고 싶다는 김 위원장의 이야기였어요.

최종건 그건 처음 나온 말씀입니다. 김 위원장의 제주도 방문 의사는 암암리에 소문이 나서 심지어 한라산에 헬기 착륙장을 알아보기도 했습니다.

문재인 예, 임시 헬기 착륙장을 만들 궁리를 했죠. 김 위원장 체력 때문에 한라산 등반은 불가능할 테니 윗세오름이나 적절한 곳에 임시 헬기장을 만들 생각을 했죠.

최종건 그런데 연평도를 방문해서 사과하고 싶다고 한 것은 놀라운 일인데요.

문재인 그렇죠. 당장 할 수 있는 일은 아니었지만, 말이라도 그렇게 하는 것이 놀라웠어요. 그때 놀라운 모습을 본 게 또 하나 있어요. 북미 간에 폼페이오와의 사이에서 그런 일이 생긴 것에 대해서 내가 다시 지적을 했어요. 편지의 거친 표현들이 얼마나 상대를 당황하게 만드는지. 그래서 아니면 아니라는 반대 의사를 분명히 표명하면 되는 것이고, 통상적인 외교 어법은 반대조차 완곡하게 에둘러서 표현하면 반대라는 것을 다 알아듣는데, 그렇게 거칠게 표현하면 상대로서는 우리가 대화하자는 게 맞나 하는 의구심을 갖게 된다고요. 그러자 김정은 위원장이 "우리가 문 대통령님한테 아주 혼난다"라고 하면서 김영철을 가리키며 "우리가 그런 것 신경 써야 돼요"라고 말하는 게 놀라웠어요.

최종건 김영철 부장의 반응은 어땠습니까?

문재인 김영철 부장은 뭐 언제나 깍듯하죠. 김 위원장이 말하면 앉아서 듣지도 않고, 벌떡 일어서서 듣잖아요. 어쨌든 북한이 외교에서 고쳐야 할 점이죠. 그런데 요즘 북한이 하는 표현을 보면, 조금도 달라지지 않았어요.

최종건 당시 김영철은 남북대화와 북미대화에서 시종일관 아주 중요한 역할을 맡았어요.

문재인 그런데 김영철과 대화 파트너인 폼페이오는 대화가 잘 안 됐어요. 그래서 폼페이오가 우리한테 불평하기를, 도대체 대화가 되지 않는다, 이야기를 하면 그에 대해서 답을 하는 법이 없다, 늘 상부에 보고하겠다는 말만 하고, 자기 말을 이해하는지 아닌지도 잘 모르겠다… 답답함을 많이 토로했죠. 그러나 우리와 대화할 때 김영철을 보면 그렇지 않았어요. 회담 중에 김정은 위원장이 얼핏 생각나지 않으면 수시로 김영철한테 물어보죠. 용어를 묻기도 하고 '그거 뭐지?' 이런 식으로 물으면 김영철 부장이 그때그때 막힘없이 대답하는 거예요. 대단하더라고요.

최종건 폼페이오가 김영철한테서 느낀 상당한 불쾌감을 우리에게 표현했습니다. 우리 외교 당국에도 했고 안보실에도 했는데, 일부러 그러는 거다, 소위 사회주의 협상가들의 방식이라고 설명했어요.

문재인 폼페이오가 핵 리스트를 요구하는 등 북한의 입장과 그게 달랐기 때문이겠죠. 두 사람 사이의 실무교섭이 지지부진했던 게 결국 하노이 노딜의 원인이 됐어요.

최종건 저는 비건 국무부 부장관 겸 대북정책특별대표를 많이 상대했는데,* 자기들끼리 일치된 관점이나 방향이 없었던 것으로 생각됩니다. 비건의 비핵화 방식과 볼턴 혹은 볼턴의 후임 안보보좌관들과 온도가 다른 것을 많이 느꼈어요.

문재인 사후평가를 해보면, 북한의 비핵화 방식 또는 비핵화 로드맵에 대한 체계적인 정리는 비건 대표 때 비로소 된 것이었어요. 비건 대북 특별대표의 방식은 과거 클린턴 정부 시절 페리William Perry 국방장관이 마련한 이른바 페리 프로세스Perry Process**와 접근방식이 비슷하고, 우리 정부가 구상한 비핵화 로드맵과도 통했어요. 문제는 비건 대표의 구상이 폼페이오나 볼턴과는 공유되지 않고 겉

● 스티브 비건은 2018년 8월 23일부터 2021년 1월 20일까지 미국 국무부 대북정책특별대표를 지내면서 2019년 12월 21일부터 2021년 1월 20일까지 국무부 부장관을 겸직했다.

●● 미국 클린턴 행정부 기간인 1999년 10월 윌리엄 페리 대북정책조정관(전 국방장관)이 작성한 북한 비핵화에 대한 포괄적 해결방안을 담은 보고서 〈미국의 대북정책 검토 보고서(Review of United States Policy Toward North Korea: Findings and Recommendations)〉가 제안한 단계적 비핵화 방안을 의미한다. 1999년 북한의 대포동 미사일 발사와 더불어 한반도의 안보정세가 불안해지자 미국 의회는 페리 전 국방장관을 대북정책조정관으로 임명해 대북정책을 재검토하게 했다. 페리 조정관이 작성한 보고서는 북한의 미사일 발사 중단에 대한 상응조치로 대북 경제제재 완화를 비롯해 한반도 평화체제 구축과 비핵화 방안 등을 제안했다. 실제로 미국은 대북 경제제재를 완화했고 북한은 미사일 발사를 중단했다. 당시 페리 조정관은 이 보고서에 가장 많은 영향을 미친 한국 측 인사가 바로 임동원 국정원장이라고 발언하기도 했다. 이에 따라 '임동원 프로세스'라고도 한다. 임동원 저, 《피스메이커: 남북관계와 북핵 문제 25년》, 창비, 2015년, 제9장 참조.

돌았던 것이죠. 북한도 비건 대표와 마주 앉아 논의할 기회를 갖지 못했고요.

최종건 그런데 김정은 위원장의 답방은 왜 실현되지 못했을까요?

문재인 평양 남북정상회담 이후에도 북미 간에 실무협상이 잘 되지 않고 2차 북미정상회담이 늦어지고 하니까, 북한이 여유가 없었던 거죠. 하노이 노딜 이후에는 분위기가 달라졌고요. 평양회담 이후 남북은 답방을 논의하기 위한 실무접촉을 이어갔습니다. 당초 북한의 입장은 2차 북미정상회담이 연내에 있을 것으로 보고 그 후에 답방할 계획이었는데, 북미정상회담이 다음 해로 넘어가자 남한 답방을 먼저 하는 것으로 입장을 바꿨습니다. 그래서 실무접촉에서 12월 10일에서 15일 사이에 답방하는 것으로 잠정적으로 정하고, 답방 시 일정을 협의하기까지 했죠. 서울 방문단 규모도 결정하고요. 또 장소 확보가 힘든 연말이어서 북측 방문단의 숙소와 공연장을 보안 속에서 예약해두기도 했지요.

　그런 상황에서 북측이 돌연히 답방을 취소했어요. 내가 실무접촉 결과를 보고받은 바에 의하면, 북한의 당 정치국 회의에서 김 위원장의 안전을 담보할 수 없다는 이유로 답방을 반대하는 결의를 만장일치로 했다는 거예요. 닝 회의에서 김 위원장의 뜻과 어긋나는 결의를 했다거나 김 위원장이 그 때문에 답방을 취소했다는 것은 우리로서는 믿기 어려운 이야기죠.

　다른 한편으로는, 북한이 미국으로부터 북미관계 속도에 남북관계 속도를 맞춰달라는 요구를 받았다는 말을 실무접촉 때 북측 대표에게 들었다는 보고가 있었어요. 미국이 북미 간 비핵화 대화의 진도보다 김 위원장의 답방으로 남북관계가 앞서가는 것을 달가워하지 않았을 수 있죠. 우리에게는 말하지 않았지만 북한에는 북미 간 실무협상에서 그런 뜻을 전했을 가능성이 있어요. 우리 예술단이 4월 2일 평양에서 한 '봄이 온다' 공연의 답례 성격으로 그해 10월에 예정됐던 평양예술단의 서울 공연도 연기되다가 결국 무산됐는데, 같은 맥락일 수 있고요. 어느 쪽이 진짜 이유인지는 지금으로서는 알 길이 없습니다.

능라도 연설

최종건 다시 평양으로 돌아와서요. 회담을 마치고, 결과를 발표하고, 남북군사합의를 양측 정상 임석하에 서명하고, 옥류관에서 냉면을 드시고… 그리고 능라도5·1경기장에서 연설을 하십니다. 저도 그렇게 사람이 많이 모여 있는 건 처음 봤습니다. 우리는 제일 큰 잠실주경기장이 10만 명 좌석인데, 능라도5·1경기장은 대충 봐도 15만 명 이상이 꽉 차 있었던 것 같아요. 북측에서는 20만 명이라고 말하더군요.

대통령님이 김 위원장과 함께 주석단으로 들어오셨을 때, 함성이 정말 크더라고요. 어떠셨습니까? 그때 딱 들어가셨을 때, 경기장에 김정은 위원장의 안내를 받아 들어가서 평양 시민의 우레와 같은 함성을 들으셨을 때 말이죠.

문재인 우선 보기로도 압도적인 군중이었고 압도적인 함성이었죠. 영상으로 본 적이 있었지만 직접 눈으로 보니 정말 대단한 규모였어요. 동원된 사람들이라고 할지라도 엄청난 환영을 받은 것이죠. 그 많은 평양 시민과 처음 대면하는 것이어서 가슴이 벅찼어요.

최종건 이미 말씀하셨지만 김정은 위원장이 자락을 깔아드린 거죠. 대통령님은 연설문 작성 단계에서 무엇을 꼭 이야기하고 싶다, 뭘 해야 되겠다 생각하셨습니까?

문재인 거기에서 연설의 기회가 있을 수 있다는 이야기를 김정은 위원장이 우리 특사단이 갔을 때 한 적이 있어요. 그러나 실무협상에서 일정으로 합의한 것은 아니어서 긴가민가했지만, 일단 초안은 준비해갔어요. 회담 상황을 봐서 내가 현지에서 손보기로 하고요. 신동호 연설비서관이 준비한 초안도 있었고, 임종석 비서실장이 준비한 버전도 있었는데, 많이 회자된 "우리는 5000년을 함께 살고 70년을 헤어져 살았다"라는 구절은 임종석 실장의 표현이었어요.

　나는 거기에 꼭 넣고 싶었던 것이, 완전한 비핵화와 핵 없는 한반도를 평양 시민들 앞에서 천명하는 거였어요. 물론 정상 간에 합의를 했지만, 그 합의가 얼마나 북한 인민들에게 전달되는지 알 수 없고, 어떤 때는 남북 간의 합의 사실을 북한 인민들이 모르고 지나가기도 하는 것 같아서 평양 시민들에게 내가 그 말을 직접, 온 세계

2018년 9월 19일 능라도5·1경기장을 가득 메운 평양 시민들 앞에서 벅찬 가슴으로 연설을 했다. "우리는 5000년을 함께 살고 70년을 헤어져 살았다"는 대목이 많이 회자되었다(사진 제공: 조명균 전 통일부 장관, 아래는 문재인 대통령의 능라도5·1경기장 연설 영상 QR코드).

가 다 듣는 가운데서 하고 싶었지요. 두 번째는 북한이 경제제재를 겪으면서 받는 여러 어려움과 그것을 이겨내기 위한 노력을 격려하고 싶었어요. 그래서 "어려운 시절", "민족의 자존심", "불굴의 용기" 같은 표현을 내가 직접 넣었죠.

최종건 그날이 평양에서 9월 19일 저녁 7~8시였는데요. 말씀하신 것처럼 북한 인민들에게 그날의 정상회담 결과는 9월 20일에 보도됩니다. 대한민국 대통령이 평양 시민에게 완전한 비핵화 합의를 먼저 이야기를 한 겁니다. 우리는 실시간으로 보지만, 북한은 실황 중계를 편집해서 다음 날 보도하게 되니까요. 거기 15만~20만 명의 평양 시민은 대통령님의 음성으로 회담 결과를 먼저 들은 거죠.

문재인 나는 평양 시민들의 반응이 사실 궁금했어요. 왜냐하면 핵무력의 완성이야말로 공화국을 수호하는 거라고 끊임없이 주입받았을 텐데, 완전한 비핵화를 합의했다는 것에 대해서 어떻게 받아들일지 궁금했죠. 그런데 그 대목에서도 열화와 같은 박수로 화답을 해주었어요. 평양 시민들도 핵 때문에 생기는 여러 가지 부담이나 어려움에서 벗어나고 싶은 마음이 있었는지 모르지요.

최종건 주석단이 있었고요. 저는 우측 세 번째 시기에 앉아서 봤어요. 주석단 앞에 배치된 시민들의 반응을 봤는데요. 말씀하셨다시피 그동안 당신들 어려웠다, 무슨 세상을 꿈꾸는지 알 것 같다, 불굴의 용기를 보여줬다, 그래서 나는 김 위원장과 함께 핵 위험과 전쟁이 없는 한반도를 만들기로 했다, 우리는 5000년을 함께 살고 70년을 헤어져 살았다고 하니까 많이 울더라고요.

문재인 어쨌든 우리의 메시지는 비핵화, 핵 없는 한반도였는데 평양 시민들에게 감성적으로 다가가고 싶었어요. 감성적인 표현 가운데 평양 시민들의 어려움을 우리가 잘 알고 있다고 격려하는 부분은, 우리 보수층은 못마땅하게 느낄 수도 있겠지만, 나는 당연히 해야 한다고 생각해서 무릅쓰고 한 것이고, '5000년, 70년' 이 부분도 같은 동포를 만나는 마음으로 감성적으로 다가가려고 한 표현이죠.

최종건 북한 인민들 얼마나 어려웠냐고 요약된 그 파트에 댓글이 제일 많이 달렸습니다. 안 좋은 댓글, 좋은 댓글 다요. 저도 서울에 돌아와서 그 부분을 다시 봤습니다. 행사 마치고 버스로 이동하면서 모든 수행원이 감격에 겨웠습니다. 대통령님 임기 중의 하이라이트이기도 했지만, 우리 한반도 평화프로세스와 남북관계사의 큰 이정표였습니다.

문재인 대한민국 대통령이 사상 처음으로 북한 사람들 앞에서 연설을 한 것이니, 그 자체로 역사적인 의미가 있었죠. 능라도5·1경기장의 연설은 평양에 가서 김 위원장이 직접 내게 간단한 인사말씀 하시라고 권하면서 비로소 확정된 건데, 그러면서 내용이나 시간도 아무런 제한 없이 그냥 나에게 맡긴 거예요. 그게 나에 대한 대단한 신뢰를 보여준 것이라는 생각을 했죠.

최종건 정상회담에 여러 내용도 있었지만… 백두산을 가십니다. 백두산에서 있었던 일은 공개가 돼서 국민들도 다 알고 있는데요. 삼지연에서 오찬을 하시고 나서 두 분이 친교 산책을 한 것은 별로 알려지지 않습니다. 작은 호숫가였죠. 도보다리에 상응하는 북한의 친교 일정이었는데, 그때의 대화 내용은 상대적으로 많이 안 알려졌어요.

문재인 백두산을 가는 것도 우리 특사단이 갔을 때 나온 이야기인데, 막상 평양에 가니까 백두산 쪽 기상이 별로 좋지 않을 때여서 눈이나 비가 올 것 같다, 그러니 다음에 날씨가 좀 더 안정적인 계절에 다시 오면 그때 가는 것이 좋겠다고 만류를 많이 했어요. 그래서 내가 가다가 못 가면 가는 데까지만 가자, 비가 오든 눈이 오든 천지까지 못 가더라도 갈 수 있는 데까지만 가면 나는 만족한다고 우겨서 백두산을 가게 됐죠. 막상 가보니 그날 백두산의 기상이 너무나 좋았어요.

최종건 평양에서 백두산 삼지연으로 가는 비행 중에 개마고원을 직접 볼 수 있었습니다.

문재인 그렇죠. 개마고원의 광경이라든지… 올라가면서 자작나무, 분비나무와 가문비나무로 숲이 바뀌잖아요. 더 올라가면 나무가 없어지고요. 구름 한 점 없는 푸른 하늘에 푸른 천지. 북한 사람들도 그렇게 좋은 기상을 보기가 어렵고, 또 좋은 기상이 여러 시간 지속

변방에서 중심으로

2018년 9월 20일 백두산으로 이동하면서 본 개마고원 전경(위)과 백두산으로 향하는 길(아래).
우리가 머무는 내내 맑은 기상이 유지되었다.

2018년 9월 20일 백두산 천지는 구름 하나 보이지 않았다(위). 특사단과 김정은 위원장이 강경화 외교부 장관의 제안으로 '손가락 하트' 포즈를 하며 사진을 찍었다(아래, 사진 제공: 조명균 전 통일부 장관).

되는 경우도 거의 없다는 거예요. 좋았다가도 금세 날씨가 변하는 곳인데, 그날은 우리가 머무는 시간 내내 맑은 기상이 유지됐어요. 대단했죠. 눈이나 비가 오니 하는 것은 완전히 기우가 되어버렸고 요. 백두산 가자고 우기기를 잘했다는 생각이 들었습니다.

최종건 평양 백화원 초대소에서 순안공항 가는 길에는 비가 왔습니 다. 그래서 시민들이 나와서 환송하지 않았으면 좋겠다고 북측에 얘기했는데, 아니나 다를까 비가 오는데도 새벽 시간에 나와서 환 송을 하는 거예요. 가는 길에 날씨가 개었던 걸로 기억합니다.

문재인 한 점 티끌 없이 하늘은 푸르고 천지도 푸르니 찍어온 사진 이 마치 그래픽처럼 현실감이 없을 정도였어요. 오가는 길에 우리 부부와 김 위원장 부부가 함께 서로 대화를 나눌 수 있었고, 삼지연 에서 호숫가를 산책하면서 김 위원장과 둘이 대화할 수 있었던 것 도 참 좋았습니다.

삼지연 산책과 대화

최종건 공개할 특별한 대화 내용은 없습니까?

문재인 거기서 대화도 도보다리 때와 비슷했어요. 그 외에 여러 이야 기를 했는데, 삼지연 개발에 대한 김정은 위원장의 포부를 듣기도 하고, 그곳에서 감자를 많이 생산해서 감자국수를 개발했다는 얘기, 삼지연과 백두산 지구를 국제적인 관광지구화하겠다는 북한의 구상과 계획을 듣고, 그 백두산 관광이 우리에게도 개방되면 좋겠다는 이야기도 나누고 했지요.

북미대화에 대해서도 여전히 미국 측의 태도에 대한 여러 가지 걱정을 김 위원장이 말했어요. 그리고 회담 장소도 지난번 싱가포르를 자기들이 양보해서 받아들였으니, 이번에 회담 장소는 자기들의 요구를 받아줄 수 없냐는 이야기를 상당히 간곡하게 했어요. 싱가포르에 가기 위해 어쩔 수 없이 중국 비행기를 이용했는데, 정말 내키지 않았다는 겁니다. 그래서 판문점이 안 된다면 기차로 이동 가능한 몽골을 바랐는데, 그에 더해 쉽게 생각하기 힘든 아주 특별한 제안을 추가했어요. 몽골도 어렵다면 미국이 북한 해역에 항공모함 같은 큰 배를 정박시키고 거기서 회담하는 것도 가능하다는 겁니다. 참으로 절박한 요청이었죠. 회담 장소 문제를 미국이 조금 더 포용적으로 받아들여줬으면 더 좋은 회담 결과가 나오지 않았을까 하는 아쉬움이 있습니다.

최종건 신상회담 아이디어는 저는 그동안 잊고 있었는데… 미국이 마다할 이유가 없는 제안 같은데요.

문재인 나는 그달 24일 UN 총회 참석 길에 뉴욕에서 트럼프 대통령과 한미정상회담을 할 때 회담 장소에 대한 김 위원장의 생각을 전하고, 북한의 절박한 제안을 수용해주도록 설득했어요. 그때 트럼

2018년 9월 20일 백두산 기슭 삼지연 초대소에
서 오찬 후 김정은 위원장과 산책을 하며 담소를
나눴다. 나는 백두산 관광이 우리에게도 개방되
면 좋겠다고 말했다.

프 대통령은 선상회담 아이디어에 대해 "멋지다. 훌륭한 발상이다"라고 공감을 표하면서 동의했어요. 사실 미국이 자존심을 한껏 세울 수 있는 장소죠. 그런데 결국 수용하지 않고 하노이로 결정했어요. 그러니 하노이까지 긴 시간 기차를 타고 갔다가 빈손으로 돌아가는 김 위원장의 마음이 오죽했겠어요? 아쉬움이 크게 남는 대목이에요.

최종건 다 마치고 삼지연공항에서 공군 2호기를 타고 서울로 돌아왔는데요. 저도 그 비행기 끄트머리에 타고 있었습니다만, 이륙하기 전에 창밖을 보니 김 위원장 내외와 북측 인사들이 도열해 있었습니다.

문재인 우리가 완전히 안 보일 때까지, 까마득해질 때까지 서서 배웅을 했죠.

최종건 그래서 대통령님이 갑자기 전속사진사를 불러 사진을 찍게 하셨습니다. 대통령님이 창밖을 바라보고 있고 뒤에서, 대통령님 머리가 나오지만 창 너머에는 김 위원장과 리설주 여사가 서 있는 광경을 찍은 사진이었습니다.
　저는 그때 창밖을 보면서 '저 사람들 끝까지 서 있네' 하는 생각과 대통령님이 이 장면을 담기 위해서 전속사진사를 불렀다는 생각이 들었습니다. 앞서 비행기가 착륙했을 때 심정을 여쭤보았지만 삼지연에서 출발했을 때는 어떤 느낌이셨습니까? 다 깰될 거라고

변방에서 중심으로

2018년 9월 20일 삼지연공항에서 환송하는 김정
은 위원장 부부를 향해 오래 손을 흔들었다. 그들
은 우리가 완전히 보이지 않을 때까지 서서 배웅
해주었다.

생각하셨습니까?

문재인 글쎄요. 평양의 모든 일정이 너무나 잘됐기 때문에 그 분위기가 북미정상회담에도 이어질 것이라고 기대했지요. 그때만 해도 낙관했어요. 그때 백두산 등반할 때 입을 점퍼를 등반이 결정된 후에 급하게 공수했어요. K2 점퍼를 가져와서 그룹 회장부터 수행단 전원이 똑같이 입었죠. 그런데 그 비행기에 달러 박스가 실렸다는 어처구니없는 이야기가 모 일간지에 보도되기까지 했어요. 지금 와서 보면 꿈같은 시절이었습니다.

최종건 삼지연이 대통령님 마지막 일정이었어요. 김정은 위원장 부부가 끝까지 대통령님 전용기가 출발해서 안 보일 때까지 부동자세로 서 있던 장면이 여러 생각을 하게 합니다.

다시는 누구에게도 지지 않겠나는 절치부심,
우리 운명는 남의 손에 맡기지 않겠나는
절치부심을 잊지 말아야 합니다.

8

아! 하노이

"지금 남북 사이에 감정적인 대립이 너무 커져서 당장 대화하기가 쉽진 않겠지요. 북한이 고도화된 핵으로 핵보유국의 지위를 인정받으려 한다면 대화의 해법을 찾기도 어렵고요. 그러나 전쟁 중에도 대화하듯이, 대화는 할 수 있어서가 아니라 해야 하니까 하는 것이죠. 지금 남북관계는 6·25 전쟁 이후 가장 위험한 상황으로 보입니다. 그대로 가면 충돌할 수 있으니 대화로 충돌을 피해야 합니다."

멈춰버린 비핵화 논의와 남북관계

최종건 2020년 2월부터 코로나 국면에 들어가서, 실제로 어려움이 많았습니다. 2019년 6월 판문점에서 열린 남북미 삼자회동 때까지도 우리 정부는 어쨌든 이 모멘텀을 살려보려고 정말로 많이 애를 썼지만, 결국 미국이 대선 국면에 들어가면서 움직이지 않았습니다.

저는 하노이에서 북미정상회담이 깨진 근본적인 이유는 미국이 먼저 떠나서인 것 같습니다. 당연히 북한은 경직되어서 한 가지 제안만 줄곧 요구했을 수 있겠지요. 그러나 미국의 대통령과 김정은 위원장이 제3국의 한 도시에 있을 기회가 얼마나 있겠습니까? 그러면 하루 정도는 미국 대통령이 머물면서 협상을 더 했어야 하는데, 김정은 위원장만 하노이에 덩그러니 남겨진 모습이어서….

문재인 그뿐 아니라 하다못해 다음 회담을 약속할 수도 있었지요. 대화를 계속하기로 했으면, 막연히 다음으로 넘기는 것이 아니라 적어도 다음 회담을 약속하는 정도까지라도 했어야 되는데, 그것마저 하지 않았던 거죠.

최종건 돌이켜보면 2018년 4월 27일부터 2019년 2월 28일 그날까지 불과 1년도 안 되는 기간에 한반도 평화프로세스가 고속도로를 달리듯 아주 속도감 있게 추진됐습니다. 2018년 4·27 판문점 남북정상회담이 끝나고 대통령님이 5월 20일경 미국을 방문하셔서 회담 결과를 직접 트럼프 대통령과 공유하는 모습도 보여주셨는데, 돌아오고 보니 예정되어 있던 싱가포르회담이 취소되었습니다. 그러나 5월 26일 판문점에서 열린 번개팅 같은 남북정상회담으로 다시 북미정상회담 계획을 붙여놨고, 실제로 9월 18일 평양에서 열린 남북정상회담 당시 김정은 위원장은 대통령께 감사하다는 말씀까지 했습니다.

문재인 죽은 싱가포르회담을 내가 되살려주었다며 거듭 감사하다고 인사했죠.

최종건 그런데 2018년 9·19 평양 남북정상회담 이후 2019년 2월 28일 하노이 북미정상회담은 우리가 힘써볼 겨를도 없이 그냥 와장창 무너진 느낌이었습니다. 국민들은 그날 대통령의 심정에 대해서 궁금해할 것 같은데요. 지금도 그렇지만, 북미정상회담의 하노이 노딜에 대한 비판은 우리 정부에 쏟아졌습니다. 당시 미국 사람들은 "노딜이 배드딜보다 좋다No deal is better than bad deal"라고 계속 얘기했으니까요. 대한민국 대통령으로서 뭐가 더 해야 되는 것은 아니었는지 하는 이야기도 있고요. 여러 가지 심정이 드셨을 것 같은데요.

문재인 정말로 허탈한 심정이었고, 우리가 직접 더 개입하지 못하는 것에 대한 무력감도 아주 컸지요. 그런 상황을 지켜만 볼 수밖에 없었으니까요. 결국 한반도 비핵화가 우리로서는 생존이 걸리고, 남북 평화의 선결조건이 되는 절실한 과제지만, 미국은 강 건너 불을 보는 것처럼 우리만큼 절실하지 않다는 게 확인되었죠.

최종건 그래서 영변을 우리가 사실 협상에서 받아온 거란 말이죠. 그리고 남북 간 합의서에 넣었어요. 물론 조건은 '미국이 상응조치를 해주면'이었고요.

문재인 그뿐 아니라 평양 합의에는 영변으로 끝나는 것이 아니라, 상응조치가 있으면 추가조치를 계속 취할 용의가 있다고 돼 있었어요. 더 열려 있었던 거죠. 당시 분석되기로는 미 의회에서 트럼프 탄핵이 논의되고 청문회가 열리는 등 미국 내 정치 상황이 크게 작용했던 것 같고, 볼턴 회고록이나 헤커 박사의 책*을 보면 볼턴으로 대표되는 네오콘들의 발목 잡기를 트럼프 대통령이 넘어서지 못했던 거죠. 특히 볼턴은 북한에 '핵·화학·생물 무기 프로그램과 탄도미사일 프로그램에 대한 완전하고 철저한' 신고를 요구함으로써 회담을 결렬시키는 데 결정적인 역할을 했다는 것이 본인 자신의 말이고, 헤커 박사의 증언이기도 합니다.

● 시그프리드 헤커·엘리엇 세르빈 저, 천지현 역, 김동엽 감수, 《핵의 변곡점: 핵물리학자가 들여다본 북핵의 실체》, 창비, 2023년, 제20장.

최종건 하노이 이후에 2019년 6월 30일 남북미 판문점회동이 있었고요. 그리고 6개월 후에 코로나19가 발병합니다.

2018년 초부터 청와대에서 제가 받은 지침 중의 하나가 '비핵화 로드맵을 작성해보라'는 거였어요. 정의용 국가안보실장 지시로 극비리에 일을 진행했습니다. 일부는 청와대 내부에서 작업했고, 일부는 국정원 안가에서 작업했습니다. 상당한 갑론을박이 있었습니다. 일부러 강성파도 앉혀놨고요. 북한이 수용하겠냐는 판단이 가장 중요했어요. 정무적인 것도 고려해야 해서, 우리 임기 내에 진도를 어디까지 뺄 수 있느냐도 중요한 고려 사항이었습니다.

결국은 세 가지 축을 놓고 모자이크 맞추듯이 할 수밖에 없었습니다. 첫 번째 축은 당연히 남북관계, 두 번째 축은 비핵화 과정, 그와 함께 북한과 미국의 관계가 얼마만큼 진화하느냐의 문제였고, 세 번째 축이 군비통제에 관한 것이었어요. 이를테면 장사정포의 배치를 뒤로 후퇴시킨다든지, DMZ 내에서 군사행위를 하지 않는다든지, 접경지역 특히 NLL 일대에 평화수역을 만든다든지, 종국에는 군축을 어떻게 하느냐 하는 문제까지요.

그렇게 세 가지 축이 진화해가면서 마침내 평화협정과 완전한 비핵화를 이룰 수 있다는 것이었는데, 진도를 어디까지 뺄 수 있을지 시뮬레이션을 해서 1년짜리 로드맵을 만들어 대통령님에게 보고드렸고, 미국에도 전달됐습니다. 결론은 동시적이고 병행적으로 해야 한다는 것이었습니다. 비핵화가 아무리 진전돼도 북한 입장에서는 그것만 진전시키면 불안하니까 군비통제도 진전시켜야 하고, 또 남북관계와 북미관계가 진전되면 그에 따라 경제도 풍성해지는 거였습니다. 그래서 '평화 3축'이라고 이름을 지었습니다.

이 말씀을 드리는 이유는, 우리 정부 기간에 세 가지 축 중 남북관계는 토대가 만들어졌고, 군비통제는 2018년 9·19 남북군사합의를 통해서 1보 혹은 2보 이상 진전시켜서 제도화했죠. 그런데 비핵화 부분이 항상 문제였습니다. 그래서 미국 측에도 늘 당신들은 비핵화에 집중하는데 결국은 우리의 미래를 놓고 협상하는 거다, 비핵화 과정에서 미국은 북한에 약속어음을 주는 거라고 말했어요. 북한이 영변을 내놓으면 우리가 북미관계를 해결해줄게, 혹은 한미연합훈련을 연기하거나 유예해줄게, 제재를 유예해줄게 혹은 없애줄게라는 거예요. 그게 북한 입장에서는 동산과 부동산을 없애는 것인데 한국과 미국은 약속어음을 발행하는 것이어서, 북한이 약속어음의 이행을 믿을 수 있도록 해야 하는 상황이었습니다. 이게 상당히 어렵더라고요.

대통령님은 하노이 북미정상회담 이전에 어디까지 진도를 빼야겠다고 생각해보신 적 있습니까? 또한 하노이 이후에는 노딜 때문에 계획을 변경하셨는지요?

문재인 하노이 이전과 이후의 진도에 대해서 다르게 생각하지 않았어요. 우리 정부 임기 말까지 핵심 과제로 두고 비핵화에서 불가역적인 단계까지 들어가는 것을 목표로 삼았습니다. 앞에서도 말했지만, 불가역적인 단계가 어느 정도 단계냐 하면, 트럼프 대통령과 논의할 때 북핵이 완전히 폐기되어야만 불가역적인 상태가 되는 것이 아니고, 적어도 20~30% 일정한 단계까지 진행돼서 되돌리는 것이 현실적으로 어려워지면 그것을 불가역적인 단계에 들어갔다고 말할 수 있다고 규정했어요. 임기 내에 그 정도 단계까지 들어가는 것을 볼 수 있다면 나로서는 최선을 다하는 것이라고 생각했죠. 그러면 남북관계와 북미관계도 거기에 맞춰서 진도를 낼 수 있다고 봤어요. 그 정도 단계가 되면 UN 안보리 제재의 상당 부분이 해제될 수 있고, 그러면 북미관계도 정상화의 길을 걸어가면서 평화협정을 위한 논의도 꽤 진도를 낼 수 있는 상태가 되는 것이죠. 그리고 남북관계는 UN 제재만 해제되면 거리낄 것 없이 우리 형편 되는 만큼 진도를 낼 수 있기 때문에 거기까지 우리 정부 임기 내에 갈 수 있다면 더 원이 없다고 생각했죠.

실제로 가능할 뻔했어요. 하노이회담에서 북한이 제안한 영변 핵단지와 핵무기 연구소의 폐기가 수용돼서 상당 부분 폐기가 진행됐다면 그런 단계에 들어서게 되는 것이었죠.

최종건 물론 이제는 시간이 지났습니다. 하노이 북미정상회담은 노딜로 끝나고 김정은 위원장은 평양으로 돌아가죠. 김 위원장은 하노이에 하루 정도 더 머뭅니다. 북한과 베트남의 양자관계를 위한 회담도 했습니다. 그러나 북한은 그간 우리와 합의했던 내용을 진전시키지 않았습니다. 특히 남북군사회담 합의의 이행 같은 거요. 우리는 군사 라인을 통해서 북에 메시지를 보냈습니다. 이럴 때일수록 남북이 군사합의를 진전시키자고요. 하노이 직전에는 남북군사공동위원회의 사무처를 어디에 설치할 것이냐까지 진도를 뺐습니다. 북은 양측에 다 설치하자고 했고, 우리는 따로 공간을 내 만들자면서 남북의 군 당국이 속도를 냈지만, 하노이 이후 그들은 이상하게 묵묵부답이었습니다.

대통령님은 당시 공개적인 메시지로 남북이 할 수 있는 건 해야 한다, 대화에 복귀하고 진전시키자고 했고, 비공개적으로도 여러 메시지를 보내셨습니다. 그런데 아무런 반응이 없었고, 우리가 어떻게 할 수도 없어서 실무자 입장에서는 좌절감과 무력감을 느꼈습니다. 미국과 이야기해봐도 북한만 탓하고 별생각이 없어 보였고요. 우리가 만들어주고 공유했던 로드맵 자체가 맥이 빠진 것 같았죠. 대통령님은 무력감을 느끼지 않으셨습니까?

문재인 남북관계가 북미관계에 연동되어버린 거죠. 북미관계가 멈춰서니 북한이 남북관계에서도 속도 조절을 한 것이겠죠. 우리 측에서 그 연동을 깨고, 오히려 남북관계에 더 진도를 냄으로써 북미관계를 추동하자고 했지만 북한이 호응하지 않으니 어쩔 도리가 없는 일이었죠.

북한은 핵심 라인이 문책을 당해 일선에서 물러나고 이른바 '숙고하는 시간' 같은 것을 가졌기 때문에 당장은 실무접촉을 할 상대가 없어졌어요. 그러나 그 시기를 넘어서면 프로세스가 재가동될 수 있다고 기대했어요. 왜냐하면 북한은 이미 카드를 내놓은 상황이고, 그 카드에 미국이 적절한 상응조치를 제시해서 북한이 그것을 수용할 수만 있으면 다시 언제든지 북미정상회담이 이뤄질 수 있는 상황이었기 때문이죠. 북한도 연말까지 시간을 주면서 미국의 답변을 기다리겠다고 했고, 한편으로는 우리에게 불만을 표출하면서 이제는 미국하고 직접 대화하겠다는 태도를 보였어요. 하노이회담 결렬 이유를 정확하게 알 수 없는 상황에서 우리가 나서는 데는 한계가 있었습니다.

최종건 대통령님이 '오지랖 넓은 중재'를 자처했다고 북한이 비난했던 기억이 납니다.

문재인 그런 식의 성명을 내기도 하고, 트럼프 대통령에게 김 위원장이 보낸 친서에서도 미국과 직접 대화하고 싶다고 했지요. 우리의 중재를 거친 대화 시도가 하노이 노딜로 좌절됐기 때문에, 아마 북한으로서는 김 위원장이 트럼프 대통령과 직접 대화해서 담판을 지어보고자 하는 미련이 있었을 거라고 생각합니다. 그 후 6월 트럼프 대통령과 함께 판문점 삼자회동이 열리기도 했기 때문에 우리 역시 그해 연말까지는 기다려보는 모드로 들어갈 수밖에 없었어요.

최종건 대통령님이 방금 말씀하신 건 저는 새롭게 들리는데요. 하노이 이전에는 우리가 북미 사이에 중재력이 어느 정도 있어서 정직한 중재자 역할을 했는데, 하노이 이후에는 북한이 미국과 직접 대화하겠다고 나섰으니 우리의 중개 여지가 많이 줄어들었다는 거네요?

문재인 북한과 평양회담을 하고, 그 결과를 미국에 알려준 것으로 중재자의 역할이 사실상 끝났다고 볼 수 있겠죠. 북한이 우리와 협의해서 만든 카드가 제안되어 있고, 그에 대한 미국의 대답을 기다리는 상황이었기 때문에, 우리는 미국을 설득하는 것 외에 북한과 미국 사이에서 중재를 할 상황이 아니게 된 거죠. 북한도 미국만 바라보는 상황이 됐고요.

최종건 그렇다면 대통령님과 김정은 위원장의 소통도 하노이 이후에는 시간을 두신 겁니까? 서신 교환이라든지 어떤 메시지 교환 같은 것이 있었을까요?

문재인 앞에서 말한 것처럼, 하노이 노딜 직후 번개회담을 제안해보지 않은 것은 아쉬운 일이에요. 그러나 조금 시간이 흐른 후에는 만나자는 제안을 여러 번 했지만 북한이 호응하지 않았죠. 우리가 상황 파악을 제대로 못 해서 실기한 건지도 모르지요.

친서 교환은 임기 말까지 계속됐어요. 양쪽에서 주고받은 친서가 모두 38회였어요. 상황이 나빠져도 대화의 동력을 유지하고, 두 사람의 신뢰를 지속시키기 위한 노력은 계속된 거죠. 친서는 내가 퇴임하는 마지막 순간까지 지속됐고요. 하노이 노딜 이후 김정은 위원장이 여러 가지 답답한 심정을 표출하기도 하고, 때로는 남북관계가 우리 두 사람의 의지만으로 풀리지 않는 현실적인 한계가 있다는 것에 대한 토로, 또는 우리가 좀 더 과감한 행보를 해야겠다는 식의 이야기를 하기도 했어요. 적어도 친서에서는 나에게 경의를 표하고 팬데믹 국면에서는 우리 국민에 대한 여러 가지 염려와 걱정, 격려를 담은 메시지를 보내왔어요. 퇴임을 앞두고는 서로 마

2018년 12월 30일 김정은 위원장이 보내온 친서.
임기 말까지 우리는 서른여덟 차례 친서를 주고
받았다. 친서에서 그는 하노이 노딜 직후 답답한
심정을 토로하기도 했고, 팬데믹 국면에는 우리
국민에 대한 염려와 걱정을 보여주었다.

지막 친서를 주고받았는데, 북한 매체가 그 사실을 보도하고 우리 언론에도 인용보도됐습니다. 김 위원장의 친서 내용은 "경애하는 김정은 동지께서는 북남수뇌들이 력사적인 공동선언들을 발표하고 온 민족에게 앞날에 대한 희망을 안겨준 데 대해 회억하시면서 임기 마지막까지 민족의 대의를 위해 마음 써온 문재인 대통령님의 고뇌와 로고에 대하여 높이 평가하시였다"라고 요약보도됐죠.● 또 "앞으로 대통령이 아니더라도 인간 문재인은 변함없이 존경할 것입니다"라는 인사가 친서에 있었어요. 그러나 친서는 친서일 뿐, 따뜻한 친서들이 만남으로 이어지지는 못했습니다.

어쨌든 두 정상 간에는 신뢰를 유지해 대화의 끈을 이어가기 위한 노력을 해왔지만 국면이 기울고 말았죠. 특히 결정적으로 어려워진 게 코로나 국면 때문이죠. 2019년 말까지는 기다려보는 시간이었다면, 그다음 해부터는 남북 간에 또 다른 돌파구를 찾아야 하는 상황이었는데, 북한의 코로나로 인한 봉쇄 때문에 불가능하게 되어버렸어요.

● 2022년 4월 22일 북한 관영 조선중앙통신의 보도 〈경애하는 김정은 동지께서 남조선 문재인 대통령과 친서를 교환하시였다〉의 내용이다. 조선중앙통신은 이날 "김 위원장께서는 지난 4월 20일 문재인 대통령이 보내온 친서를 받고 바로 다음 날인 4월 21일 화답친서를 보냈다"라고 확인하면서 "남북 정상이 친서를 통해 따뜻한 안부인사를 나눴다"라고 보도했다. 또한 "문 대통령이 친서에서 그동안 어려운 상황에서도 남북 정상들이 손잡고 한반도의 평화와 남북 사이의 협력을 위해 노력해온 데 대해 언급하고 퇴임 후에도 남북공동선언들이 통일의 밑거름이 되도록 마음을 함께할 의사를 피력했다"라고 전했다. 이에 대한 답신 성격으로 김정은 위원장의 친서 내용을 요약 공개한 것이다.

최종건 그런데 그렇게 두 분이 친서를 교환하면서 신뢰와 소통의 끈과 명맥을 유지하고 있는 상황에서, 그의 여동생 김여정은 그 시기에 다시 발사한 단거리 미사일만큼이나 우리를 향해 못된 말을 쏟아내기 시작했습니다. 소위 '김여정 담화'라고 해서요. 청와대 당국자 또는 남조선의 지도자라는 호칭으로 대통령님을 지칭하면서 험한 말도 했고요. 그런 측면에서 보면 김정은은 대통령님한테 '따스한' 레터를 보내고, 김여정에게는 불만을 표출하도록 했는데 어떠셨나요?

문재인 북미대화가 멀어지자 탄도미사일 발사와 함께 한미 양국을 향해 압박전술을 써온 거죠. 표면으로는 우리를 비난했지만, 미국을 향한 우회적인 불만 표출의 의미도 있었고요. 또한 그 당시에 부쩍 많아진 대북전단이 더 격앙된 비난을 하게 한 직접적인 원인이 됐어요.

북한은 대북전단에 대해 평양회담 때도 문제제기를 한 바 있어요. 그런데 그 이후에도 지속됐기 때문에 남북 간의 새로운 긴장 거리가 됐죠. 대북전단이 단지 북한 체제를 비판하는 정도가 아니고 이른바 '최고존엄'에 대한 막말, 욕설, 모욕, 낯 뜨거운 합성사진 같은 저열한 경우도 있었죠. 그런 것이 북한을 격분시키는 원인이 됐어요. 코로나 시기에는 북한이 공포에 가까운 패닉 속에서 모든 국경을 폐쇄하는 아주 엄중한 봉쇄조치를 취했는데, 전단과 풍선 속의 물품이 코로나 병균을 전파하는 수단이 될 수도 있다는 두려움이 가세되어 더 격앙된 반응을 보였어요.

최종건 그런 배경이 있다고 해도 당시 김여정이 사용한 표현들은 정말 저열하고 불쾌했습니다.

문재인 맞아요. 험한 말과 욕설 같은 것은 상대를 해치기 전에 자기 자신을 해치게 되죠. 스스로 품격 없는 나라가 되고, 수준 낮은 나라가 되는 것 아닌가요. 상대하지 못할 나라라는 느낌을 주게 되죠. 북한은 그처럼 저열한 말로 비방하는 습관에서 하루빨리 벗어나야 해요. 긴장을 고조시키는 것 외에는 얻을 게 없죠. 대내용인지 모르겠지만….

　우리의 대북전단도 마찬가지입니다. 특히 수준이 저열한 대북전단은 우리 자신을 부끄럽게 하죠. 남북관계나 북한 주민의 인권에 아무 도움이 되지 않으면서 오히려 긴장을 고조시키고 상황을 악화시킬 뿐이에요. 상대에게 도발의 빌미를 주기 때문에, 긴장이 높아진 상황에서는 특히 자제해야 합니다.

최종건 그 당시 북미대화가 갈수록 멀어지고 있어서 남북 간에 뭔가 모색해야 하는 상황이었는데, 오히려 남북관계까지 어긋나서 무척 안타까웠습니다.

문재인 하노이 노딜 이후에 더 이상 대화가 이어지지 않은 상황을 돌이켜보면, 그런 국면에서 우리가 좀 더 뭔가 상황을 타개하는 적극적인 역할을 했어야 하지 않았나 하는 아쉬움이 물론 남아요. 한편으로는 북한 역시 그 시기에 비핵화 부분을 오로지 미국만 붙잡고 어떻게 해보려고 하는, 그리고 남북관계까지 스톱시켜버리는 태도가 남북 간에 더 진전을 하지 못했던 한 원인이기도 하고요. 북한이 매번 '우리 민족끼리'라고 하면서도 북미대화에만 매달리면서 남북관계를 종속적으로 생각하는 것 같은 태도는 매우 유감스럽죠.

판문점 남북미정상회동

최종건 2019년 4월 12일 김정은 위원장의 시정연설이 나오고요. 5월 4일부터 단거리 미사일 발사를 재개합니다. 단거리 미사일, 방사포, 초대형 방사포, SLBM(잠수함발사탄도미사일), 순항미사일… 이런 식으로 자기들 나름의 미사일 프로그램을 외부 시연용으로 가동한 것 같습니다. 그 와중에 5월 13일 한미 정상통화를 하셨습니다. 그때 우리 실무자들이 보고했던 것이 뭐냐면, UN의 WFP(세계식량계획)를 통해서 북한에 식량지원을 하자는 것이었습니다. 대통령님이 승인하시고, 트럼프 대통령과 통화할 때 제안하셨는데, 트럼프 대통령이 흔쾌히 동의했습니다. 정말 좋은 아이디어라고 하면서요.

대통령님은 당시 대화 농력을 나시 실리고가 하는 각증이 있으셨던 것 같아요. 트럼프 대통령도 북한에 대한 생각이 여전하다고 느꼈습니다. 하노이 북미정상회담 이후에 트럼프 대통령의 태도가 달라졌다고 느끼셨습니까?

문재인 트럼프 대통령은 하노이 노딜 이후 통화할 때마다 김정은의 기분이 어떠냐, 알아봐달라는 식의 말을 했어요. 김 위원장과 친서를 계속 주고받으면서 훌륭한 친서가 왔다며 공개하기도 했죠. 그렇게 나름대로 계속 대화하려는 의지를 보였습니다. 2019년 6월 30일에는 트위터로 회동을 제안하기도 했고요. 그러나 돌이켜보면 하노이 이후에는 트럼프 대통령만 의지를 말로 보였을 뿐, 미국 정부 차원에서는 실질적인 노력이 보이지 않았습니다. 그래도 그때 우리로서는 그런 모습을 보면서 북미 간에 물밑 대화의 노력이 행해지고 있겠거니 생각했죠. WFP를 통한 식량 지원에 대해서도 트럼프 대통령은 흔쾌하게 동의했고요.

최종건 당시 미국 국무부와 대북정책특별대표실, 국가안보보좌관실은 미국 대선만 기다리며 사실상 손을 놓고 있었던 것 같아요.

문재인 이미 대선 국면으로 접어들어버린 거죠. 우리가 우려한 것이 바로 그것이었어요. 그래서 김 위원장에게도 미국이 대선 국면에 들어가기 전에 성과를 내야 한다고 늘 강조했지요.

최종건 그래도 2019년 6월 30일 판문점에서 남북미회동이 있었습니다. 정확하게는 6월 29일 오전에 트럼프 대통령이 일본 G20 정상회의에서 트윗을 하나 날렸죠.• 곧 한국에 가는데 거기서 판문점

•   트럼프 대통령은 일본 현지 시각 6월 29일 아침 7시 51분, 트위터에 다음과 같은 글을 올렸다. "중국 시 주석과의 회담을 포함해 매우 중요한 회담을 마치고 (문 대통령과 함께) 일본을 떠나 한국으로 향할 예정입니다. 그곳에서 북한

이 가까우니 김정은 위원장을 볼 수 있느냐고요. 그날 오후에 최선희 외무성 제1부상이 반응을 합니다. 공식적인 메시지를 보내라고요. 사실 저도 그걸 보고 판문점 상황을 봤거든요. 미군들은 이미 움직이기 시작했습니다. 30일 대통령님이 서울에서 한미정상회담을 하고 판문점에 가셨습니다. 이건 우리가 기록을 남겨야 할 것 같아서요. 요새 언론에서는 대통령님이 판문점에 가시는 것을 미국과 북한이 반대했다고들 하는데, 그때 상황이 어땠습니까?

문재인 트럼프 대통령의 특별한 캐릭터인데요. 일본에서 G20 정상회의 일정 중에 회의를 앞두고 VIP 라운지에 정상들이 모였어요. 미국 대통령은 보통 맨 뒤에 나타나지요. 내가 다른 정상 여러 명과 이야기 중인데, 뒤에 들어온 트럼프 대통령이 내 어깨를 쳤어요. 돌아보니까 자기 트윗 봤냐는 거예요. 무슨 트윗이냐니까 자기가 트윗 하나를 올렸다는 거예요. 그 트윗으로 깜짝 제안을 한 거죠. 그때부터 미국은 미국대로 북한과 접촉했고, 우리는 우리대로 북한과 접촉해 좋은 제안이니까 받아들이라고 권유했죠.

북한에서는 우리가 함께 가는 것에 아무런 거부감이 없었고, 오히려 더 좋겠다는 입장이었어요. 그런데 미국 측에서는 내가 가

의 김 위원장이 이 글을 본다면 휴전선/DMZ에서 만나 악수라도 하고 인사(?)를 나눌 수 있을 텐데!"[원문: After some very important meetings, including my meeting with President Xi of China, I will be leaving Japan for South Korea (with President Moon). While there, if Chairman Kim of North Korea sees this, I would meet him at the Border/DMZ just to shake his hand and say Hello(?)!]

2019년 6월 29일 오사카 G20 정상회의 VIP 라운지에서 트럼프 대통령이 나를 불러 남북미회동에 대해 의견을 구했다.

는 걸 꺼리는 것 같은 모습을 보였어요. 그런데 그렇다고 말하지 않고, 북한 핑계를 댔어요. 북한이 내가 가는 것을 원하지 않는 것 같다는 거예요. 김 위원장과 일대일 회동을 바라는 미국 측 속셈이 느껴졌어요. 그러나 그것은 있을 수 없는 일이죠. 우리 땅에 북한 지도자가 내려오는데 한국 대통령이 그 자리에 가지 않는다는 것은 있을 수 없는 일이라고 내가 단호하게 트럼프 대통령에게 말했어요. 그래서 결국 트럼프 대통령과 김 위원장 둘이서 대화할 기회를 우리가 마련해주마 해서 함께 갔던 것이죠.

최종건 6월 29일 밤에 청와대 상춘재에서 미국 대통령 부부 및 참모진과 식사를 하셨습니다. 환영만찬을 하신 거죠. 그 시각에 안보실은 북한과 접촉하느라 발칵 뒤집힌 상황이었지만, 미국과도 계속 라인을 터놓고 연락을 취하고 있었습니다. 왜냐하면 미국이 자꾸 우리가 들은 북한의 이야기와 다른 이야기를 했기 때문입니다.

6월 30일 두 분 한미 정상은 소인수회담과 확대회담을 했습니다. 제가 소인수회담에 후열 배석, 노트테이커note-taker로 들어갔어요. 저는 대통령님이 하신 말씀이 기억나요. 그때 큰 이슈가 두 가지 있었습니다. 판문점 상황이 있었고, 방위비 분담금 상황이 있었어요. 방위비 분담금에서는 두 분이 여러 의견을 내고 논쟁을 하셨지만, 판문점 상황에 들어가니까 차분해지셨죠. 트럼프 대통령은 볼턴이 있는데도 그에게 묻지 않고 폼페이오한테 "어떻게 됐어?"라고 물어보더라고요. "아직 연락 못 받았습니다"라고 폼페이오가 머뭇거리며 대답하니까 트럼프 대통령이 "우리 지금 가야 하는데"라고 했

2019년 6월 29일 밤 트럼프 대통령과의 상춘재
만찬 후 참모진과 긴급하게 대화를 나눴다. 당시
주된 현안은 판문점회동이었다.

어요. 그러자 대통령님이 "대한민국 영토와 관할 구역에 김정은 위원장이 오니 대한민국 대통령으로서 당연히 내가 맞아야 합니다"라고 하셨습니다. 그러자 트럼프 대통령이 "그건 당연한 것이고, 우리도 당신하고 함께 가야 나도 보기가 좋고, 문 대통령님에게도 좋고, 김정은 위원장도 보기가 좋아요"라고 했죠.

그전에 한미 실무자 간에 다른 의견이 있었던 것은 팩트지만 양국 정상의 합의, 대한민국 대통령님의 단호한 말씀으로 그날 상황이 정리된 거죠. 그리고 파주의 미군기지 안에 있는 오울렛 초소 전망대에 두 분이 함께 들른 후 판문점 현장으로 가셨어요. 그 부분은 그렇게 제 증언을 남겨두고 싶고요. 어쨌든 김정은 위원장은 트럼프 대통령과 만났습니다. 판문점회동, 그게 사실은 우리가 1차 북미정상회담 때부터 그려온 그림이었거든요, 100% 만족은 못 하지만⋯. 그때는 어떠셨나요?

문재인 그렇죠. 1차 북미정상회담 때 우리가 판문점을 회담 장소로 권하면서 그렸던 그림이죠. 그 그림이 뒤늦게 현실화됐지만 이미 좋은 시기는 지나갔죠. 그때 두 사람이 경계선상에서 만나 자유의 집으로 들어갈 때 세 빙이 같이 계단을 올라가는데 김정은 위원장이 나에 대해서 매우 고마워하는 표시로 내 손을 꼭 잡았어요. 김위원장도 그런 순간을 고대했을 테죠. 또 미국과 대화가 복원되기를 바라는 기대가 컸을 거예요.

최종건 판문점회동 다음 날 저희와 상춘재에서 점심을 같이 하시면서, 김 위원장이 대통령님 손을 잡는 사진이 있는지 찾아보라고 말씀하셨죠. 그래서 자유의집 CCTV를 살펴봤는데, 우리 쪽에서는 잡히지 않는 각도였어요.

문재인 김정은 위원장은 내 손을 꼭 잡으면서 고마움을 표시하고 기대를 보였지만, 나중에 보니 두 사람의 회동이 별로 알맹이가 없었던 것 같아요. 그런데 당시에는 꽤 길게 1시간가량 대화를 나눴고, 둘 다 밝은 표정으로 좋은 대화를 나눴다고 말했기 때문에, 다시 대화가 이어질 수 있겠구나, 기대를 했죠. 그러나 결국은 소용없는 일이었어요. 아마도 김 위원장은 2018년 5월 26일 나와 한 판문점 번개회담처럼 약식회담이 되기를 바랐을 텐데, 트럼프 대통령은 준비없이 한국 방문 길에 김 위원장을 만나 친분을 나누는 회동 정도로 생각했던 것 같아요. 발표도 '회동'이라고 했죠.

최종건 6월 30일 두 사람의 회동 후 대한민국 대통령과 미합중국 대통령이 조선인민민주주의공화국의 국무위원장을 배웅했는데요. 그 다음 날 대통령님이 제일 좋다고 하신 게 이때 사진이었어요. 그때 두 분이 무슨 이야기를 나눴는지 기억하세요?

문재인 글쎄요. "우리끼리 한번 따로 만납시다"라는 대화를 주고받은 것은 기억나네요. 내가 먼저 그 말을 했고, 김 위원장도 화답했지요.

최종건 왜 좋으시냐고 제가 여쭤봤더니, 미국 대통령이 가운데 있었

2019년 6월 30일 판문점에서 트럼프 대통령, 김
정은 위원장을 만났다. 우리는 서로 입장도 생각
도 달랐지만 대화 국면을 되살리려고 애썼다.

지만 두 사람이 우리말로 이야기하니까 좋았다고 말씀하셨어요. 그리고 대통령님이 김 위원장에게 트럼프 대통령이 나보다 군사분계선 넘어서 더 멀리 간 것 같다고 이야기하니, 김 위원장 답변이 재치 있었다고 우리에게 말씀해주셨어요. "아니, 대통령님은 평양까지 올라가시지 않았습니까. 백두산도 가시고"라고 해서 두 분이 웃으셨다고요, 그 짧은 시간에. 이 사진 하나가 많은 것을 의미했습니다. 트럼프 대통령은 약간 찡그리고 있었고, 두 지도자가 웃으며 가운데 있는 트럼프 대통령이 알아듣지 못할 대화를 나눈 거죠.

문재인 서로 입장이 다르고 생각도 달랐겠지만, 세 사람이 제각각 대화 국면을 되살려보려고 애쓰는 순간이었지요.

일본의 수출규제와 종전선언 반대

최종건 나중에 한일관계 다룰 때 자세한 얘기를 나눌 텐데요. 그래도 여기서 한번 짚고 넘어갔으면 합니다. 그날 남북미 지도자 회동하고 한반도 평화프로세스가 다시 재가동될지 기대가 높아졌을 때, 바로 다음 날 7월 1일 일본이 우리에게 수출규제를 합니다. 사실 이건 상당히 아팠어요. 왜냐하면 한반도 평화프로세스를 추진해야 하는 평화기획비서관으로서 에너지를 거기다 쏟아부어야 하는데, 아베 총리가 뒷통수를 친 것이거든요. 대통령님은 서훈 원장을 계속 아베 총리에게 보내면서 정성을 들였는데, 아베는 왜 이렇게 한반도 평화프로세스에 딴지를 걸었을까요?

문재인 평화프로세스에 대해 일본 측에서 뭔가 이중적인 행태가 있었다고 생각해요. 자신들은 따로 물밑 접촉을 해서 북한에 대화를 제의하기도 하고, 우리에게는 북한 납치자 문제에 대해서 북한에 말 좀 해달라고 요청하기도 하면서, 다른 한편으로는 끊임없이 평화프로세스의 발목을 잡는 것 같은 행태를 보였어요. 핵 신고 리스트를 요구해야 한다면서 단거리탄도미사일까지 포함되어야 한다든지, 비핵화 대상에 생화학무기도 포함되어야 한다든지, 비핵화가 완전히 될 때까지는 대북제재가 해제되어서는 안 된다는 주장을 했죠. 2017년 안보위기 상황 때는 한국 내 일본인들을 철수시키는 훈련을 하겠다고 하고, 한반도 영역에서 한미연합훈련에 더해서 일본도 참여하는 3국 연합훈련을 하자고 미국에 요청하기도 했고요. 심지어 평창동계올림픽 때는 올림픽 때문에 한미연합군사훈련을 연기하면 안 된다는, 내정간섭에 가까운 주장을 하기도 했지요. 우리가 받아들일 수 없고, 대화에 찬물을 끼얹는 듯한 주장이었어요. 미국에도 끊임없이 그런 주장을 전해서, 그것이 볼턴을 통해 많이 반영되기도 했어요.

결국 남북관계가 좋아지고, 병회 국면에 들어가고, 협력관계가 시작되는 것에 대해서 주변 강대국들이 우리와 똑같은 입장은 아님을 보여주는 거라고 생각해요. 가까운 우방이라 말하고, 우리의 평화프로세스를 지지한다고 말하지만, 속내는 다를 수 있는 거죠. 일본에는 '기지국가론'이라는 게 있어요. 한국전쟁 때 일본은 군수물

자를 공급하는 기지 역할을 해서 나라를 부흥시킨 경험이 있죠. 그처럼 일본이 한반도의 후방기지 역할을 할 때 일본의 이익이 가장 커진다는 주장이에요. 그것이 일본 정부의 입장은 아니지만, 지정학적 상황에서 오는 각 나라의 이익이 다를 수 있다는 것을 보여주죠. 우방국 간에 우호 외교를 하면서도 항상 국익은 냉정한 것이란 사실을 잊지 말아야 합니다. 그때 수출규제 자체도 고약했지만, 타이밍이 아주 고약했어요.

최종건 그런 관점에서 보면, 일본이 우리에게 가한 수출규제가 한반도 평화프로세스에 어떤 영향을 미쳤는가도 중요한 것 같아요. 2019년 2월 28일 하노이 북미정상회담 노딜이 있었고, 6월 30일의 극적인 판문점 남북미회동을 계기로 북미 간, 남북 간 대화 분위기를 되살려보려고 하는 상황이었는데, 찬물을 확 끼얹은 거죠. 그뿐 아니라 우리 정부의 외교적 에너지를 수출규제 대응에 쏟게 했습니다. 그전에는 남북관계와 한미관계에 열중했던 여러 비서관이 이쪽에 많은 신경을 쓰도록 만들었어요.

문재인 정부 차원에서 상당 기간 남북문제가 뒷전이 되는, 우선순위에서 밀리는 상황이 되어버렸죠.

최종건 일본의 경제보복에 대한 대응 조치로 8월에 지소미아 GSOMIA(한일군사정보보호협정) 종료 결정까지 가면서 이게 한미관계에도 영향을 미쳤습니다. 그런 와중에 9월에 다시 UN 총회를 가신 겁니다. 다음 해 2020년부터는 코로나가 발발해 총회가 비대면으로 열렸으니까, 코로나 이전의 마지막 방문이셨고요. 그때 UN 총회에서 종전선언의 불씨를 다시 살립니다. 종전선언이 어떤 의미가 있기에 국내외에서 계속 말씀하셨습니까?

문재인 종전선언은 사실 노무현 정부 시절에 부시 대통령이 처음 제안했어요. 그래서 2007년 10·4 남북정상선언에 담겼고, 2018년 4·27 판문점선언에도 담겼죠. 과거 정전협정 당시에 곧바로 평화협정 체결을 위한 논의가 시작됐으면 종전선언이라는 단계 없이 바로 평화협정을 체결하면 되지만, 70년 세월이 흘러버렸기 때문에 이제 다시 평화협정 논의에 들어가기 위해서는 먼저 관련국들이 종전을 알리는 정치적 선언을 한번 할 필요가 있다는 구상이었죠. 말하자면, 평화협정으로 들어가기 위한 입구로서 대단히 중요한 의미가 있는 것이고, 적어도 3자 또는 4자 간에 합의가 되어야만 종전선언이 되는 것이기 때문에 평화협정 체결을 위한 다자대화가 시작된다는 면에서도 중요한 의미가 있어요.

하노이 노딜 이후 답답해진 상황 속에서 그것을 특별히 강조하게 된 것은 정전선언 65주년인 2018년 내에 3자 또는 4자 회담을 통해 종전선언을 한다는 것이 판문점회담과 싱가포르회담의 합의사항이었기 때문이죠. 중국도 찬성하고 지지한다는 의견을 밝혔고요. 그런데 그때까지 합의가 이행되지 않고 있었기에 종전선언 논의를 대화 프로세스 재가동의 모멘텀으로 삼고자 한 것이죠.

왜 새로운 대화 모멘텀이 되느냐면, 종전선언만으로 끝나는 것

2019년 9월 24일 제74차 UN 총회 기조연설을 통해 종전선언을 제안한 뒤(위) 대기실에서 총회 참석자들과 대화를 나눴다(아래).

이 아니거든요. 종전선언을 합의하려면, 이후의 프로세스를 논의할 수밖에 없죠. 결국 평화협정 체결을 위한 논의에 들어가야 하고, 그러려면 비핵화가 따라와야 해요. 또 한 측면은, 대화 공백이 지속되면 북한이 도발로 돌아갈 수 있기 때문에, 북한의 도발을 막고 상황을 안정적으로 관리하기 위해서도 종전선언을 제안할 필요가 있다고 판단한 것입니다.

최종건 우리는 미국 사람들에게 "종전선언이라 쓰고 비핵화 로드맵 협상이라고 해야 한다. 종전선언은 정치적 선언이지만 북한에 정치적 안도감을 줄 수 있다. 그리고 평화협정을 논의하고 비핵화 협상을 재개하는 출발이 될 수 있다. 원래 부시 대통령에게 저작권이 있고, 김 위원장에게 할아버지가 시작한 전쟁을 손자가 끝냈다는 의미가 있다"고 설명했습니다. 미국은 당연히 동의했고, 한미 간에 종전선언문 문안을 조율하기도 했어요.

여기서 이상해지더라고요. 일본이 나서서 반대하는 겁니다. 심지어 제 앞에서도 한미일 차관회의 때 그런 주장을 했습니다. 그래서 저는 처음으로 느꼈던 것이 '일본이 정말 미국에 나쁜 영향을 미치고 있구나' 하는 것이었어요. 대통령님은 끊임없이 말씀하셨고 우리도 계속 설득했지만, 돌아서면 김이 빠지는 상황에서 일본의 공작이 보이기 시작했습니다.

문재인 듣고 보니 그렇군요. 미국이 북미대화를 하면서도 한반도 문제에 대한 이해가 부족하다고 늘 생각했던 것 중 하나인데요. 종전선언은 부시 대통령이 제안한 것이고, 트럼프 대통령도 흔쾌히 동의해서 싱가포르회담에도 담겼던 것입니다. 그런데도 볼턴 같은 참모 그룹에서는 종전선언을 하게 되면 유엔사를 해체해야 하고 주한미군이 철수해야 한다는 압박을 받게 된다는, 사리에 맞지 않는 이유로 종전선언에 부정적인 생각을 많이 가지고 있었고, 이것이 계속 트럼프 대통령의 발목을 잡는 거예요. 폼페이오도 종전선언에 대한 대가로 핵 신고 리스트를 제출하라고 북한에 요구해서 북한이 그럴 것 같으면 우리는 종전선언 필요 없다고 반발하게 만들어 실무협상을 경색시키기도 했죠.

그래서 미국 측에 종전선언은 정치적 선언이라서 나중에 평화협정이 체결될 때 비로소 유엔사의 지위가 변화될 수 있지, 종전선언만으로 유엔사의 지위는 전혀 달라지지 않는다, 또 주한미군은 평화협정이 체결된 후에도 우리와 미국 간의 동맹 사안이며, 우리 주권적인 사안이기 때문에 종전선언과는 무관하다고 거듭거듭 설명했어요. 미국 측에서 그것을 이해하고 트럼프 대통령 참모들까지 다 함께 동의하게 하는 데 꽤 많은 시간과 에너지가 들었지요. 그런데 볼턴 등의 주장은 아베 총리가 한일정상회담 때 내게 주장한 것이었어요. 나는 아베 총리를 여러 번 설득했지만, 그는 미국이 한국의 입장에 동의한 후에도 끝내 생각을 바꾸지 않았죠.

남북연락사무소 폭파

최종건 2020년 6월 16일을 말씀드리지 않을 수 없습니다. 김여정 부부장이 6월 13일 남북연락사무소를 폭파하겠다고 선언했고요, 16일 실제로 폭파합니다. 한반도 평화프로세스의 좌절을 보여주는 물리적 상징이라고 할 수 있는데요. UN 제재 때문에 제약이 많았지만, 우리가 강력히 추진하고 공들여 만든 것이어서 더 아팠는데요. 어떠셨습니까? 그 무너지는 장면을 보고.

문재인 진짜 끔찍한 일이었죠. 그 일은 나중에 언젠가 다른 정부가 북한하고 대화를 하게 된다면 반드시 사과받아야 할 일이라고 생각해요. 비핵화 대화의 파탄으로 불만이 쌓여 있던 중에 대북전단이 그 시기에 계속해서 대량으로 보내지면서 코로나 공포와 결합되어 북한 쪽을 격분시켰어요. 그래서 북한은 여러 번 경고를 하고, 북한 내 곳곳에서 궐기대회를 열어 대중적인 분노를 고취시켰죠. 그렇게 적대적인 분위기를 몰아가다가 대북전단이 다시 날아오니까 그런 극단적인 행동을 한 것이죠. 북한 국내 정치용이었던 측면도 있었다고 생각해요. 과거에는 날아오는 풍선을 향해 포를 쏘아서 포탄이 남쪽으로 넘어오기도 했는데, 그런 군사적인 대응을 하지 않은 것이 그나마 다행이었어요.

그러나 연락사무소는 남북화해와 협력, 한반도 평화프로세스의 상징적인 존재였기 때문에 그런 모습으로 폭파시켜 남북한 국민 모두가 보게 한다는 것은 생각할 수 없는 일이었죠. 남북화해를 위

변방에서 중심으로

한 우리 정부의 노력, 그리고 김정은 위원장과 북측의 노력까지 포함해서 한순간에 허탈하게 만드는 극단적인 조치였고요. 그 장면을 영상으로 보며 우리 국민들이 받을 충격을 생각하니 더욱 가슴이 아팠어요. 북한이 깡패국가 같은 면모를 보인 거죠. 북한이 대북전단에 화를 내거나 항의하는 것은 그러려니 할 수 있지만, 비정상적인 광기를 보이는 행동은 정말 자제할 줄 알아야 해요.

최종건 대통령님도 말씀하셨죠. 4·27 판문점 남북정상회담 때 김정은 위원장에게 기자회견을 권한 것은 북한이 보통국가가 되도록 하고 싶었기 때문이라고요. 그런데 남북연락사무소를 그렇게 폭파시켜버려서 그나마 쌓아온 모든 것이 날아가는 듯했습니다. 왜 이리 극단적으로 행동했을까, 왜 상황을 극단으로 몰고 갔을까 하는 생각이 듭니다.

문재인 북한은 그와 함께 남북 간의 연락 채널을 다 단절하는 극단적인 조치를 취했어요. 대북전단이 남북관계에 미친 영향이 그야말로 막심했죠.

최종건 대통령님이 종전선언을 강조하시는 와중에 이 일이 터졌습니다. 게다가 폭파 건은 김여정의 얼굴을 통해서 우리 국민들에게 각인된 겁니다. 그 뒤에는 당연히 김정은 위원장이 있는데. 인간적으로 좀 배신감을 느낍니다. 괘씸하고 화도 나고요. 그때 관련 비서관들하고 우리 위기관리센터에서 폭파 장면을 실시간으로 봤는데,

저는 눈물을 흘리고 쌍욕을 하기도 했습니다.

문재인 나중에 시일이 흐른 후, 김 위원장은 그 일이 미안했던지 대북 연락 채널을 복원하면서 남북연락사무소를 군사분계선 일대에 다시 건설하는 문제를 협의해보자는 제안을 해왔어요. 친서로요.

최종건 이 부분 또한 처음 밝히시는 내용입니다. 그 시기를 언제쯤으로 기억하십니까?

문재인 당장 기분이 나빴던 것은 연락사무소 폭파였지만, 실질적으로 오랫동안 어려움을 끼친 것은 남북 연락 채널을 단절한 일이었어요. 서해 공무원 피살사건도 그 기간에 발생했죠. 사건 당시 북한에 연락할 길이 없으니 국제상선 통신망을 이용할 수밖에 없었어요. 북한이 반응하지 않으면 수신했는지 여부조차 확인할 수 없으니 참 답답했죠. 만약 연락망이 가동되고 있었다면 뭔가 노력해볼 수 있었을 텐데, 속수무책이었어요. 그 후 여러 차례 북한에 연락망 복원을 촉구했지만, 북한은 응답하지 않았어요.

그러던 차에 카타르 월드컵 예선전이 코로나 상황 때문에 1년 연기돼서 2021년 6월 서울에서 열리게 됐죠. 우리와 북한이 같은 조였기 때문에, 나는 그해 5월 12일 김 위원장에게 북한 대표단을 예선전에 참가시켜달라고 요청하는 친서를 보냈어요. 김 위원장은 5월 14일자 답신 친서에서, 대북전단에 대한 북한 인민들의 감정이 해소되지 않았다는 등의 이유로 예선전 참가가 어렵다고 알려오면

변방에서 중심으로

서, 그 대신 남북 간 연락 채널을 복원하는 조치를 먼저 한 다음 비대면 실무대화를 통해 '북남공동연락사무소를 군사분계선 일대에 다시 건설하는 문제를 협의해보자'고 제의해온 거예요.

최종건 우리가 통일부 예산을 들여서 화상회담 관련 시설을 구축하기도 했는데, 결국에는 실현되지 않았습니다.

문재인 북한이 기술적으로 못 한 것인지, 코로나 때문에 상황이 안된 것인지, 아니면 실제로는 의지가 없었던 것인지 모르겠어요. 친서를 통해 제의가 오갔던 화상 정상회담도 북측이 시설을 구축하지 못해서 열지 못했죠.

바이든 대통령과의 정상회담

최종건 지금부터 바이든 행정부에 관해서 이야기해보겠습니다. 트럼프 행정부와 다른 정부였습니다. 막상 트럼프 행정부가 끝나고 바이든 정부가 들어설 때 어떤 생각이셨나요? 2021년 5월 21일에 한미정상회담을 하셨는데, 대통령님 임기가 1년 남았을 때였습니다. 어떠셨나요?

문재인 바이든 대통령으로 정권교체가 된 것이 양면성이 있었어요. 한편으로는 우리와 전반적으로 좀 더 코드가 맞는 민주당 정부가

들어선 것이 기쁘기도 하면서, 다른 한편으로는 함께 호흡을 맞춰
온 북미 간 대화가 맥이 끊기는 것이 아닌가 하는 우려가 있었어요.
바이든 대통령과의 회담은 잘 됐죠. 사상 최고의 정상회담이 됐어
요. 두말할 나위 없이 한미회담 역사에서 가장 빛나는 합의였다고
한미 양국에서 평가되었습니다. 한미동맹을 안보동맹을 넘어서 포
괄동맹으로 발전시켰고, 가치동맹과 글로벌동맹의 차원으로 끌어
올렸죠. 그리고 기존의 대북 관련 정책도 그대로 이어가기로 합의
했어요.• 그 회담의 합의가 그 후 윤석열 대통령과 바이든 대통령 간
의 정상회담 합의문에도 그대로 담겼어요. 다만 대북정책에서는 미
국이 공개적으로 대화를 촉구하는 메시지를 내기는 했지만, 실천적
으로 노력하는 모습은 보여주지 못했습니다.

최종건 돌이켜보면, 미국의 책임 있는 당국자가 북한에 대화 제안을
해야 저쪽에서 나올 거라고 했는데, 공식적·비공식적으로 국무부
부장관 정도가 나올 수 있었던 모양입니다. 2021년 5월 21일 정상
회담에서 우리가 미국 측에 제안을 했는데, 결국은 최선희 제1부상
과 친분이 있는 웬디 셔먼Wendy Sherman 부장관이 나서서 공식적으

• 2021년 5월 21일 워싱턴에서 발표한 한미정상공동선언문의 내용은 다음과 같
다. "2018년 판문점선언과 싱가포르 공동성명 등 기존의 남북 간, 북미 간 약
속에 기초한 외교와 대화가 한반도의 완전한 비핵화와 항구적 평화정착을 이
루는 데 필수적이라는 공동의 믿음을 재확인했다." 또한 두 정상은 공동성명
을 통해 "'한반도의 완전한 비핵화'에 대한 공동의 약속과 북한의 핵·탄도미
사일 프로그램을 다뤄나가고자 하는 양측의 의지를 강조했다"라고 밝혔다.

2021년 5월 21일 워싱턴에서 바이든 대통령과 한
미정상회담을 했다. 이 회담에서 한미동맹은 안
보동맹을 넘어 포괄동맹으로 발전했고, 양국 모
두로부터 한미회담 역사상 가장 빛나는 합의로
평가받았다.

로 대화를 제안했습니다.* 웬디 셔먼은 김대중 정부 때 북한에도 다녀온 인물인데, 북측의 호응은 없었습니다. 미국에서도 더 고위급이 나서지 않았고요.

문재인 그 점이 달라졌죠. 트럼프 정부에서 비핵화 대화에 속도를 낼 수 있었던 것은 트럼프 정부가 북핵 문제를 외교정책의 최우선 순위에 두었기 때문이죠. 우리가 그렇게 요청했죠. 그전의 역대 미국 정부에서는 북핵 문제를 중요시는 했어도 NATO(북대서양조약기구), EU 또는 중동 문제가 더 우선이었거든요. 바이든 정부에서도 우크라이나 전쟁 등 여러 상황 때문에 북핵 문제가 후순위로 밀린 것이 대화 동력이 떨어진 이유 중 하나입니다.

최종건 제가 개인적으로 느끼기에 바이든 정부가 들어서면서 국무부 관료들이 대북정책을 포함한 대부분의 외교정책을 다시 장악하게 된 것 같습니다. 트럼프 정부에서는 대북정책 담당을 트럼프 대통령 자신부터 NSC의 앨리슨 후커Allison Hooker, 국무부의 마이크 폼페이오, 스티븐 비건 같은 외부 인물, 우리말로 하면 '어공(어쩌다 공무원)'들이 잡고 있었는데요. 그리고 그들이 북한에 보내는 메시지나 회담에서 새로운 그림을 보였습니다. 바이든 정부는 프로페셔널

● 2021년 여름, 웬디 셔먼 국무부 부장관은 당시 최선희 외무성 부상에게 뉴욕 채널을 통해 대화를 제안하는 서신을 보냈다. 서신을 보내기 전에 웬디 셔먼 부장관은 최종건 외교1차관과 협의를 했고, 그 이후에 서신을 보냈다는 사실을 공유하기도 했다. 그러나 북한 측은 응답하지 않았다.

변방에서 중심으로

을 존중한다는 차원에서 첫 번째 대북정책특별대표에 성 김 인도네시아 대사를 임명했으니까요. 그런 게 다르긴 했습니다.

이번에는 학계에서 많이 나오는 질문 중의 하나를 여쭤보겠습니다. 미중관계 변화가 우리의 한반도 정책과 북한 정책에 영향을 미쳤습니까? 왜냐하면 미중관계가 대통령님 임기 중에 점점 안 좋아졌거든요. 어떻게 영향을 미쳤다고 대통령으로서 느끼셨습니까?

문재인 미중관계가 나빠지면 경제뿐 아니라 우리의 한반도 정책에도 안 좋은 영향을 미치게 되죠. 대표적인 게, 임기 후반에 오면서 미국과 중국 및 러시아 사이에 UN 안보리 제재에 대한 입장 차이가 커졌죠. 북핵 문제에 덜 협력적으로 됐죠.

최종건 미국과 중국이 갈등 국면이거나 긴장도가 높아지는 경우, 우리의 대북정책, 한반도 정책은 어떤 스탠스를 취해야 하나요? 저도 사실 얼마 전에 대학원생들한테 받은 질문인데요. 지금 보수정부는 이럴 때일수록 미국과 더 밀착해야 한다고 주장하죠.

문재인 하나의 사례로, 중국과 러시아는 비핵화 대화가 정체되자 공동해법을 제안했어요.

최종건 그 해법은 지금까지 북한이 한 조치에 따라서 북한에 대한 제재를 스냅백하자는 겁니다. 역스냅백이죠. 풀어주자는 거예요.

문재인 그렇죠. 북한의 도발이 강해지면서 제재가 추가됐기 때문에 북한의 조치에 따라 추가된 제재부터 풀어가자는 거죠. 또 북한이 약속을 지키지 않으면 제재를 되살린다는 스냅백 조건부 제재 완화를 제안하기도 했어요. 미중관계가 더 좋았다면, 그런 중국의 제안에 대해서 미국 측에서도 좀 더 무게 있게 검토했을 테죠. 미중관계가 점점 나빠지면서 중국 해법 따로 미국 해법 따로, 이렇게 되어버린 거죠.

어쨌든 미중관계가 나빠지면 한반도 문제에 여러 가지 악영향을 미치게 됩니다. 우리는 끊임없이 어느 한쪽에 확실하게 줄을 서라는 강요를 받게 되죠. 그러면 우리로서는 경제적으로 중국과의 관계가 중요하다고 해도 안보와 오랜 동맹관계 때문에 아무래도 미국 쪽에 치우치는 외교를 하기가 쉽죠. 우리 외교가 이념에 치우치면 더 편중외교를 하는 것이고요. 그렇게 되면 중국도 남북 사이에서 등거리에 있었던 입장에서 더 북한과 밀착하는 쪽으로 가게 되고, 심지어 북중러-한미일 간 일종의 새로운 냉전 구도로 돌아가기 때문에, 그만큼 우리가 남북화해정책을 펼치는 데 여러 가지 어려움이 가중되는 것이죠.

그때시 우리 정부에 이르기까지 역대 정부가 일관되게 취했던 스탠스가 '전략적 모호함'이있이요. 한미동맹을 중시하면서 중국과의 우호관계를 유지하고 발전시켜가는 것이죠. '진략적 모호함'은 비겁한 태도가 아닙니다. G2 간에 갈등 구도가 형성될 경우 여타 국가들이 취해야 하는 외교적 현명함이죠. 자국의 이익을 위해서 취해야 하는 외교적 현명함일 뿐 아니라, 세계질서를 협력질서로 이끌어가기 위해서도 필요한 외교적 현명함입니다. EU가 비교적 그런 외교적 스탠스를 지켜왔죠.

최종건 그럴 때일수록 남북관계는 어떻게든 유지해야 하는데요.

문재인 그렇습니다. 우리 외교가 국익보다 이념을 앞세워 신냉전 구도 속에 빠져버리면 남북관계는 완전히 멈춰서고 후퇴할 수밖에 없어요. 한반도의 긴장은 더 증폭되죠. 적어도 신냉전 구도에 휩쓸려 들어가지 않는 주체적인 외교 노력을 남북한 모두 해야 한다고 생각해요.

한반도 평화프로세스를 포기해서는 안 되는 이유

최종건 마지막 세 가지 정도 질문이 남아 있습니다. 국제정치학자로 돌아와서 보니, 우리는 참 어려운 정책을 한 것 같습니다. 손이 많이 가는 정책으로, 부지런해야 했던 것 같습니다. 우리의 신념은 한반도 평화이고, 외교를 통해서 북한과의 관계 변화와 한반도 비핵화를 추진하자는 거였는데요. 그러려면 국민도 설득해야 하고, 보수언론으로부터 아주 불합리한 욕도 먹어야 하고, 여러 의구심을 가질 수 있는 미국도 설득해야 하는데요. 국내외적인 어려움을 극복하더라도 북한을 대화로 유도하고 관리해야 하는 과정을 성공적으로 해내야 합니다. 이게 정치공학적으로 여간 어려운 일이 아닌데요. 대통령님은 왜 이렇게 어려운 길을 선택하셨습니까?

문재인 그것이 옳은 길이잖아요. 그렇게 가야만 하는 길이죠. 국민들 가운데서도 보수적인 국민은 북한과 화해를 추구하는 것에 대한 '종북', '친북' 등의 비난에 쉽게 이끌리기 때문에 그분들까지도 함께 동의할 수 있도록 설득하는 부담까지 안는 것이지만, 그럼에도 해야 하는 거죠. 정치공학적으로만 생각하면, 미국의 트럼프 정부 때 시작돼서 지금 바이든 정부에서도 이어지고 있는 중국 때리기에 가세하면 쉽고 선거에도 도움이 될지 모르죠. 우리나라에서도 북한 때리고 중국 때리면 정치공학적으로 도움이 될지 모르지만, 그것이 우리 대한민국의 바람직한 미래로 가는 길은 전혀 아니잖아요.

최종건 대통령님은 한반도 평화프로세스를 추진하면서 세 번의 남북정상회담을 하셨고, 동시에 가장 오랜 시간을 김정은 위원장과 보내셨어요. 그리고 한반도 평화프로세스에 관해 미국 대통령과도 역대 어느 대통령보다도 긴밀히 소통하셨습니다. 정치공학적인 측면에서 보면 에너지를 상당히 많이 쓰신 건 사실입니다. 쉬운 길은 아닌 거죠.

문재인 그렇지만 평가받을 만힌 길이죠. 성과를 낸다면 더욱 확실하겠지만, 당장 성과가 나지 않더라도 그것이 가야 할 길이고, 그 길을 위해서 최선을 다했다는 사실을 국민에게 인정받는다면 고생한 만큼 보람 있는 길이라고 생각합니다. 실제로 우리의 평화프로세스가 힘차게 가동되던 시기에 국민들 지지가 가장 높았지요. 국민들도 남북관계와 비핵화에 대해 같은 염원을 갖고 있다는 것을 확인할 수 있었어요.

최종건 대통령님이 저하고 이번 대담에서뿐 아니라 임기 중에도 평화 프로세스와 관련해서 말씀을 많이 하셨습니다. 우리의 정책적 입장, 신념을 주로 말씀하셨고, 회한도 말씀하셨는데, 이 질문을 드려야 할 것 같네요. 김정은 위원장에게 문재인은 어땠을까요? 왜냐하면 대통령님은 김정은 위원장에 대한 여러 생각을 말씀하셨으니까요.

문재인 모르겠습니다. 마지막 친서에서 그는 내게 무척 좋은 감정을 표현했는데, 떠나는 사람에 대한 인사치레였을지도 모르지요. 경제 제재를 해제받아서 북한 경제를 발전시키는 것이 그가 비핵화 대화에 나선 목적이었다고 생각해요. 그 과정에서 나를 파트너로 생각했을 수도 있고, 수단으로 생각했을 수도 있지요. 그러나 결국 뜻을 이루지 못한 것이죠. 그는 나와 만나 대화를 나눌 때나 내게 보낸 친서에서 우리가 만들어낸 성과를 자랑스러워하면서도 한편으로 두 사람의 의지만으로 돌파해내지 못한 현실적인 한계에 대한 아쉬움과 회한을 토로하곤 했어요. 그처럼 나에 대한 생각도 양면적이고 착잡할 테지요.

최종건 지금 그의 모습은 지난날 우리가 본 모습과는 너무나 다릅니다. 마치 다른 사람 같습니다.

문재인 지금의 김 위원장은 대화를 잃으면서 다시 핵에 매달리고, 적대하고, 대결을 외치는 과거의 길로 되돌아갔습니다. 핵에 더 매달리게 됐고, 적대는 더욱 증폭됐습니다. 지금 그가 보여주는 모습은 매우 무모하고 위험합니다. 결코 북한 인민들이나 그 자신에게 도움이 되는 길이 아닙니다. 적대적 두 국가론은 반민족적이기도 합니다. 다시 대화의 장으로 돌아와야 합니다.

최종건 우리가 다시 그와 대화할 수 있을까요? 그가 우리와 다시 대화할까요?

문재인 지금 남북 사이에 감정적인 대립이 너무 커져서 당장 대화하기가 쉽진 않겠지요. 북한이 고도화된 핵으로 핵보유국의 지위를 인정받으려 한다면 대화의 해법을 찾기도 어렵고요. 그러나 전쟁 중에도 대화하듯이, 대화는 할 수 있어서가 아니라 해야 하니까 하는 것이죠. 지금 남북관계는 6·25 전쟁 이후 가장 위험한 상황으로 보입니다. 그대로 가면 충돌할 수 있으니 대화로 충돌을 피해야 합니다. 김 위원장의 말대로 남북을 동족관계가 아닌 두 개의 적대 국가로 본다 하더라도 국경을 맞대고 있는 이웃인 이상 평화공존의 길을 찾아야죠.

남북 모두가 더 이상 상황을 악화시키는 것을 멈추고, 대화를 모색해야 합니다. 무엇을 함께 만들어내는 대화는 어렵더라도 최악을 피하기 위한 대화라도 해야 합니다. 대화가 어려워졌는데 대화의 노력마저 끊어져버리면 대화로부터 너무 멀어질 수 있는 거죠.

현 정부의 지나치게 이념적인 태도도 대화를 가로막습니다. '힘에 의한 평화'를 강조하는데, 힘에 의한 평화도 평화에 목적이 있다는 걸 잊어서는 안 됩니다.

최종건 마지막 질문입니다. 한반도 평화프로세스가 다시 이어질 수 있을까요?

문재인 한반도 평화프로세스는 우리 정부가 대북정책의 이름으로 사용한 것이지만, 사실은 역대 정부에서 1972년 7·4 남북공동성명, 1991년 남북기본합의서, 2000년 6·15 남북공동선언, 2007년 10·4 남북정상선언, 2018년 4·27 판문점선언과 9·19 평양선언으로 지속되면서 발전되어온 것입니다. 그 사이사이의 공백 기간은 적대의 세월이었죠. 서해해전도 있었고, 천안함 피격사건도 있었고, 연평도 포격사건도 있었어요. 그러나 결국 한반도 평화프로세스는 그 세월을 딛고 이어져온 것입니다.

　지금 남북은 일촉즉발의 위기상황입니다. 남북이 모두 "건들기만 해봐라!" 하고 있으니 언제 터져도 이상하지 않은 상황이죠. 하지만 대화의 의지만 있다면, 그 순간 위기는 멈추고 대화프로세스가 재개될 수 있습니다.

최종건 대통령님을 모시면서 여러 가지 일을 할 때 한반도 평화프로세스는 고유명사처럼 느껴졌어요. 문재인의 고유명사, 김대중의 고유명사, 노무현의 고유명사로요. 말씀하시는 것을 들어보면 사실 대

코로나 팬데믹 시기였던 2020년 11월 10일 최종
건 외교부 차관(왼쪽 두 번째)과 함께한 모습. 이 책
의 대담자이기도 한 그는 당시 민주주의와 평화
가 가장 보편적인 외교 언어였다고 회고했다.

한민국 대북정책의 보통명사가 되어야 할 것 같습니다. 즉, 특정 정부의 대북정책이 아니라 대한민국 정부의 대북정책, 한반도 평화·안보정책이 되어야 할 것 같아요.

북핵은 우리에게 생존의 문제입니다. 제가 대학에 들어가고 1년 후 1994년에 1차 핵위기가 터졌습니다. 그 후 학교 선생이 되고, 정책 경험을 하고, 다시 학교에 돌아온 2023년에도 비슷한 내용을 학생들에게 가르치고 있습니다. 앞으로 미래 세대들도 지금과 똑같은 이야기를 하게 된다면 너무나 슬프고, 비극적이고, 소모적이고 낭비일 것 같습니다.

2부

아무도 흔들 수 없는
나라를 향해

9

평화를 지키는 국방,
평화를 만드는 국방

"우리가 '국방개혁 2.0'에서 설정한 국방개혁의 목표들은 거의 대부분 이루어졌어요. 그것을 내실화하는 것은 다음 정부가 해야 될 몫이죠. 나는 우리 정부가 이룬 국방개혁에 만족합니다. 국방 분야 전체로 넓혀서 이야기하면, 제일 잘된 부분은 역시 북한과의 군사합의였죠. 남북관계가 나빠지더라도 최후의 안전핀 역할을 하는 것인데, 이제는 허망하게 됐죠. 가장 아쉬웠던 것은 역시 전작권 전환입니다. 우리 정부 때 매듭짓지 못해서 아쉬운 것뿐만 아니라, 다음 정부가 의지를 가지지 않으면 또다시 표류할 수 있어서 아쉽죠."

군사안보를 넘어 포괄안보로

최종건 오늘은 국방과 보훈 분야를 다루겠습니다. 특히 국방개혁과 국방력 증강, 그리고 이전과 달랐던 보훈정책의 차별성에 관해 질문을 많이 드리겠습니다.

국회의원 시절과 마찬가지로 대통령님은 임기 중에 늘 국방을 강조하셨습니다. 한반도 평화프로세스에 역점을 두면서도 국방예산을 어떤 정부와도 비교할 수 없을 정도로 증가시키셨죠. 대통령님은 미사일 개발에 역량을 많이 쏟으셨습니다.

지금도 지속적으로 발전하고 있는 것이 군 복지 분야와 군 인권 분야입니다. 예전에는 '방산' 하면 비리였는데 이제 '방산' 하면 수출이 떠오를 만큼 우리 정부에서 획기적인 전환이 있었습니다. 전시작전권도 말씀 나눠야 될 것 같고요. 또한 민군관계에 대한 대통령님의 견해도 듣고 싶습니다.

취임 직후부터 문재인 정부는 '국방개혁 2.0'을 강력히 추진하며 여러 가지 국정과제를 정했습니다. 비대칭 위협 대응능력 강화, 한미동맹에 기반한 전시작전권 조기 전환, 국방개혁과 국방문민화, 방산비리 척결과 4차 산업혁명 시대에 걸맞은 방위산업 육성, 장병인권 보장과 복무여건의 획기적 개선 등 총 다섯 가지였습니다. 노무현 정부 때 추진했던 '국방개혁 2020'의 연속인 것 같아요.

문재인 그렇죠. 그때 못 한 것들을 더 강력하게 추진한다는 의미에서 '국방개혁 2.0'이라는 이름을 붙인 거죠.

최종건 그런데 2017년 5월 취임 당시는 상당히 어려운 시기였습니다. 국내적으로는 탄핵이 있었고요. 대외적으로는 남북관계, 한중관계, 한일관계 다 안 좋았고, 주변 4대 강국들과의 관계도 상당히 유동적이었습니다. 게다가 인구절벽이라는 새로운 요소가 등장했죠. 병역자원이 부족해지기 시작했고, 장병 자살 사고, 관심병사들의 문제, 폭력 사건 등 군 내부의 여러 가지 문제가 복합적으로 터져나와 국민의 시각에서 보면 군이 그래도 되나 싶을 정도였습니다. 국회의원으로 계실 때 국방위원도 하셨지 않습니까? 취임 후 국방 상황과 군사 상황, 안보 상황 등을 보고받으셨을 텐데, 어떠셨습니까?

문재인 사병으로 복무한 경험과 국회 국방위 경험이 국방 상황과 군 내 문제를 파악하는 데 큰 도움이 됐어요. 당시 남북관계가 아주 험악해서 안보위기가 심각한 상황이었어요. 언제라도 충돌이 있을 수 있는 상황이었죠. 그래서 최우선적으로 국방 상황과 남북 간의 군사력 비교부터 먼저 보고하도록 했어요. 당시 보고받은 바에 의하면, 재래식 전력 면에서는 우리가 압도적인 우위를 점하고 있었어요, 육해공 모든 분야에서. 다만 소형 잠수함이 북한에 조금 더 많이 있는 정도였어요. 거기에 한미동맹의 연합방위 능력까지 더하면 재

2017년 5월 17일 국방부와 합동참모본부 순시.
취임 당시 험악한 남북관계로 인한 안보위기가
심각했기에 국방 상황과 남북 군사력 비교부터
최우선으로 보고받았다.

래식 전력에서는 상대가 되지 않는 것을 확인할 수 있었죠. 그렇기 때문에 북한은 핵과 미사일이라는 비대칭 전력에 매달리게 된 것인데, 북한의 비대칭 전력에 대한 우리 군의 대응능력이 굉장히 미흡한 상태였어요. 우리 군이 노력을 많이 기울여오긴 했지만, 보수정부 동안 방위력 개선이 지체되면서 북한의 핵과 미사일이 고도화해가는 속도를 따라잡지 못하고 있었던 거죠. 그 부분이 가장 심각한 상황이었어요.

국방개혁도 노무현 정부 때 '국방개혁 2020'이라는 국방개혁의 방향이 수립되고 국방개혁법도 제정되었는데, 보수정부 기간에 '국방개혁 2020'은 거의 진척이 없는 상황이었어요. 전시작전권 전환도 보수정부에서 두 차례나 미뤄지다가 조건에 기초한 전작권 전환으로 다시 합의가 됐는데, 전작권 전환의 조건을 갖추기 위한 노력들이 전혀 행해지지 않고 있었죠.● 특히 탄핵 기간에 안보 공백이

● 대한민국 군의 작전통제권은 1950년 6·25 전쟁 당시 이승만 대통령이 UN군 사령관에게 이양했다. 1978년 한미연합사령부가 창설되면서 한미연합사 사령관 겸 주한미군 사령관이 작전통제권을 행사했다. 작전통제권 환수를 추진했던 노태우 정부의 노력을 바탕으로 1994년 12월 1일 김영삼 정부 시기에 평시작전통제권이 44년 만에 한국군으로 이양되었다. 관건은 전쟁이 발발했을 때 대한민국 군이 작전통제권을 행사할 수 있는 권한을 회복하는 것이다. 제도적인 차원에서 전시작전통제권은 전시에 한미연합사 사령관이 한미안보협의회의(SCM) 및 한미군사위원회회의(MCM)를 통해 한미 양국 대통령의 지시를 받아 지정된 부대를 지휘하는 제한된 권한이기는 하다.
노무현 정부 시기였던 2007년 2월 24일, 한미 양국은 2012년 4월 17일부로 전시작전통제권을 한국군이 환수하기로 결정했다. 이명박 정부는 2010년 6월 26일 한미정상회담에서 전작권의 이양 시점을 2015년 12월 1일로 조정하기로 합의했다. 그러나 박근혜 정부는 2014년 10월 23일 소위 '전작권 환수 조건론'을 미국 측과 합의했다. 즉, 시기를 확정하지 않고 한반도 안보 상황의 개

굉장히 심각해서 만약 그 기간이 좀 더 길었더라면 정말 큰일 날 뻔했다는 생각이 들 정도였어요.

최종건 그 당시를 일반 국민들의 입장에서 보면, 2017년 5~6월의 안보위기와 숨 가빴던 대응이 2018년의 한반도 평화프로세스의 진전 때문에 많이 가려지거나 잊힌 것 같아요. 대통령님의 당시 동선을 보더라도, 연합사와 합참을 여러 차례 방문하셨고, 국방과학연구소를 방문하시는 등 안보 상황을 직접 챙기기 위한 행보들이 많았습니다.

문재인 그만큼 위기감이 컸어요. 탄핵 기간에 국무총리가 대통령 권한을 대행하게 되지만 대통령의 고유권한에 속하는 외교·안보·국방 분야는 거의 올스톱되어 있었던 거죠. 그동안 북한은 핵이나 미사일을 계속 고도화해갔기 때문에 그에 대한 대응능력이 오히려 더욱 뒤떨어져 있는 상황이었고, 그런 위기 상황 속에서 우리가 새로운 정부를 맡아서 안보 공백을 발 빠르게 따라잡기 위한 노력들을 하지 않을 수 없었죠. 그 당시의 긴박한 안보 행보들은 우리 군의 대비태세를 높이는 것이 일차적인 목적이었지만, 우리 국민들을 안심시키기 위한 목적도 있었고 북한에 보내는 메시지이기도 했어요.

선, 한국군의 대북억지 능력 강화, 안정적인 한반도 및 역내 환경 등 세 가지 조건을 평가해 전작권 전환 시기를 결정하기로 했다. 2024년 4월 현재 평시 작전통제권은 한국 합참의장이, 전시작전통제권은 한미연합사 사령관이 행사하고 있다.

최종건 그렇습니다. 정의용 당시 안보실장 역시 안보와 국방 상황을 챙기는 것이 최우선 과제였고 대통령께도 직접 보고를 많이 드렸다고 증언했습니다. 그만큼 5~6월 상황이 어려웠고, 인수위가 없었기 때문에 챙겨볼 시간조차 절대적으로 부족한 상황이었는데요. 당시 5년 임기를 시작하면서 어떤 국방 분야를 특별히 개선하고 개혁해야겠다고 생각하셨는지요?

문재인 특별히 중요하고 긴급하다고 생각했던 것은, 첫 번째가 북한의 핵·미사일에 대한 대응능력을 빠르게 높여야겠다는 것이었고, 두 번째가 DMZ나 NLL의 접경지역에서 우발적 충돌의 가능성을 방지하는 특별한 노력이 필요하다는 거였어요. 더 크고 멀리 보면, 우리의 모든 국방과 안보가 북한에 대한 억지력으로만 설정되어 있었는데, 북한의 위협이 현존하는 가장 큰 위협이긴 하지만 이제는 그 밖에도 많은 비전통적이고 잠재적인 위협에 대해서 포괄적인 안보 능력을 갖출 필요가 있겠다고 생각했어요. 또한 장병 복지와 복무여건 개선 역시 국방의 중요한 과제로 생각했습니다.

최종건 문재인 정부에서 출간한 안보전략서˙를 보면 역대 정부의 지침서와는 달리 대한민국의 안보 개념이 크게 바뀐 것으로 저도 기억합니다. 방금 말씀하신 것처럼 전통 안보에 비전통 안보, 재난재해, 대형사고까지 포함하는 포괄안보를 강조했습니다. 북핵이 위협

● 대한민국 국가안보실 저, 《문재인 정부의 국가안보전략》, 2018년, 14~15쪽.

이 되는 상황인데도 그렇게 바뀐 이유가 무엇일까요?

문재인 기존의 전통적인 안보는 북한의 위협에 대한 억지력 개념으로 설정되어 있어서 좁은 개념이었어요. 그러나 현대에 들어와서 국경을 넘는 테러, 자연재난과 사회재난, 기후위기, 감염병 같은 여러 가지 비전통적인 위험들이 국가 안보에 위협을 가하는 상황이 되었기 때문에, 그런 것까지 다 아우르는 포괄적인 안보 개념이 필요했고요.

　　대상으로 보더라도, 북한이 현실적인 위협이긴 하지만, 역사를 되돌아보면 우리의 지정학적 위치 때문에 주변 열강들에 의해서 우리 안보가 끊임없이 위협당해왔죠. 그래서 주변 국가들과 우리가 우호관계를 잘 유지해오고 있지만, 국제환경의 급변 속에서 어떤 일이 있을지 알 수 없는 것이기 때문에, 그런 잠재적인 위협에 대해서도 우리가 독립된 주권국가로서 대응능력을 갖춰야 된다고 생각했습니다. 그래서 우리 정부 들어 '포괄안보'라는 새로운 개념이 형성된 것입니다. 포괄안보는 우리 정부뿐 아니라 세계적인 추세가 되고 있고요.

최종건 저는 우리가 포괄안보를 강조했던 이유가 자연재난과 사회재난에 대해서도 청와대가 컨트롤타워가 되어야 한다는 의식이 있었기 때문이라고 생각합니다. 박근혜 정부 때 있었던 세월호 참사 같은 여러 사회재난에 대한 미숙한 대응을 겪고 얻은 학습효과가 배경으로 작용한 것이라 생각합니다.

문재인 군사안보에서 포괄안보로 안보의 개념을 확장하면 청와대가 컨트롤타워 역할을 해야 할 필요가 있죠. 왜냐하면 군사적 안보뿐 아니라 다양한 비전통적 안보 위협을 함께 다뤄야 되고, 경우에 따라서는 군사적 안보 위협과 비전통적 안보 위협이 동시에 복합적으로 발생할 수도 있기 때문에, 그 두 가지를 구분해서 다룰 수가 없는 것이거든요. 또 군사적 안보 위협이 아닌 대규모 자연재난과 사회재난의 경우에도 군 병력이나 장비가 동원되기 때문에 통수권 차원의 지휘가 필요한 것이죠.

그래서 국가안보와 국민안전을 위협하는 어떤 형태의 안보 위협에 대해서도 효율적으로 대응하고자 청와대가 컨트롤타워로서의 역할을 강화하게 된 것이었습니다. 청와대 안보실의 위기관리센터가 대규모 자연재난과 코로나19 같은 사회재난까지 관장했고, 이른바 지하 벙커의 상황판도 자연재난과 사회재난까지 위기관리를 할 수 있도록 구축되어 있었죠. 현 정부에서 발생한 참사들에 대한 대응을 보면, 자연재난과 사회재난에 대한 컨트롤타워의 기능이 약화된 것이 아닌가 하는 우려가 있습니다.

최종건 방금 말씀은 국민들 입장에서는 처음 듣는 대통령님의 속마음일 듯합니다. 취임 후 국방력 강화를 추진하면서 지정학적 상황과 주변국도 염두에 두었다, 동북아 정세도 염두에 두었다는 말씀입니다. 한반도를 넘어서는 안보 개념이 필요하다고 인식하신 것입니다. 어떻게 보면 노무현 정부 때와 궤를 같이하는 것 같아요. 역설적으로 북한에 대해서는 강력하게 대화와 평화프로세스를 추진하면서도 국방력은 강화했는데, 한반도를 넘어서는 안보 개념, 이 부분이 상당히 비슷한 것 같습니다. 오히려 안보 혹은 국방력을 강조했던 보수정부들은 예산이나 국방 개념 및 전략이 한반도 안에만 머물렀는데요.

문재인 포괄안보라는 개념이 생소하게 느껴질 수 있을 텐데, 사례를 들어보면 우리 청해부대가 걸프만 지역까지 가서 작전을 수행하고 있죠. 미라클 작전Operation Miracle[•] 같은 경우도 우리 군이 아프간에서 작전을 펼쳤고요. 이제는 우리 안보가 한반도 영역을 벗어나는 국제환경이 되었고 우리 국력도 그만큼 커졌죠. 그래서 한반도를

● 탈레반이 장악한 아프가니스탄의 한국대사관, 한국국제협력단(KOICA), 바그람 한국병원, 바그람 한국직업원 등에서 근무하는 현지 아프가니스탄인과 배우자, 자녀 등 총 390명을 구출해 대한민국 공군 수송기로 우리나라에 데려온 이송 탈출 작전. 정부는 탈레반의 아프가니스탄 함락에 대비해 2021년 8월부터 관계부처 협의를 통해 관계국 외교협조망을 구축해놓고 있었다. 예상보다 빨리 수도 카불이 함락되자, 정부는 신속히 공군 수송기를 투입했다. 대한민국 정부 기관에 근무한 현지인들이 아프가니스탄에 계속 머물 경우 미국의 동맹국인 우리나라에 협력했다는 이유로 처벌을 받을 수 있기 때문에 인도주의적 차원에서 여러 어려움을 무릅쓰고 구출해야 했다. 1차로 377명이 우리 공군 수송기를 통해 아프가니스탄 현지에서 출발, 파키스탄을 거쳐 2018년 8월 26일 우리나라에 도착했고, 그다음 날인 27일 오후 1시 조금 넘어 마지막 13명이 인천공항에 도착해 미라클 작전은 성공적으로 완수되었다.
국제사회에서 미라클 작전은 여러 호평을 받았다. 독일, 호주, 일본, 네덜란드, 벨기에 등 여러 나라가 아프가니스탄 현지인들을 수송하는 데 어려움을 겪는 가운데, 대한민국이 대상자 390명을 무사히 구출했기 때문이다. 구출된 아프가니스탄인들은 대한민국 국익에 기여한 '특별기여자' 신분으로 입국했고, 약 8주간 충북 진천 국가공무원인재개발원에 머문 후, 우리 사회에 편입되어 생활하고 있다.

넘어서는 큰 시각의 안보 개념이 필요한 것이죠. 안보에서 북한만 생각하는 것이 아니라 지정학적 상황에도 대비할 필요가 있다는 것입니다. 노무현 정부 때 강정해군기지를 만들었던 것도, 거기가 적절한 장소였는지 여부와는 별도로, 제주도 해군기지가 대북억지력 차원에서 필요할 뿐만 아니라 그걸 넘어 대양해군으로 진출해나가는 기지가 될 수 있다고 판단했기 때문이죠. 대북억지력 차원에서만 생각한다면 남해안이나 서해안이나 동해안이 더 적합할지 모르지만 더 글로벌한 시각을 가졌던 것입니다. 우리 정부 때 경항모[*]를 추진했던 것이나 원자력 추진 잠수함을 구상했던 것도 같은 맥락이라고 할 수 있죠.

보수정부가 국방을 더 잘한다는 오해

최종건 국방비 혹은 국방예산, 국방재정 이야기를 나눠야 할 것 같은데, 사람들이 잘 모르더라고요. 우리가 그만큼의 국방비를 증가시켰다는 것을요. 2017년에 40조 3000억 원 정도였는데 2년 만에 10조 원이 증가해서 2020년도에는 국방비가 역대 최초로 50조 원

●   경항공모함(light aircraft carrier)은 말 그대로 작거나 가벼운 항공모함으로, 수치상 정확한 기준은 없지만 배수량 2만~4만 톤급의 작은 항모를 가리킨다. 대한민국 해군은 수직이착륙기 15~20대를 탑재할 수 있는 약 3만~4만 톤급(길이 265미터)의 경항모 획득 사업을 추진하려 했으나, 윤석열 정부 들어 사실상 경항모 사업은 중단되었다.

2018년 10월 11일 제주 민군복합형 관광미항 일출봉함에서 대한민국 해군 국제관함식을 사열했다. 국력도 커진 만큼 이제 우리 안보는 북한뿐 아니라 지정학적 상황에도 대비할 필요가 있다.

을 넘어섰습니다. 그다음 해에는 우리가 일본보다 국방비를 더 많이 쓰는 나라가 되었고요.• 증가율로 봐도 상당히 많이 올랐습니다. 당시 재정 상황이 그렇게 녹록하지 않았는데요. 대통령님 모시고 했던 예산 회의에서 논쟁이 치열했습니다. 아무래도 재정당국은 재정건전성 때문에 국방예산 증가에 소극적이죠. 왜 그렇게 강력하게 국방예산 증가를 추진하셨죠?

문재인 국방예산 증가가 많았다는 게 자랑일 수는 없죠. 당시의 안보 상황이 보다 많은 국방비가 필요한 상황이었어요. 앞에서 말한 것처럼 북한의 핵과 미사일에 대응하는 능력을 높이는 것, 그러기 위해서 우리의 미사일 능력을 빠르게 발전시켜나가는 것이 시급했고, 동시에 4차 산업혁명 기술을 활용하는 첨단과학 무기체계를 구축하는 것도 시급한 상황이었고요.

　　우리가 중요한 과제로 여겼던 전시작전권 전환을 위해서도 자주국방 능력을 크게 확충할 필요가 있었죠. 포괄안보라는 측면에서도 국방 능력을 더 강화해나갈 필요가 있었고, 장병 복지를 위해서도 더 많은 예산이 필요했죠. 그래서 재정 형편을 감안해 꼭 필요한 만큼 국방예산을 증액한 것이었습니다.

최종건 그런데 이상하죠. 보통 사람들이 가지고 있는 편견이라고 할

● 　국정백서편찬위원회 저,《문재인 정부 국정백서: (17권 국방) 평화를 뒷받침하는 국방》, 문화체육관광부, 2022년, 34~35쪽.

　　　　　　　　　　　　　　　　　　　　변방에서 중심으로

까요? 보수정부가 국방을 더 잘 챙겼을 것 같고, 국방예산도 더 많이 올렸을 것 같은데요.

문재인 보수정부가 국방을 더 잘 챙긴다는 것은 전적으로 허구이고 오해입니다. 사실이 아닙니다. 보수정부가 경제에 더 유능할 것이라는 생각이 허구인 것과 마찬가지입니다. 오히려 이명박, 박근혜 정부 시절에 국방개혁이 정체되었고, 북한의 핵·미사일에 대한 대응 능력도 지체됐어요. 군 복지와 보훈 면에서도 6·25 참전용사들에 대한 참전수당, 월남 참전장병들에 대한 참전수당, 고엽제 피해자들에 대한 보상, 특수임무유공자들에 대한 보상… 이런 것들이 다 언제 이루어졌는지 아십니까? 모두 다 김대중 정부 때 시작되어 진보 정부들이 발전시켜온 것이었고, 오히려 과거의 군사정부나 보수정부들은 무관심했어요. 그래서 보수정부가 안보를 더 잘한다는 것은 국민을 속이는 허구의 이데올로기라고 할 수 있죠. 군 복무조차 안 한 사람이 많지 않습니까?

최종건 그런데 왜 국민들한테 이렇게 잘 안 알려졌을까요? 대통령님이 말씀하신 것들을 다 하나의 통 안에 넣는다면 문재인 정부의 안보관은 보훈과 국방과 한반도 평화프로세스, 외교까지 다 함께 균형 있게 발전시키는 건강한 진짜 안보관이라고 할 수 있는데, 그런데도 대북정책만 알려진 모양새가 됐거든요.

문재인 그동안 보수언론들이 보수정부 쪽을 편들면서 끊임없이 안보 이데올로기로 정권을 유지해가려고 했던 것이 주요 이유지만, 진보 진영의 잘못도 적지 않습니다. 진보 진영의 담론 속에서 국방, 안보 쪽의 담론은 굉장히 빈약했죠. 국방을 강화하는 것에 대해 남북 간의 군비경쟁 차원으로만 보면서 적대적인 태도를 보이기까지 하는 모습들이 오랫동안 계속되면서 국가 안보에 무관심하다는 인상을 뿌리 깊게 심어주었고, 우리의 정당한 공헌조차 국민들에게 제대로 인정받지 못하는 요인이 되었다고 봅니다.

최종건 관련해서 당시 한반도 평화프로세스를 시동을 걸고 추진하는 과정 중에 국방 재원의 투입이 증가된 거죠. 사실 2018년도부터 예산을 직접 꾸리신 건데, 당시 시민사회와 진보세력들은 '왜 이렇게 국방비를 많이 쓰고, 미국 무기를 많이 사다 쓰냐', '한반도 평화프로세스와 국방비, 소위 국방력 증가는 논리적으로 안 맞는다'고 해서 그 당시 저희가 설명을 많이 했습니다. 그런데 우리가 정권을 넘겨받고 보니 보수정부가 국방력을 하나도 갖춰놓지 않고 있더라고 설명해도 그 설명을 들으려 하지 않았어요.

문재인 국방을 대북억지력 차원에서만 보고, 남북 간의 군사대결과 군비경쟁이라는 틀로만 보는 진보 진영의 사고가 이제는 낡은 거죠. 좁은 것이고요. 우리가 추구하는 것은 평화지만, 평화를 이루기 위해서는 강한 국방력이 뒷받침되어야 합니다. 남북대화를 힘있게 추진하기 위해서도, 강한 국방력의 토대 위에서, 그리고 그에 대한 국민의 신뢰 위에서 해야만 제대로 된 대화를 할 수 있다는 것을 인식할 필요가 있어요.

언제까지 미국이 전시작전권을 갖고 있어야 합니까? 우리가 자주국방을 하려고 해도 우리 군이 독자적으로 국방을 이끌어나갈 수 있는 능력을 갖춰야 되는 것 아닌가요? 진보 진영이 과거의 사고에서 벗어나 이제는 우리가 대한민국의 안보를 책임지고, 대한민국 경제를 책임지고 대한민국 평화를 주도적으로 만들어간다는 관점을 가져야 한다고 생각해요.

물론 남북이 언젠가는 군비축소의 길로 가야 하죠. 그러나 그러기 위해서는 먼저 평화의 정착이 필요해요. 평화가 유동적인 상황에서 당위론을 앞세운다면 지지받을 수 없는 것이죠. 판문점선언은 "남과 북은 군사적 긴장이 해소되고 서로의 군사적 신뢰가 실질적으로 구축되는 데 따라 단계적으로 군축을 실현해나가기로 하였다"라는 합의를 담고 있는데, 이것이 우리가 현실적으로 추구해야 할 목표라고 생각합니다.

최종건 예산 배정 차원에서 보자면, 복지예산과 국방예산이 있고 기타 여러 예산이 있는데, 대통령님은 국방예산에 좀 더 신경을 쓰셨다고 보면 되겠습니까?

문재인 그렇지 않습니다. 예산 배정에서 내가 가장 중요하게 여긴 것은 복지예산과 R&D(연구개발비) 예산이었죠. 우리 정부에서 복지예산이 사상 최고로 증가했어요.* R&D 예산 역시 사상 최고로 증가했고요.** 다만 국방예산에도 과거보다 더 많은 신경을 쓴 거죠. 과거처럼 군비경쟁으로 군사적 긴장을 높이는 것이 목적이 아니라, 강한 국방을 대화를 이끌어내는 수단이라고 생각한 것이죠. 강한 국방이 평화를 지킬 뿐만 아니라 평화를 적극적으로 만들어내는 역할을 하는 것이라면, 국방에 대한 노력은 평화를 구축하기 위한 노력과 분리될 수 없고 동전의 앞뒷면과 같은 것이라고 볼 수 있죠. 나는 우리 정부가 당시 남북 간의 위기 상황을 대화를 통해서 하루빨리 극복하고 해소해야 한다는 목표를 가지고 있었기 때문에, 그 목표를 위해서라도 강한 국방 구축은 필요한 일이었다고 생각합니다.

최종건 실상 2017년 7월 그 국면에 북한발 미사일 발사 등 안보위기가 있었을 때, 저는 처음으로 안보 현장을 경험해본 대학교수였습니다. 처음에 매우 놀랐던 것은 우리가 북한에 대해 어떤 스탠스를 가지고 있든 간에 북한을 직접 보거나 들을 수 있는 감시정찰 장

● 한국의 사회복지비 지출은 1990년 GDP 대비 2.6%로, OECD 국가 평균 16.4%에 한참 못 미치는 수준이었다. 하지만 그 후 급속한 팽창을 거듭해 2022년 GDP의 14.8%까지 올랐으며, OECD 국가 평균(21.1%)과의 격차도 대폭 줄어들었다. 정부별로 보면 1998~2007년 민주정부 기간에는 복지비가 약 2%p 증가했고, 박근혜 정부와 이명박 정부 10년 기간에는 약 2.3%p 증가했다. 문재인 정부 기간에는 역대 가장 높은 복지비 팽창이 이루어져, GDP 대비 2017년 10.1%에서 2022년 14.8%로 4.7%p 증가했다. OECD, "Social Expenditure Database", 2024 참고.

●● 문재인 정부는 국가R&D 예산 증가액으로 역대 정부 중 최고를 기록했다. 2017년 19.5조 원에서 2022년 29.7조 원으로 10조 원 이상 증가했으며, 2021년에는 국가R&D 예산 100조 원 시대를 열었다. 또한 GDP 대비 국가R&D 투자 비중은 역대 정부 중 최고치를 달성했는데, 2022년 GDP 대비 5.21%로 최초로 5%를 돌파했다.

비가 없고, 한미동맹의 공조라는 이름으로 미군에 전적으로 의존해야 된다는 것이 상당히 불편했습니다. 그래서 감시정찰 자산에 많은 예산을 썼다는 것이 매우 의미 있어 보입니다. 전 정부가 한국형 3축체계,* 북핵 대응을 이야기했지만 그것이 실현되기 위해서라도 북을 감시하고 정찰하는 것은 매우 중요해 보였는데 전 정부에선 그런 노력을 하지 않았더라고요. 노무현 정부에서 글로벌 호크를 구매하겠다고 많은 외교력을 동원해서 미국을 설득했는데, 정작 이명박 정부가 그걸 구매하지 않아서 우리 정부 때 구매했는데, 그 사이에 값이 3~4배가 올랐다는 것이죠.**

문재인 그 글로벌 호크는 미국에서 개발한 것인데, 미국 바깥에서는 우리가 처음 획득했죠. 보수정부들은 국방을 말했지만 감시, 정찰,

---

- 한국형 3축체계는 ① 북한의 핵·미사일 발사 징후를 탐지해 선제타격하는 '킬 체인(Kill Chain)' ② 핵·미사일을 공중에서 요격미사일로 방어하는 한국형미사일방어(KAMD) ③ 핵이나 미사일로 공격받은 직후 보복하는 대량응징보복(KMPR)으로 구성되어 있다. 한국형 3축체계는 북핵 위협에만 초점을 둔 개념으로, 변화하는 동북아미래안보 위협에 대비하는 데 한계가 있었다. 문재인 정부 기간에는 한국형 3축체계를 전략적 억제능력을 강화하기 위한 '핵·WMD(대량살상무기) 대응체계'로 변경했으며, 실제로 전략적 표적능력(고고도정찰무인기, 장거리공대지순항미사일, 신호정보수집체계, F-35 스텔스전투기 전력화 등), 미사일방어체계(패트리어트 성능 계량, 천궁 II, 탄도탄조기경보레이더 II 도입 등), 압도적 대응능력(첨단미사일 전력 지속개발, 도산안창호잠수함에서 SLBM 시험발사 등)을 구축했다. 국정백서편찬위원회 저, 《문재인 정부 국정백서: (17권 국방) 평화를 뒷받침하는 국방》, 문화체육관광부, 2022년, 197~202쪽 참조.
- 〈미국, '글로벌 호크' 무인정찰기 한국 판매 승인⋯ 9억 5000만 달러 규모〉, VOA, 2019. 7. 31.

정보획득, 판단… 이런 것들은 거의 전적으로 미국에 의존하면서 안주해 있었습니다. 그러니까 그런 구조로 가게 되면 전시작전권을 전환한다는 것이 불가능한 일이었던 거죠. 주권국가로서는 체면이 서지 않는 일입니다.

최종건 그래서 지금 말씀하신 게 예산상에서는 방위력 개선비로 반영이 됩니다. 우리 정부는 방위력 개선비를 연평균 6.5% 증가시켰어요.

문재인 국방예산 증가율보다 방위력 개선비가 더 빠르게 증가했죠.

최종건 경상비로 쓴 것도 있지만 방위력 개선비로 늘어난 것이죠. 요새 보수세력들이 문재인 정부가 장병들 월급 올려주고 환심 사기 위해서 국방비를 증가시켰다고 주장하는 것은 낭설이죠. 박근혜 정부는 4.6%, 이명박 정부는 5.8%였는데, 노무현 정부는 6%였습니다. 민주화 이후에 6%대 방위력 개선비를 유지한 것은 역설적으로 진보정부인 노무현 정부와 문재인 정부였다는 것을 말씀드리고 싶고요.•

문재인 노무현 정부와 문재인 정부의 국방비 예산 증가가 더 많았던

• 국정백서편찬위원회 저, 《문재인 정부 국정백서: (17권 국방) 평화를 뒷받침하는 국방》, 문화체육관광부, 2022년, 93~97쪽.

근본 원인은 노무현 정부와 문재인 정부는 대화를 통한 평화를 추구한 정부이자 자주국방, 전시작전권 전환을 중요한 과제로 삼았던 정부였기 때문입니다. 실제로 우리가 국방예산을 그만큼 증액했던 부분이 나중에 미국하고 방위비 분담 협상을 할 때 우리 입장을 뒷받침하는 아주 큰 무기가 됐어요. 미국이 방위비 분담금 인상을 압박한 논리는 타국 안보가 미국에 무임승차한다는 것이었기 때문에, 다른 동맹국들은 몰라도 한국은 그렇지 않다고 반박할 수 있었죠.

최종건 대통령님과 말씀 나누다 보니 궁금해졌는데요. 대통령께서 말씀하신 안보관, 국방관의 기원은 어디라고 봐야 할까요? 이를테면 노무현 대통령께 영향을 받은 것입니까? 왜냐하면 대통령님의 이력은 인권변호사로, 국방과는 거리가 머셨잖아요. 개인적인 관심사였습니까?

문재인 그 점에서는 노무현 대통령과 제 생각이 거의 일치했는데요. 아마 두 사람이 모두 사병으로 군 복무 경험을 했다는 것이 가장 큰 배경이 아닐까 싶습니다. 실제로 장교들도 군 복무를 하지만, 장교들은 오히려 군의 실상을 잘 모를 수 있어요. 사병으로 군 복무를 해보면 우리 군이 병력 규모는 굉장히 비대하지만 내실은 형편없이 빈약하다는 것을 인식하게 되죠. 아마도 사병으로 군 복무를 한 사람들은 공감할 텐데요. 장병들 복지 면에서도 보면, 안보나 국방을 최고의 목표라고 늘 강조하면서도 그 일을 담당하는 군 장병들에 대한 복지는 형편없지 않았습니까? 특히 사병들 같은 경우는 국방의무에 기대어 거의 무상으로, 이른바 애국페이에 의존해왔던 거죠.

과거에 우리가 돈이 없던 시절, 나라가 가난했던 시절에는 어쩔 수 없이 그렇게 했다 하더라도, 이제 경제가 세계 10위권을 말할 정도로 발전했다면, 이제는 달라져야 하는 거죠. 그런 점에서 노무현 대통령과 나는 생각이 같았어요. 노무현 정부 시절의 국방력 강화 기조뿐만 아니라, 국방을 개혁하는 기조, 전시작전권 전환을 추진하는 기조에서도 일관되게 이어졌다고 할 수 있을 것 같습니다.

최종건 따지고 보면 두 분 대통령님만 병장 출신 대통령이시네요?

문재인 노무현 대통령은 상병 출신이에요. 하하하. 노무현 대통령이 군 복무한 시절은 월남 파병이 있던 때인데, 월남 파병 경험자들을 우선 진급시켰어요. 그래서 전방에서 군 복무를 하면서도 병장 진급 티오에서 월남 파병자들에게 밀려 병장 진급을 못 한 거죠. 그 당시에는 상병 제대가 많았어요.

최종건 육군 5대 장성 중 병장 출신은 문재인 대통령님 한 분! 하하하.

문재인 내가 유일하죠. 하하하. 제대하고 나면 아무것도 아닐 것 같지만, 남자들 사이에 상병 제대라고 하면 은근히 스트레스가 있었어요. 무슨 사고 쳤었나 생각할 수 있으니까요. 노무현 대통령도 상병 제대를 말할 때면 꼭 월남 파병 이야기를 덧붙이곤 하셨어요. 똑같이 군 복무를 하고도 아무 잘못이 없는데도 누구는 병장 제대를 하고 누구는 상병 제대한 것은 공정하지 못한 일이죠. 그래서 우리 정부는 2020년에 30개월 이상 군 복무를 하고도 상병 제대한 71만 명을 예비역 병장으로 특별진급시키는 조치를 취했어요.˙ 노무현 대통령님도 이제는 예비역 병장이 됐죠.

최종건 미국에도 비슷한 농담이 있습니다. '치킨호크Chicken-hawk'라는 말이 있더라고요. '치킨' 하면 영어로 '비겁한', '호크'는 '매파(강경파)'여서, '비겁한 강경파'라는 뜻이 되죠. 아들 부시George W. Bush 대통령 시절에 이라크 전쟁을 결정할 때, 그중 유일하게 미 합참의장 출신이고 베트남 파병과 걸프전을 경험한 국무장관 콜린 파월Colin Powell만 반대를 했답니다. 전쟁이란 게 얼마나 무서운지 당신들은 모른다면서요. 이 사람들은 군대 경험이 없는 거예요. 실전 경험도 없고. 당시의 네오콘들이 대부분 군 미필이었다고 합니다. 베트남전도 안 갔다 오고. 군 복무도 안 했는데 말로는 상당히 매파이고, 그래서 비겁하다고 '치킨호크'라는 표현을 많이 썼다고 하더라고요.

● 30개월 이상 복무 후 상병으로 만기전역한 장병의 수가 약 71만 명이었다. 과거에는 병사들이 해당 계급에 공석이 생겨야 진급을 할 수 있었다. 그러나 월남전 참전 장병들에게 병장 진급의 우선권이 주어지자 국내에서 30개월 이상 근무한 상병들은 병장 진급을 하지 못하고 만기제대하는 경우가 많았다. 상병 만기 제대군인은 육군 69만 2000명, 해군 1만 5000명으로 추산되었다. 국방부는 2018년부터 이들을 위한 특별법 입법을 추진했고, 2021년 4월 13일 특별법이 제정·공포되어 희망자나 유족은 전역자가 복무한 군의 각 군 참모총장(해병대 사령관 포함)에게 특별진급을 신청할 수 있게 되었다.

문재인 우리나라 지도층 가운데도 그런 사람이 많죠. 군대도 안 가고 말로만 강한 국방, 강한 안보를 외치는 사람이 많죠.

파월 국무장관의 반대는 여러모로 부럽죠. 미국은 알다시피 보훈을 굉장히 중요시하는 나라입니다. 그래서 재향군인 또는 참전군인들에 대한 예우가 강한데, 그런 참전군인이나 재향군인들 가운데 반전평화운동을 활발하게 하는 사람도 많이 있어요. 자신들이 전쟁의 참혹함을 직접 체험했기 때문에 그 경험이 반전평화운동으로 이어질 수 있는 거죠. 미국에서 군 출신에 대한 사회적 존경이 높게 유지되는 이유기도 하죠. 그런데 우리 군 원로들은 구시대적인 극우적·냉전적 이념에 사로잡혀 있는 분이 많아 평생을 군에서 헌신했는데도 국민들로부터 존경받지 못하죠. 그런 점들이 굉장히 안타깝습니다.

팔이 아팠던 삼정검 수여식

최종건 민군관계를 말씀 안 나눌 수기 없을 것 같아요. 특히 우리 진보정부에게 민군관계는 매우 민감한 사안입니다. 대통령님 말씀 통해서 함의를 듣고 싶어서요. 말씀하셨다시피 예산을 증액해 무기체계를 강화했고, 군 복지도 확대했고, 인권 보장을 통해 군 체제를 업그레이드했습니다. 여러 군 관련 의전행사도 진행했습니다. 특히 대통령님이 최초로 준장 진급하는, 즉 원스타 진급하는 장군 전원에게 직접 삼정검을 팔이 아플 정도로 수여하셨고요. 정권 초기에 이

2018년 1월 11일 청와대 영빈관에서 열린 육해공
군 준장 진급자 삼정검 수여식. 대통령 최초로 준
장 진급자 전원에게 직접 삼정검을 수여했다. 우
리 안보를 책임지는 매우 중요한 역할을 하는 군
에 대한 예우에 성의를 다하고 싶었다.

순진 합참의장 전역식에도 직접 가셨고, 심지어 청와대에 초청해서 그 부부의 캐나다 왕복 비행기 등 휴가비를 대셨어요. 왜 그러셨습니까? 보수정부는 안 그랬거든요. 진보정부가 갖고 있는 일종의 정치적 콤플렉스였을까요? 군의 환심을 얻고자 하는 목적도 있었을까요?

문재인 군에 대한 예우에 성의를 다했다고 생각해요. 그 이유는 군이 우리의 안보를 책임지는 매우 중요한 역할을 하고 있기 때문이죠. 또한 우리가 만들어가고자 하는 평화에서 군이 동반자가 되어야 하기 때문이고요. 남북 간의 대화를 빈틈없는 안보, 국방 태세로 뒷받침해주어야 할 뿐 아니라 남북화해를 위해서는 군사적 보장이 반드시 필요하죠. 군의 환심을 사는 것이 목적이었다면 우리 정부 때 했던, 예를 들면 군 장성을 거의 80명까지 대폭 감축하는, 어느 정부도 못 했던 그런 일들을 한다든지, 군이 싫어하는 군 구조개혁을 강도 높게 한다든지, 또는 군 지휘부가 내키지 않아 했던 병사들 휴대폰 사용을 허용한다든지, 군 사법 권한을 민간법원으로 넘긴다든지… 군의 저항이 굉장히 심했던 그런 일들을 하지 않았을 테죠. 그렇게 필요한 일들은 군의 저항이 있더라도 설득해가면서 우리가 관철해나갔던 것이고, 한편으로 군에 대해서 우리가 할 수 있는 복지 차원의 개선이라든지 우리가 군을 예우하는 면에서는 별도로 최신의 성의를 다했던 것이죠.

이순진 합참의장은 최초의 3사 출신 합참의장인데 군 복무를 42년 하는 동안에 45번 이사를 다녔다는 거예요. 그 부인은 그동안

한 번도 해외여행을 하지 않았고요. 딸이 캐나다에 있는데도 가보지 못했다는 거예요. 그야말로 위국헌신 군인 본분의 표상이라고 할 만하죠. 그래서 전역 시에도 직접 참석하고, 부부를 청와대에 초청해서 캐나다 왕복 항공권을 전역 선물로 드리는 예우를 한 것이죠.

최종건 그럼에도 당시 지도부들은 박근혜 정부에서 임명받은 사람들이고, 전역 후에는 외곽에서든 캠프 진영 내에서든 간에 우리 정부를 비난하거나 반대하는 경우가 많더라고요. 그런 것을 보면 대통령님이 보인 여러 가지 정성이 그들의 마음을 바꾸지 못했다고 생각하는 분들도 있던데요?

문재인 그렇죠. 냉전적인 이념에 워낙 뿌리 깊게 사로잡혀 있기 때문인데, 한편으로 이해할 수 있습니다. 북한과 대결하는 오랜 경험과 역사를 가졌고, 전쟁까지 치른 경험이 있기 때문에 일반적으로 군이 그런 생각을 갖고 있다는 것을 이해할 수 있지만, 이제 민주화되고 평화를 추구하는 시대가 되었으면 거기서 벗어나야 되는데, 아직도 냉전적 이념의 관성이 지속되고 있는 거죠.

　그러나 군이 정치적으로 항상 중립을 지켜야 된다는 것, 이제는 평화를 지키기만 하는 것이 아니라 평화를 만들어가는 데 있어서도 적극적인 역할을 해야 한다는 인식이 과거에 비해 크게 높아졌죠. 우리 정부 시절에는 한반도 평화프로세스에 대한 군의 기여가 컸어요. 지금 정부가 바뀌고 나니까 다시 과거로 되돌아가는 것 같은데, 이것이 한 정부의 노력만으로 되진 않겠죠. 정치적 중립이

2017년 8월 20일 합동참모본부에서 열린 이순진
합참의장의 전역식. 3사 출신 최초의 합참의장이
었던 그는 42년의 군 복무 기간에 45번이나 이사
를 다녔다.

나 평화를 만드는 작업에 군과 정부가 함께 나아가는 노력들이 지속되면, 군의 인식도 달라질 것이라고 생각해요. 그런 면에서 보면 정치적 중립 부분은 거의 이루어졌다고 생각하기 쉬운데, 이번에 보듯이 육사 교정에서 독립 영웅들의 흉상을 철거한다든지, 또는 해병대 채수근 상병 순직 사고에 대한 수사 개입에 군이 휘둘린다거나 하는 모습들을 보면, 아직 정치적 중립 면에서도 가야 할 길이 멀다고 느낍니다. 무엇보다 정치권력이 군을 정치적으로 이용하지 않는 전통이 확립되어야죠.

최종건 대통령님이 2018년 4월 27일 판문점으로 가시는 길에 청와대 분수대 인근에서 차를 잠깐 세우고 시민들과 악수를 하셨는데, 그때 재향군인회가 있었습니다. 재향군인회 회장 및 간부들이 다수의 회원들과 함께 대통령님이 북한과 대화하러 가는 길을 지지하고 성원하는 모습을 공개적으로 보여줘서 무척 고맙게 느꼈습니다. 방금 말씀하셨다시피 군은 본분상 당연히 북과 대치하고 대응하고 억지해야 하는 조직이지만, 군 통수권자로서 한반도 평화프로세스를 추진하는 데 있어 군이 신경 쓰이거나 특별히 관리를 해야겠다는 생각이 드신 적이 있습니까?

문재인 관리라는 표현은 어폐가 있겠죠. 실제로 관리할 수 있는 힘을 우리가 갖고 있는 것도 아니고. 다만 군과 적극적으로 소통해가면서 설득해나가고 함께 동반자가 되고자 했죠. 그런 면에서 큰 진전이 있었다 생각해요. 노무현 정부 때 10·4 남북정상선언이 채택

2018년 4월 27일 제1차 남북정상회담을 위해 판
문점으로 떠나는 길. 회담 성공을 기원해주는 재
향군인회 회원들과 악수를 나눴다.

된 이후에 총리회담을 비롯해서 여러 분야 회담이 아주 활발하게 진행되고 이명박 정부로 넘어갈 때까지 잘 가동됐거든요. 그런데 그때 유일하게 군사회담만큼은 진도가 나가지 않았어요. 남북협력을 위해서는 군사적인 보장이 필요한데, 그 보장이 제대로 안 돼서 다른 분야의 협력이 진행되는 것을 발목 잡는 상황이 됐어요. 그에 비하면 우리 정부 때는 군이 2018년 9·19 남북군사합의 체결에 적극적으로 임해주었죠. 그것만 해도 우리 군이 크게 달라지고 있다고 생각하고요. 지금 정권이 바뀌면서 다시 정치의 영향을 많이 받게 되었지만, 길게 보면 건강한 방향으로 발전해갈 것이라고 믿습니다.

군과 정부의 관계

최종건 문재인 정부의 또 하나의 특징이 국방력 증강과 함께 군이 선두에 서서 남북 간의 군사적 안정과 평화를 이루었다는 점 같아요. 2018년 9·19 남북군사합의 이후에 한반도에서 가시적인 평화는 군이 만들어준 것 같습니다. GP를 철거한다든지 판문점을 비무장지대로 한다든지 여러 가지 조치가 있었거든요. 군이 앞장서서 평화를 만든 것인데, 정말 군이 결심하고 그 결심을 정치 지도자가 지원해주면 긴장의 대치 최전선에 있는 군이 평화를 만드는 군이 될 수도 있다고 느꼈습니다.

문재인 그 표현이 좋네요. 원래 국방의 궁극의 목표는 평화잖아요. 물론 상대가 도발해오면 강력하게 대응해야 되지만, 피를 흘리지 않고 싸우지 않고 평화를 얻을 수 있다면 그것이 최상의 평화인 거죠. 그런 면에서 군의 목표와 진보정부가 추구하는 평화의 목표가 서로 다르지 않다고 할 수 있죠. 군사 분야에서 보장에 관한 합의들이 되지 않으면 남북이 왕래하고 교류하며 협력할 수 없습니다. 아까 2007년 10·4 남북정상선언 때의 경험을 이야기했지만, 우리 정부 때 군이 앞장서서 군사합의를 체결하고 이행에도 최선을 다해줬기 때문에 남북관계를 진전시키고 평화를 구축해나가는 데 큰 도움이 됐어요. 김정은 위원장도 그런 이야기를 하더라고요. 군이 말을 잘 듣지 않는다, 자기도 군 설득하는 데 애먹고 있다, 어려움을 겪고 있다고요. 번번이 발목을 잡는다는 거예요.

최종건 여담이지만 대통령께서 사병 시절의 경험이 여러 가지 영향을 미쳤다고 하셨는데, 저도 기억에 남는 것이 있어요. 우리 정부 때 화살머리고지에 길을 만든 장병들, 판문점을 비무장지대로 변화시킨 장병들, 오솔길 프로젝트를 통해 북쪽으로 넘어가서 GP를 검증했던 장병들이 대충 따져보니까 1500~2000명 정도 되너라고요. 병사도 있고 부사관도 있고. 그들의 경험이 한반도 프로세스에서 중요한 기억의 밑알이 되고 그들이 지도자로 성장하면 참 좋겠다는 생각이 듭니다.

결국 민주주의와 군의 관계에 대한 이야기가 되는 셈인데, 특히 우리는 이런저런 어두운 기억이 많지만 점점 좋은 기억들도 생

변방에서 중심으로

기고 있어요. 한 가지 아쉬운 점이 있어서 드리는 질문인데요. 저는 솔직히 우리 정부 때 민간인 출신 국방장관이 나올 줄 알았습니다. 일단 문민통제 차원에서도 상징적으로 민간인이 국방장관을 한 사례가 아직 없고요. 대통령님은 장성 출신만 국방장관으로 임명하셨습니다. 어떻게 생각하십니까? 혹은 민간인을 고려하셨습니까?

문재인 실제로 군도 문민통제의 대상이 되어야 되기 때문에 민간 출신 장관이 바람직하다고 생각합니다. 그렇지만 남북 간의 위기가 고조된다거나, 한편으로 대화가 진행되고 있지만 그 대화를 군이 뒷받침을 잘해야 되는 이런 시기에는 군을 잘 통솔할 수 있는 사람이 필요하다고 생각했어요. 자신이 없어서 민간 출신 국방장관까지 가지 못한 겁니다. 노무현 정부 때도 같은 목표를 가지고 있었어요. 임기 중에, 적어도 임기 마지막에는 민간 출신 국방장관을 목표로 했는데, 중간 과정으로 군에서 전역한 후 오랜 기간이 경과한 군 출신, 비육군 출신 장관 등 과도기적인 단계까지 나갔지만, 최종적으로 민간 출신 국방장관까지 가지는 못했죠.

우리 정부도 마찬가지로 그런 노력을 했어요. 특히 비육사 출신, 해군 또는 공군 출신 국방장관 등 다양한 모색을 했고, 국방부를 문민화하고 차관과 그 아래 최고 직위인 정책실장을 비롯해 실·국장들을 문민화해서 앞으로 언젠가 민간 출신 국방장관을 임명할 수 있는 역량을 키워나가기 위해 노력했어요. 아쉽지만 우리의 한계였죠. 다음 정부에서는 민간 출신 국방장관이 배출되기를 기대합니다.

최종건 대통령님이 말씀하신 한계는 군의 문제입니까, 우리 정치 영역의 문제입니까?

문재인 우리 정치 지형의 문제겠지요. 우리 군은 충성심이 강하기 때문에 문민 출신 장관이 잘 통솔할 수 있다고 생각해요. 우리 군은 그만큼 충분히 성숙했다고 봅니다. 그러니 군의 문제는 아니지요. 문제는 인사청문회를 거쳐야 하는데, 국회와 국민 여론이 받쳐줄지 자신이 없었던 거죠.

강한 국방과 평화를 이야기했지만, 대화의 노력 또는 평화프로세스가 국민들과 함께 가야 한다는 점에서 국민들을 불안하지 않게 하려면 강한 국방에 대한 신뢰가 뒷받침되어야 합니다. 우리가 한편으로 대화를 진행해나가면서 민간 출신 국방장관을 임명하는 것에 대해 국민들이 지지하지 않는다면 대화를 추진하는 동력이 떨어질 수 있기 때문에 조심스러운 것이죠. 더구나 무조건 낙마를 목표 삼아 흔들기로 일관하는 인사청문회의 현실을 생각하면 더욱 그렇고요. 정부의 의지도 필요하지만 정부의 의지를 수용해줄 수 있는 국민들의 인식과 정치 지형이 따라와줘야 가능한 일이라고 생각합니다.

최종건 보수적인 정부가 들어서면 그들은 군과 잘 지내는 것처럼 보입니다. 그런데 진보정부가 들어서면 약간 긴장이 있는 것처럼 보이기도 합니다. 사실 여부를 떠나서요. 보수적인 언론의 작용일 수도 있고요. 과거 군부독재 경험 때문에 그런 선입견을 갖게 되는지도 모르지요. 향후 진보정부와 군은 어떤 관계를 수립해야 될까요? 민주주의가 더 성숙되어간다면, 민주정부와 군은 어떤 관계를 지향해야 할까요?

문재인 역시 두 가지입니다. 하나는 정치적인 중립, 정부가 어떻게 바뀌든 군은 본연의 사명에 충실하면서 정치 지형의 변화에 휘둘리지 않아야 한다는 거죠. 또 하나는 평화를 만들어가는 과정에서 정부와 군이 동반자가 되어야 한다는 것이죠. 그러기 위해서는 군이 하루빨리 과거의 냉전적 인식에서 벗어나야 해요. 그럴 때 군은 국민의 신뢰와 존경을 받게 되고, 국민 속의 군대가 될 수 있는 것이죠. 그래야 진보정부든 보수정부든 군과의 관계가 올바르게 정립될 테죠.

　　미국에서 아들 부시 대통령 때 군 출신인 콜린 파월 국무장관이 이라크 전쟁에 반대했던 일화를 앞에서 말했지만, 트럼프 대통령 때 매티스 국방장관도 트럼프 대통령이 전쟁을 검토한다는 등의 충동적인 말을 할 때마다 제동을 걸었고 그로 인해 대통령과의 관계가 불편했다는 사실이 알려졌죠. 두 사람 모두 참군인으로 칭송받았습니다.

　　마크 밀리Mark Milley 미 합참의장도 참군인이었어요. 그는 트럼프 대통령이 백악관 부근 교회를 방문할 때 근처에 있다가 의도치 않게 동행한 것 때문에 군의 정치적 중립 의무 위반이라는 비판을 받자 "제복을 입은 장교로서 실수였다"라고 즉각 공개 사과하고, 언론 인터뷰에서 "나는 군인입니다. 미국의 기본 원칙은 군대가 정치에 개입하지 않는 것입니다"라고 말했죠.[*] 그의 합참의장 이임사는 많은 사람에게 감명을 주었습니다. 우리 군 지휘관들과 군에 개입하는 정치인들이 반드시 되새겨봐야 할 내용입니다.

"우리가 수호하겠다고 서약한 것은 국가도, 집단도, 종교도, 왕이나 왕비도, 폭군이나 독재자도 아닙니다. 독재자가 되려는 사람도 아닙니다. 우리는 개인을 수호하겠다고 서약한 것도 아닙니다. 우리가 수호하겠다고 서약한 것은 미국의 헌법이고, 미국이라는 이념입니다. 우리는 그것을 지키기 위해 기꺼이 죽을 각오를 합니다."[**]

최종건 군도 해야 할 일이 많을 것 같습니다. 민군관계를 여쭤보는 이유는 5년 정부의 임기를 마치고 돌아오니 군만큼 또다시 확 변한 것처럼 보이는 조직도 없어서 안타깝고 섭섭한 면이 있기 때문입니다. 대통령님이 중립이라는 표현을 하셨지만 정책도, 그들의 언어도 확 변했기 때문입니다. 문재인 정부와 윤석열 정부에서 여러 부처가 변하긴 했지만 국방부가 가장 많이 변한 것 같아서요. 우리가 그만큼 정성을 기울였는데….

- [*] Jeffrey Goldberg, "THE PATRIOT: How General Mark Milley protected the Constitution from Donald Trump", *The Atlantic*, November, 2023.
- [**] 밀리 합참의장의 연설 원문은 다음과 같다. "We don't take an oath to a king, or a queen, or to a tyrant or dictator, and we don't take an oath to a wannabe dictator. We don't take an oath to an individual. We take an oath to the Constitution, and we take an oath to the idea that is America, and we're willing to die to protect it." C-SPAN, "Mark Milley Remark at Fairwell Ceremony", 2023. 9. 29 참조.

문재인 그래도 많은 진전이 있었죠. 2007년 10·4 남북정상선언 때의 남북 간 평화프로세스에 대해서 군이 냉담하고 비협조적이었던 것에 비하면 우리 정부 때 평화프로세스에 대해서는 군이 적극적으로 참여하고 역할을 해주었고요. 우리 쪽을 지지하는 군 출신들의 맨파워 면에서도 과거에 비해 폭이 많이 넓어지고 커졌죠.

한미 미사일 지침을 철폐하다

최종건 좀 즐거운 이야기를 하겠습니다. 미사일에 관한 이야기입니다. 국가안보실의 이상철 차장 증언에 의하면, 가장 놀라고 당황스러웠던 일이 대통령님이 2017년 6월 23일 갑자기 국방과학연구소 ADD, Agency for Defense Development 안흥종합시험장에 가겠다고 지침을 내려서 국방과학연구소가 발칵 뒤집어졌던 것이라고 합니다. 왜냐하면 그날이 현무-2 발사시험을 하는 날이었기 때문인데요. 대통령님은 29일에 미국을 가시기로 예정되어 있었죠. 그러니까 방미 직전이었습니다. 임기 한 달 좀 넘었을 때고요. 왜 그때 예정에도 없이 안흥종합시험장을 방문하셨습니까?

문재인 임기 한 달이라는 시점보다 미국 방문을 앞두고 있는 시점이었다는 게 중요한데요. 당시 북한이 미사일 도발을 계속하고 있는 상황이었기 때문에 북한의 핵과 미사일에 대한 대응 차원에서 우리의 미사일 능력이 어디까지 와 있나 확인하고 싶었어요. 또 한미정상회담 때 예정된 의제는 아니었지만, 그 회담을 통해서 한미 미사일 지침을 폐지하거나 적어도 개정해야겠다고 생각하고 있었기 때문에 우리의 미사일 능력이 어디까지 와 있고, 한미 미사일 지침이 우리에게 어떤 제약을 가하고 있는지 직접 확인하고 회담에 임할 필요가 있었죠.

최종건 미사일 지침은 취임 전부터 철폐시켜야겠다고 생각하셨습니까? 안흥시험장에 가셔서 생각하신 겁니까?

문재인 과거 국회 국방위 시절부터 가지고 있던 생각이었죠.

최종건 왜 미사일 지침을 없애야겠다고 생각하셨습니까? 당연한 일인 것 같습니다만.

문재인 우리의 미사일 주권 면에서 당연한 일이죠. 그렇게 규제받는 나라가 없어요. 남북 간의 경쟁 차원에서 보더라도, 북한이 계속 미사일을 단거리에서 중거리로, 일본을 넘어가는 미사일을 쏘기도 하고, 점점 괌으로 가고… 이런 식으로 미사일 능력을 빠르게 고도화해가고 있는 데 비하면, 우리의 미사일 능력은 미사일 지침으로 인해 족쇄가 채워져 있는 거예요. 이게 말이 안 되는 비합리적인 상황이잖아요. 이 상황을 해소하는 것은 꼭 필요한 일이었어요. 그래서 한꺼번에 폐지할 수 있으면 좋지만, 그렇게 안 되더라도 개정에 개정을 통해서라도 결국 폐지까지 나가야 된다는 목표를 가지고 있었죠. 그래서 그 점을 정확하게 알고 싶었던 거예요. 트럼프 대통령을 설득하자면 우선 내가 알아야 하니까요.

최종건 현무-2, 정확하게 발사해서 아주 작은 타깃 박스 안에 딱 명중했다고 하죠. 당시 박종승 미사일연구실장은 대통령님 오시는 것을 반대했다고 합니다. 실패할 것을 걱정했고요. 다행히 성공해서 대통령님을 붙잡고 엉엉 울었다고 이상철 차장 등 거기 있었던 사람들이 증언하더라고요.

문재인 대통령 앞에서 실패하면 어쩌나 걱정한 거죠. 실패라는 것을 두려워할 필요가 없는 건데, 실패하면 실패를 통해서 더 발전해나가면 되지요. 설령 대통령이 참석한 자리에서 실패한다 해도 실패를 통해 배운다고 생각하면 그만인데, 군 문화라는 게 대통령이 오는 자리에서 제대로 성공하지 못하면 어떡하냐는 압박이 컸던 거죠. 그것은 나중에 나로호 엔진 시험이나 발사 때도 마찬가지였어요. 내가 가는 것에 대해서 걱정하고 부담스러워할 때가 많았어요. 나는 실패를 두려워하지 마라, 실패해도 괜찮다, 늘 다독이곤 했죠. 어쨌든 그런 걱정을 무릅쓰고 내가 참관을 하게 된 건데, 거기서 아주 멋있게 성공을 하니까 미사일 개발 책임자였던 박종승 연구실장이 나를 붙잡고 감격에 겨워서 펑펑 울더라고요.

최종건 대통령님이 다독거리고 안아도 주시고….

문재인 안아주니까 눈물이 터졌어요. 잘했다고 격려했더니 그 자리에서 펑펑 우는 거예요. 얼마나 마음고생이 컸으면….

최종건 그때 거기 있었던 사람들 증언에 의하면, "대통령이 뭘 해줘야 하느냐"고 물으셨다던데, 결국은 말씀하신 것처럼 미사일 가이드라인 철폐를 염두에 두신 거죠?

문재인 그렇죠.

최종건 대통령님 마음속에 한반도 평화프로세스를 추진해야겠다는 굳은 의지가 있었고, 동시에 미국으로 가기 전에 '미사일 시험하는 장면도 볼 거야, 미국 가서 미사일 지침 풀 거야'라는 결심이 있었다는 거잖아요. 대화를 위해 국방력 강화에 처음부터 집중하셨다고 평가해도 되는 겁니까?

문재인 그렇다고 할 수 있겠죠. 그때는 한미가 최대한의 압박 전략에 대해서 공조하고 있을 때죠. 물론 그 목표는 군사적 긴장을 높이고자 하는 것이 아니라 북한을 대화로 이끌어내기 위한 것이었어요. 미국은 몰라도 우리는 그런 입장이었죠. 트럼프 대통령과 정상회담을 할 때도 우리가 한편으로는 북한의 비핵화가 평화적인 방법으로 이루어져야 한다, 압박도 대화를 이끌어내기 위한 수단이라고 요구하면서, 다른 한편으로는 우리가 국방예산 많이 늘렸다, 미사일 지침도 해제해달라, 우리 군 스스로 강해지겠다고 접근한 것이 '대

2017년 6월 23일 국방과학연구소 안흥종합시험
장에서 탄도미사일 발사 성공 후 감격한 박종승
미사일연구실장을 격려했다.

화를 통해 평화적으로 비핵화한다'는 우리 입장에 미국이 동의하게 만드는 요인이 되었다고 생각해요. 그렇게 종합적으로 볼 필요가 있다고 봅니다.

최종건 저도 오늘 대담을 준비하면서 우리 정부 기간에 어떤 미사일들이 개발되고, 실전배치되고, 실험됐는지를 살펴봤습니다. 상당히 많은 기종과 높이 날아가는 무거운 탄두를 가진 미사일도 있었고, 물밑에서 솟아오르는 여러 가지 미사일도 있었습니다. 사거리도 북한을 넘어섰고요.

문재인 그때 안흥시험장에서 내가 참관한 것은 현무-2 발사시험이었는데, 사거리 800km, 탄두중량이 500kg이었어요. 박종승 실장한테 대통령이 해줘야 될 일이 뭐냐 물었더니, 사거리와 탄두중량에 대한 제약만 풀어주면 좋겠다, 2톤 정도 탄두중량은 우리가 이미 기술을 확보하고 있으니 그것부터 풀어달라, 2톤짜리 탄두중량이 되면 500kg짜리 미사일 여러 발이 명중되어야만 달성 가능한 목표를 2톤짜리 미사일 한 발로 달성할 수 있다, 그래서 북한의 핵탄두에 대한 최고의 억제 전력이 될 수 있다고 아주 설득력 있게 얘기하더라고요.

내가 그 설명을 트럼프 대통령한테 그대로 해주었죠. 트럼프 대통령이 그 말 듣고는 단번에 아무런 토 달지 않고 그런 식의 비합리적인 규제가 있었냐, 바로 풀어주겠다, 옆에 있는 참모들에게 빨리 조치 취하라는 식으로 지시했는데, 막상 끝나고 나니까 실무협의 단계에서는 미국 측에서 트럼프 대통령이 너무 나간 발언을 한 거다 하는 식으로 지지부진하게 대응했어요. 그래서 그다음에 트럼프 대통령하고 통화할 때 한 번 더 재촉했죠. 아니 그때 다 하기로 했는데 잘 안 되는 것 같다고 하니까, 트럼프 대통령이 격노하다시피 독촉을 해서 탄두중량에 대한 규제를 먼저 풀었죠.

최종건 그게 2017년 9월이었던 것 같네요. 같은 해 11월 트럼프 대통령이 방한했을 때 공식적으로 미사일 지침이 개정되었습니다.

문재인 그렇습니다. 그리고 우리 우주발사체에 대해서 고체연료 사용 금지 부분도 풀렸죠. 그것도 말이 안 되는 규제였어요. 우리만 받고 있는 규제였는데. 마지막으로 사거리에 대한 제한도 풀었는데, 이 사거리 부분에 대해서 주변 국가들이 북한을 넘어선 것 아니냐고 민감해할 수 있지만 그 나라들은 훨씬 앞선 장거리 발사 미사일 능력을 갖고 있고, 실전배치까지 하고 있는 나라들이죠. 그래서 우리가 주권국가로서 포괄안보라는 차원에서 전방위적인 잠재위협에 대한 방위능력을 갖추는 것은 시비할 수 없는 일이라고 생각해요.

최종건 대통령님이 트럼프 대통령과 미사일 지침 해제 관련해서 말씀 나누셨을 때, 정의용 안보실장의 증언에 의하면, 자기 옆에 미국 안보보좌관 맥매스터가 앉아 있었다고 합니다. 그래서 두 분 말씀 나누는 것 보고 정의용 실장이 냅킨에다가 "잘 들었지요? 두 대통령님의 말씀을요. 이거 합시다You heard it, right? You heard two

Presidents. Let's do this"라고 쓰니까 맥매스터가 약간 당황하더라는 거예요.

문재인 그래서 내가 트럼프 대통령에게 그 이야기도 했어요. 미사일 규제가 비합리적일 뿐만 아니라, 그렇게 되니까 북한의 미사일에 대한 대응능력을 미국에 의존하게 되는데, 우리 스스로 능력을 갖추면 미국의 부담도 훨씬 줄어드는 것 아니냐, 그렇게 설득하니 트럼프 대통령이 단번에 이해하고 수용하는 것이 상당히 놀라웠어요.

최종건 2021년 5월 21일, 트럼프 정부가 끝나고 바이든 정부와 처음이자 마지막으로 워싱턴에서 정상회담을 하셨을 때 미사일 지침이 종료되었습니다, 회담의 성과로.●

문재인 트럼프 대통령과 합의가 있었기 때문에 그 뒤에 완전 종료까지 가는 것은 예정된 수순이었습니다.

최종건 제가 당시 차관이어서 모니터링하고 있었습니다. 혹시라도 중국이나 러시아가 이상한 소리를 할까 봐요. 우리 나름대로 대응

● 미사일 지침은 2021년 5월 21일부로 종료되었다. 문재인 정부와 트럼프 정부는 2017년 11월 최대사거리 800km, 탄두중량 무제한 개정 합의 후, 2020년 7월 개정을 통해 우주발사체에 대한 고체연료 사용 제한 규정을 철폐했다. 그리고 마침내 2021년 5월 21일 한미 정부는 문재인-바이든 정상회담의 성과로 미사일 지침을 종료하기로 합의해 양국 정상 공동선언문에 담았다.

　　　　　　　　　　　　　　　　변방에서 중심으로

하기 위한 토킹 포인트도 준비해놓고 있었는데 조용하더라고요.

문재인 그래서 그때 미국 트럼프 대통령의 반응이나 미사일 지침 완전 종료까지 간 속도를 보면, 우리 전 정부에서도 충분히 요구할 수 있는 거였고, 그때도 요구했었더라면 진전이 있었을 것이라고 생각해요. 그런 노력 없이 손 놓고 있었다는 것은, 말로만 안보를 이야기했을 뿐 실제로는 등한시한 것이었죠.

최종건 우리 과학계 혹은 공학계는 충분히 역량이 있는데, 특히 미사일 관련해서, 미사일뿐만 아니라 우주로 가는 엔진 혹은 발사체 개발을 한미동맹의 이름으로 묶어놨다는 것이 되게 역설적이었던 것 같아요.

문재인 그렇죠. 아마 지금 탄두중량 4톤 정도까지는 알려진 것 같아요.● 정부가 공식 발표한 것은 아니지만 이런저런 전문가들에 의해서 알려진 것 같고, 구체적으로 밝힐 순 없지만 그보다 훨씬 더 위력적인 탄두중량을 우리가 확보하고 있어요. 4톤만 하더라도 세계에서 가장 무거운 탄두중량이라고 합니다. 그래서 괴물 미사일이라고 부르는데, 그보다 훨씬 무거운 중량도 확보하고 있고, 사거리 면에서도 훨씬 더 긴 사거리 기술을 축적할 수 있게 됐죠. 장거리 미사일 발사 능력은 우주발사체 능력하고 같이 가는 것이기 때문에

● 〈군, 사거리 500km에 탄두중량 4톤 미사일 확보〉, 노컷뉴스, 2020. 2. 18.

우리의 우주 능력에 큰 도움이 됐죠.

최종건 우리가 말이 쉬워서 2톤, 3톤 그러죠. 코끼리가 몇 마리겠습니까? 코끼리 한 마리가 1톤이라 쳐도 4톤이면 코끼리 네 마리를 쏘는 건데요. 당시 2017년 6월 23일 안흥에서 박종승 실장이 대통령님께 "우리가 2톤만 실어서 쏠 수 있으면 사실상 핵폭탄급입니다"라는 말을 했다고 들었습니다.

문재인 "핵폭탄에 버금간다"고 이야기했지요. 사실 파괴력이 핵폭탄과는 비교가 안 되지만 2톤, 4톤⋯ 탄두중량이 무거울수록 지하관통력이 커지기 때문에 지하 군사시설에 대한 파괴력은 핵폭탄보다 크다는 것이죠.

최종건 특이하죠. 트럼프 대통령이 즉각 호응했고 그 일이 추진되었다는 것이요. 그러나 그전 정부들은, 미국 정부가 되었든 우리 정부가 되었든, 미온적이었다는 것이 아이러니합니다.

문재인 그러니까요. 기존의 한미동맹이라는 것에 그냥 안주하고 있었던 거죠.

최종건 역사가 어떻게 기억할지 모르겠지만, 대통령님은 최초의 병장 출신 대통령이고 미사일 대통령입니다. 대통령님은 현무-2만 보신 것이 아니라 현무-3도 가서 보셨습니다. 현무-3은 순항미사일인데, 사거리가 3000km에 달하는 미사일이었어요.

문재인 단순한 순항미사일이 아니라 초음속 순항미사일이었어요.

최종건 4톤까지 알려져 있습니다만 더한 것도 가서 보신 걸로 공개·비공개로 알려져 있고요. 그리고 우리 정부에서 최초로 잠수함에서 미사일을 발사하는 SLBM을 개발했습니다. 사실 북한이 SLBM을 개발하느냐, 했느냐 논란이 있었지만 우리가 먼저였죠.

문재인 북한이 SLBM 시험발사에 먼저 성공했다고 발표했는데, 북한은 잠수함에서 발사한 것이 아니라 바지선에 발사대를 설치하고 한 것이어서 완전한 성공이 아니었어요. 우리는 바지선 시험발사에 이어 실제 3000톤급 잠수함에서 발사에 성공했기 때문에, 우리가 세계에서 일곱 번째로 SLBM을 전력화한 나라가 된 겁니다. 보도에 의하면 북한도 최근에 잠수함 시험발사에 성공한 것으로 보입니다.

최종건 이것도 기록상 말씀드리고 싶은데, 우리 정부 때 미사일 개발에 박차를 가했을 뿐만 아니라, 2022년 4월 기존의 육군미사일사령부를 육군미사일전략사령부로 확대 개편했습니다. 동시에 북에서 날아오는 미사일을 방어하기 위해 공군방공유도탄사령부를 공군미사일방어사령부로 확대 개편했습니다. 그리고 2019년 9월 1일 우주작전대라는 것을 창설했어요. 기상위성에 이어 정찰위성 시대를 열었죠. 이런 것들은 잘 알려지지 않아서 제가 얼마 전에 청와대 홍보실 사람들하고 저녁을 먹을 때 "당신들 일 안 했다"고 농담 반 진담 반으로 이야기했어요. 이렇게 많은 것을 했는데 덜 알려진 거죠.

문재인 국방력이 증대된 부분에 대해서는 홍보하기가 어려운 점이 있어요. 우리가 전략적으로 숨겨야 할 부분도 있고요. 주변국들 관계를 생각하면 우리가 조용히 추진해가야 되는 일도 있어서 충분히 홍보를 다 못 한 것도 있죠. 노무현 정부 때 강정해군기지만 해도 대양해군의 교두보를 위한 거라는 점을 그때는 제대로 설명할 수 없었지요.

최종건 노무현 정부 때 이지스함을 획득한 것에 대해 당시 말이 많았거든요. 하지만 그때 이지스함을 획득해서 지금 우리가 잘 사용하고 있고, 독도함도 마찬가지죠. 제 소견으로는 문재인 정부의 국방 레거시legacy가 여러 가지 있지만, 그중에서도 핵심은 미사일이 되지 않을까 싶습니다. 대통령님이 임기 끝까지 챙기셨던 것 하나가 현무미사일 발사체계였고요. 2021년 9월 15일에 현무-4 잠수함 발사 미사일을 직접 가서 보셨습니다.

톤수는 저희가 보안 때문에 말할 수 없지만 고위력 현무미사일도 직접 챙기신 경우가 많습니다. 미사일 지침도 마찬가지고요. 이런 점들을 종합해보면 문재인 정부의 국방력 레거시 중 가장 돋보이는 것이 미사일이 아닐까 싶습니다. 역사는 우리가 한반도 평화프로세스를 추진하기도 했지만, 주머니 속엔 비수를 감추고 있었던 정부라고 기록할 것 같습니다. 그 부분이 좀 많이 알려졌으면 합니다.

인권, 군 혁신의 핵심

최종건 이제 군 복지와 인권 분야에 대해 말씀을 나눠야 할 것 같아요. 개인적으로는 제가 아들을 군대에 보내고 복지가 많이 좋아졌다는 것을 느꼈습니다. 저는 96년도 군번인데, 그 당시 어른들은 요새 군대 얼마나 좋냐 했어요. 그러나 사실 여전히 매우 열악했지요. 지금도 본인들은 어떻게 생각할지 모르지만, 어른이 된 관점에서 보면 요새 군대 참 좋아졌다 생각이 되는데요. 대통령님은 선거 때도 그랬고, 재임 중에도 그랬고, 군 혁신의 핵심이 인권이고 복지라고 강조하셨어요. 그래서 장병 인권 보장이 상당히 개선됐고요. 복무여건 개선 정책 역시 상당히 실질적이었다고 봅니다. 특히 두 가지를 손꼽고 싶은데 하나는 복무기간 단축이고 두 번째는 봉급인상입니다. 물론 휴대폰 사용도 상당히 혁신적이었죠. 복무기간을 단축시키고, 봉급을 인상하고, 군에 있는 동안 사회로부터 단절되지 않도록 휴대폰을 사용하게 한 것입니다. 그 밖에 군 사법제도 개혁, 인권보호 강화, 여군 인력 증원… 특히 이것은 전 정부와 차별되는 것 같고요. 저는 진보적인 것이 좋았습니다. 역설적으로 보수에서 군 인권 이야기하면 어색하게 느껴져요. 그들이 펼쳤던 정책과 달랐으니까요.

문재인 우리가 분단국가로서 북한하고 대결하는 상황이기 때문에 안보, 국방이 무엇보다 중요한 나라잖아요. 늘 그렇게 말해왔죠, 역대 모든 정부가. 그렇다면 장병들을 충분히 대우해야 하는데, 반대로 처우가 형편없이 열악한 거죠. 이들을 제대로 대접하고 예우해야 마땅하다고 생각했어요. 특히 사병들 경우는 국방의무가 있다는 이유로 가장 한창일 때 2~3년이라는 긴 기간을 제대로 된 급여도 없이 외부와 단절된 가운데 국가에 그냥 바치게 한 거잖아요. 각 개인에게 지나친 희생을 강요하는 거죠. 국방의무가 있다고 하더라도 사병들의 복지나 처우에 대해서 충분히 대우해야 한다, 그래서 재정상황 때문에 단숨에 일반 직장처럼 처우해주진 못할지라도 그 목표를 향해 다가가야 된다는 생각을 예전부터 굳게 갖고 있었어요.

최종건 사람들이 동의하는 것 중 하나가 복무기간 단축입니다. 사실 아들을 둔 부모 입장에서 보면 당연히 군대에 보내야 된다고 생각하지만, 복무기간이 단축되는 걸 반대할 사람은 별로 없을 겁니다. 그런데 역설적으로 보수 쪽이나 군 경험이 있는 분들 쪽에서 반대나 시기상조라는 의견이 많았어요. 그럼에도 18개월로 단축을 시켰거든요.* 한편으로 보면 당시 안보 상황이 안 좋았고 재정도 타이트

● 참여정부 당시 발표한 '국방개혁 2020'은 군의 의무복무기간을 2008년부터 6개월을 줄여 육군 기준 24개월에서 18개월로 단축하는 방안을 추진했다. 그러나 이명박 정부는 병 복무기간 단축을 21개월까지만 추진했고, 2011년부터 중단시켰다. 문재인 정부는 '국방개혁 2.0'을 통해 2018년부터 육군·해병대는 21개월에서 18개월로, 해군은 23개월에서 20개월로, 공군은 24개월에서 21개월로 점진적으로 단축했다.

했고요. 그런데 군 장병들의 복무기간을 줄인다?

문재인 그것도 꼭 그렇지 않은 것이 우선은 국방의무를 위한 개인의 희생을 최소화할 필요가 있는 것이고, 두 번째로는 국방력이라는 차원에서 볼 때도 과거 노무현 정부 때만 해도 현역 복무 비율이 40~50%였어요. 그때만 해도 신체 강건한 사람만 군대를 갔죠. 그 사람들의 희생과 군대를 면제받거나 비현역 복무를 하는 사람들 사이에 불공정이 지나치게 심했던 거예요.

그런데 요즘은 군이 현대화되면서 레이더, 컴퓨터, 전산 같은 과학기술병과에는 신체의 강건함이 필요 없는 직무가 얼마든지 있어요. 그래서 맞춤형 배치를 하고 보직을 주기만 한다면, 군 복무를 도저히 감당할 수 없는 소수를 제외하고는 다 군 복무를 함으로써 현역병 입영을 둘러싼 각종 비리도 해소되고, 군대 간 사람과 안 간 사람의 불공정도 해소가 되죠. 또 남성 대부분이 군 경험을 가짐으로써 유사시 예비군 전력으로 이어질 수 있죠. 사병으로 군 복무를 해보면 18개월 정도 복무로도 군에서 필요한 기능들은 충분히 갖출 수 있어요. 복무기간 단축이 국방력 약화를 초래하는 것은 아니라는 것이죠.

최종건 복무기간을 18개월로 하면, 군생활 할 만하면 내보내야 한다, 훈련시켜놨더니 나간다고 말씀하시는 분들이 있어요. 그런 분들은 너무 옛날 군대, 옛날 무기체계만 보는 것이 아닌가 하는 생각이 듭니다.

문재인 병력 집약적 군 개념에 잡혀 있는 거죠. 남성 대부분이 현역 복무 경험을 하게 함으로써 남성 대부분을 예비역 자원으로 양성한다고 생각하면 쉽죠.

최종건 대통령님이 외국 가서 세일즈도 하셨습니다만, K9 자주포만 보더라도 옛날에 155mm 소위 똥포라고 하던 것을 7~8명이 운영했는데, 이제는 3~4명 정도면 옛날의 자주포보다 훨씬 강한 전투력을 발휘하죠. 지금은 인구절벽으로 병역자원이 줄어드는 만큼 군의 현대화·자동화를 더욱 가속화할 필요가 있는 것 같아요.

문재인 그렇죠. 지금은 전방 경계만 해도 과거에는 전부 경계병들이 일일이 해야 했던 임무들을 여러 가지 과학감시 장비들이 대체하고 있지요.

최종건 여담입니다만, 과학 장비가 좋긴 한데 박근혜 정부 때 하도 전방이 뚫리니까 차라리 개를 풀라고 했던 당시 국방위원도 있었던 걸로 기억하는데요. 18개월이면 충분하다고 생각하신 겁니까? 그 이하는 안 되는 것입니까?

문재인 그보다 더 단축하는 것은 우리 정부가 할 수 있는 과제는 아니고, 차기 정부의 과제일 텐데, 병력 자원이 인구절벽으로 줄어들면서 당분간은 현실적으로 어려움이 있지 않을까 싶어요. 18개월 단축이 우리 정부 때 처음 시도된 것은 아닙니다. 노무현 정부 때

변방에서 중심으로

이미 '국방개혁 2020'으로 점진적으로 18개월로 단축하는 계획이 시행되었는데, 이명박 정부에서 21개월로 줄어들었을 때 스톱해버렸어요. 그래서 우리 정부 때 다시 18개월로 줄이게 된 것이죠. 외국도 보면 전 국민이 군사적 능력을 갖추는 식의 국방 태세가 필요한 나라에서 짧은 군 복무기간으로 군에서 필요한 기능을 습득하게 해 예비군 자원이 되도록 하는 제도들이 있습니다. 우리 현실에서는 18개월 정도가 적절하다고 본 것이죠.

최종건 장병들은 좀 더 짧았으면 하는 생각들이 있더라고요. 그러나 18개월로 한 것은 저는 상당히 옳은 결정이었다고 봅니다. 대학생들 경우는 3학기거든요. 이번 봄 학기에 입대하면 내년 가을 학기에 복학할 수 있다는 심리적 안정감이 있습니다. 오늘 입대해도 내년에는 복학할 수 있다는 안정감이죠.

문재인 그래서 복무기간 단축으로만 간 것은 아니고 휴대폰도 사용할 수 있도록 했죠. 휴대폰 사용이 굉장히 큰 의미가 있다고 생각하는 것은, 군 복무기간에 사회로부터 단절되는 것으로 인한 인권적 차원의 문제가 심각할 뿐만 아니라 다시 사회로 복귀한 이후에도 장기간의 단절로 인한 어려움이 크기 때문입니다. 그래서 사회와 언제든지 소통이 되는 그런 군생활을 하는 것이 굉장히 중요하다고 생각했죠. 복무기간 단축 못지않게 중요했다고 생각해요.

최종건 대통령님은 2017년 5월 1일 입대 장병 가족들과 만난 자리에서 처음으로 휴대폰 사용 공약을 공개하셨죠. 그리고 취임 후 군 내부에서 여러 회의를 거쳐 시행이 되었고, 2020년 7월부터 일과 후에는 휴대폰을 사용할 수 있게 되었습니다. 매우 혁신적인 조치라고 생각합니다. 당시에 휴대폰 허용 조치만 시행한 것이 아니라 군 복무기간 단축도 논의가 되고 있는 상황이어서 군 일각에서는 보안 문제를 많이 지적했습니다. "어머니, 아버지! 나 오늘 무슨 훈련 갔어요" 이런 식으로 훈련 동향 등의 내용이 유출될 수 있다는 거였죠. 그래서 군의 저항이나 일반 국민의 인식을 생각하면 휴대폰 사용은 너무 이상적인 정책이라는 염려가 우리 내부에도 있었습니다.

문재인 내가 국회의원으로서 국방위원을 할 때 처음 문제 제기를 했어요. 그 당시에 국방장관, 당국자로부터 시범적으로 제한적 실시를 해보겠다는 답변까지 받았는데, 실제로는 거의 진전이 없었죠. 그래서 대선후보로서 공약을 하게 된 거죠. 군 내의 군무이탈과 자살 같은 사고들은 사회와 단절되었다는 고립감이 주요 원인이죠. 사회와 소통이 되면 정신적으로 어려운 상황을 충분히 이겨낼 수 있는데, 단절된 고립감 때문에 그런 선택을 하게 되는 거예요. 특히 현역 복무율이 굉장히 높아져서 지금은 90%가 넘는 상황인데, 그렇게 되면 우리가 관심병사라고 표현하는, 군생활에 적응하기 어려워하는 사람이 많아질 수밖에 없죠. 그러니 폐쇄적인 군대를 변화시킬 필요가 있었고, 그것은 복무기간 단축으로는 해결되지 않는 문제였어요.

10

국가가 끝까지 책임진다

문재인 회고록 외교안보 편

"보훈은 국가의 도리죠. 국가를 위해서 개인이 희생하고 헌신했을 때 국가가 보답하는 것, 이것은 기본적으로 국가가 해야 될 도리입니다. 그렇게 국가가 도리를 다할 때 국민들은 내가 국가를 위해서 희생하거나 헌신하면 국가가 그 헌신을 알아주고 우리 가족들을 보살펴줄 것이라는 믿음, 그런 믿음을 가질 때 국가에 대해서 진정으로 애국심을 가질 수 있게 되죠. 국가를 위해서 내 목숨까지도 바칠 수 있다는 강한 애국심도요. 그래서 보훈은 애국심의 원천이라고 말할 수도 있고요. 그 애국심이 군대의 정신이 될 때 그야말로 강한 국방의 토대가 되는 것이죠."

이념을 넘어서는 보훈

최종건 대통령님, 보훈 관련 대통령님의 연설문을 보니까요. 다른 대통령, 다른 정부와 많이 달라 보입니다. 어떤 때는 감정적으로 호소하고, 어떤 때는 매우 단호하게 말씀하면서 기회 있을 때마다 보훈과 국가의 책임을 강조하셨어요. 2021년 3월 26일 서해수호의날 연설에서는, 보훈을 위해 가장 많은 노력을 기울인 정부였음을 자부한다고 말씀하셨습니다. 국방정책과 보훈정책, 서로 보완적인 관계입니까?

문재인 그렇죠. 보훈을 바라보는 관점에서 우리 정부와 역대 정부의 가장 근본적인 차이점이라고 말할 수 있는데, 우리는 보훈정책을 안보정책의 한 축으로 보았어요. 우리는 강한 국방, 강한 안보를 임기 내내 추구했는데, 강한 안보는 보훈으로부터 출발하는 것이라는 개념을 가지고 접근했던 것이 근본적인 차이였다고 생각해요. 또 과거에는 호국보훈의 보훈에 중점이 있었는데, 우리 정부는 거기에 더해서 독립유공자들에 대한 보훈, 민주화 유공자들에 대한 보훈까지 세 영역을 합쳐서 균형 있게 보훈을 추진했다는 것이 차이라고 할 수 있습니다. 나아가 파독 노동자와 간호사, 청계천변 시장에서 고생했던 그 시절의 여공들까지 국가유공자의 개념을 확장했고, 국가유공자 초청 행사에 그분들을 함께 모시기도 했지요.

최종건 대통령님이 보훈의 개념을 확장하신 거죠. 호국 개념의 보훈은 전쟁이나 군과 직접적인 연관이 있는데, 문재인 정부는 보훈을 우리 근대사와 궤적을 같이하는 것으로 확장시켰습니다. 독립유공자는 그전에도 물론 기념하고 모시고 했습니다만, 우리 정부는 후손들까지, 또 여성 독립유공자까지 대상을 넓혔습니다. 대통령님에게 보훈은 왜 중요했습니까?

문재인 보훈은 국가의 도리죠. 국가를 위해서 개인이 희생하고 헌신했을 때 국가가 보답하는 것, 이것은 기본적으로 국가가 해야 될 도리입니다. 그렇게 국가가 도리를 다할 때 국민들은 내가 국가를 위해서 희생하거나 헌신하면 국가가 그 헌신을 알아주고 우리 가족들을 보살펴줄 것이라는 믿음, 그런 믿음을 가질 때 국가에 대해서 진정으로 애국심을 가질 수 있게 되죠. 국가를 위해서 내 목숨까지도 바칠 수 있다는 강한 애국심도요. 그래서 보훈은 애국심의 원천이라고 말할 수도 있고요. 그 애국심이 군대의 정신이 될 때 그야말로 강한 국방의 토대가 되는 것이죠.

최종건 시대를 돌이켜보면 민주화 이전의 보훈과 민주화 이후의 보훈이 다른 것 같습니다. 특히 민주주의가 성숙될수록 보훈이 확장되고 예우가 더 강화되는 경향이 있습니다. 보훈정책의 중요성이

2017년 6월 15일 청와대 영빈관에서 열린 국가유
공자와 보훈 가족들을 위한 오찬 행사. 독립유공
자는 이전에도 기념하고 모셨지만, 문재인 정부
는 그 후손들과 여성 독립유공자까지 대상을 넓
혔다.

커지고 확장되었다는 것은 그만큼 우리의 민주주의가 성숙되었다고 볼 수 있는 겁니까?

문재인 그렇게 생각합니다. 과거에는 우리나라가 군부독재와 권위주의 독재 시절을 거치면서, 반공 이념에 입각해 북한과의 전쟁과 대결, 그 과정에서 생긴 희생에 대한 보훈이라는 좁은 의미의 호국보훈을 중심으로 보훈을 생각했죠. 그러나 호국이라는 개념은 그것으로만 좁혀질 수 없는 것이죠. 구한말 기울어져가는 나라를 지키기 위해 했던 의병활동도 그 시기의 호국인 것이고, 나라를 잃었을 때 나라를 되찾기 위해서 희생하고 헌신했던 독립운동도 그 시기의 호국이죠. 정부 수립 이후에 한국전쟁 등을 통해서 대한민국의 자유민주주의를 지키기 위해 헌신했던 희생도 물론 그 시기의 호국인 것이고요. 그래서 호국이라는 개념도 구한말 의병시대부터 지금에 이르기까지 시기마다 다른 모습으로 분출되는 것이죠.

계량적으로 설명할 수 있는 것은 아니지만, 개인의 희생이나 헌신의 강도로 볼 때 가장 처절한 호국이라고 할 수 있는 것은 독립운동이겠죠. 왜냐하면 정부 수립 이후의 호국은 그나마 국가의 뒷받침이나 체제 속에서 행해진 것인 데 비해, 일제시대 때 독립운동은 국가의 아무런 지원이나 뒷받침 없이 오로지 개인의 희생과 헌신에 의해서만 이루어진 것이기 때문이죠. 그래서 독립운동이야말로 좁은 의미의 호국보훈보다 더 높이 기려야 할 보훈 영역이라고 생각합니다.

최종건 대통령님 말씀을 들어보면, 보훈정책을 올바르게 수립하고 확장시키는 것이 국가 정통성과도 관련이 있겠습니다.

문재인 당연히 그렇습니다.

최종건 독립운동은 국가가 없었던 시절에 국가를 되찾기 위한 운동이었고, 국가가 건립된 이후에 그것에 대해 보훈하는 것은 역사적 정통성을 이어가는 것이라 보면 되겠습니까?

문재인 그렇죠. 그렇게 봐야 되는 것이죠. 일제시대 때 우리가 국가가 없었던 것은 아니고, 국가는 존재했어도 국권을 잃었던 시기였죠. 그 시기에 국권을 되찾기 위한 수많은 사람의 노력을 지금 군사적인 호국 못지않게 우리가 기려야 하는 것입니다. 그 시기의 독립운동이 더욱 값진 것은, 3·1 독립운동만 생각하더라도 그 주역들은 우리 사회의 특별한 지도자들이 아니었어요. 학생, 머슴, 장돌뱅이, 기생, 나무꾼 할 것 없이 일반 민중들이 광범위하게 참여했죠. 이른바 나라 잃은 백성들 모두가 주역이었던 거예요.

무장독립운동도 초기에 의병운동의 영향이 남아 있던 때는 양반 출신 지도자가 많았는데, 그 이후 홍범도 장군 시기에 접어들면 포수 같은 일반 민중 출신이 독립군 활동의 중심이 됐죠. 그것이 어떤 의미가 있느냐 하면, 우리 독립운동이 무너진 왕조를 되살리기 위한 운동에서 벗어나 국민주권의 민주공화국을 건립하기 위한 운동으로 발전했다는 점에서 특별한 의미가 있습니다. 그래서 독립운동이야말로 오늘날 우리 대한민국의 뿌리이고 정통성이라고 말할 수 있는 것입니다.

최종건 그렇다면 보훈과 이념은 어떤 관계가 있습니까? 보훈은 체제와 제도의 문제이기도 한데, 그렇다면 보훈이 이념으로부터 자유로울 수 있을까요?

문재인 이념이 보훈을 제약하는 것은 분단이 남긴 상처라고 할 수 있겠죠. 이념이 우리 국민들 간에 대결 구도로 자리 잡게 된 것은 해방 이후부터거든요. 더 구체적으로는 해방공간의 이념대립으로 부터 시작해서 남북한 정부가 따로 수립되고 난 후에 이념이 동족간 대결의 형태로 나타나게 됐죠. 그 이전의 일제시대까지만 해도 이념은 독립운동의 방편이었을 뿐이거든요. 그 당시에는 사회주의 계열이라고 해도 사회주의 자체를 독립운동의 수단으로 생각했던 것이니까요.

　예를 들어, 그 당시에는 소련이 전 세계 많은 식민지 민중들에게 희망이 되었고, 실제로 식민지 해방운동을 지원했죠. 그래서 식민지 조선에서 독립운동을 전개한 모든 세력, 심지어 임시정부와 미국에 있던 이승만 계열까지도 모두 모스크바 코민테른 회의에 대표단을 보낼 정도로 이념을 적대적인 것으로 생각하지 않았고 오히려 지원을 기대했어요. 그래서 그 시절의 독립운동을 이념으로 나눈다는 것은 오늘의 잣대로 과거를 보는 것이어서 올바른 평가가 될 수 없는 것이죠.

최종건 한 개인이 나라의 독립을 위해 희생하고 헌신했는지, 그 희생과 헌신이 독립에 기여했는지는 역사적인 평가의 대상인데, 그것을 이념의 잣대로 평가하는 것 자체가 문제라는 생각이 듭니다.

문재인 맞습니다. 그래서 실제로 우리 독립운동사가 사회주의 계열이 배제되면서 거의 절반 정도는 공백 상태가 된 것이거든요. 그것이 우리 독립운동사가 상대적으로 초라해 보이는 이유이기도 합니다. 많은 부분을 점하고 있던 사회주의 계열의 독립운동을 배제하고 역사에서 지워버렸기 때문이죠. 그들을 보훈 대상에서 배제해온 것에 대해 많은 논란 끝에 김대중 정부와 노무현 정부를 거치면서 기준을 세운 것이, 사회주의 계열이라고 하더라도 해방 전의 사회주의 활동은 독립운동의 일환으로 보되, 그 사회주의 활동이 해방 후까지 지속되어 대한민국을 적대하는 활동으로 이어지거나 북한 정권의 수립에 기여한 사람들은 보훈 대상에서 배제한다는 것이었어요. 그런데 지금 정부에 와서 그 기준을 흔들고 이념을 헤집어 상처를 만드는 일이 다시 시작되고 있는 것이죠.

최종건 아까 코민테른을 말씀하셨지만, 소비에트 공산당의 전개 과정을 보면, 스탈린 집권 이전에는 레닌으로부터 트로츠키 계열로 가느냐 스탈린 계열로 가느냐의 문제였죠. 후에 스탈린의 권력이 공고화되면서 이념대결이 체제대결로 이어진 건데요. 스탈린 이전, 20세기 초 일제 치하에서는 사회주의가 우리 독립운동에 이념적인 무장을 제공했다고 봐야 합니까?

문재인 그렇죠. 당시에는 사회주의가 반제국주의 식민지 해방운동의 이념을 제공했죠. 특히 무장독립투쟁의 경우 국내에서는 불가능했기 때문에 그 세력들이 만주로 쫓겨가고, 만주를 활동무대로 삼다가 다시 일제에 쫓겨서 결국은 연해주까지 가게 되거든요. 그래서 연해주 일대가 무장독립투쟁의 근거지가 되었고, 주 무기공급원이었죠. 봉오동전투나 청산리전투 때도 체코 군인들이 극동지역까지 왔다가 돌아갈 때 남기고 간 무기들을 입수해서 전투에 사용했다는 기록이 남아 있어요. 그러니 연해주 일대를 근거지로 삼은 무장독립투쟁 세력이 그쪽 지역의 공산당 세력이나 자치정부와 우호적인 관계를 가졌다 해도 당시로서는 불가피한 선택이었고 하등 이상한 일이 아니었죠.

최종건 결국은 김대중 정부, 노무현 정부, 문재인 정부로 이어지는 소위 민주정부는 역설적으로 우리 정치체제인 민주주의에 대해서 자신감이 있지 않았나 싶습니다. 그래서 사회주의 계열의 독립운동가, 그 역사까지 품어서 보훈의 영역으로 다룰 수 있었던 거고요.

문재인 맞습니다. 민주주의 체제에 대한 자신감이 있으면 더 널리 포용할 수 있는 것이죠. 세계 10위권 국가가 되고 개방통상국가가 되어서 이념과 상관없이 모든 나라와 우호관계를 맺으며 통상하고 있는 지금에 와서 거꾸로 아주 편협하고 옹졸한 모습을 보인다는 사실이 안타까운 일이죠.

최종건 이걸 책에 어떻게 담을 수 있을지 모르겠습니다. 요즘 '공산전체주의'라는 새로운 용어까지 나왔는데, 북한이 적이라고 하는 것은 그럴 수도 있겠다고 이해가 되지만, 어떤 주의나 이념적이라고 하는 것은 구시대적인 냉전적 사고지요. 그 자체가 편협한 이념이기도 하고요. 특정 정부에서는 보훈을 이념화해서 정쟁을 일으키는 정치적 목적으로 활용하고자 하는 경향이 있는 것 같습니다.

문재인 지금 적을 이야기했는데, 북한이 현실적으로 우리에게 가장 큰 위협이 되고 있는 것이 사실이에요. 그리고 남북 간에 군사적으로 충돌하게 되면 그때부터 북한은 잠재적인 위협에서 현실적인 적이 되는 거죠. 그러나 한편으로 북한은 우리와 대화하고 함께 가야 할 대상, 옛날 표현으로는 우리의 반쪽이기도 한 것이거든요. 그래서 북한을 주적이라고 명시적으로 규정하는 것은, 대화의 상대라는 측면에서 볼 때는 괜히 말로 어려움을 초래하는 측면이 있어요. 세계적으로 국방백서나 안보전략지침에서 특정한 나라를 적으로 규정짓는 예는 내가 알기론 없어요. 그냥 '안보를 위협하는 세력'으로 에둘러 표현하는 거죠. 그래서 김대중 정부나 노무현 정부나 우리 정부 때는 북한을 '현존하는 위협'으로 표현하고 주적이라는 표현을 하지 않았어요. 언젠가는 대화를 위해 마주 앉아야 할 상대이기 때문이죠. 지금 남북은 서로를 적이라고 호칭하면서 적대와 증오를 키우고 있어요. 이럴 때 편협한 이념정치가 보훈까지도 편협하게 만드는 것이죠.

최종건 보훈정책이 한반도 평화프로세스나 남북관계에도 알게 모르게 영향을 미칠 수 있다는 말씀입니까?

문재인 그렇습니다, 서로 영향을 미치게 되지요.

최종건 그렇다면 북한이나 외국에서는 보훈정책을 한국 정부의 성격이나 지향을 판단하는 하나의 잣대로 볼 수도 있겠네요. 예를 들어, 우리 정부는 포용적으로 사회주의 독립운동사까지 품었고, 지금 정부는 이념을 앞세워 호국만 강조하다 보니 북한이나 다른 나라들이 상당히 다르게 볼 수 있는 외교적인 함의도 있겠습니다.

문재인 그런 것이 국격이 되는 것이죠. 그 나라의 민주주의의 수준, 도덕성, 포용성, 개방성 같은 것의 총체가 국격이라고 할 수 있을 테죠. 국격은 보수·진보와 무관한 것입니다. 그런 점에서 보수정부는 다 그렇지 않았다고 말할 수는 없는 것이, 예를 들어 개방성의 면에서 획기적으로 새로운 장을 연 것은 노태우 정부였거든요. 이전에는 중국, 소련, 동구권 같은 공산권 국가는 전부 다 반국가단체의 범주에 속했는데, 노태우 정부가 북방정책으로 공산권 국가들과 수교함으로써 개방적인 통상국가로 발전하는 데 중요한 출발점이 됐죠.
　　보수든 진보든 낡은 이념으로 시대의 흐름에 뒤떨어지고 퇴행할 때 국격을 떨어뜨리는 것이지요. 앞으로는 기후위기에 대한 대응이나 기여 정도가 국격의 중요한 요소가 될 것입니다.

최종건 개념적인 이야기뿐만 아니라 실제로 문재인 정부는 독립유공자들과 후손들에게 전 정부들과 달리 여러 지원책을 마련한 것이 사실입니다. 후손들까지도 정부가 책임을 졌습니다. 문재인 정부의 독립운동 분야 보훈에 대한 일종의 개시 선언이라고 할 수 있는 게 2017년 현충일 추념사였습니다. 소위 '독립운동 하면 3대가 망하고, 친일 하면 3대가 흥한다'는 말처럼, 독립유공자 후손들이 생활고에 시달리는 경우가 다반사인데, "애국의 대가가 말뿐인 명예로 끝나지 않도록 국가의 책임을 다할 것이다"라고 선언했습니다. 그리고 2018년도 문재인 정부의 첫 예산에 생계곤란 독립유공자 자녀·손자녀 생활금을 신설해 526억 원을 반영했습니다. 가구소득 중위 50% 이하인 독립유공자와 그들의 손자녀에게까지 월 지원금 46만 원 정도가 지급되었고, 그 후에 거의 50만 원 가까이 인상되었습니다. 특정한 경우에는 증손자녀까지 보훈 혜택이 주어졌습니다.* 물론 충분하지는 않지만 0원에서 50만 원이 된 것이거든요. 재정적인 부담은 없으셨습니까?

문재인 기존에 없던 지원책을 새로 마련하는 것은 늘 재정에 부담이 가죠. 그러나 더 중요한 것은 우리 사회의 의지의 문제겠지요. 우리가 식민지 시대를 겪으면서 많은 고통을 받았고, 그 시기에 자신의

● 문재인 정부의 2018년 예산에 526억 원을 반영해 기준중위소득 50% 이하인 독립유공자의 후손에게는 월 46만 8000원을 지급하고, 후에 47만 8000원으로 조정했다. 또한 기준중위소득 70% 이하인 경우 월 33만 5000원을 지급하고, 후에 34만 5000원으로 조정했다.

2018년 8월 14일 청와대 영빈관에서 열린 독립
유공자 및 유족 초청 오찬. 2017년 현충일 추념사
에서 "애국의 대가가 말뿐인 명예로 끝나지 않도
록 국가의 책임을 다할 것이다"라고 선언했고,
2018년도 예산에 526억 원을 반영했다.

몸을 내던져 희생하고 헌신한 수많은 독립운동가의 힘에 의해 식민지에서 해방되었으면, 그 독립운동가들에 대해서 국가가 제대로 보상하는 것은 너무나 당연한 일이죠. 그 보상이 제대로 되지 않아 '독립운동 하면 3대가 망하고, 친일 하면 3대가 흥한다'는 말이 국민들 관념 속에 자리 잡게 된 것은 참 부끄러운 일입니다.

친일 하면 3대가 흥한다는 말은 우리가 해방 이후 친일청산을 제대로 못 했기 때문에 생긴 것이어서 이제 와서 어떻게 할 수는 없는 노릇이지만, 독립운동가들을 제대로 예우하지 않았던 부분에 대해서는 이제라도 얼마든지 우리가 개선할 수 있게 되었고, 그럴 수 있는 국력도 생겼거든요. 독립유공자들은 그 수가 제한되어 있기 때문에 손자녀까지, 일정한 경우에는 증손자녀까지 보훈 지원을 넓혀나가는 것은 우리 재정 형편으로 크게 감당하지 못할 수준은 아니었어요. 국민들의 의지의 문제라고 생각합니다.

최종건 그만큼 정성을 기울였습니다. 이 분야에 관해서는 저도 새롭게 보게 되었는데요. 심지어 증손자녀에게까지 학비를 지원하기도 했습니다.

문재인 독립운동가들은 대체로 만주나 연해주에서 망명생활을 하고 일제에 쫓기는 생활을 했기 때문에 자녀들을 제대로 교육시키고 챙겨줄 수가 없었어요. 그러니 대대로 어려움을 겪게 되는 것이 보통이죠. 그에 비해서 친일 하며 일제시대 때 영화를 누렸던 사람들은 자녀들을 유학시키고 고등교육까지 받게 해서 해방 후에도 여전히

2019년 6월 6일 국립서울현충원에서 열린 제
64회 현충일 추념식. "어떤 일이 있어도 조국은
나를 기억하고 헌신에 보답할 것이라는 확고한 믿
음에 답하는 것이 국가의 의무다"라고 선언했다.

잘살 수 있게 됐죠. 그러니 독립운동가들이 보살필 수 없었던 자녀, 손자 3대까지, 일부 증손자녀까지 정부가 지원해주는 것은 국가의 도리라고 생각해야겠지요.

최종건 대통령님의 말씀을 빌리자면 "보상금처럼 후손 중 한 명에게만 지급하는 것이 아니라 생활이 어려운 후손 모두 국가가 도움을 주겠다"는 것이었고요. 2019년 1월에 실시한 여론조사를 보면 국민 10명 중 7명, 70% 이상이 그 같은 보훈정책을 매우 긍정적으로 평가했습니다.[●] 또 참전유공자뿐만 아니라 5·18 유공자를 포함해 민주유공자들에게도 관심을 기울인 점이 이전 정부들과는 달랐습니다. 순직 군경들에 대한 보상도 크게 늘렸고요. 또한 보훈처를 장관급으로 격상했습니다. 윤석열 정부가 이어서 처를 부로 승격하고 정식 국무위원이 되었습니다. 어쨌든 우리 정부에서 보훈처장을 장관으로 승격시켰고, 보훈처에 많은 정치적 권한과 책임을 준 것은 그전과 크게 달라진 점이었습니다.

문재인 보훈처를 장관급으로 격상시킨 것이 처음은 아닙니다. 노무현 정부 때 보훈처를 장관급으로 격상시켰는데, 이명박 정부가 이른바 작은 정부론에 얽매여서 다시 차관급으로 낮췄어요. 그것을 우리 정부가 다시 장관급으로 격상하면서 보훈처장을 국무회의 참

●　2019년 1월 리서치앤리서치에서 실시한 여론조사 결과. 국가보훈처 저, 〈2019년 자체평가 결과 보고서: 주요정책부문〉, 2020.1 참조.

석 대상으로 올린 거였죠. 윤석열 정부가 부로 확대해서 이제는 명실상부하게 국무위원이 된 것이고요. 보훈의 중요성을 생각하면 보훈처를 장관급으로 격상하고 부로 확대한 것은 잘한 일이라고 생각합니다.

최종건 저도 놀라웠던 것이, 대통령님 임기 중 역대 최대 독립유공자를 포상하셨습니다. 인원수로 따지자면 2243명이고, 특히 이 가운데 245명이 여성입니다. 우리 정부 이전에 2017년까지 여성 독립유공자 수가 299명 정도였는데, 우리 정부에서 245명을 5년 동안 발굴해서 포상을 한 겁니다. 대통령께서 여성 독립운동가들에게 특별한 관심을 기울였어요.

문재인 그게 실제로도 맞고 공정한 것 아닌가요? 과거에는 여성은 이른바 내조한다는 개념을 가지고 있었기 때문에 여성이 남성 못지않게 많은 공로가 있는 경우에도 남편만 독립유공자로 인정되고 부인은 인정되지 못했던 경우가 많았어요. 독립을 위해서 희생하고 헌신했던 부녀들 낱낱이 보더라도 그런 여성들에게 합당한 예우가 필요한 거죠. 양성평등에 부합하는 것이기도 하고, 공정한 일이기도 하지요.

최종건 제가 이 말씀을 드린 이유는, 우리가 개인사 중심의 독립운동을 많이 발굴했던 것으로 보이기 때문입니다. 그전에는 단체나 조직, 간부들, 어떤 전투나 항쟁, 의거의 지휘자와 주동자를 독립유공자로 예우해서 독립운동의 주요 역사로 삼았다면, 대통령님은 아까 말씀하신 것처럼 민중이나 일반 백성들도 독립운동에 참여했다는, 독립운동의 저변과 관련해 초점을 맞추셨고, 그 일환으로 여성 독립운동가가 많이 발굴된 것 같습니다. 그렇다면 앞으로도 해야 할 일이 많겠습니다. 그런데 이념 때문에 보훈정책이 왜곡되고 독립유공자가 희생되는 경우가 있을 것 같아서 염려스럽기도 하네요.

문재인 그렇지요. 그래서 부인이 내조에 그치지 않고 독자적으로 남편 못지않게 공적인 활동을 통해 당당하게 독립운동가 반열에 들었음에도 불구하고, 남편이 이념 때문에 유공자에서 배제된 경우 부인까지 함께 배제된 사례들이 지금도 남아 있어요.

최종건 제 주변의 어떤 분은 자기 친할아버지가 6·25 때 월북, 그것이 강제적이든 자발적이었든 넘어가서 아버지가 그로 인한 제약을 풀기 위해 베트남 파병을 가서 참전유공자가 된 아픈 역사가 있었어요. 보훈이 이념과 분단으로부터 여전히 자유롭지 않은 것 같아서 안타깝네요.

문재인 분단과 이념 때문에 억울함을 겪은 사람이 많죠. 그 잣대를 적용한다 해도 자진 월북하거나 북한 체제에 기여한 사람들만 배제되어야 하는데, 사실관계 확인이 어려워서 싸잡혀 불이익을 겪은 사람이 많았어요. 예를 들면 6·25 시기에 납북된 사람이라든지, 6·25 전쟁 전에 월북했다 하더라도 북한을 선택해서 월북한 것이 아니라 잠시 일 때문에 북한으로 갔다가 돌아오지 못한 사람들이 그런 잣대로 배제되고, 그 자식들에게까지 연좌제 굴레가 씌워졌으니 참으로 억울한 일이 많았죠. 지금도 그 부분들은 다 밝혀지지 않았어요.

홍범도 장군이 상징하는 것

최종건 홍범도 장군 관련된 말씀을 안 할 수가 없습니다. 밖에 돌아다니는 이야기들은, 대통령님이 워낙 잘 아시니까 간단히 말씀드리면, 우익 보수는 그가 공산당 경력이 있다, 그래서 흉상을 육사에 모실 수 없다고 주장하고 있습니다. 제가 보기에 문제의 핵심은 현재와 과거의 구분인 것 같습니다. 오늘의 시각으로 과거를 보려 하고, 오늘의 남북관계로 과거를 보려 하는 것 같아요. 대통령님은 홍범도 장군 봉환 추진, 봉환식, 훈장 수여, 안장식을 직접 다 주관하셨습니다. 홍범도 장군이 무엇을 상징하기에 이렇게 정성을 기울이셨습니까?

문재인 홍범도 장군은 우리의 무장독립투쟁, 이른바 독립전쟁을 상징하고 대표하는 분입니다. 우리 역사 교육이 부족한 점이 많고, 특히 독립운동사가 소상히 교육되지 않고 있어서 모르는 분이 많은데, 1919년 3·1 독립운동에 의해 대한민국 임시정부가 수립되고, 1920년부터 독립전쟁을 선포하면서 대일본 선전포고를 합니다.

1920년을 독립전쟁의 원년으로 선언한 것이죠. 그 대일본 선전포고에 의해 우리 독립군 부대가 일본 정규군 부대와 맞서서 전투다운 전투를 하고 자랑스러운 승리를 거둔 첫 전투가 봉오동전투고, 이어서 청산리전투였어요. 홍범도 장군이 주재소라든지 일본군하고 소규모 접전들을 하면서 무기를 획득하고, 연해주 지역에서 현대식 무기를 구입해 전력을 키워나가면서 임시정부의 대일본 선전포고를 기다렸다는 기록이 남아 있어요. 대일 선전포고에 따라 움직여 봉오동에서 연합부대를 결성하고 큰 전투를 만들어낸 거죠. 봉오동전투 승리 소식은 당시 임시정부의 기관지였던 〈독립신문〉에 대대적으로 대서특필이 됐어요.˙ 임시정부가 학수고대한 승전보였던 거죠. 우리 독립운동사에서 1920년을 독립전쟁의 원년으로 기록하고 있는데, 임시정부의 대일본 선전포고에 이어 실제로 원년답게 만든 것이 봉오동전투와 청산리전투였어요.

　　1920년대를 지나면서 식민지 시대가 장기화되고 일제에 쫓기고 하면서 무장독립투쟁 또는 독립전쟁은 1930년대 이후 많이 약화됐어요. 중국 공산당에 편입되거나 소련군에 편입된 형태로 온존하는 경우가 많았고, 임시정부 차원의 독자적인 무장투쟁은 많이 줄어들게 되었죠. 해방 이후에 임시정부가 우리의 정부로서 인정받지 못하고 미군정, 소련군정의 분할 지배를 받게 된 연유도 그 부분이 약했기 때문이었어요. 그나마 1920년대 임시정부의 독립전쟁이

●　　〈북간도(北墾島)에 재(在)한 아독립군(我獨立軍)의 전투정보(戰鬪情報)〉, 독립신문, 제88호, 1920. 12. 25, 4면.

활발했던 시기의 대표적인 전투가 봉오동전투와 청산리전투고, 그 주역인 독립군 사령관이 홍범도 장군과 김좌진 장군이었죠. 그래서 이 두 분이 우리 독립운동사에서 점하는 위치는 이루 말할 수 없이 큰 거예요. 이분들이 없었으면 우리 독립운동사가 상당히 초라해질 뻔했다는 생각이 드는 분들이죠.

최종건 비무장독립운동에 더해서 무장독립투쟁을 우리 독립운동의 중요한 기둥으로 세워준 분들이에요.

문재인 맞아요. 이분들이 있었기에 우리 독립운동이 무장독립운동과 비무장독립운동의 양대 줄기로 설 수 있었지요. 무장독립군부대의 일본 정규군을 상대로 한 독립전쟁이 약화된 이후에는 윤봉길 의사나 이봉창 의사의 폭탄 투척처럼 개별적인 무장활동으로 무장독립투쟁의 맥을 이어갔죠.

최종건 국민들은 당시 홍범도 장군의 유해를 봉환하는 공군 특별수송기가 우리 영공에 들어왔을 때 공군 전투기들이 호위하는 장면을 보면서 무척 자랑스러워했습니다. 군도 자랑스러워하고요. 지금도 논란 때문에 유튜브상에서 조회수가 엄청 올라갔습니다.● 그때 지

● 2024년 2월 25일 현재 유튜브 영상 조회수 219만 회를 기록하고 있다. 〈대한민국 공군 전투기 6대가 엄호비행한 홍범도 장군의 귀환길! 문재인 대통령의 유해 봉환 천명부터 유해 안장식까지… 특별했던 78년 만의 귀환길〉, KTV 국민방송, 2021. 8. 15.

금의 논란을 예상하셨습니까?

문재인 못 했죠. 우리 독립운동사를 안다면 홍범도 장군의 위업에 이의가 있으리라고는 전혀 예상하지 못했죠. 특히 우리 독립군부대의 독립전쟁과 승리를 누구보다도 자랑스러워해야 할 군에서 그런 일이 생길 것이라고는….

최종건 특히 사회주의와 연관되어 있다고 해서 이념의 잣대로 재단한다면 결국 보훈정책을 망치는 것 아닙니까?

문재인 그래서 이해할 수 없는 것이, 보수는 사실 퇴행적인 것이 아니거든요. 보수는 민족을 중시하고 공동체를 중시하고 애국을 중시하는 건데, 그런 가치에 가장 잘 부합하는 인물이 홍범도 장군이에요. 이런 분들을 예우하지 않고 도리어 폄훼하고, 세워져 있는 동상을 철거한다는 것은 도저히 이해할 수 없는 일이죠. 이런 일 때문에 우리의 보수세력이 친일에 뿌리를 두고 있다는 혐의를 자꾸 받게 되는 거예요. 아마도 뉴라이트라는 극우적이고 진정한 보수가 아닌 세력에 오염이 되어서 그런 일이 벌어진 것 아닌가 싶어요.

　　홍범도 장군을 포함한 다섯 분의 흉상이 육사에 모셔진 것은, 정부가 시켜서 한 것이 아니라 육사와 군에서 자발적으로 한 일이었어요. 나는 준공할 때 가서야 보고를 받았고요. 우리 군은 해방 이후 미군정의 국방경비대로 시작해서 정부 수립 이후에 정식으로 창군됐어요. 그런데 육군이 창군될 때 주역들이 대부분 일본군 또는 만주군 출신들이었어요. 초기에는 그나마 독립운동을 했던 분들도 참여를 했는데 오래가지 못하고 도태됐죠. 결국은 일본군이나 만주군 출신들이 우리 군을 이끌고 6·25 전쟁을 겪으면서 전쟁의 영웅처럼 된 거예요. 그렇다 보니 초대 육군참모총장부터 20대 육군참모총장까지 전원이 일본군이나 만주군 출신이었어요.*

해방 이후 분단된 상황에서 북한에 대항할 수 있는 군을 만들고 전쟁을 치르기 위해 현대적인 군사훈련을 받은 사람들이 필요했죠. 그 현실적인 필요 때문에 일본군이나 만주군 출신들을 활용할 필요성이 있었다고 하더라도, 우리 군의 정통성 면에서는 두고두고 상처가 되는 부분인 거예요. 그래서 우리 국군의 정통성을 세우기 위해 우리 군의 뿌리가 독립군과 광복군에 있다는 것을 강조하고, 육군사관학교 역시 신흥무관학교가 뿌리라는 것을 강조하게 된 것이죠. 그것이 홍범도 장군을 비롯한 다섯 분의 흉상을 육사 교정에 모시게 된 배경이었어요.

최종건 그 흉상을 육사생도들이 사용한 탄피를 녹여서 만든 것도 의미가 컸는네요.

문재인 독립기념관에는 필요하다면 따로 흉상을 만들면 되는 것이고, 육사에 있는 흉상은 그 자체로 대단히 뜻이 깊은 것인데, 하여튼

● 〈["육참총장 친일파" 파문] 초대~10대는 명백… 11~21대는 논란〉, 오마이뉴스, 2020. 8. 20 기사의 '역대 육군참모총장의 친일 및 일본군 행적' 표 참고.

사람들이 제대로 공부를 안 해서 그럴 거라 생각해요. 너무 몰라서.

최종건 결국은 보훈정책마저 이념화 혹은 정쟁화시킨 것에 대해 상당히 많은 사람이 상처를 받고 있는 것 같습니다.

문재인 독립군과 광복군의 혼을 계승해야 할 우리 군의 정신에도 큰 상처가 되었고, 군의 정치적 중립에도 적지 않은 상처를 입혔지요. 분노와 서글픔도 밀려오고요. 이렇게 쩨쩨하고 못났나 싶기도 하고. 왜 우리 스스로 못난 나라가 되려고 하는 것인지 안타까움도 크지요.

최종건 북방정책 다룰 때 잠시 이야기를 나눌까 했는데, 홍범도 장군을 카자흐스탄에서 모셔오지 않았습니까? 대통령님이 정상외교에서 카자흐스탄 대통령을 설득해 모셔온 건데요. 지금 들려오는 이야기가, 그쪽에서 여론이 상당히 안 좋다고 하네요.

문재인 그렇겠죠. 아마 고려인 사회에 큰 상처가 될 거라고 생각해요. 홍범도 장군은 살아서는 물론 돌아가신 후에도 고려인 사회의 정신적 지주인데, 그분을 폄훼한다는 것은 500만 고려인 전체를 폄훼하는 것이나 다를 바 없는 것이거든요. 홍범도 장군 유해 봉환은 노태우 정부 때 북방정책으로 카자흐스탄과 수교하면서부터 추진되기 시작했죠. 그러나 카자흐스탄이 북한과 더 오랜 수교의 역사가 있고 공산권이었던 시기에 형성된 오랜 우정 같은 것이 있는 데

다가, 홍범도 장군이 북한 연고자였기 때문에 북한 측의 반대로 성사가 되지 않았어요.

역대 정부에서 노력했지만 되지 않았었는데, 우리 정부의 신북방정책에 의해서 한국과 중앙아시아 국가들의 관계가 급속도로 가까워지고, 또 그 나라들이 우리나라에 대한 의존도가 높아졌죠. 한편으로 북한은 연고권을 주장하면서 남한으로 송환되는 것을 반대했지만 자신들이 송환해가려는 노력은 하지 않고 있었습니다. 우리가 그런 점들을 내세워서 카자흐스탄에 강력하게 요청을 한 끝에 드디어 카자흐스탄 대통령의 방한과 함께 방한 선물 같은 형태로 모셔오기로 합의가 되었던 것이죠. 당초에는 2020년 봉오동전투 100주년 기념의 해에 8·15 광복절에 맞춰서 봉환하기로 했다가 코로나 때문에 1년 늦춰져서 2021년에 봉환된 것이었죠. 돌아올 때 우리 공군기 6대가 호위하는 식으로 최상의 예우를 갖췄고, 안장식에 카자흐스탄 대통령도 참석해서 함께 기념했는데… 지금 이런 모습을 보면 카자흐스탄 측에서 뭐라고 생각할지, 고려인 사회는 어떻게 받아들일지 생각하면 서글픈 일입니다.

최종건 이것도 기록해두고 싶은데요. 2021년 8월 18일 국립대전현충원에서 안장식을 거행했고, 동시에 8월 15~20일 국가보훈처에서 6일간 홍범도 장군 국민추모기간을 정했습니다. 코로나 시기여서 집합에 제한이 있는 기간이었는데, 국립대전현충원 국민분향소에 3200여 명의 우리 국민이 직접 참배를 하셨고요. 추모 홈페이지에 6만 4000건의 접속이 있었고 감사와 추모글이 1만여 건에 달했

2021년 8월 18일 국립대전현충원에서 열린 홍범도 장군 유해 안장식. 8월 15~20일 홍범도 장군 국민추모기간에는 코로나 시기였음에도 대전현충원 국민분향소에 3200여 명의 국민이 직접 참배를 했다.

습니다. 그만큼 당시의 여론과 국민들의 감정이 반영된 건데요. 지금의 말도 안 되는 논쟁들은 우리 군의 원로들과 군 상층부의 시각이 시대의 변화에도 불구하고 여전히 변하지 않고 있다는 것을 방증한다는 생각이 듭니다.

문재인 그렇죠. 아직도 냉전시대 이념에 사로잡혀 있다는 표상이기도 하고, 군이 정치적 중립을 지키지 못하고 정부의 입김에 따라 움직이는 것을 보여주는 사례이기도 하겠죠.

최종건 우리 정부의 성과 중 하나는 대한민국임시정부기념관이 개관한 것입니다. 대통령님은 보훈정책을 통해서 대한민국의 법통이 어디서 오는지를 말씀하시고 싶었던 것 같아요. 특히 헌법에서 임시정부의 법통을 이어간다고 하면서도 기념관조차 없었다는 것 자체가 매우 놀라운데, 우리 정부 때라도 만들어진 것은 독립보훈에 있어서 큰 성과라고 보는데요.

문재인 대한민국의 법통이 임시정부에 있다는 것은 내가 주창하는 것이 아니라 우리 헌법 전문에 명시되어 있죠.[*] 제헌헌법을 보면 더더욱 분명합니다.[**] 제헌헌법은 법통을 계승한다는 정도의 차원이

●   1987년 10월 29일에 개정되어 공표된 대한민국 헌법 전문은 "유구한 역사와 전통에 빛나는 우리 대한국민은 3·1운동으로 건립된 대한민국 임시정부의 법통과 불의에 항거한 4·19 민주이념을 계승하고"라는 문구로 시작한다.

●●   1948년 7월 17일 제헌국회가 공표한 제헌헌법의 전문은 다음과 같다. "유구

아니라 3·1 독립운동으로 대한민국이 건립되었고, 제헌헌법 제정으로 민주독립국가가 재건된다고 전문에 표현하고 있어요. 임시정부를 대한민국의 건국으로 보고, 광복 이후의 제헌헌법 제정을 민주독립국가의 재건으로 본 거죠. 그 제헌헌법이 대한민국 관보 1호, 1948년 9월 1일의 대한민국 관보에 게재가 되어서 공포됐는데, 그 관보 1호가 날짜 표시를 뭐라고 했는가 하면, '대한민국 30년 9월 1일'이라고 표시했어요. 그러니까 임시정부부터 기산해서 1948년을 '대한민국 30년'이라고 표현하고 있는 거죠. 이승만 대통령도 그때 대한민국이 새로 시작하는 것이 아니라 30년 된 나라다, 임시정부로부터 시작되었다는 인식이 있었던 거죠. 그게 당시의 사회적 합의였어요.

그리고 우리가 대한민국 임시정부를 계승했다는 것이 남북이 분단된 상황에서 대한민국의 정통성을 주장하는 가장 큰 근거가 된 거예요. 대한민국이 한반도의 유일한 정통성 있는 정부고, 북한은 이른바 반란 집단이라고 규정할 수 있었던 것도 임시정부를 계승하

한 역사와 전통에 빛나는 우리들 대한국민은 기미 삼일운동으로 대한민국을 건립하여 세계에 선포한 위대한 독립정신을 계승하여 이제 민주독립국가를 재건함에 있어서 정의인도와 동포애로써 민족의 단결을 공고히 하며 모든 사회적 폐습을 타파하고 민주주의제 제도를 수립하여 정치, 경제, 사회, 문화의 모든 영역에 있어서 각인의 기회를 균등히 하고 능력을 최고도로 발휘케 하며 각인의 책임과 의무를 완수케 하여 안으로는 국민생활의 균등한 향상을 기하고 밖으로는 항구적인 국제평화의 유지에 노력하여 우리들과 우리들의 자손의 안전과 자유와 행복을 영원히 확보할 것을 결의하고 우리들의 정당 또 자유로이 선거된 대표로서 구성된 국회에서 단기 4281년 7월 12일 이 헌법을 제정한다."

는 정통성이 대한민국에 있기 때문이었죠. 만약에 우리가 대한민국 임시정부의 법통 계승을 부정한다면 해방 후에 남북한이 각자 건국한 것이기 때문에 북한에 대해서 정통성의 우위를 주장할 아무런 근거가 없게 되는 거예요. 그것이야말로 북한을 이롭게 하는 이적 행위 아닌가요?

화살머리고지를 찾아간 이유

최종건 호국보훈 분야에서도 대한민국 대통령으로서 많은 것을 처음으로 하셨습니다. 그전에는 통상 차관급 정도에서 했던 국군전사자 봉환식을 직접 세 차례 주관하셨어요. 그리고 비무장지대 안으로 직접 들어가셨습니다. 화살머리고지를 가셔서 유해발굴 현장도 직접 보셨고요. 정책 면에서도 역대 최대 보훈급여, 위탁병원 확대가 이루어졌고, 국가유공자 명패 증정사업은 전 정부부터 있었지만 우리 정부 때 적극적으로 확대되었죠. 보훈병원도 상당히 많이 확장했습니다.*

대통령님이 국군 유해, 국군전사자 봉환식을 직접 주관하셨을 때 저는 참모들과 함께 뒤에 서 있었는데요. 하나하나 관포된 태극기를 어루만지시는 모습을 보았습니다. 뒤에서 볼 때 상당히 짠한

●　국정백서편찬위원회 저, 《문재인 정부 국정백서: (17권 국방) 평화를 뒷받침하는 국방》, 문화체육관광부, 2022년, 413~465쪽.

2018년 10월 1일 성남 서울공항에서 열린 국군전
사자 유해 봉환식. 전사한 지 70여 년 만에 일부
는 가족들 품으로 돌아갔고, 일부는 가족을 찾지
못해 무명용사로 보관되어 있다.

모습이었어요. 그때 어떤 생각이 드셨을까, 개인적으로 되게 궁금했습니다. 어떤 때는 64기의 유골함을 하나하나 다 만지셨지요. 정말 정성스럽게 어루만지셨습니다.

문재인 국가의 도리죠. 국가가 그것을 위해서 존재하는 거예요. 살아 있는 대한민국 국민은 국가가 마지막 한 명까지 구출해내고, 국가를 위해서 희생하거나 헌신한 전사자들은 마지막 한 분의 유해까지 가족들 품에 돌려보내는 것, 그것이 국가의 도리잖아요. 그런데 그당연한 도리를 우리가 지금도 다 못 하고 있는 거죠. 당시 우리가 유해를 발굴하거나 봉환한 분들은 전사한 지 70년 만에 찾아서 일부는 가족들 품으로 돌아가고, 일부는 가족을 찾지 못해 무명용사로 보관되어 있는데, 그분들에게 70년 만에야 겨우 국가의 도리를 한 셈이니 너무나 미안한 거잖아요.

최종건 미안한 마음이 많으셨습니까?

문재인 이루 말할 수 없이 미안하죠. 아직도 가족들 품에 유해가 들어가지 못한 6·25 전쟁 국군전사자가 아마 12만 명 정도 될 거예요. 숫자는 한번 확인해볼 필요가 있는데, 그런 분들까지 생각하면 정말 마음이 짠한 거죠. 그런 걸 생각하면 우리 민족의 고난의 현대사를 생각하지 않을 수 없고, 그런 역사를 겪어온 우리 국민들이 참으로 안쓰럽기도 하고요.

최종건 우리 정부는 유해발굴 조직을 확대하고 예산을 획기적으로 늘렸습니다. 이를테면 2018년에 9·19 평양공동선언 이후 유해발굴단을 500명으로 증원했습니다. 그전 정부까지는 예산이 36억 원이었는데 2019년도에 104억 원으로 확대했고요. 유해발굴단은 김대중 정부 때 만들어졌습니다. 역시 민주정부가 보훈과 호국에 오히려 정성을 기울였던 것 같습니다. 유해발굴은 아직 아쉬운 점이 많지만 우리 정부가 5년간 2235구를 발굴했습니다. 9·19 때 이루어진 남북군사합의 덕분에 화살머리고지와 백마고지에서 발굴한 유해가 다수였습니다. 결국은 이것도 전쟁을 치유하는 과정, 평화를 만드는 과정이었던 것 같습니다. 이처럼 전사자 유해발굴은 치유와 화해의 의미가 매우 큰데, 비무장지대 유해발굴이 중단된 것은 무척 아쉽습니다.

문재인 그게 김대중 정부부터 시작이 되었고, 가장 활동이 활발했던 것은 노무현 정부 때였어요. 그 이후 이명박 정부, 박근혜 정부 때 조금 주춤했지만 어쨌든 지속되어서 이제는 우리 대한민국 영토 내에서는 당시에 치열한 전투가 있었다고 지목된 곳은 거의 다 발굴이 된 거예요. 지금 발굴이 안 된 곳이 비무장지대인데, 거기서 오랫동안 많은 전투가 있었고 많은 전사자가 발생했죠. 그다음에 북한 지역, 북진했다가 퇴각하는 과정에서 전사한 분들을 발굴하지 못했죠. 남북관계가 더 진전되면 북한 땅의 유해까지 발굴하는 것이 남은 과제입니다. 그것은 우리뿐만 아니라 미국도 마찬가지입니다. 미국도 많은 미군전사자 유해가 비무장지대와 북한 땅에 있기 때문에 그 유해발굴은 우리 남북관계뿐만 아니라 북미관계에 있어서도 중요한 과제 중의 하나예요. 그래서 싱가포르 합의에도 유해발굴이 포함됐죠. 남북 간에 비무장지대까지는 합의가 이뤄져서 함께 지뢰 제거 작업을 하고 유해발굴까지 진행됐다는 것, 이 부분은 중요한 성과이고 뜻깊은 일입니다. 지금은 중단되었지만 언젠가 남북관계가 다시 활발해지면 비무장지대 전체로 확산해나갈 수 있을 것이라 생각하고 있습니다.

최종건 대통령님은 2021년 6월 6일 현충일 추념식을 마친 후 현충원에 있는 유골신원확인센터를 역대 대통령으로서 처음 방문하셨습니다. 유전자 채취 참여를 독려하신 것을 기록으로 말씀드립니다.

문재인 열심히 유골을 발굴해서 국가가 보관을 하고 있는데 정작 가족을 찾지 못해서 가족 품으로 돌아가지 못한 유해가 1만 2000구 정도 될 겁니다. 이 경우 가족들의 유전자만 채취하면 유전자 대조로 충분히 가족을 찾아낼 수 있어요. 그래서 보관 중인 유해나 유골을 가족 품으로 놀려드리려면 가속늘이나 진속늘의 유선사 재쉬가 꼭 필요하죠. 그게 많이 알려지지 않았기 때문에 국민들에게 그런 호소를 했던 것입니다.

최종건 워싱턴을 방문하고 돌아오는 길에 2021년 9월 22일 하와이 히캄 공군기지에서 147구의 국군 유해를 우리 공군 수송기로 함께 봉환해왔습니다. 대통령님 재임 기간 중에 미국에서 돌아온 우리

변방에서 중심으로

병사들 유해가 289구 정도 된다고 합니다. 역대 정부에서 가장 많은 숫자죠. 미국이 왜 우리 병사들의 유해를 가지고 있냐 하면, 북미관계가 좋아졌을 때 북한에서 미군 유해발굴단이 직접 가져온 것입니다. 그 가운데 우리 국군 유해가 섞여 있던 거고요. 싱가포르 합의의 네 번째 조항이 유해발굴이죠. 정전 이후 긴 세월이 흐른 지금까지 전쟁의 상처를 치유하기 위한 유해발굴을 상호신뢰를 회복하기 위한 기제로 여전히 활용하고 있다는 것 자체가 가슴 아픈 일이면서도 한편으론 큰 의미가 있는 것 같아요.

문재인 남북 간이든 북미 간이든 중요한 인도주의적 협력이죠. 그때 하와이에서 미국이 보관하고 있는 우리 유해를 돌려받고 우리가 보관하고 있던 미군 유해를 미국 쪽에 송환한 것은 한미동맹의 굳건함과 혈맹관계를 다시 한번 새롭게 각인시키는 효과도 있었습니다.

최종건 미국은 베트남하고도 유해발굴을 많이 한다고 합니다. 특히 베트남전 때 정글에서 미군이 많이 사망했는데요. 베트남 정부가 미군 유해를 발굴하고 미국이 비용을 부담합니다. 정글이어서 그런지 넘겨받은 유해 속에 동물 뼈가 많이 섞여 있다고 합니다. 미군 유해발굴 담당자한테 제가 직접 들은 건데요. 북한에서 돌려준 유골함에는 동물 뼈가 들어 있는 경우가 한 번도 없었다는 거예요. 또 유해발굴단이 체류하는 동안 북한 사람들이 음식을 주고 과일을 직접 깎아주기도 하면서 호의를 많이 베풀었다고 합니다. 유해발굴이 북미관계를 더 잘 돌아가게 하고 인도주의적 관점에서 신뢰를 증폭

2021년 9월 22일 미국 하와이 히캄 공군기지에
서 열린 한미 유해 상호 인수식. 북미관계가 좋아
졌을 때 미군 유해발굴단이 북한에서 직접 가져
온 유해에 섞여 있던 147구의 국군전사자 유해를
우리 수송기로 봉환해왔다.

시킬 수 있는 마중물인 것 같습니다. 양국 국민들 간의 우호에도 큰 도움이 되고요. 그래서 역시 중단된 것이 아쉽습니다.

대통령님은 정부 최초로 국군과 UN군 참전유공자, 교포 참전용사와 유가족을 청와대 영빈관에 초청해서 행사를 하셨고, 콜린 칸Colin Khan 장군에게 대한민국 국민훈장을 수여했습니다. 대통령님의 결단으로 워싱턴 '추모의 벽'을 만든 것도 미국 정부에서 감사를 많이 표했고, 해리스Kamala Harris 부통령이 준공식 기념사를 할 때 이미 전임이 된 대통령님을 직접 언급한 바 있습니다.

문재인 미국 바이든 대통령과의 회담 때 미군 참전용사에게 훈장을 수여하는 자리에 내가 초대받아서 함께한 것은 미국이 우리에게 준 하나의 선물 같은 것이죠. 일부러 방미 기간에 행사를 만들어서 거기에 미국 대통령과 대한민국 대통령이 함께하는 것으로 양국관계의 돈독함을 대외적으로 표방했으니까요.

최종건 코로나 국면에도 보훈정책은 계속되었습니다. 6·25 전쟁 때 참전했던 21개 UN 참전국 참전용사와 해외 독립유공자에게 우리가 코로나19 방역물품을 지원했고, 이게 우리 외교 영역을 넓히고 해외 여론의 긍정적인 반응을 도모하는 데 상당히 도움이 되었던 걸로 기억합니다.

문재인 맞습니다. 해당국 정부들과 당사자들로부터도 정말 고맙다는 말을 많이 들었어요. 방역물품이 귀했던 시기에 마스크를 비롯한

2021년 5월 21일 백악관 이스트룸에서 열린 한국
전 참전용사 명예훈장 수여식. 방미 기간에 일부
러 행사를 만들어 양국 대통령이 함께함으로써
한미관계의 돈독함을 대외적으로 표방했다.

방역물품 세트를 우리 보훈처가 참전용사 가족들에게 전달했기 때문에 그분들이 SNS를 통해서 고마움을 표출하고 언론에 보도되고 한 것은 우리로서는 상당히 뿌듯한 일이었지요.

최종건 대통령님의 신념이 황기철 보훈처장 등을 통해 정성스러운 보훈정책으로 구현되었던 것 같습니다. 문재인 정부의 보훈정책을 한마디로 표현하자면 '국가무한책임론'인 것 같습니다. 독립이나 민주화, 심지어 산업화까지 보훈정책의 영역을 넓혔으니까요. 늘 무한책임론을 강조하셨는데, 이게 앞으로도 지속 가능하겠습니까?

문재인 그렇게 가야죠. 지금 우리가 누리고 있는 번영이 그분들의 희생이나 헌신의 토대 위에 서 있다는 것을 생각하면, 그리고 이제는 우리가 그 정도 여유를 가지게 되었다면 그 책임을 다해야죠.

최종건 그런데 보훈정책의 수혜를 받으신 분들은 왜 잘 모르실까요? 자꾸 보수 쪽을 지지하고, 왜 이렇게 정쟁화되었을까요?

문재인 우선은 그분들이 대체로 고령자여서 그렇지 않을까요? 그렇지만 우리의 적극적인 보훈정책에 의해서 비로소 국가유공자가 될 수 있었다고 하는 분들이나 가족들, 자녀들 특히 젊은 세대들은 굉장히 고마움을 표시하고 있어요.

최종건 결국은 우리 민주주의 체제의 자신감, 성숙도가 보훈정책의 정성, 확장, 깊이로 이어진다는 것을 알 수 있었는데요. 대통령님은 국가무한책임론을 임기 초부터 말씀하셨지만 2019년 6월 6일 현충일 추념식의 연설문이 특히 제 눈에 띄었습니다. "어떤 일이 있어도 조국은 나를 기억하고 헌신에 보답할 것이라는 확고한 믿음에 답하는 것이 국가의 의무다. 오늘 현충원에서 저는 다시 애국을 되새긴다. 국가를 위해 희생하신 분들과 유족들에게 국가의 의무를 다할 것을 약속드린다." 대한민국 대통령으로서 이렇게 말씀하셨습니다. 두 가지 정도 질문이 남았는데요. 국민들이 조국은 나를 기억하고 헌신에 보답할 것이라는 믿음을 가져도 된다고 보십니까? 문재인 정부의 정책이 그 믿음에 많이 기여를 했다고 보십니까?

문재인 가져도 된다고 생각하고, 거기에 우리가 큰 역할을 하고 기여를 했다는 것에 대해서 보람을 느낍니다. 우리 국민들은 정말 애국심이 강한 국민들이에요. 우리가 식민지, 전쟁, 독재 등 많은 고난의 역사를 겪었는데, 그때마다 국민들의 애국심으로 이겨내고 다시 일어나 오늘의 대한민국을 만들 수 있었습니다. 거기에 대해서 우리가 제대로 보답하고 그 애국심이 좋은 방향으로 표출되도록 국가가 이끌기만 한다면 우린 아주 대단한 나라가 될 것이라고 생각합니다. 그런 애국심이 잘 표출되어서 세계적으로 모범이 되었던 사례가 코로나 방역에 대한 전 국민적 협력 아니겠어요?

최종건 예. 국민들은 믿고 싶어 할 것 같습니다. 아무리 사회가 개인주의화된다 하더라도, 국가가 위기에 처하면 대통령님이 말씀하셨

변방에서 중심으로

2021년 6월 6일 국립서울현충원에서 열린 제
66회 현충일 추념식. 국가를 위해 개인이 희생하
고 헌신하면 국가가 알아주고 가족들을 보살펴줄
것이라는 믿음이 있을 때 국민도 진정으로 애국
심을 가질 수 있을 것이다.

듯이 각자의 자유보다 전체를 위한 자유를 선택할 것이라고요. 한국의 민주주의는 어느 나라보다 역동적이고 부침도 심한데 보훈정책의 지속성을 믿어도 되겠습니까? 정부의 부침에 따라 보훈 영역이 달라지는 것 같아서요.

문재인 그래서 적어도 보훈만큼은 보수·진보 가리지 말고 합의가 되었으면 좋겠어요. 현 정부도 초기에 보훈에 대한 강조를 많이 했거든요. 보훈처를 보훈부로 승격시키기도 하고요. 그래서 적어도 보훈만큼은 우리 정부의 정책이 잘 이어지는구나, 이렇게 생각했었죠. 이번에 홍범도 장군 등의 흉상 철거로 이 정부의 보훈정책에 관한 신뢰에 크게 금이 간 것이 안타깝습니다. 빨리 정부가 방향을 바로 잡길 바랍니다.

최종건 지금 예산안이 나온 것을 보니까, 보훈부의 예산 중 호국 관련 예산은 증액되었는데 독립 관련 예산은 삭감되었더라고요. 국회 프로세스를 거치면서 어떻게 변동될지 모르지만 말이죠. 우리는 민주정부 3기를 거치면서 '국민 여러분, 믿으십시오. 이제 우리가 안보도 보훈도 잘할 수 있습니다' 약속하고 보훈 개념도 확장시켰는데, 안보와 보훈을 우리보다 잘한다고 자처하는 보수정부는 보훈관조차 우리와 너무 다른 것이 아닌가 싶습니다. 어떻게 해서든 최소한의 사회적 합의라도 이뤘으면 좋겠는데, 너무 정쟁화되는 것 같습니다.

문재인 보훈을 통해서도 편가르기를 하려는 행태, 그게 참 안타깝죠. 보훈의 정치화는 스스로 무덤을 파는 어리석은 일입니다.

11

높아진 국격,
지역외교와 다자외교

"이제는 외교무대에서 하드한 국력, 하드파워보다는 소프트파워가 매우 중요해졌어요. 민주주의가 발전했다는 것은 그만큼 소프트파워가 커지면서 국격이 높아졌다는 뜻입니다. 우리 정부 기간에 민주주의지수라든지 언론자유지수가 사상 최고로 높았기 때문에, 그런 점들이 임기 내내 우리에게 매우 우호적인 외교 환경을 만들어주었지요. 대통령이나 정부의 노력도 있었지만, 결국은 국민들이 이루어준 것이죠."

쉰여덟 번의 순방

최종건 재임 중에 40개국을 58번 순방하셨습니다. 재임 기간 5년 중 코로나 기간을 빼면 3년 조금 안 되는 기간에 58번 해외순방을 하셔서, 아마 후임 대통령들도 문 대통령님을 기준 삼아 더 나갔다, 덜 나갔다 하게 될 것 같습니다. 대통령님은 '한반도의 지정학적 위치', '지정학적 조건' 이런 표현을 쓰면서 지정학을 강조하시는데, 대한민국에게 외교란 무엇이라고 생각하십니까?

문재인 우리나라는 지정학적 위치와 조건 때문에 유사 이래 많은 외침을 당했죠. 결국 일본의 식민지 지배를 받기도 하고, 분단을 당하기도 하고, 한국전쟁이라는 국제전을 겪기도 했고요. 그래서 우리에게 외교는 국가 생존전략이죠. 나라를 지키는 것, 평화를 지키는 것 모두 외교에 달려 있어요. 우리에게 외교는 파티에 가는 것이 아니라, 절박한 일이죠. 하지만 언제까지나 지정학적 숙명에 갇혀 있을 수는 없죠. 이제 우리는 세계 10위권의 경제력과 세계 6위의 군사력을 갖추었고, 민주주의의 발전과 함께 외교 역량도 커졌기 때문에 우리의 지정학적 위치를 우리의 핸디캡이 아니라 오히려 장점으로 전환시키고, 대륙과 해양을 잇는 교량국가로서 이점을 극대화하는 것이 우리에게 외교라고 할 수 있을 것 같습니다.

최종건 개념적으로 그래야 하는데, 지금 우리의 외교가 우리의 국익을 위해 자주적으로 이루어지고 있는지 의문이 많습니다. 특히 지정학적인 위치 때문에 주변 강대국의 관계에 민감할 수밖에 없고, 외교력은 미국과의 관계, 중국·일본과의 관계에 대부분 투입됩니다. 강대국의 외교정책에 우리 외교가 좌우되는 시절이 있었는데, 그렇다면 대통령님은 우리가 어떠한 자세로 외교를 해야 한다고 생각하십니까?

문재인 우선 우리의 지정학적 조건 때문에 겪어야 했던 피해를 다시는 되풀이하지 않고, 지정학적 조건을 오히려 장점으로 만들겠다는 절치부심의 외교전략이 필요하죠. 그래서 대통령은 외교에서 이념이나 기분이 아니라 국익을 최우선에 두는 자세가 필요하고요. 과거에는 우리가 미국의 그늘에서 미국을 추종하는 외교를 해왔기 때문에 우리의 독자적인 외교라는 것이 약했어요. 이제는 미국에 편중되는 외교에서 벗어나 보다 균형 있는 외교를 해야 하기 때문에, 외교를 다변화하면서 우리 주변의 열강들과 두루 우호관계를 형성할 수 있는 섬세한 균형외교가 필요하다고 생각해요.

최종건 사실 대통령직은 행정수반, 국가대표이기도 하지만 대한민국의 넘버원 외교관 아니겠습니까?

문재인 맞습니다. 우리 정부 기간에 우리나라뿐 아니라 전 세계적으로 외교의 비중이 굉장히 높아졌어요. 과거에는 외교가 전통적인 군사안보와 국제정치를 다뤘다면, 우리 정부 기간에는 감염병 대응, 감염병으로 인한 글로벌 공급망 위기 대응, 탄소중립과 기후위기 대응 등 많은 영역으로 확장됐어요. 전 세계적으로 외교의 비중이 높아졌죠. 우리는 그에 더해서 국제적인 위상이 높아진 데 따른 더 많은 역할과 책임을 요구받게 되었기 때문에, 과거와는 비교할 수 없을 정도로 외교의 비중이 커졌죠. 그 선두에 대통령이 서야 하는 것이고요.

최종건 국민들의 수준도 높아졌습니다. 해외여행은 이제 보편화되었죠. 국력이 높아지면서 국민의 의식도 높아져서, 대통령이 보여주는 외교가 더 중요해졌어요. 대통령의 해외순방 모습, 각국 정상들과 만나서 편안하게 대화하고, 때로는 심각한 모습을 보며 국민들이 '우리의 정상외교가 우리의 국력을 상징한다'는 느낌을 갖게 되는 것 같습니다. 정상회담과 다자회의에서 좋은 모습을 보면서 자부심도 느끼게 되고요. 특히 윤석열 정부 들어서 외교의 모습이 여러모로 다르게 보이면서 그 점이 더 많이 반추되는 것 같아요.

문재인 아마 국민들도 근래 들어서 외교의 중요성을 실감하실 것 같고, 대한민국이 국제사회에서 차지하고 있는 위상이나 책임 같은 것도 굉장히 높아지고 커졌다는 것을 실감하실 거라고 생각합니다.

최종건 대통령 취임 당시의 외교 환경을 곱씹어보면, 전임 대통령의 탄핵으로 정상외교에 장기간 공백이 있었어요. 또 남북관계는 파탄이었고, 한중관계와 한일관계도 좋지 않은 상황이었습니다.

문재인 한미관계를 보자면, 박근혜 정부와 오바마 정부 사이에 호흡이 맞지 않았어요. 그리고 트럼프 정부와는 아직 정상회담을 못 한 상태였죠. 일본이나 중국은 트럼프 대통령과 다 회담을 했는데 한국은 정상외교의 긴 공백이 있었던 거지요. 중국은 사드 문제 때문에 관계가 아주 악화되어 있었고, 일본의 경우 한일위안부합의가 국내 여론과 피해자들로부터 아주 강한 반발을 받으면서 일본과 합의한 소녀상 문제를 해결하지 못한 가운데 부산에서 영사관 앞에 소녀상이 또 설치되자 일본 측에서 주한대사를 본국으로 소환하기도 하고 통화 스와프를 중단하기도 하는 식으로 관계가 상당히 악화되어 있었어요. 남북관계는 이루 말할 수 없는 파탄 상태였고요.

최종건 대통령으로서 그런 외교 환경을 물려받은 거죠. 그때 제일 먼저 취한 외교적 조치는 무엇이었을까요?

문재인 인수위 시기가 있었다면 그때부터 그런 외교적 공백을 메꾸는 노력을 했을 텐데 그런 기간을 가지지 못했기 때문에, 대통령 취임 이후 제일 먼저 중요한 나라들의 정상들과 연쇄적으로 통화를 했고요. 이어서 각국에 특사단을 보내는 특사 외교를 펼쳤죠. 미국, 중국, 일본, 러시아, EU, ASEAN 그리고 바티칸에까지 특사를 보냈어요.

최종건 돌이켜보면 대통령님이 취임식을 약식으로 하신 것이 외교적 관점에서 보면 안타깝다고 할까요? 취임식 자체가 상당히 중요한 외교의 장인데요. 찾아오는 손님을 만날 수 있는 기회를 갖지 못했기 때문에 우리가 일일이 전화를 걸고 찾아갈 수밖에 없었어요.

문재인 그렇기 때문에 미국 방문과 한미정상회담을 최대한 빠르게 해야 된다는 필요성이 아주 컸어요. 다행히 미국과 잘 협의가 돼서 취임 두 달여 만에 트럼프 대통령과 방미 정상회담을 가졌는데, 역대 정부 중에서 가장 빠르게 한 것 같습니다.

최종건 사실 당시 촛불집회가 있었고, 탄핵이 있었고, 선거를 통해서 당선이 되셨는데, 그때 해외에서는 대한민국의 민주주의를 매우 높이 평가했습니다. 게다가 대통령님의 첫 메시지는 '피플파워'였던 걸로 기억해요. 우리나라의 민주주의가 우리도 놀랄 만큼 발전되었다는 것이 우리 외교에 어떤 의미가 있었을까요?

문재인 내가 처음 세계 외교무대에 나섰을 때 각 정상들로부터 많은 호의를 받았어요. 그래서 정상외교의 오랜 공백을 빠르게 메꾸는 데 큰 도움이 됐죠. 그 당시 특히 서구에서는 한국의 촛불혁명에 대한 찬탄이 매우 컸습니다. 왜냐하면 오랫동안 대규모 촛불집회가 전국적으로 계속되었는데도 단 한 건의 충돌이나 폭력사태 없이 평

화롭게 그리고 아주 문화적인 모습으로 이뤄졌으니까요. 외국에서
는 광화문광장의 촛불과 파도타기 같은 장면들을 경이롭게 바라봤
어요. 그러면서도 헌법 절차에 따라서 국회의 탄핵소추, 헌법재판
소의 탄핵결정, 민주적인 대통령선거를 통해 정권교체를 이루고 민
주주의를 회복하는 과정을 지켜보며 감탄했죠. 그때 미국이나 유럽
에서는 극우적이고 포퓰리즘적인 극단주의 정치세력들이 약진하는
현상들을 보면서 민주주의의 위기를 걱정하는 목소리가 높을 때였
어요. 그래서 한국이 민주주의의 새로운 희망을 보여줬다는 경탄이
처음 외교무대에 나서는 나에 대한 큰 호감으로 작용한 거죠. 광화
문 촛불집회 광경을 휴대폰에 담아두고 있다가 내게 보여주는 정상
도 있었어요. 우리의 민주주의가 우리 외교의 힘이 된 거죠.

　　이제는 외교무대에서 하드한 국력, 하드파워보다는 소프트파
워가 매우 중요해졌어요.• 민주주의가 발전했다는 것은 그만큼 소
프트파워가 커지면서 국격이 높아졌다는 뜻입니다. 우리 정부 기간
에 민주주의지수라든지 언론자유지수가 사상 최고로 높았기 때문
에, 그런 점들이 임기 내내 우리에게 매우 우호적인 외교 환경을 만
들어주었지요. 대통령이나 정부의 노력도 있었지만, 결국은 국민들

● 　소프트파워(Soft Power, 연성권력)는 하드파워(Hard Power, 경성권력)와 달리 비강
　　제적 힘을 뜻하며, 국가의 매력도와 신뢰도를 의미한다. 군사력을 활용해 강
　　제로 상대 국가의 정책을 변화시키는 것이 아니라, 상호 협의와 협력을 유도
　　할 수 있는 외교력과 문화적 매력도 등을 일컫는다. '소프트파워'는 미국의 국
　　제정치학자 조지프 나이(Joseph Nye)가 1980년도에 최초로 주장했으며 2004년
　　에 저서 《소프트파워》를 통해 정리했다. Joseph S. Nye JR, *Soft Power: The
　　Means to Success in World Politics*, New York: Public Affairs, 2004 참조.

이 이루어준 것이죠.

최종건 대통령님 퇴임 이후에 대한민국 민주주의지수[•]와 언론자유지수^{••}가 떨어졌다는 보도를 보았는데요. 민주주의와 관련해서는 우리가 서구 민주주의 국가들에게 열등감이 있었는데, 촛불혁명으로 그 열등감을 극복하고 아시아 최고의 민주주의 국가가 됐어요.

문재인 그렇습니다. 일본보다 민주주의에서 앞선다는 인정을 받았죠. 그런데 그것도 최근에 순위가 다시 뒤집혔다는 보도를 봤어요.

최종건 그것이 우리 정부 외교의 밑바탕이 됐어요. 대한민국의 매력이 소프트파워라고 하는데, 외교에 큰 도움이 되는 것 같습니다.

문재인 〈모노클Monocle〉이라는 영국의 전통 있는 잡지가 우리나라의 소프트파워를 세계 2위로 평가한 적도 있었어요.^{•••} 민주주의뿐만

● 영국 시사주간지 〈이코노미스트(Economist)〉의 부설기관인 이코노미스트 인텔리전스 유닛(EIU)은 매년 세계 167개국을 대상으로 조사한 민주주의지수(Democracy Index)를 발표한다. 이 보고서에 따르면 한국의 민주주의는 2021년 세계 16위, 2022년 세계 24위, 2023년 세계 22위를 기록했다.

●● 프랑스에 본부를 둔 국경없는기자회(RSF)는 매년 세계 언론자유지수(Press Freedom Index) 보고서를 출간한다. 한국의 언론자유지수는 문재인 정부가 출범한 2017년 63위에서 2018년 43위로 가파르게 상승했고, 2019년엔 41위를 기록했다. 2020~2021년 42위, 2022년 43위로 조금씩 하락하다가, 2023년에는 4단계 하락해 47위를 기록했다(https://rsf.org/en/index).

●●● 〈모노클〉은 2020년 11월 27일에 발간한 12/1월호에 실린 기사 〈소프트파워

아니라 한국의 문화까지 포함해서 그 시기에 한국의 소프트파워가 사상 최고의 평가를 받았던 것이죠.

최종건 우리나라가 권위주의 국가였다면 BTS가 해외에서 그렇게 인기를 얻지 못했겠죠. 군사정권이라면 블랙핑크, BTS 같은 아이돌 그룹이 해외에서 그만한 인기가 없었을 것 같아요.

문재인 뮤지션들과 아티스트들의 창의적인 활동 자체가 권위주의 정부에서는 생겨날 수 없는 거죠. 표현이나 사상이나 개성 같은 여러 가지 면에서 자유가 충분히 보장될 때 그런 성과가 나오는 거니까요.

최종건 취임 후 우리 정부는 '평화와 번영의 한반도'라는 국정목표를 정했습니다. 6개 국정과제 중 첫 번째는 해외체류 국민보호 강화와 재외동포 지원 확대였는데, 저희가 소위 '국민외교'라고 명명했죠. 두 번째는 한반도 평화프로세스, 세 번째는 공공외교를 통한 국익 증진, 즉 우리 소프트파워를 강화하자는 것이었고요. 네 번째가

슈퍼스타들(Soft Power Super Stars)〉에서 각국의 소프트파워를 평가해 등급을 매겼는데, 한국의 소프트파워를 독일에 이은 세계 2위로 평가했다. 구체적 근거로 영화와 음악 등 엔터테인먼트 분야에서의 세계적 돌풍, 삼성·LG·현대 등 신뢰 높은 글로벌 브랜드, 그리고 세계적으로 모범이 된 코로나19 대응 등을 제시했다. 〈모노클〉은 독일과 한국에 이어 프랑스, 일본, 대만, 스위스, 뉴질랜드, 스웨덴, 그리스, 캐나다를 소프트파워 톱10 국가로 평가했다. "Annual Soft Power Survey: Soft Power Super Stars", *Monocle*, December 2020/January Issue 2021, 2020.

주변 4개국과의 당당한 협력외교, 다섯 번째가 동북아플러스 책임 공동체였습니다. 저도 잊어버리고 있다가 자료를 준비하면서 다시 떠올렸는데, 우리 정부는 국민보호를 외교의 첫 번째 과제로 두고 재외동포 지원도 확대했습니다. 왜 그랬을까요? 한반도 평화프로세스보다 국민보호를 먼저 내세웠어요.

문재인 국민 중심 외교라는 개념을 갖게 된 거죠. 그럴 필요성이 생겼으니까요. 우리 해외동포가 750만 명에 달하고, 우리 정부 기간에 해외여행객 3000만 시대를 맞이했거든요. 정부 출범 당시 2000만 명 선이었지만 급속하게 해외관광객이 늘어나는 추세에 있었어요. 그래서 해외동포들과 여행 목적이든 업무 목적이든 해외에 체류하는 우리 국민들에 대한 보호가 자연히 외교의 최우선 과제가 되었던 거죠.

최종건 우리가 세월호 참사를 겪었기 때문에 국민을 보호해야 한다는 소명의식과 시대정신이 외교에까지 투영된 것 같습니다. 그래서 괌에서 조난당한 우리 관광객들을 위해 군용기를 보냈고, 헝가리에서 유람선 사고가 났을 땐 강경화 외교장관이 직접 가서 챙겼고, 우리 임기 말에는 미라클 작전도 있었습니다.

문재인 코로나 기간에도 많은 나라에서, 거의 7만 명가량 될걸요? 해외에 체류하는 우리 국민들을 한국으로 무사히 귀환시키고 코로나가 잦아든 이후에는 다시 돌아갈 수 있도록 지원했죠.

최종건 126개국에서 6만 4000여 명의 우리 재외국민이 돌아왔죠. 그리고 우리가 69개국의 재외국민들에게 150만 장의 마스크를 보냈습니다. 코로나 초기에 마스크 수급이 매우 민감한 사안이었는데, 그런 와중에도 해외에 계신 우리 교민들을 잊지 않고 배려했죠. 교민들 입장에서 상당히 든든했다는 감사인사를 많이 받았어요.

문재인 초기에 중국이 우한 지역을 봉쇄했을 때 이동이 거의 불가능한 상황에서 외교적 노력까지 더해 극적으로 교민들을 힘들게 데려오고, 교민들이 몇 명 되지 않는 오지 지역에서도 인근 주변 국가들과 협력해 귀국을 원하는 우리 국민들은 다 데려왔어요. 그런 경험을 하신 분들이 국가가 왜 존재하는지 알게 되었다는 말씀들을 많이 하셨죠.

최종건 이 부분에 관해서는 조명이 덜 된 것 같아요. 재외국민 보호나 해외에 나가 있는 우리 국적의 국민들에 대한 보호 혹은 지원이 우리 정부 전과 후로 확실히 나뉘는 것 같습니다. '영사조력법'도 우리가 제정했고요.

문재인 24시간 영사 조력 안심 앱도 시행했죠. 이런 부분은 확실히 세월호의 교훈이 남긴 각성효과였어요. 모든 국정에서 안전을 최우선으로 여겨야 한다는 의식이 있었어요.

아시아의 시대, 신남방정책

최종건 지역외교로 넘어와야 될 것 같은데요. 주변 4대 강국뿐만 아니라 EU와 ASEAN에도 최초로 특사를 파견하셨어요. EU는 이해가 됩니다. 왜냐하면 유럽이라는 곳이 우리에게 매우 중요하니까요. 동남아의 ASEAN 대표부에도 우리 특사를 파견하셨는데, 그렇게 결정한 특별한 이유가 있을까요?

문재인 우선 안보 측면에서만 보더라도, 주변 4강 외교가 가장 중요한 것은 물론이지만, 4강의 관계가 늘 유동적이기 때문에 4강 외교만으로는 우리의 평화 노력에 대한 지지를 충분히 받기가 어려워요. 그걸로는 부족하죠. 그래서 멀리 있는 EU 국가들과 ASEAN 국가들로부터도 우리의 평화프로세스에 대한 지지를 받을 필요가 있습니다. 이른바 외교의 다변화를 통해 우리의 안보 능력을 높여나가는 노력이라고 할 수 있죠.

ASEAN은 경제적인 측면에서도 아시아의 시대가 왔다는 말을 할 정도였잖아요. 현대문명의 중심이 유럽에서 미국으로, 다시 아시아로, 대서양에서 태평양으로, 다시 인도양으로, 이런 말이 있을 정도로 아시아의 비중이 커졌습니다. 그 중심이 ASEAN 국가이기 때문에 ASEAN 국가들의 전략적인 가치 자체가 굉장히 높아졌다고 할 수 있습니다. 우리에게 경제 면에서도 대단히 중요한 나라들이 되었지요.

최종건 사실 당시에 저는 한 번 보내고 말겠지, 일종의 관심 표명 정도일 테지, 그렇게 생각했습니다. 그런데 대통령 직속 신남방정책특별위원회를 두었고요. 임기 초에 한반도 평화프로세스를 열심히 추진할 때인데도 불구하고 임기 첫 두 해에 ASEAN 국가 10개국과 인도를 다 방문하셨어요. 대통령이 그만큼 시간과 노력을 들였다는 뜻이기도 합니다. 지역외교를 한반도 평화프로세스와 함께 추진했던 특별한 연유가 있을까요?

문재인 ASEAN과 인도의 전략적인 중요성이 그만큼 커졌어요. 특별한 국제적 요인이 있었던 것은 아니고, 우리의 필요가 커졌던 것이죠. 인도는 지금 세계 최대인구 국가가 되었고, 경제력 3위 국가가 되는 것이 시간문제예요. 인도네시아는 인구 2억 7000만 명으로 세계 4위의 인구대국이고 최대의 이슬람 국가입니다. 머지않아 미국, 중국, 인도에 이어 경제력도 세계 4위 국가가 될 것으로 전망되죠. 인도와 인도네시아는 국제 외교무대에서의 위상도 빠르게 커지고 있어요. 베트남도 무섭게 부상하고 있죠. 그동안 4강 외교에 가려서 우리 눈에 보이지 않았을 뿐이지, 사실은 대한민국의 미래가 신남방국가들과의 관계 속에 있다고 할 정도로 전략적인 중요성이 이루 말할 수 없이 큽니다. 우리가 외교적으로 공을 들이는 것은 매우 당연한 일이었어요.

최종건 노태우 정부 시절에 북방정책이 있었고 우리가 이를 승계해서 '신북방'이라고 했는데, '신남방'은 나름대로 독창적이고 집중력이 달라 보였습니다. 이명박 정부 때 신아시아정책이 있었는데, 신남방정책은 그것과도 달라서 사실상 대통령님의 흔적이 많이 보입니다. 실제로 많이 가시기도 했고, 부산으로 불러들이기도 했어요. 또 대통령님과 ASEAN 정상들과의 개인적 케미스트리도 매우 높아 보였습니다. 그들은 우리에게 경제적인 것, ODA(공적개발원조) 등 원하는 것이 많아서 그럴 수도 있었을 것으로 보여요. 그쪽 사람들이 워낙 프렌들리하기도 하고요. 그런데 대통령님은 상당히 ASEAN 외교에 집중하셨던 것 같습니다. 다른 지역과는 달리 개인적으로도 좋아하셨고요.

문재인 그만큼 중요하게 생각한 거죠. 신남방정책은 우리 정부의 고유하고 특별한 외교정책 브랜드라고 할 수 있을 것 같은데요. 우선 명칭부터 이야기하자면, 신남방·신북방은 함께 추진된 것이거든요. 처음부터 같은 구상에 같이 짝을 맞춰서 구상됐죠. 그래서 북방정책은 과거 노태우 정부의 북방정책과 구별하기 위해 신북방정책이라는 이름을 붙인 거고, 자연스럽게 짝을 맞춰 신남방정책이 됐어요. 그전까지 역대 정부의 ASEAN 정책을 남방정책이라고 본다면 우리는 그보다 더 업그레이드하고 발전시킨다는 의미이기도 하고요. 그것은 그 시기의 ASEAN 국가들의 노력하고도 맞물리는 겁니다. ASEAN 국가들은 오래전부터 한국과 일본을 배우자는 '룩 이스트Look East' 정책을 이른바 동방정책이라는 이름으로 추진해왔는데, 모디 총리나 마하티르Mukhriz Mahathir 총리 같은 분들이 업그레이드하면서 신동방정책이라는 이름을 붙였거든요. 그래서 인도와 ASEAN 국가들의 신동방정책과 우리의 신남방정책이 서로 호응하는 외교를 한 거죠.

ASEAN 자체의 중요성이 굉장히 커진 데다가, 미국과 중국이 경쟁관계에 들어서면서 ASEAN의 전략적 가치가 훨씬 더 커지게 됐죠. 그래서 많은 나라가 인도-태평양 전략이라는 이름으로 ASEAN 쪽을 외교적으로 집중 공략했던 것 아닙니까? 우리로서도 당연히 그럴 필요성이 생겼고, 우리의 평화 기반을 넓히는 것뿐만 아니라 경제적으로도 무역 측면에서 굉장히 중요한 역할을 했죠. 중국에 편중된 경제에서 탈피해 무역을 다변화하는 일차적인 대상이 동남아였으니까요.

반대로 그들은 한국의 고도성장 경험을 배우고자 합니다. 우리한국의 모델을 따르고자 하고 한국의 성장 노하우를 배우고 싶어 하죠. 19세기부터 식민지를 경영하면서 선진국으로 발전한 유럽과 미국, 일본의 경제성장 모델은 ASEAN 국가들이 따라갈 수 없는 것이거든요. 그런데 제2차 세계대전 이후에 신생 독립국으로 함께 출발한 나라 가운데 경제와 민주주의 모두 성공한 유일한 나라가 한국이기 때문에, 한국의 경제성장 모델은 자기들도 할 수 있겠다는 생각을 가지고 우리와의 협력 강화를 바라는 것이죠. 이런 양쪽의 이해가 서로 맞아떨어지는 만큼 앞으로도 신남방국가들과의 외교에는 지속적으로 많은 노력을 기울일 필요가 있습니다.

최종건 저도 차관 시절에 몇 가지 에피소드가 있었는데요. 한번은 파키스탄 외교차관을 만났더니 불만을 제기하는 거예요. 왜 파키스탄은 신남방정책에 포함되지 않았냐고요. 그래서 제가 파키스탄 수도 까지 갔었습니다. 미라클 작전 때 파키스탄이 우리를 많이 지원해 줬기 때문에 감사를 표명하러 갔는데, 거기서는 왜 인도는 신남방 정책에 포함시켜주고 우리는 아니냐, 우리도 포함되게 해달라고 했어요.

그런가 하면 2022년 대선 끝나고 주한 ASEAN 대사들과 고별미팅을 했는데, 신남방이라는 이름은 유지해줄 것을 인수위에 전달해달라고 요청했습니다. '인도-태평양 전략'이라고 하면 인도양하고 태평양 바다만 있는 건데, 자기네 ASEAN 국가는 대륙에 붙어 있는 나라도 있고 섬나라, 해양국가도 있어서 이게 마치 중국을 견제하는 것 같다는 거예요. 더군다나 외교관 입장에서 신남방이라는 이름을 사용하면 자기들의 정체성을 한국이 인정해주는 것 같다, 인도-태평양이 워낙 넓은데 ASEAN은 안 보인다, 한국만이 그렇게 했다고 말하더군요. 인수위에 전달했지만 지금은 그 이름이 사라진 게 안타깝습니다.

문재인 신남방정책은 ASEAN과 인도가 대상이기 때문에 ASEAN이 일차적인 정책 대상이지만, 인도-태평양 전략이라고 하게 되면 ASEAN은 보이지 않고 인도-태평양의 한 부분처럼 인식되지요. ASEAN 국가들이 멀어진다는 느낌을 가질 만합니다.

내가 느끼는 문제점은 따로 있어요. 나는 우리나라가 아시아의 일원이고 아시아 국가들과 동질성을 가졌다는 것을 중요한 정체성으로 생각해요. 신남방정책이란 이름에는 아시아의 일원인 한국이 역시 아시아의 일원인 ASEAN 국가들에게 다가간다는 의미가 내포되어 있죠. 그런데 인도-태평양 전략이라고 하면 외부에서 아시아를 바라보는 느낌이죠. 미국이나 유럽은 그런 용어를 쓸 만합니다. 일본도 탈아시아라는 관념을 가지고 있는 나라니까 그럴 만하고요. 그러나 한국이 아시아를 외부에서 바라보듯이 인도-태평양 전략이라고 하는 것은 어울리지 않고 어색하죠. 다른 나라의 정책을 흉내 낸 느낌이고요. 그러니 ASEAN 국가들도 거리감을 느끼게 되는 것이라고 생각해요.

최종건 우리 정부 기간에 인적 교류와 교역량이 엄청 늘었지만, 특히 제 눈에 띈 것은 우리나라로 온 유학생 수의 증가였습니다. 약 3배 정도 증가했는데, 2016년도에 1만 3000명이던 것이 2019년에 4만 4000명으로 늘었습니다. 아마 코로나가 없었으면 더 왔을 겁니다. 우리가 신남방 지역에서 얻은 것도 많은데요. 말씀하셨듯이 교역상대의 다변화도 있었고요. 대통령님께서는 실제로 외교 현장에 계셨을 때 신남방국가들과의 관계 강화가 우리에게 정말 도움이 되었다고 생각하신 영역이 있을까요?

문재인 유학생뿐만 아니라 그 나라들에서 우리 한국어에 대한 수요가 폭증해 한국어가 제1외국어, 제2외국어로 채택되기도 하고, 입시 과목에 포함되기도 했어요. 또 대학에 한국어를 가르치는 학과가 많이 생기고, 고등학교에도 생기고, 한국어 학원도 많아졌죠. 그래서 ASEAN 지역을 다녀보면 국민들이 '안녕하세요' 같은 한두 마디 정도 인사는 우리말로 하는 것이 예사가 됐어요. 그만큼 그 나라에서 한국의 위상이 높아지고, 한국에 대한 호감이 높아진 거죠. 우리 역시 아시아 국가로서 신남방국가들과 함께 아시아의 가치를 공유하는 것이 매우 중요하다고 생각해요.

최종건 아시아의 가치라고 하면 어떤 걸 말씀하시는 건지요?

문재인 전통을 중시하고, 사람을 중시하고, 자연과의 관계를 중시하고, 평화를 중시하는 마음이죠. 우리가 신남방정책을 '3P'라고 해서 '사람People, 상생번영Prosperity, 평화Peace'로 개념을 정리했는데, 평화를 사랑하고 자연 생태계와 친화적이고 사람을 중심으로 삼는 정신이 아시아의 오랜 가치들이지요. 근대에 와서 서양 문명에 밀려 어려운 시기를 겪었지만 지금은 다시 아시아의 가치가 존중되고 있어요. 그런 가치를 공유하고 있는 나라들과 함께 발전할 수 있는 관계를 지속시켜간다는 것은 굉장히 중요합니다.

　　또한 우리에게 우호 국가군을 형성한다는 면에서도 매우 중요하죠. 우리가 부산엑스포를 놓고 경쟁을 벌였다가 민망할 정도로 실패하고 말았는데, 확실하게 지지해주는 우호 국가군이 적다는 게 결국 약점이 되지 않았습니까? 국제행사뿐 아니라 국제기구 수장의 선출, UN 안보리 비상임이사국이나 인권이사국 선출 등이 모두 투표로 결정되기 때문에 세계 외교무대에서 경쟁이 치열하죠. 우리가 ASEAN과 중앙아시아 국가들을 우리의 확실한 우호 국가로 형성해갈 수 있다면 그만큼 세계 외교무대에서 우리의 위상과 경쟁력이 더 높아지게 되는 거고요.

최종건 '대한민국의 친구들Friends of Korea'이라고 표현했었는데요. 한국을 지지하는 국가가 48~50개국 정도 되더라고요. ASEAN 국가, 중앙아시아 국가, 아프리카 일부, 중남미인데요. 아시아의 가치를 공유한다고 하더라도, ASEAN 국가들은 정치체제가 상당히 다양하지 않습니까? 브루나이같이 아주 강력한 군주제 국가가 있고요. 태국이나 미얀마같이 군부가 쿠데타를 일으키는 나라도 있죠. 베트남이나 라오스, 캄보디아 같은 경우는 우리의 개념으로 보면 사회주의 체제여서 우리 민주주의 국가 입장에서는 '민주적 가치'와 잘 안 맞는 것이 아닌가요?

문재인 내가 말한 가치는 전통적·문화적·정신적 가치이고 정치이념상의 가치와는 다른 개념이죠. 사회주의 체제나 왕정처럼 정치체제가 다르다는 것은 국익외교를 하는 데 아무런 장애가 되지 않는다고 생각해요. 각 나라들은 고유의 발전 경로가 있기 때문에 반드시 서구식의 민수주의가 우일히다 단정할 수 없는 것이죠. 각 나라의 체제를 존중하면 되는 것이고요. 다만 인권을 탄압하는 독재는 우리가 포용하기 어렵죠. 그래서 미얀마 같은 경우도 아웅산 수치Aung San Suu Kyi 국가고문이 이끌던 시절에 우리와 우호관계에 있었지만, 미얀마 정부 특히 군부가 로힝야족에 대해 학살과 성폭력 같은 인권범죄를 저질렀을 땐 우리가 단호하게 지적하고 반대했죠. 쿠데타로 군부독재가 된 이후에는 정부 차원의 협력을 전면적으로 중단했고요. 그것이 지켜야 할 선이라고 생각해요.

최종건 미얀마를 말씀하시니 생각나는 게 있는데, 그 나라에서 군부 쿠데타가 일어났을 때 대통령님의 메시지가 세계 어느 정상과도 달라 보였어요. 단호하셨고, 특히 미얀마에서 광주를 본다는 메시지를 내셨어요. 군이 민을 학살하거나 강제로 권력을 침탈하는 경우에는 우리의 과거를 보는 듯해서 대통령님이 더 강한 메시지를 내신 것 같은데요.•

문재인 그렇지요. 우리 외교의 중심 원칙 중 하나가 인권외교이기도 하고요. 우리가 인권을 억압받던 시대를 겪어왔기 때문에 우리로서는 더 절실한 거죠. 인권을 탄압받는 국민들에게 더 공감하게 되고요. 그때 그런 일들이 있어서 지금도 평산책방으로 미얀마 유학생들이 찾아오기도 하고, 고마웠다고 인사를 하기도 하지요.

• 문재인 대통령은 2021년 3월 6일 미얀마 군부 쿠데타 발생 직후 트위터를 통해 "미얀마 국민들에 대한 폭력은 즉각 중단되어야 합니다. 더 이상 인명의 희생이 있어서는 안 될 것입니다. 미얀마 군과 경찰의 폭력적인 진압을 규탄하며 아웅산 수치 국가고문을 비롯해 구금된 인사들의 즉각 석방을 강력히 촉구합니다. 민주주의와 평화가 하루속히 회복되기를 간절히 바랍니다"라고 성명을 냈다. 같은 해 5월 18일, 문 대통령은 5·18 광주민주화운동 41주년을 기념하는 메시지에서 "우리는 오늘 미얀마에서 어제의 광주를 본다. 오월 광주와 힌츠페터의 기자정신이 미얀마의 희망이 되길 간절히 기원한다"면서 "민주와 인권, 평화의 오월은 어제의 광주에 머물지 않고 내일로 세계로 한 걸음한 걸음, 힘차게 나아갈 것"이라고 했다.

최종건 미얀마 국민들에게 큰 감동이 되었다고 들었습니다. 많은 정상이 쿠데타를 비판했지만, 자기네 심정과 정서를 알고 위로해주는 대한민국 대통령의 메시지에 많은 위로를 받았다는 보고를 받은 적이 있습니다.

신남방 정상외교 일정 수행 중 여러 에피소드가 있었습니다. 대통령님이 특히 방문 국가의 국민들에게 좀 더 다가가기 위한 일정이 많기도 했습니다. 인상적이었던 것은 인도 일정이었습니다. 인도 방문 때 지하철 타셨던 것 기억하십니까? 그 상황을 설명해주실 수 있을까요?

문재인 삼성전자 현지 공장을 방문하는 일정이 있었어요. 그 방문 기간에 모디 총리는 나의 모든 일정을 동행하는 파격적인 친교외교로 대단한 호의를 보여주었죠. 그래서 그 일정도 모디 총리와 함께 하게 되었는데, 지하철을 타고 가자고 모디 총리가 제안을 해왔어요. 그런데 타고 보니 그 지하철 차량이 한국의 현대로템이 납품한 것이어서, 인도에 진출한 한국의 열차를 타본다는 의미가 있었어요. 모디 총리가 그것까지도 나를 배려한 것이었죠. 모디 총리는 힌두 민족주의가 강하다는 평가를 받긴 하지만, 인도의 권위주의 체제를 종식시키면서 민주적이고 서민적인 행보를 통해 일반 서민들에게 다가가는 지도자입니다. 그때도 지하철을 타면서 인도의 많은 서민과 자연스럽게 접촉하는 모습을 볼 수 있었어요. 나도 서민 행보를 많이 한다는 것을 알고 있어서 내가 좋아할 것이라 믿고 그런 제안을 해준 것이죠.

2018년 7월 9일 인도 국빈방문 당시 모디 총리의 제안으로 탑승한 인도의 지하철. 차량이 한국 제품인 것도 의미가 있었고, 많은 서민과 자연스럽게 접촉하는 모디 총리의 모습을 가까이에서 볼 수 있었다.

최종건 수행했던 장관들은 대통령님과 총리님의 빠른 걸음을 따라가느라 상당히 힘들었다고 하더라고요. 후일담으로 들었습니다.

문재인 인도네시아에 갔을 때 조코위Joko Widodo 대통령과 서민시장에 가서 인도네시아 남방을 하나씩 구입해 입은 것하고 비슷한 일정이었죠. 그 일정도 현지에서 갑작스럽게 결정됐어요.

최종건 어떻게 보면 아시아 정상들이 우리나라 대통령의 방문을 자기네 나라 곳곳의 생활상과 발전상을 보여주는 공공외교의 기회로 삼은 것 같아요.

문재인 그런 의미도 있을 테죠. 우리 국민보다는 그 나라 국민들에게 보여주는 일정이었으니까요. 그 시기에 모디 총리나 조코위 대통령 같은 경우는 서양의 어느 지도자들보다도 국민 속에서 서민들과 함께하는 모습을 보여줬어요. 그 시기에 세계는 그 나라들과 한국의 민주주의 발전을 굉장히 인상 깊게 바라봤어요. 그런 점에 대한 정서적인 유대감이랄까, 동지의식 같은 것이 우리 세 정상 사이에 있었던 것 같습니다.

최종건 언젠가 대통령님 집무실로 보고하러 들어갔다가 대통령님이 인도 조끼 같은 것을 입고 계신 모습을 본 기억이 있어요. 입고 계신 옷이 무엇입니까 여쭤보니, 자랑스럽게 모디 총리의 선물이라고 하셨습니다.

변방에서 중심으로

문재인 맞아요. 모디 총리가 세계 외교무대에서도 늘 인도 고유의 조끼 패션을 고수해서 내가 멋있다고 칭찬했더니 선물로 보내온 거였죠. 입은 모습을 트위터에 올려서 모디 총리도 볼 수 있게 하고 감사도 표했어요.

최종건 모디 총리도 리트윗을 했더라고요. 대통령님 감사하다고. 그만큼 정상 간의 유대가 특히 ASEAN 국가들과 신남방정책을 추진하는 데 윤활유 작용을 했다고 볼 수 있을까요?

문재인 그렇습니다. 모디 총리는 나에게도 각별한 호의를 보여주었지만, 한국과의 협력관계를 발전시키고자 하는 의지가 굉장히 강해서 우리 한국에 대해서도 우호적인 노력을 많이 해주었어요. 대표적으로 인도에 허황후 기념공원을 조성했죠. 가락국 김수로왕과 혼인한 허황후가 인도에서 왔다는 것이 역사적 사실인지 설화인지 한국 내에서는 아직 논란이 있지만, 인도는 그것을 인도와 한국 간 오랜 인연의 상징으로 내세우면서 우호 외교의 소재로 삼고자 했어요. 내가 인도에서 우리 교민들과 만찬을 할 때도 인도 정부가 민속무용단을 보내 공연을 했는데, 그 공연 내용도 허황후 설화를 소재로 한 것이었어요. 그래서 우리 대표단 일행과 교민들이 깊은 감명을 받았죠. 그리고 그때 모디 총리는 허황후 기념공원 조성 계획을 내게 말하면서 공원 개장 때 꼭 다시 와달라고 나를 초청했어요.

　　나중에 그 기념공원을 개장할 때 인도 정부는 나를 재차 초청했는데, 나로서는 인도를 또다시 가기가 어려웠죠. 그래서 고사했더

2018년 10월 31일 모디 총리가 내가 멋있다고 칭
찬한 재킷을 선물로 보내왔다. 청와대 여민관 집
무실에서 입은 뒤 트위터에 사진을 올렸더니 모
디 총리도 리트윗을 했다.

니, 그렇다면 아내를 대신 보내달라고 초청해서 아내가 나 대신으로 개장행사에 참석했죠. 제가 이 이야기를 소상히 하는 이유는, 지금까지도 아내가 나랏돈으로 관광여행을 한 것처럼 악의적으로 왜곡을 하는 사람들이 있기 때문입니다.

최종건 여사님이 가신 것은 따지고 보면 우리나라 영부인의 첫 외교로 기록될 겁니다. 말씀하셨듯이 모디 총리와 인도 정부의 공식 초청이 있었기 때문에, 설화를 통해 우리와 인도의 역사적인 유대를 재조명하기 위한 행사에 여사님이 대통령 대신 참석해서 외교를 한 것으로 외교부에는 기록되어 있을 것입니다.

문재인 영부인의 첫 외교라고 하면 어폐가 있어요. 평소에도 정상 배우자들이 정상을 보조하는 배우자 외교를 많이 합니다. 내 아내도 그랬고요. 그러니 첫 외교가 아니라 첫 단독 외교라고 하는 것이 정확한 표현이죠.

인도에 대해 한 번 더 강조하고 넘어가고 싶은 것이 있습니다. 인도가 드디어 세계 1위 인구 국가가 됐죠. 게다가 평균연령이 30세 정도밖에 되지 않는 굉장히 젊은 나라예요. 역동적이죠. 그래서 인도가 미국, 중국 다음에 G3가 되는 것은 시간문제일 뿐 몇 년 걸리지 않을 것으로 예상됩니다. 우리의 성장동력이나 미래협력을 위해서도 지금부터 인도와의 관계에 각별한 노력을 기울일 필요가 있는 거죠. 우리는 당장 눈앞의 외교에만 급급해서 미국, 일본, 중국만 보기 쉬운데, 멀리 내다보는 외교를 해야 합니다.

최종건 이를테면 지금 영국 총리도 인도계고요. 우리가 잘 알고 있는 애플, 마이크로소프트, 구글 등의 기업도 인도계가 CEO를 하고 있습니다.

문재인 IT나 디지털 분야에서 인도의 역량은 아주 대단하죠.

최종건 우리가 중국 상인들의 화상華商 네트워크에 상당히 심혈을 기울였는데요. 이제 인도의 디지털 네트워크라는 것도 무시 못 할 정도의 권력을 가지고 있다고 합니다. 그러니 우리가 그런 쪽에도 정성을 들여야 할 것 같네요.

모디 총리에 대해 말씀하셨지만 조코위 대통령도 외교활동에 매우 두각을 나타내고 있습니다. 특히 우크라이나 전쟁 발발 직후인 작년에 G20 의장국이었거든요. 미국의 반대에도 불구하고 러시아를 G20 회의에 초청하기도 했고, 우크라이나를 직접 방문해 젤렌스키Volodymyr Zelenskiy 대통령의 의중을 받아 모스크바로 가서 흑해 지역의 밀 수출 협정을 맺는 데 아주 긍정적인 역할을 했습니다. 게다가 최대 이슬람 국가로서 밀 수입에 어려움을 겪고 있는 이슬람 국가들에게 큰형 같은 역할을 했다고 합니다. 개인적으로 조코위 대통령이 매우 훌륭한 지도자로 느껴집니다. 대통령님과 유사한 면도 있고요. 서민적이고 출신 배경도 비슷하고. 또 조코위 대통령이 대통령님을 매우 좋아했다고 하죠.

문재인 나를 형님이라고 부를 정도로 서로 잘 맞는 편이었죠. 내가

　　　　　　　　　　　　　　　　　　변방에서 중심으로

인도네시아를 방문했을 때 함께 서민시장을 방문하기도 했고, 또 조코위 대통령이 방한했을 때 함께 동대문 디자인플라자에 가기도 했습니다. 조코위 대통령도 ASEAN의 가치를 매우 중시하는 지도 자예요. 물론 경제적인 국익 때문에 당연히 미국과의 관계를 가장 중요시하지만, 그러면서도 어느 쪽도 추종하지 않는 외교를 펼치고 있고, 다자외교 석상에서도 중립적이고 독자적인 메시지를 내죠. 최대 이슬람 국가인데 아주 관용적인 이슬람 문화가 뿌리내려서 모든 종교, 모든 문화를 다 포용하는 나라예요. 이슬람 세계에서 맏형 같은 역할을 하고 그쪽 이익을 대변하기도 하고요. 인도네시아 역시 세계 4위 인구대국이고 평균연령이 젊어요. 그래서 인도네시아 또한 세계 10위 내 경제대국이 되는 것은 시간문제입니다. 그러니 그때 가서 아쉬운 소리 할 게 아니라 지금부터 관계를 잘 만들어가야 합니다.

최종건 인도네시아와 우리가 함께 전투기를 개발하는 KF-21 사업도 디테일로 들어가보면 미국이 좀 불편해하는 면이 있었습니다. 인도네시아가 이슬람 국가여서 미국이 기술이전을 할 수 있는 우호국으로 편제되어 있지 않기 때문인데요. 그래서 KF-21을 공동개발하는 데 미국이 불편한 감정을 드러냈고, 우리가 FA-50을 인도네시아에 수출할 경우에도 일부 부품은 기술통제에 걸려 있는 부분이 많습니다. 그러나 인도네시아는 그럴 때마다 러시아에 접근하는 제스처를 취한다든지 다자무대에서 독자적인 목소리를 낸다든지 해서, 그들을 한 단계 아래로 보는 것을 용납하지 않는 것 같습니다.

문재인 KF-21도 그렇고 잠수함도 인도네시아와 함께 협력사업을 했죠. 우리 군의 수요만으로는 차세대 전투기 사업이나 잠수함 사업을 하기 어렵거든요. 그래서 해외시장을 함께 봐야 되는데, 기술 이전에 대한 미국의 견제 때문에 사실 미국의 눈치를 크게 보는 나라라면 함께 못 할 수 있어요. 인도네시아가 상당히 독자적인 노선을 갖고 있기 때문에 그런 선택을 할 수 있었던 거죠. 물론 그에 대한 미국의 승인을 받아내는 것은 우리의 몫이 되죠. 인도네시아가 우리 차세대 전투기 사업이나 잠수함을 3000톤급 이상으로 발전시켜나가는 데 굉장히 큰 역할을 해줬다고 볼 수 있습니다.

최종건 주한 인도네시아 대사들의 면면을 보면, 그 나라에서는 그룹 회장이나 중진 정치인이라든지 꽤 높은 급의 외교관이 오더라고요. 인도네시아가 우리와의 관계를 매우 중시해서 고위급 경제계 인사들을 보내는 것으로 보였어요.

문재인 인도네시아는 우리와 경제적으로 오랜 관계입니다. 우리가 신발·고부·합판이 주력산업이던 시기에 합판 쪽은 인도네시아와 협력했죠. 그때 동명목재를 비롯한 합판·목재 회사들이 인도네시아에서 목재를 가져왔으니까요.

최종건 메콩 지역*과도 역대 정부와 달리 집중해서 외교를 했습니

● 세계에서 열두 번째로 긴 메콩강(약 4000km)이 흐르는 국가들을 일컫는다. 중

변방에서 중심으로

다. 특히 부산에서 2019년 11월에 최초로 한-메콩 정상회의를 하셨고, 한-ASEAN 특별정상회의도 하셨어요. 노무현 대통령님은 부산에서 APEC(아시아태평양경제협력체) 회의를 하셨고, 대통령님은 한-ASEAN, 한-메콩 정상회의를 하셨습니다. 이 회의의 의미는 무엇이었을까요?

문재인 2019년은 우리가 ASEAN과 대화 관계를 수립한 지 30년이 되는 해였어요. 5년 간격으로 특별정상회의를 해왔기 때문에 30주년 특별정상회의를 한국에서 하게 된 것이었고, 이를 계기로 장관급 대화 관계였던 한-메콩 관계를 정상회의로 격상해서 한-메콩 정상회의를 함께 하게 된 거죠. 부산에서 하게 된 것은 내 출신지역이라서가 아니라, 한국에서는 유일하게 아세안문화원이 있는 곳이 부산이어서, 부산이 갖는 장점을 살려 거기서 개최하게 된 것입니다. 한-ASEAN, 한-메콩 관계를 한 차원 더 심화시킬 목적도 있었고, 우리의 평화 기반을 확충하고 포스트 중국의 대체시장으로 또는 생산기지로 관계를 발전시키고자 하는 목적이 있었죠. ASEAN과 메콩 지역 국가들을 우리의 친구 국가들로 굳혀나가려는 목적도 있었고요.

최종건 부산 한-ASEAN 정상회의 때 당시 대통령님이 한반도 평화

국을 비롯해 미얀마, 태국, 라오스, 캄보디아, 베트남이 공유하는 메콩강은 수자원과 개발 잠재력이 풍부하다. 10개의 ASEAN 회원국 중 5개국이 메콩 지역에 속한다.

2019년 11월 27일 부산에서 열린 한-메콩 정상
회의. 기존의 장관급 대화 관계를 정상회의로 격
상해 메콩 지역 국가들을 친구 국가들로 굳히고,
관계를 한 차원 더 발전시키려는 목적도 있었다.

프로세스 차원에서 추진하셨던 종전선언을 ASEAN 국가들이 만장일치로 지지해줬던 기억이 납니다.

문재인 ASEAN 국가들 중 과거에 사회주의를 하면서 북한과 외교관계를 맺고 있는 나라가 많고, 북한이 유일하게 참여하는 다자회의가 ARF(아세안지역안보포럼)입니다. 그런 면에서도 우리가 ASEAN으로부터 평화프로세스를 지지받는다는 것은 대단히 중요한 의미가 있습니다.

최종건 여담입니다만, 당시 만찬장에서 대통령님이 특별히 연로하신 말레이시아 마하티르 총리에게 예를 많이 갖추셨어요. 상당히 전설적인 인물이잖습니까? 대통령께서 예를 갖춰 부축하시는 모습이 참 보기 좋았습니다.

문재인 마하티르 총리는 깊이 교분이 있는 관계는 아니지만 존경할 점이 많죠. 당시 94세로 가장 연장자이기도 했고, 과거 아시아 외환위기 시기에 우리는 IMF 쪽 처방을 그대로 받아들이는 식으로 위기를 극복한 반면, 당시 마하티르 총리는 IMF 쪽의 처방을 거부하고 독자적인 방식으로 IMF를 극복한 지도자였어요. 아시아의 가치에 대해 큰 철학을 갖고 계신 분이죠. 아시아가 인류 유사 이래 항상 서양보다 훨씬 앞선 문명을 가지고 있었는데, 근대에 들어와서한 200년 유럽에 뒤지면서 지배를 받거나 뒤처지게 되었다는 의식이 강한 분입니다.

2019년 11월 28일 청와대 본관에서 말레이시아 마하티르 총리를 맞이했다. 그는 아시아 외환위기 당시 독자적 방식으로 IMF를 극복한 지도자였고, 다자회의에서 한반도 평화프로세스에 대해 공개적으로 지지해주어 각별하게 고마운 마음을 갖고 있다.

우리 평화프로세스에 대해서도 지원을 많이 해줬어요. 미국이 참여하는 APEC 같은 다자회의 석상에서도 북한의 비핵화 노력에 대해서 상응하는 조치를 취해줘야 된다고 공개적으로 촉구하는 목소리를 내줬어요. 국제사회에서 그런 목소리를 내는 지도자가 거의 없었는데 그런 부분을 마하티르 총리가 아주 잘 말씀해줘서, 그 점에 대해 각별히 고마운 마음을 갖고 있죠.

과거 외환위기 이전까지만 해도 아시아 지역이 가장 빠르게 고속 성장을 했기 때문에, 예를 들면 종신고용 같은 아시아의 경영 방식과 경영 이념을 세계에서 아주 높이 평가했었어요. 다들 아시아를 배우자고 했죠. 그런데 외환위기를 겪게 되니까 하루아침에 아시아적인 방식들은 다 낡고 전근대적인 것으로 폄하됐어요. 그런 가운데 마하티르 총리가 외환위기를 겪으면서도 꿋꿋하게 아시아의 가치를 주장했는데, 어쨌든 위기극복에 성공했어요.

최종건 당시 외환위기 자체가 순간적인 유동성 위기냐 근본적인 경제구조의 위기냐 하는 논쟁이 있었는데, 우리는 IMF를 수용하면서 펀더멘털의 위기, 마하티르는 유동성 위기라고 나뉘었습니다.

문재인 생각해보면, 우리는 IMF 처방을 받아들이면서 더 빠르게 위기를 극복했는데, 반면에 고용안정성이 크게 무너졌거든요. 비정규직이 급증하고 양극화가 심해졌어요. 그 후유증을 지금도 겪고 있어서, 이 부분은 두고두고 분석해봐야 할 점입니다. 지금은 IMF 내에서도 그때의 처방이 바람직하지 못했다는 반성이 있어요.

최종건 코로나가 발발하고 우리가 특별히 ASEAN 국가들에게 많은 지원을 했는데요. 코로나 초기였던 2020년 4월 대통령님이 ASEAN+3 특별화상정상회의에서 역내 보건협력 강화를 위한 한-ASEAN 보건장관회의를 제안하셨는데, 이게 우리 퇴임 후 실현됐어요. 2022년 5월 17일 제1차 한-ASEAN 보건장관회의가 인도네시아에서 열린 거죠. 대통령님이 제안하신 것이 계속 진화하고 있습니다. ASEAN 국가들은 우리에게 특별히 보건 관련해서 많은 협력을 원했습니다. 아마 그들과 우리의 정서적인 면이 비슷했던 것 같아요. 서양과 달리 아시아는 공동체 의식이 강해서 그것을 기반으로 보건협력을 했는데, 전 좀 아쉬워요. 코로나 기간이 좀 짧았거나 없었더라면 한-ASEAN 관계가 더욱 강화됐을 텐데요.

문재인 나쁘기만 한 것은 아닙니다. 코로나 기간이 좀 특별했던 것은, 우리가 코로나 대응에서 거의 세계 표준이었고, 아주 극찬을 받았다는 것뿐만 아니라, 코로나를 겪으면서 그동안 세계가 말해왔던 글로벌 연대·협력의 속살이 드러난 거죠. 그전까지 세계는 늘 연대와 협력을 말해왔고, 공동체 형성까지 나아간 EU를 성공모델로 삼았죠. 그래서 트럼프 대통령이 미국우선주의를 내세웠을 때 비난을 많이 했는데, 막상 코로나가 닥치니까 유럽 국가들조차 전부 각자도생으로 가면서, 연대와 협력은 뒷전이 되어버렸어요. 백신도 잘사는 나라들의 전유물이 되어서, 잘사는 나라 사람들은 몇 번씩 접종을 하는데 어떤 나라들은 한 번도 접종을 못 하는, 야만적인 상황이 되었고요.

그런 상황에서 한국은 감염병 대응을 위한 연대와 협력을 계속 주창하고 실천해나갔기 때문에, 그것이 코로나 기간에 한국의 위상을 더욱 높여주었던 것이죠. ASEAN과의 관계에서도 우리가 더 여유 있는 편에 속하니까 우리로서는 당연한 일로 ASEAN 지역에 진단키트와 마스크를 제공한다든지 백신까지 무상 공급하는 역할을 하면서 ASEAN과의 보건의료협력에서 역내 리더국가의 위상을 갖게 된 것이죠.

최종건 태국과 베트남이 최초의 공여 국가가 되었습니다.

머나먼 대륙, 신북방정책

최종건 ASEAN 이야기를 하면 끝이 없습니다만, 신북방으로 넘어가서 말씀을 나눠야 될 것 같은데요. 개인적으로는 신북방과 신남방 이렇게 두 가지를 놓고 봤을 때 '북방'이라는 단어를 생각하면 좀 더 짠하게 느껴져요. 대륙인데 매우 멀게만 느껴지는 곳? 신남방 하면 동남아 국가들이니까 정서적으로도 가까운 관광지이고 편해 보이는데, 신북방 하면 떠오르는 우즈베키스탄, 카자흐스탄, 키르기스스탄 등은 낯설게 느껴졌거든요.

문재인 아까 짠하다고 했는데, 잘 모르는 나라들인데도 짠하게 느껴지는 이유는 우리가 잃어버린 역사, 고구려와 발해의 강역이었기 때문이죠. 우즈베키스탄의 사마르칸트 아프라시아브 유적에 가면 사신도 벽화가 있는데 거기에 고구려 사신들 모습이 그려져 있거든요. 그 당시에 당나라에 대항해서 고구려와 돌궐이 동맹관계를 맺었다는 것이 중국 역사서에 남아 있어요. 그러니까 그때부터 우리와 교류가 있었고 우호적인 관계였던 거죠.

신채호 선생의 《조선상고사》 등에서는 원래 중앙아시아 지역에 돌궐, 몽골, 숙신, 거란, 여진, 말갈, 동이족 등이 함께 살다가 그 가운데 동이족이 동진해서 만주와 한반도로 들어오게 되었다고 해요. 그러니 민족적으로 상당히 근친성이 있습니다. 다들 우랄알타이 계통이지요. 실크로드 국가들은 역사적으로도 우리와 오랜 교류의 역사가 있어요. 우리가 남북한으로 분단되지 않았으면 중앙아시아 쪽과 쉽게 연결되어서 오래전부터 우호관계를 유지해왔을 테죠. 과거에 헤이그 밀사라든지 손기정 선수 이런 분들이 다 경성역에서 기차를 타고 대륙열차로 유럽까지 가고 했으니까요. 신북방국가들과의 관계는 우리 역사의 단절된 부분을 다시 잇는다는 면에서도 중요하죠.

최종건 제가 짠하다고 했던 이유는, 그뿐만 아니라 대륙과 지리적으로 연결이 끊겼기 때문에 마치 우리는 섬인가 하는 느낌이 들어서였어요. 대한민국의 국경은 인천공항인가 하는 생각이 듭니다. 그러니 '대륙' 그러면 우리에게는 단절된 곳이란 느낌이 있습니다. 당연히 고구려의 역사, 우리 고대사를 논할 때 북방대륙은 우리 역사의 공간입니다. 문재인 정부의 신북방정책은 중앙아시아 국가들과 연계해서, 당장의 이익보다는 미래의 이익, 그리고 정무적 관계의 강화였던 것 같습니다. 신북방정책을 하는 데 있어서 역사성을 많이 고려하셨습니까?

문재인 그렇다고 할 수 있죠. 이미 삼국시대에 고구려와 신라는 신북방국가들과 실크로드를 통해 교역했어요. 그뿐 아니고 우리 경제가 더 확장하려면 대륙으로 뻗어가야 되죠. 북방경제라는 이름으로 노태우 정부 때부터 그런 개념을 가지고 발전시켜왔어요. 과거에는 남북관계를 개선해 남북이 교류하고 협력하면서 자연히 북방으로 함께 나아가는 그런 개념이었어요. 그러니 남북관계가 진전되면 북방국가들과의 관계도 진전되다가, 남북관계가 악화되면 또 중단되는 한계를 갖고 있었죠. 우리 신북방정책은 북한을 건너뛰어서 러시아를 비롯한 북방국가들과 관계를 먼저 발전시켜나가고, 남북관계가 좋아지면 거기에 북한도 참여시키는 식으로 선후를 바꿔서 생각한 거죠. 그래서 신북방정책이 각별한 의미가 있었고요. 신남방정책과도 서로 짝을 이룹니다. 남북관계가 발전해서 우리가 대륙과 해양을 잇는 교량국가로 발전하면, 대륙 쪽으로는 북방국가들, 해양 쪽으로는 ASEAN 지역을 가교하는 역할을 할 수 있다는 큰 그림을 그리면서 그런 외교정책을 만든 거죠.

최종건 신남방정책을 위해 동남아 국가는 다 가셨는데, 북방정책을 하시면서 중앙아시아 국가는 다 방문하시지 않은 것 같아요.

문재인 5개국을 다 가기 어려워서, 총리와 역할을 분담해 내가 그중 3개국을 가고 2개국은 이낙연 총리가 갔죠. 그런 면에서도 총리 외교가 굉장히 중요해요. 내가 이낙연 총리에게 각별히 당부했죠. 외교 상대국은 굉장히 늘어났는데 내가 다 갈 수 없으니 총리께서도 상당한 역할을 해달라고 부탁을 드렸지요.

중국은 주석과 총리가 투톱으로 정상외교를 하죠. 심지어 유럽 국가들도 국왕 제도가 있기 때문에 국왕과 총리가, 의원내각제인 경우는 국가원수인 대통령과 총리가 투톱 외교를 해요. 베트남 같은 경우는 총리, 국가주석, 당 서기장 3인이 다 정상외교를 합니다. 그래서 우리도 투톱 외교를 할 필요가 있다고 봅니다. 한국의 총리가 대통령제 국가 중에서는 특별하거든요. 대통령제에서는 보통 내각을 총괄하는 총리가 없으니까요. 그래서 총리에게 투톱 외교를 강조하고 총리 순방 때 대통령 전용기를 내드렸죠. 이낙연 총리도 그렇고 정세균 총리까지 꽤 많은 나라를 순방했습니다. 정세균 총리와 김부겸 총리는 코로나 기간이어서 제약이 있었지만 이낙연 총리는 상당히 활발한 순방외교를 했죠.•

• 오늘날 대한민국의 국력과 국제사회의 외교 수요를 감안하면 대통령이 모든 정상외교 수요를 감당하기에 벅찬 것이 사실이다. 문재인 대통령은 코로나19 발발 이전 2017년 5월부터 2019년 12월 사이 약 2년 반 중 한 달 반 정도를 해외에 체류해야 하는 외교 일정을 보냈다. 대한민국 대통령이 기본적으로 참석해야 하는 다자회의로는 UN 총회, ASEAN+3, EAS(동아시아정상회의), G20, APEC 정상회의 등이 있다. 또한 국빈방문, 실무외교 등 세계를 무대로 순방외교를 해야 한다. 동시에 대한민국에 찾아오는 수많은 나라 정상들과의 '안방외교'도 중요하다.

여러 나라가 투톱 정상외교를 하고 있다. 중국의 경우 국가주석과 총리가 아

최종건 신북방정책을 통해 총리 외교의 새로운 장을 열었다고 생각됩니다. 그러나 협력사업의 성과를 보면 신남방정책과 비교가 되어 보입니다. 교역량이 임기 이전의 두 배로 늘어났고, 특히 러시아와는 9개 브리지 사업을 했습니다만, 개발사업들은 성과가 많지 않았다는 평가가 있습니다.

문재인 그게 꼭 그렇지만은 않습니다. 신남방만큼 활발하진 못했지만, 그것은 여러 가지 교역관계가 신남방처럼 탄력을 받을 수 있는 단계까지 가지 못했기 때문이었어요. 신북방국가들과의 협력사업은 전부 에너지, 인프라, 플랜트 같은 사업들이거든요. 이런 사업들은 시작을 해도 구체적인 성과는 몇 년 후에 나타나죠. 그래서 우리 정부 기간 내에 성과가 나타나지 않더라도 상당히 많은 사업을 시작했고, 아마 앞으로 시간이 지나면 성과들이 나타나서 다음 정부가 혜택을 보게 될 거라고 봐요. 다만 근래 한국과 러시아 관계가 악화되면서 그런 부분들이 후퇴하는 조짐을 보여서 안타깝죠.

프리카와 중동, 중남미 지역을 나누어 순방외교를 하고 있으며 다자회의도 역할을 나누어 참석한다. 미국은 대통령과 부통령이 정상외교를 하고 있다. 바이든 정부의 경우 부통령이 중남미 외교를 직접 관장하기도 한다. 독일의 경우 대통령과 총리, 캐나다와 호주는 총독과 총리가 정상회담의 의전행사와 실제 현안을 분리해 진행하고 있다. 유럽의 영국, 덴마크, 노르웨이, 스웨덴, 스페인 등 입헌군주제 국가는 국왕과 총리가 의전행사와 현안외교 역할을 분리해 진행한다. 프랑스는 헌법상 대통령이 외교에 집중하고 일반 국내 국정은 총리가 집행한다. 대한민국 헌법에는 총리의 성격이 내각을 관할하는 위치로 명시되어 있으며, 때로는 정권에 따라 책임총리제를 실시하고 있다. 문재인 정부는 우리나라 총리도 외교활동에서 중요한 부분을 담당해야 한다고 인식한 것이다.

최종건 우리 정부는 기반외교를 했다고 자부할 수 있습니다. 외교 협력망을 구축하고, 그 위에다 말씀하셨듯이 이런저런 경제협력 인프라 기반 사업을 닦아놓은 것 같아요.

문재인 SOC(사회간접자본) 사업이라든지 에너지 개발사업 등은 이미 많은 성과를 거뒀어요. 그것이 구체적인 과실로 나타나는 데는 시간이 더 걸리는 거죠.

최종건 중국도 중앙아시아에 많은 힘을 기울이고 있습니다. 상하이협력기구SCO, Shanghai Cooperation Organization라는 걸 만들어서 중앙아시아, 러시아… 이번에 이란도 들어갔습니다. 그들의 첫 번째 목표가 공통화폐를 쓰는 겁니다. 그 정도로 관계가 발전한 거죠. 이명박 정부 때는 자원외교에 집중했는데, 우리 정부는 여러 차원의 정무적 관계를 중시했어요. 대통령님은 미르지요예프 우즈베키스탄 대통령과 가까우셨죠. 그분도 대통령님을 형님이라고 불렀어요. 대통령님은 브라더, 형제가 무척 많으셨어요.

문재인 그분은 나보고 형님이라고 그러고, 그쪽의 경제부총리는 우리 홍남기 부총리를 형님이라고 했죠. 그만큼 그 나라들도 한국과 경제협력이 절실한 거예요. 우리는 그 나라들이 갖고 있는 자원과 인프라 개발에 참여하면서 우리 미래성장동력으로 삼으려 하는 거고, 그 나라들은 한국 기업의 투자를 유치해 성장동력으로 삼고자 하는 것이죠. 중앙아시아 국가들과도 신남방국가 못지않게 서로 이해가 일치하고 앞으로 발전할 여지가 많은데, 균형외교에 대한 관심이 조금이라도 후퇴하면 다시 과거로 돌아가는 것이거든요. 지금이 그런 기로가 아닐까 싶네요.

최종건 그러게 말입니다. 대통령님이 2019년 4월 카자흐스탄에서 고려극장을 방문해 동포간담회를 하신 게 기억나는데요. 다른 지역, 다른 국가에서 했던 동포간담회하고는 느낌이 다르셨을 것 같아요. 어떠셨나요?

문재인 그야말로 짠했죠. 거기에 고려인이 많이 살고 계신데, 이번에 홍범도 장군 때문에 고려인들이 성명을 낸 거 보니까 '50만 고려인'이라고 표현했더군요.● 50만 고려인, 이분들은 우리가 나라를 잃었

● 리 류보피 카자흐스탄 국립아카데미 고려극장 예술감독과 박 지미트리 홍범도장군기념사업회 카자흐스탄지회장 등 고려인 동포들은 2022년 9월 1일 카자흐스탄의 옛 수도 알마티 고려극장에서 흉상 이전 계획에 항의하는 기자회견을 열고, "항일 독립전쟁 영웅 홍범도 장군을 모셔갔으면 제대로 모셔라! 홍범도 장군 공산당 이력이 문제면 내 가족과 고려인 동포 50만 명도 모두 모국의 적인가?"라고 항변했다. 홍범도 장군의 유해가 국내에 봉환되는 현장에 있었던 박 지회장은 "당시 홍범도 장군이 아름다운 해방된 조국의 품에 안겨 영면하시겠다고 생각하면서 마음 뿌듯해하고 한국이란 나라를 자랑스럽게 느꼈다. 카자흐스탄 국민들도 같은 마음이었다. 그러나 다섯 분의 독립전쟁 영웅 중에서 홍범도 장군의 흉상만 철거한다는 소식에 더 큰 충격을 받았다. 그렇다면 공산당원이었던 돌아가신 나의 부친도, 옛 소련에서 태어나고 인생의 절반 정도를 소련 체제 속에서 살았던 나도 제거 대상인가? 21세기에 공산당도 소련도 더 이상 존재하지 않은 지 30년이 넘었는데, 이게 말이 되는가?"라고 분노했다. 리 예술감독은 "체제와 정권이 바뀔지라도 홍범도 장군은 우리 민족의 독립전쟁 영웅이며, 그가 8000만 겨레의 기억 속에서 영원히 사라지지 않도록 고려극장은 있는 힘을 다하여 노력할 것입니다"라고 다짐했다. 〈홍

던 그 시기에 어떤 사람들은 생존을 위해서 또 어떤 사람들은 독립운동을 위해서 만주로, 간도로 이주했다가 거기서 못 견뎌 다시 연해주로 간 우리 동포들인데, 이분들이 스탈린에 의해서 완전히 낯선 중앙아시아 지역으로 강제이주 당했어요. 현재 그분들과 그 후손들이 살고 계시죠. 만나는 것만으로도 정말 짠하죠. 우리 역사에서 가장 서러웠던 존재들이니까요. 그 사람들을 따뜻하게 손잡아주는 것은 굉장히 중요한 일이었어요. 고려극장이 알마티라고 하는 상당히 먼 시골에 있는데, 일부러 그쪽을 방문했고, 카자흐스탄 대통령도 일종의 친교 일정으로 거기까지 동행해주었어요. 그렇게 해서 고려극장을 방문하니까 고려인들이 그렇게 고마워하고 좋아할 수가 없었어요. 그게 홍범도 장군을 우리가 모셔오기 위해 고려인 사회의 동의를 얻는 데 큰 힘이 됐죠.

최종건 고려인이 우리 역사에서 가장 서러운 존재라고 표현하셨는데요. 그렇게 생각하니 중앙아시아 지역 카자흐스탄, 우즈베키스탄 등의 나라들이 다르게 보입니다. 정서적 연대가 느껴진다고 할까요?

문재인 그럼요. 오랜 민족적인 근친성에 더해서 50만 고려인이 거기 살고 있고, 다행스럽게 그 나라들에서 상류층을 형성하고 있어요. 정계와 관계에도 많이 진출해 있고 재계에서도 큰 역할을 하고 있

범도 장군 모셔갔으면 제대로 모셔라. 카자흐서 동포들 항의〉, 한겨레, 2023. 9. 2 참조.

2019년 4월 21일 대한민국 대통령으로서는 처음으로 카자흐스탄 알마티 고려극장에 방문했다. 이때의 방문이 홍범도 장군의 유해를 모셔오기 위해 고려인 사회의 동의를 얻는 데 큰 힘이 되었다.

죠. 사회적으로 상당히 존경받는 위상을 갖고 있어서, 우리와 중앙아시아 국가들의 우호관계에서 좋은 가교 역할을 해주고 있어요. 앞으로 우리 외교에서 많이 활용할 필요가 있습니다.

최종건 대통령님이 알마티 고려극장에 가신 것은 대한민국 대통령 최초로 기록될 일입니다. 홍범도 장군 유해를 모셔온 것도 당연히 그렇죠. 그 이면에는 고려인에 대한 공감, 역사적 이해, 연민 같은 것이 있었어요. 현재 홍범도 장군 흉상 관련해 말도 안 되는 논란 때문에 그들의 마음에 큰 상처를 준 것 같아요. 대한민국에 대한 서러운 감정이 큰 흉터처럼 남을 것 같습니다.

문재인 홍범도 장군은 그 50만 고려인 사회의 정신적 지주였는데, 노태우 정부 때부터 그분의 유해를 봉환하려는 노력을 기울여왔어요. 해외에 있는 유해 봉환에는 원칙이 있어요. 첫째는 후손이 남북한 어디에 살고 있는지를 보고, 둘째는 지역적인 연고가 남북한 어디인지 따지는 거예요. 홍범도 장군은 후손은 없고 지역은 북한 연고지거든요. 그래서 북한 쪽에서 연고를 강력하게 주장했고, 또 카자흐스탄이 과거에 북한과 우리보다 먼저 외교관계를 맺은, 북한에 우호적인 나라였기 때문에 북한 쪽의 주장을 외면할 수 없어서 역대 정부의 노력에도 불구하고 성사되지 않았던 거죠.

그런데 북한은 연고를 주장하고 남쪽으로 봉환되지는 못하도록 발목을 잡으면서도 정작 자신들은 봉환해가려는 노력을 기울이지 않았어요. 그러던 중 우리 정부의 신북방정책으로 양국관계가

변방에서 중심으로

가까워졌기 때문에 우리의 요구가 성사될 수 있었죠. 그 과정에서 마지막으로 넘어야 할 벽이 고려인 사회의 동의를 받는 것이었어요. 그에 대해서 우리가 오랜 설득과 고려극장을 방문하는 등 성의를 다해서 고려인 사회로부터 동의를 받은 것이거든요. 그런데 이번에 홍범도 장군 흉상 철거 논란이 나면서 고려인 사회가 낸 성명을 보니까, 50만 고려인들에 대한 모욕으로 받아들이고 있어서 안타깝기도 하고 걱정이 되기도 합니다.

최종건 신북방정책은 기반외교였지만 고려인들에게 다가가는 것도 중요한 역사적 걸음이었던 것 같습니다. 2019년 4월로 다시 돌아가자면, 우즈베키스탄 방문을 기념해 그때 '한국문화예술의 집'을 우즈베키스탄에 개소했습니다. 그것이 그 지역 고려인 사회의 허브 역할을 했고, 우즈베키스탄과 우리를 이어주는 가교 같은 역할을 했어요. 그런 면을 보면 고려인은 단순한 동포가 아닌 것 같아요. 우리가 대륙을 떠올리면 짠한 감정이 드는 것은 그 이면에 고려인의 아픈 역사가 있었기 때문이죠. 그래서 특히 중앙아시아에 대한 외교는 단순히 자원외교를 넘어서, 특별한 의미를 두고 차별화해야 될 것 같습니다.

문재인 그 무렵이 고려인 정주 80주년 되는 시기였는데, 내가 80주년 기념행사에 축하영상을 보냈어요. 그에 대해서 매우 고마워하는 인사를 들었죠. 고려인 정주 80주년을 맞으면서 고려인 사회의 구심점 역할을 할 곳이 필요하고, 또 그분들이 우리 전통문화를 잘 보

2021년 8월 14일 우즈베키스탄 크즐오르다 홍범
도 장군 묘역과 홍범도 거리에서 장군의 유해를
운구하는 모습. 한국은 노태우 정부 때부터 장군
의 유해를 봉환하기 위해 노력을 기울여왔다.

존하고 있었기 때문에 그 거점으로 '한국문화예술의 집'을 추진한 것이었어요. 그에 대해 우리 정부가 지원하는 뜻으로. 그리고 그때 가서 그런 행사를 하게 됐죠.

최종건 기록을 보니까 대통령님 임기 중에 무국적 고려인 600여 명이 한국 국적을 취득하게 하는 데 외교부와 여러 관련 부처가 지원을 했습니다.* 이것도 매우 역사적인 업적인 것 같습니다.

문재인 광주에 고려인마을**도 생겼죠.

최종건 우크라이나 전쟁이 터지고 매우 놀랐던 것이, 국내에 거주하

● 1991년 소련 붕괴 이후, 구소련의 고려인 상당수는 무국적자가 되었다. 중앙아시아 국가들이 고려인들에게 국적 회복 신청 기회를 부여했지만, 대부분의 고려인이 외딴 농촌지역에 거주해 기회를 놓친 경우가 많았다. 또한 자신의 신분을 증명할 서류가 없어 국적을 취득하지 못하는 경우도 있었다. 문재인 대통령의 2019년 우즈베키스탄 방문을 계기로 우즈베키스탄 정부가 무국적 고려인에게 국적 취득을 허용하면서 600여 명의 고려인이 국적을 회복하게 되었다.

●● 1991년 노태우 정부 때 이루어진 한러수교 이후, 중앙아시아 고려인들이 우리나라를 방문할 수 있게 되었다. 2000년부터 산업연수생 신분으로 한국을 찾은 고려인 후손들은 집단생활을 했는데, 대표적인 곳이 오늘날의 광주 고려인마을이다. 2004년 고려인 산업연수생들의 임금체불 문제를 계기로 광주 고려인마을이 태동했고, 고려인마을 지원센터가 새로 입국하는 고려인들에게 통역과 취업 등 여러 생활편의를 제공하면서 광주 고려인마을이 확장되었다. 광주광역시는 2013년 전국 지방자치단체 중 최초로 고려인 주민지원을 위한 조례를 제정했다. '사단법인 고려인마을' 웹사이트(https://www.koreancoop.com) 참조.

고 있는 우크라이나인이 1700여 명 되는데 그들도 대부분 고려인 이더라고요. 우크라이나까지 우리 고려인이 가 있었던 것이 놀라웠어요. 결국 할아버지 나라로 피난 오는 것을 보면 역시 핏줄이 끈끈한 것 같습니다.

문재인 고려인들은 그렇게 어려운 삶을 살아오면서도 결국 지금은 많은 고생 끝에 기반을 닦아서 그쪽 지역사회에서 존경받는 위치에 올라 있지만, 그렇게 되기까지 얼마나 고생했겠습니까? 중앙아시아 지역에 최초로 논농사를 성공시킨 것이 고려인들이었거든요. 벼 재배의 북방한계선을 엄청나게 끌어올린 거죠. 그러면서 우리 전통문화예술을 잘 간직해서 지금도 색동저고리 입고 민속무용을 한다거나, 고려인 극장에서 해마다 홍범도 장군 이야기를 대본으로 연극 공연도 하고… 어찌 보면 참 고마운 일이죠. 우리가 그분들을 결코 잊지 말아야 되고 우리 국민처럼 따뜻하게 보듬어줘야 합니다.

최종건 마지막으로 몇 가지 질문을 드리고 싶은데요. 어떻게 보면 신남방·신북방을 아우르는 질문이기도 합니다. 4대강국 외교, 한반도 주변 외교와는 달리 외교의 영역이 넓어졌음을 실감한 시기였습니다. 신북방 같은 경우는 역사적인 연계성이 있고요. 신남방 지역은 상대적으로 우리하고 교류가 더 많은 지역이었습니다. 대통령님은 지역외교의 확대를 다변화라고 표현하셨는데, 대통령님 임기 중에 우리가 충분히 다변화했을까요?

문재인 그 토대는 닦았다고 생각해요. 신남방·신북방에 또 하나 의미를 부여하자면, 유럽 국가들은 EU 공동체를 형성하고 있지 않습니까? 같은 통화를 사용하면서 정치적인 통합으로 나아가고 있죠. 북미 쪽도 미국, 캐나다, 멕시코가 강한 지역블록을 형성하고 있고, 아프리카는 아프리카대로, 중남미는 중남미대로 하고 있어요. 그러나 아시아 지역은 냉전시대에 서로 이념을 달리하기도 했고, 냉전이 붕괴된 이후에도 아시아에서 가장 앞서가는 일본이 지역을 아우르는 역할을 못 해서 하나의 공동체로 형성되지 못하고 ASEAN끼리 따로, 중앙아시아끼리 따로 지역공동체를 모색할 뿐이에요. 동북아 지역은 아예 없고요.

그래서 우리가 아시아 지역을 하나로 묶어내는 역할을 모색한다는 것은 매우 중요한 일이죠. 이제는 우리가 능력이 커지고 국가위상도 높아졌기 때문에 외교의 시야를 넓힐 때가 됐죠. 한미동맹을 중시하면서도 미국 편중외교에서 벗어나, 한편으로는 우리의 독자적인 외교를 추진해나가고 다변화하는 것이 필요하죠. 그런 면에서 신남방정책·신북방정책은 우리 외교에서 매우 중요하다는 생각입니다.

최종건 특히 신남방정책의 성공을 본 유럽 국가들이 인도-태평양 전략을 구성하면서 우리에게 도움을 요청했어요. 그래서 외교부에서 신남방을 담당했던 아세안국장이 유럽 출장을 많이 갔습니다. 유럽국장이 가지 않고요. 그 사람들의 질문은 기본적으로 '왜 동남아 국가들은 너희를 좋아해?'였고 우리의 대답은, 우리는 우리의 실패 경험과 성공 경험을 ASEAN과 함께 나눈다는 것이었습니다.

문재인 세계적으로 신남방정책이 상당히 성공적인 것으로 받아들여진 거죠. 그래서 미국, 일본은 그들의 인도-태평양 전략, 중국은 일대일로—帶—路 전략, 유럽 쪽에서도 자기들 나름의 인도-태평양 전략과 우리 신남방정책을 연계하기를 원했어요. 특히 유럽은 우리가 ASEAN 쪽에 한 발 앞서가고 있다는 것을 인정하고, 서로 협력하기를 강하게 바랐던 거죠. ASEAN 쪽은 경제성장을 위해서 경제 강대국들과 협력관계를 맺어야 되는데, 미국이나 중국 또는 일본 같은 강대국들과 관계를 발전시켜나갈 필요는 있지만, 다른 한편으로는 그들이 갖고 있는 패권적인 성격 때문에 부담이 되기도 하거든요. 그래서 그런 부담이 없고 동질감을 느끼는 한국과의 협력을 선호한 거죠.

　　조코위 대통령이 내게 솔직히 그런 이야기를 했어요. 인도네시아에서 경제적으로 가장 많은 협력을 받고 있는 나라는 중국인데, 중국하고 협력을 넓혀나가는 부분에 대해서는 국민들이 경계심을 가지고 있다, 그래서 자기들은 한국과 더 협력하길 바란다, 한국하고 협력하는 것에 대해서는 국민들이 모두 좋아한다, 그 이유는 한국은 패권적이지 않고 발전 경험을 공유할 수 있는 나라라고 생각하기 때문이라고요.

최종건 그렇습니다. 다시 ASEAN으로 돌아오려고 하는, 혹은 다시 협력하고자 하는 유럽 국가들과 일본은 과거의 식민제국 국가였는데 한국만 아니었거든요. 오히려 식민 피지배의 경험을 공유하고 있죠.

문재인 우리가 강대국이 아닌 중견국가여서 강대국보다 외교적인 파워가 약하지만, 방금 말한 그 점에서는 우리만 갖고 있는 강점이 있는 거죠. 그 강점들을 잘 살려나가면 우리도 강대국 못지않게 폭넓은 외교를 할 수 있어요.

최종건 첫 번째로 드렸던 질문이 우리의 지정학적 위치, 지정학적 운명이었는데, 물론 4대 강국 특히 미국과의 외교가 중요하지만 결국은 지역외교 다변화가 우리의 운명을 긍정적으로 바꿀 수 있는 플랫폼같이 느껴집니다.

문재인 공감합니다. 그 길이 우리 정부가 주창해온 아무도 흔들 수 없는 나라, 아무도 넘볼 수 없는 나라로 가는 길이 될 수 있죠.

배우자 외교에 대하여

최종건 신남방·신북방 지역외교는 이 정도로 하고요. 다자외교로 넘어가는데, 몇 가지 아쉬운 점이 있었어요. 대통령님의 순방지를 살펴보면 아프리카와 중남미를 방문하지 못하셨습니다. 코로나가 있긴 했지만 그건 좀 아쉬웠어요. 특히 중남미 국가들은 우리나라를 정말 좋아하더라고요. 제가 가보니까 ASEAN 국가가 우리에 대해 호감을 갖는 것보다 호감도가 더 높았어요.

문재인 중남미는 아르헨티나밖에 못 가봤어요. 그것도 G20 다자외교로 갔고 단독 방문은 아니었죠. 아프리카는 이집트에 갔지만 사하라 이남의 블랙 아프리카 쪽은 못 갔어요. 그쪽으로 가기로 계획한 시기에 코로나를 맞았죠. 그런 면에서도 아까 말한 투톱 외교가 절실해요. 대통령 혼자서는 외교 수요를 감당할 수가 없어요. 중국은 투톱 외교를 하니까 주석과 총리가 번갈아서 아프리카 국가들을 순방하거든요. 그런 외교로 아프리카를 중국의 후방 지역처럼 만들어 관계를 돈독하게 맺을 수 있었던 거죠.

그런 면에서 총리 외교가 필요하고, 더 나아가서 나는 심지어 배우자 외교도 필요하다고 생각해요. 그래서 지금 영부인 문제 때문에 안에서 내조만 하라는 식으로 되는 것은 사실 참 안타까운 일이죠. 실제로 세계 외교무대에서 배우자 외교가 활발해요. 정상이 가지 못하는 문화, 복지, 교육 시설은 배우자가 역할을 분담해서 가게 되죠. 우리 교민들이나 유학생들을 만나 격려하는 것도 배우자가 할 일이죠. 다자회의 때는 배우자 프로그램이 별도로 가동돼요. 과거에는 영부인 외교라고 했는데, 지금은 여성 정상의 남성 배우자가 늘고 있어서 배우자 외교가 적절한 말이 됐어요. 내가 취임 첫해 독일 함부르크의 G20 회의에 갔을 때, 메르켈 총리의 남편 요하임 자우어 교수가 정상 부인들을 이끌고 기후위기에 관한 프로그램을 진행하는 것이 인상적이었어요.

변방에서 중심으로

최종건 제가 일본 외상(외교장관)의 경로를 한번 추적해본 적이 있어요. 코로나 시기에 너무 많이 잘 돌아다니는 거예요. 그래서 전용기가 있나 알아봤더니 콘도미니엄 렌트하듯이 일본항공이면 일본항공, ANA항공이면 ANA항공… 이렇게 수주를 붙여서 1년에 68억 원 정도 돈을 주면 그것을 임차해서 계속 쓸 수 있다는 겁니다. 그래서 우리 외교장관도 그렇게 했으면 좋겠다, 전용기야 어려우니 전세기라도 쓰자 했는데, 외교부의 전체 출장 예산이 64억 원입니다. 아프리카, 이란도 다 전용기를 타고 다니는데 우리는 대통령 전용기조차 임차기예요. 많이 다녀야 되는데 뒷받침은 턱없이 부족하죠.

문재인 옛날에 아픈 경험이 있었죠. 이해찬 총리가 노무현 정부 때 사우디아라비아 국왕 장례식에 갔는데 일반 여객기 갈아타고 갈아타고 가다가 시간 내 도착을 못 해서, 국장 끝나고 나서야 사우디에 도착한 거예요. 그렇게 돌아와서, 다른 나라들은 우리보다 경제적으로 어려운 나라들도 전용기 타고 오는데 우리는 전용기가 없다고 한탄한 적이 있어요. 내가 그게 마음에 각인되어 있어서, 해외로 나가는 총리에게 전용기 타시라고 한 것도 그 이유예요. 이제는 외교가 중요한 만큼 정말 충분한 지원을 해야죠.

일본은 일왕이 있지만 일본 왕은 외교무대에 나서지 않고 국빈이 올 때 예방을 받는 정도거든요. 그래서 투톱 외교를 할 수 없으니 총리 외에 외상을 내세워 외교를 활발하게 하는 것이죠.

최종건 외교력 강화를 이야기하지만, 민항기를 타고 다니는 것은 우리 국력에 맞지 않는 면이 있습니다.

요새 대통령님과 친한 모디 총리랑 조코위 대통령이 국제무대에서 '핫'합니다. 작년에 G20 회의가 인도 뉴델리에서 열렸는데, 공동성명이 못 나올 뻔했어요. 우크라이나 건 때문에요. 러시아와 중국이 재작년보다 더 세게 반대를 한 거예요. 그래서 모디 총리가 꾀를 썼지요. 공동성명에 UN헌장에 있는 문장 일부를 떼어서 "주권을 침해하는 폭력적 행위를 반대한다"는 일반 문장으로 바꾸니까 모든 국가가 수용했어요. 그런데 여기에 '러시아'라는 단어를 넣었습니다. "러시아는 우크라이나와 국제사회에 약속한 흑해 밀 수출 협약을 이행해야 할 것이다." 그러니까 미국도, 중국도, 러시아도 다 수용을 했죠. 2021년 G20 의장국이었던 인도네시아는 공동성명에 우크라이나를 넣긴 했지만 "모든 국가가 동의한 건 아니다"라는 문구를 함께 넣어야 했어요.

문재인 인도는 국력에 비해 강한 외교력이 있어요. 옛날 냉전시대부터 제3세계를 대표하는 비동맹외교의 리더 역할을 해왔기 때문에 외교적인 발언력이 상당히 강합니다. 지금도 미국, 러시아 양쪽 사이에서 적절하게 균형을 잡아가면서 어느 쪽도 추종하지 않고 실리를 취하는 외교를 하고 있죠. 미국과 러시아가 오히려 인도와 잘 지내려고 노력할 정도니까요. 국익외교가 어떤 것인지 인도가 보여주고 있죠.

최종건 대통령님께서는 퇴임하셨으니 우즈베키스탄, 카자흐스탄 문화유적에 한번 가보시면 좋겠다는 생각이 드는데요.

문재인 그쪽 지역이 실크로드거든요. 실크로드의 천산북로에 해당되죠. 내가 천산남로는 트레킹을 한 번 했어요, 민간인 시절에. 파키스탄부터 시작해서 중국 시안까지 아내와 함께 했죠. 그때, 천산북로를 다음에 꼭 가리라 다짐했었죠. 거기에 사마르칸트 같은 곳은 환상적이지요. 형편이 된다면 가보고 싶어요.

최종건 임기 중에 우즈베키스탄이 무척 커다란 과일상자를 선물로 보내와서 검역하는 데 상당히 애먹었던 기억이 납니다.

문재인 고려시대 가사 〈쌍화점〉에는 만두가게 주인인 회회아비가 손목을 잡았다는 내용이 있어요. 회회아비는 위구르족을 말하죠. 그때 아랍 사람들이 고려에 많이 살았다는 이야기예요. 신라시대 때 이미 아라비아 사람들이 왕래하며 교역을 했다는 거죠. 그래서 신라와 가야 유적에서 로마 유리나 구슬 같은 유물이 발굴되죠. 그때 우리 신라나 고려에 살았던 사람들이 실크로드를 왕래하던 페르시아인, 지금의 이란 사람들이었어요.

최종건 현안 때문에 이란에 세 번 갔었는데, 그곳 고지도의 오른쪽 동쪽 끝 자오선에 도시 하나가 표시되어 있는 걸 저에게 보여주더군요. 페르시아 고어로 '강게스'라고 쓰여 있었습니다. '강'이 자기네 말로 골드(金), '게스'가 성, 그래서 금성이라는 거예요. 신라시대의 경주가 금성인데, 한국하고 이렇게 오랜 시간 교류했다는 증거라고 말하더라고요. 경주의 괘릉에 아랍상인상이 있거든요. 실크로드나 해상로드로 경주까지 왕래한 것이죠.

문재인 그런 이야기가 중요합니다. 외국에 가면 만찬사를 하거나 비즈니스 포럼 같은 데서 축사를 할 때 그 나라와의 오랜 역사를 이야기하면 굉장히 좋아해요. 정서적으로 다가가는 데 아주 효과가 있어요.

최종건 개인적으로는 대통령님 모시고 우즈베키스탄과 카자흐스탄 한 번 더 갔으면 좋겠습니다. 저는 가본 적이 없습니다.

문재인 거기서 우리나라가 유적지의 문화재 보호·보수·복원 협력 사업을 많이 하고 있어요. 아프라시아브 벽화에 각국의 사신 모습이 그려져 있는데, 그중 두 명이 모자에 깃털을 단 고구려 사신이에요. 그게 고구려의 고유한 복장이거든요. 그래서 고구려 사신이라고 특정이 돼요. 우즈베키스탄 대통령이 그걸 보여주면서 한국하고 오랜 형제 국가다, 많이 도와달라 그랬죠. 하하하.
　　외국에 순방 가면 그 나라가 보여주고 싶어 하는 유적이나 문화재를 볼 때가 있는데, 그걸 관광이라고 말하는 사람이 있어요. 내 아내도 이집트에서 가자 피라미드에 갔다가 관광했다고 비난을 받았어요. 그러나 그것은 외교 일정 속에서 그 나라가 홍보하고 싶은

2019년 4월 20일 우즈베키스탄 순방 당시 미르
지요예프 대통령과 함께 방문한 아프라시아브 박
물관. 아프라시아브 벽화에는 각국의 사신 모습
이 그려져 있는데, 그중 두 명은 모자에 깃털을
다는 등 고유의 복장을 한 고구려 사신이다.

유적이나 문화재를 기껏해야 30분 남짓, 길어야 한 시간 그들의 안내에 따라 브리핑을 받고 돌아오는 것이어서 관광이 아니라 치러야 하는 외교 업무일 뿐이에요. 다음에 언제 한번 기필코 다시 와서 자유롭게 봐야지 다짐하곤 하죠. 사마르칸트도 그런 곳이었어요. 이집트에서는 그들이 자랑하는 가자 피라미드에 내가 가주길 원했어요. 그러나 도저히 시간이 안 돼서 내가 자연사박물관 가는 시간에 아내더러 가보게 했더니 그런 비난을 받게 된 것이었죠.

최종건 화제를 돌려, 베트남 방문 때는 과거 월남전 때 우리 군의 민간인 학살에 대해 대통령님이 직접 사과해야 한다는 요구가 있었던 것으로 기억하는데, 어떠셨나요?

문재인 맞아요. 베트남 방문을 앞두고 시민사회에서는 우리 파병 군인들이 했던 민간인 학살에 대해서 대통령이 사죄해야 된다는 요구를 많이 했어요. 언론 통해서 하기도 하고, 내가 알 만한 사람들을 통해서 이야기를 전해오기도 했죠. 그런데 내가 당시 베트남의 푹 총리와 이야기해보니, 푹 총리는 그걸 전혀 바라지 않는다는 겁니다. 자기들은 원하지 않는다, 왜냐하면 자기들에게 베트남전은 이긴 전쟁이다, 세계에서 프랑스를 이기고 미국을 이긴 나라는 베트남밖에 없다, 그렇게 말했어요. 아마도 속내를 짐작하자면 만약에 우리가 사죄하게 될 경우 그러면 미국은? 이렇게 과거사 문제로 올라가면 여러 나라와 굉장히 복잡하고 어려운 문제에 봉착할 수 있는 거죠. 그러니 아직은 정부 차원의 공식 사과를 원하지 않는 거예요. 민간 차원에서는 가서 사과하기도 하고 한국에서 피해자들이 소송을 걸고 있기도 하죠. 그건 다른 차원의 문제고요. 그러나 사실 나는 그냥 넘어갈 수가 없어서 한국이 베트남에 마음의 빚을 지고 있다는 완화된 표현을 했어요.

최종건 김대중 대통령님이나 노무현 대통령님은 하셨나요?

문재인 아니요. 두 분 다 마음의 부담, 마음의 빚 비슷한 말을 했는데 내가 제일 강한 표현을 한 것이었어요. 그에 더해 호찌민 묘소를 방문하는 것으로 우리의 마음을 표현했죠. 그런데 사죄 안 했다고 비난받았어요. 인권변호사 출신인데, 사죄하지 않았다고요. 외교라는 게 시민사회가 생각하는 것하고 다른 거예요. 순수한 사과도 상대가 원하지 않을 때 일방적으로 하면 오히려 부담이 될 수 있는 거죠.

최종건 저도 그 말씀에 100% 동의합니다.

다자주의라는 미래

최종건 대한민국 대통령으로서 서울공항을 떠나 돌아올 때까지 시간을 합산하면 임기 중 한 달 반 정도는 해외에 체류한 셈입니다. 우리 정부 5년 동안 미중 경쟁이 본격화되었고요. 우크라이나 전쟁 같은 지역 분쟁도 많이 발생했어요. 또 글로벌 공급망 문제와 신안보 영역에서 팬데믹이 있었습니다. 이런 이슈들의 특징은 어느 강대국의 힘만으로 해결할 수 없고, 여러 나라가 협력해야 한다는 것이었어요. 대통령님은 5년 동안 글로벌 이슈를 다루는 다자외교에 적극적으로 참여하셨습니다. 노무현 정부 때 비서실장을 하고 10년 만에 다시 청와대로 오신 건데, 10년 만에 국정을 담당하게 되니 우리나라 위상이 많이 바뀌었다는 것을 느끼실 수 있었습니까? 이를테면 이제 국제무대에서 좀 더 목소리를 내거나 혹은 특정 이슈는 한국이 선도해야겠다는 생각을 하셨습니까?

문재인 이 부분은 한번 정리를 하고 싶습니다. 여러 차례 이야기를 했는데요, 우리 정부에서 대한민국의 국격이 아주 높아졌다고 느낄 수 있었던 계기가 몇 번 있었어요.

첫 번째는 촛불혁명에 대한 전 세계의 찬탄입니다. 우리 민주주의의 수준이 대폭 높아지면서 우리 국격이 함께 높아지고, 국제사회가 인정해주었어요. 두 번째가 평창동계올림픽의 성공과 함께 있었던 남북대화와 북미대화입니다. 그 대화를 우리 정부가 주도했다는 국제사회의 인정, 그로 인한 국격의 상승을 피부로 느낄 정도였어요. 세 번째는 일본의 수출규제에 굴하지 않고, 오히려 소부상 산업의 발전과 자립화의 기회로 반전시켜낸 일입니다. 다시는 지지 않겠다는 우리의 역량에 대한 자신감이 외교로도 이어졌습니다.

네 번째가 코로나19의 세계적인 대유행이죠. 그 대응 과정에서 우리나라가 탁월한 모습을 보여줌으로써 세계가 한국의 역량을 새롭게 인식하는 계기가 됐어요. 한국의 국격이 크게 높아졌죠. 많

변방에서 중심으로

은 나라가 한국과 협력하거나 지원받기를 원했어요. 다섯 번째는 BTS를 비롯한 케이팝과 K-문화의 약진입니다. 특히 케이팝은 변방문화에서 세계문화의 주류로 진입했다는 세계적인 평가를 받았어요. K-문화의 약진은 한국의 소프트파워를 크게 높여주었죠. 여섯 번째로, 코로나 상황 속에서 생산과 물류의 차질로 글로벌 공급망이 교란되고 미국과 중국 간의 전략적 경쟁이 심화되었을 때입니다. 전 세계적으로 공급망 확보에 어려움을 겪게 되자, 한국이 반도체와 2차전지 등 중요한 품목에서 세계적인 우위를 점하고 있다는 사실이 부각되면서 한국의 위상과 국격이 또 한 번 크게 높아졌어요. 미국과 EU 등 모든 나라가 한국과 공급망 협력을 원했죠. 2021년 5월 21일 나와 바이든 대통령의 한미정상회담에서도 미국은 한국과의 '공급망 회복 협력'에 큰 비중을 두었어요.

마지막으로, 2021년 7월 4일 UNCTAD(유엔무역개발회의)에서 대한민국이 개도국에서 선진국으로 승격된 일을 들 수 있습니다. 2차 세계대전 후에 개도국에서 선진국으로 승격된 첫 사례이고 유일한 사례였어요. 우리 자신은 아직도 많이 뒤떨어졌다고 생각해왔는데, 세계가 선진국이라고 공인해준 것이었죠. 그 시기 한국의 GDP 규모가 3년간 세계 10위를 기록한 일, G7 정상회의에 2년 연속 초청받은 일 등과 함께 한국의 국격이 크게 높아졌다는 것을 실감할 수 있었어요. 이제는 한국이 세계무대에서 보다 큰 책임을 가지고 더 큰 기여를 해야 할 때가 된 것이죠. 외교에서도 독자적인 목소리를 낼 수 있어야 하고요.

최종건 방금 말씀하신 것만 제가 적어보았더니 일곱 가지 정도 됩니다. 사실 한류문화는 변방의 문화에서 주류 문화가 된 거고, 공급망은 코로나와 이런저런 위기를 겪고 나니 우리의 어깨가 넓어졌다는 것을 인식하게 된 결과인 것 같고요. 한반도 평화프로세스는 우리 정부의 이니셔티브였고, 촛불혁명은 국민의 의지였습니다. 사실 우리는 여전히 개발도상국이란 강박관념이 있을 만큼 스스로 낮춰서 보는데, 하나하나 분석해보면 많이 발전해 있고, 이걸 총합해보면 유럽의 어떤 선진국보다도 더 강해 보입니다. 그러면 국제사회는 대한민국에 더 많은 책임을 요구하지 않겠습니까? 그렇다면 대통령님 임기 5년간 우리의 책임은 무엇이었을까요?

문재인 우리가 세계 10위권 국가가 되었기 때문에 이제는 그에 걸맞은 국제적 기여를 해야 되는 것이죠. 그런 가운데서 우리에게 특별히 강점이 있는 분야가 있었어요. 특히 코로나 국면에서는 아까 말했듯이 각자도생하는 와중에 우리가 국제적인 연대와 협력을 선도하는 역할을 했죠. 또 우리가 진단키트 같은 진단용품과 마스크 같은 방역용품으로 국제사회에 기여할 수 있었어요. 백신을 주사할 수 있는 특수주사기에서도 한국이 큰 몫을 했죠. 우리가 백신 개발은 늦었지만 백신 생산에서는 매우 큰 역할을 했어요. 특히 한국이 개발한 백신 주사용 특수주사기는 외국의 주사기보다 백신 한 병당 주사 횟수를 5회에서 6~7회로 더 늘리는 것이어서, 우리가 세계 백신의 20%를 증산하는 것과 같은 효과가 있었죠. 그것이 코로나 국면에서 우리가 세계에 보여준 기여였어요. 선진국이 된 후 한국이 제일 먼저 감당한 책임이라고 할 수 있겠지요.

최종건 코로나 백신은 우리가 후발주자였지만, 백신 생산능력은 우리나라가 세계에서 두세 번째였기 때문에, 대통령께서 한미정상회담 때 우리가 미국과 협력해서 글로벌 백신허브가 되겠다고 자임한 것 아니겠습니까? 당시 한국은 백신을 사유재가 아니라 공공재라고 인식했습니다. 특히 개발도상국, 아프리카, 중남미 국가들은 우리에게 백신 공여를 많이 요구했는데, 그만큼 한국에 대한 기대가 높았던 것 같습니다. 우리가 외국의 원조를 받는 수혜국에서 공여국이 되었기 때문에 공감과 연대 의식이 다른 선진국들보다 높았던 것 같아요.

문재인 백신 부분은 참으로 아쉬웠어요. 당연히 의료 선진국들이 백신을 먼저 개발하게 되었는데, 팬데믹에 시달리는 인류에게 큰 희망이 됐죠. 그런데 백신이 전 세계에 공평하게 배분되지 못하고, 백신을 생산하는 나라들을 비롯한 선진국 그룹이 독점했어요. 그와 함께 제약사들은 거액의 수익을 추구하는 행태를 보였죠. 그런 가운데서 한국은 보건의료 후진국들, 형편이 되지 않는 나라들을 상대로 그들의 보건의료 역량을 높여주는 데 많은 역할을 했습니다.

최종건 기록으로 말씀드리자면, 코로나 발발 원년인 2020년에 대한민국 현직 대통령으로선 처음으로 제73차 세계보건총회에서 기조연설을 하셨습니다. 국제보건규칙을 만들자고 제안했고, 보건 규범의 신속한 정비와 협력 강화를 제안해, 이를 토대로 우리 정부는 2021년 11월 세계보건총회 특별회기에서 미래 팬데믹에 대응하는 팬데믹 조약을 위한 정부 간 협상기구를 출범시키는 데 주도적인 역할을 했습니다. 우리가 가진 백신 등의 생산능력뿐만 아니라 보건 관련 국제시스템을 정비하는 데도 크게 기여했다고 생각합니다. 정의용 장관은 "이제 우리가 맨입으로 세계를 돌아다닐 수 없다. 한반도 문제만 이야기해서는 안 된다. 다자외교에 참여해야 되는 이유 중의 하나가 한반도 문제를 주도하기 위한 것인데, 해외에서 우리에게 책임도 많이 요구하고 있기 때문에 이제는 무조건 '한반도 평화를 지켜주세요'라는 식의 맨입 외교는 할 수 없다"고 말합니다. 다자외교 많이 해보셨는데, 그런 것을 느끼셨습니까?

문재인 그렇지요. 당연한 이야기예요. 다자외교를 통해서 평화프로세스에 대한 국제적인 지지를 받음으로써 평화 기반을 넓히는 데 큰 역할을 하게 되는 것이죠. 또한 우리가 개방통상국가로서 다자외교를 통해서 자유로운 무역질서를 수호하는 역할을 했죠. 그 부분은 트럼프 정부 시절의 미국과 우리가 입장이 다른 부분이기도 했어요. 트럼프 대통령의 미국우선주의에 의해 보호무역주의가 상화되어가는 흐름 속에서 우리는 그 부분만큼은 미국과 다른 목소리를 내고 자유무역질서를 수호해야 된다는 입장을 갖고 무역의존도가 큰 나라들과 연대하면서 다자외교를 통해 입장을 강화하는 역할을 했죠. 그런 활동을 통해서 대한민국의 위상, 국격이 높아지는 효과도 생기게 돼요. 다자외교가 양자외교 못지않게 중요합니다.

2020년 5월 15일 청와대 본관 집무실에서 대한
민국 현직 대통령 최초로 제73차 세계보건총회
기조연설을 했다. 국제보건규칙을 만들고 보건 규
범의 신속한 정비와 협력을 강화하자고 제안했다.

최종건 그 당시의 국제환경이 트럼프의 일방주의였고, 그 일방주의는 국제기구와 다자주의를 향한 것이었죠. 파리협정Paris Climate Change Accord(파리기후변화협약)에서도 탈퇴했고요. 대통령님이 말씀하신 부분이 세 가지 영역으로 나뉘는 것 같습니다. 자유무역질서, 다자주의의 중요함, 그리고 연대와 협력입니다. 대통령님은 첫 UN 총회 연설에서 다자주의가 매우 중요하다고 강조하셨습니다. 국제정치학에선 다자주의라고 하면 매우 자연스럽고 당연한 것이지만 2017년의 국제환경은 그렇지 않았거든요.

문재인 EU 국가들이 우리하고 같은 입장을 가졌죠. 그래서 그 부분에 대해서는 때로는 미국하고 입장이 엇갈리기도 하면서 우리는 우리 입장을 주장하는 독자적인 목소리를 냈던 것이죠. 내가 다자주의를 강조한 것은 한국의 생존과 미래 번영이 다자주의적 협력에 달려 있다고 보기 때문이에요. 우리가 평화프로세스를 추진하지만, 한반도의 안정과 평화는 궁극적으로 미국·중국·일본·러시아를 비롯한 동북아의 다자적인 안보체계에 의해 보장되어야 하죠. 동북아 철도공동체와 에너지공동체 등 동북아 차원의 다자협력에서 우리가 새로운 성장동력을 찾을 수 있는 것이고요. 언젠가 기야 한 우리의 미래입니다.

최종건 결국은 대통령님이 말씀하셨던 것이 정확하게는 포용적 다자주의Inclusive Multilateralism였습니다. 통상 영어는 다자주의만 이야기하고 수식어를 붙이지 않는데, 갈수록 배타주의가 심해지니까

'포용적'이라는 말이 외교 분야에서도 국제적인 언어로 많이 등장하게 된 것 같습니다.

문재인 트럼프 정부 시절 미국이 미국우선주의를 내세우면서 과거에는 폭넓게 연대와 협력이 강조되던 국제질서가 자꾸 진영화되는 변화들이 생겨났어요. 내가 볼 때는 바람직한 변화가 아니고 퇴행하는 것이었죠. 진영주의에서 벗어나 특정 국가를 배제하지 않는 개방적인 다자주의가 필요합니다. 그래서 나는 다자주의에서도 포용을 강조했어요. 신남방정책 추진 과정에서 다른 나라들이 인도-태평양 전략이나 자국의 전략들과 협력을 요구해왔을 때도 우리의 기본 원칙을 포용성, 개방성, 투명성에 두고 그 원칙을 지킨다면 어떤 국가, 어떤 지역과도 연대할 수 있다는 입장을 견지했죠. 우리로서는 매우 중요한 원칙이었어요. 우리는 무역의존도가 다른 어느 나라보다 높기 때문에 모든 나라와 우호관계를 유지해야 할 필요가 있는 거죠. 그런 면에서 요즘 우리나라가 자꾸 진영외교 쪽으로 치우쳐 들어가는 것 같은 모습은 상당히 우려스럽습니다. 당장 경제적으로도 수출과 경제협력에서 타격을 많이 받지 않습니까?

최종건 대통령님은 역대 정부 최초로 5년 연속 UN 총회에 참석하는 기록을 남겼는데요. 제 생각에는 아마 지금 정부도 그렇고 앞으로도 그 기조를 지키려고 노력할 것 같습니다. UN에 가면 상당히 바쁘셨어요. 많은 나라가 대통령님과 회담하기를 요청했습니다. 대통령님의 5년간 공통된 메시지는, 물론 한반도 평화프로세스 메시지가 있었지만, 다자주의 차원으로도 전파하고 싶은 메시지가 있었을 텐데요. 어떤 메시지를 주로 강조하고 싶으셨나요?

문재인 우리가 늘 최우선으로 한 부분은 역시 평화프로세스에 대한 세계적인 지지를 호소하는 것이었죠. 그건 임기 내내 계속됐어요. 그것이 북한을 대화의 장으로 나오게끔 하는 데 큰 역할을 했다고 생각해요. 하노이회담의 결렬로 대화가 중단된 이후에는 대화 재개를 촉구하는 메시지를 지속적으로 냈죠. 무역과 팬데믹과 글로벌 공급망에 관해서는 다자주의적 접근을 촉구했고요. 후반에는 기후위기 대응과 탄소중립을 위한 국제협력을 강조했습니다. 그 역시 다자주의적 협력의 복원이라고 할 수 있죠.

기후변화, 책임과 경쟁력 사이

최종건 기후변화도 많이 강조하셨습니다. 특히 우리나라 입장에서 기후변화 대응은 피해갈 수도 있었을 텐데, 대통령님은 정면으로 대응하셨어요. 우리의 40% NDCNationally Determined Contribution(국가온실가스 감축목표)●도 상당히 어려운 국내적인 과정을 통해서 결정했

● 2021년 10월 문재인 정부는 '2030년 국가온실가스 감축목표'를 '2018년 대비 40% 감축'으로 확정했다. 2050탄소중립위원회가 제시한 국가온실가스 감축목표 상향안은 '2030년까지 2018년 온실가스 배출량 대비 40% 감축'을 목표로 산업, 건물, 수송, 농축수산, 폐기물 등 부문별 감축량을 산정한 것이다.

고, 이는 국제적으로 큰 호응을 받았습니다. 일본보다도 더 혁신적으로 감소시키겠다는 목표였죠. 2050탄소중립도 선언하셨고요. 이런 것들은 매우 보편적인, 글로벌한 이슈였습니다. 특히 기후 쪽에 힘을 실었던 이유는 무엇입니까?

문재인 개인적인 소신이기도 하지만, 대한민국이 마땅히 짊어져야 할 책임이었어요.

세계 10위권 국가로서 우리 경제구조는 제조업 중심이고, 특히 탄소를 많이 배출하는 업종이 근간을 이루고 있어요. 철강, 석유화학, 시멘트, 반도체 디스플레이 등이 대표적인 업종이죠. 우리 경제의 핵심이라고 할 수 있는 반도체 디스플레이는 그 자체가 탄소를 많이 배출하지는 않지만 전기에너지를 많이 사용하기 때문에 탄소 다배출 업종으로 분류되지요. 이런 업종들이 우리 경제의 근간을 이루고 있기 때문에 우리의 탄소 배출 순위는 세계에서 8~9위 정도 됩니다. 그러면 적어도 8~9위만큼 탄소를 줄이는 역할을 해야 되는 거죠. 그것이 우리의 책임입니다. 그런데 그동안 한국이 성

2030년까지의 연평균 감축률을 고려할 때 문재인 정부의 감축목표는 매우 도전적인 것으로, 이는 정부의 강력한 정책 의지와 국제사회의 요구를 반영한 것이다. 관계부처와 2050탄소중립위원회가 제안한 NDC 상향안은 온라인 토론회를 개최해 각계 의견을 수렴했고, 10월 18일 2050탄소중립위원회 전체회의에서 심의·의결했다. 이후 국무회의 의결을 거쳐 최종 확정한 것이다. 참고로 파리협정은 지구온도 상승 1.5°C 이내 억제를 위해 2050년 전 지구적 탄소중립을 결의했다. EU는 '1990년 대비 최소 55%', 영국은 '1990년 대비 68%', 미국은 '2005년 대비 50~52%', 캐나다는 '2005년 대비 40~45%', 일본은 '2013년 대비 46%'로 감축목표를 설정했다.

장에만 집중하면서 그 책임에 대해서는 사실상 외면해왔던 거죠. 게다가 석탄발전을 해외로 많이 수출했기 때문에 한국은 세계에서 대표적인 기후 악당이라는 비난을 받았습니다. 우리가 탄소를 배출하는 만큼 탄소 감축에도 기여를 하는 것이 우리의 국제적인 도리이고 책임이기도 하죠.

더 현실적인 문제로, 이제는 유럽에서 본격적으로 탄소국경세를 도입하고, 세계적인 대기업들이 RE Renewable Electricity 100을 선언해서 재생에너지를 사용하지 않는 기업들은 배제되는 시대가 되었기 때문에, 이에 적응하지 않으면 안 되게 됐어요. 우리가 적극적으로 탄소 감축과 재생에너지 확대 정책을 속도 있게 펼치지 않으면 우리의 무역에서도 굉장히 많은 장애에 부딪히고, 무역의존도가 높은 우리나라로서는 견딜 수 없는 상황이 될 수 있죠. 단적인 예를 들면, 우리 경제의 핵심인 반도체를 수출할 수 없는 상황을 맞이할 수도 있어요. 우리 경제의 국제경쟁력을 유지하기 위해서도 반드시 필요한 투자라고 말할 수 있습니다.

최종건 근데 사실 따지고 보면, 기후환경 정책을 국내적으로 어려운 프로세스를 거쳐 추진한다고 하더라도, 환경과 관련된 정책은 임기 중에 특별히 성과로 나타나지 않습니다. 그래서 집권한 사람들 입장에서는 '다음 정부가 하게 하자'는 생각을 하기가 쉬운 건데요.

문재인 그만큼 무책임한 일이 없는 거죠. 세계적으로 약속된 시기가

2030년이에요. 한국뿐만 아니라 모든 기후협약 당사국은 2030년에 국가별 탄소감축 목표의 이행 여부를 평가받게 되어 있는데, 우리 전 정부까지 보면 그 목표를 다음 정부로 떠넘겼던 거죠. 지금 정부에 들어와서도 우리 정부의 목표가 너무 과하게 설정되었다고 하면서 그다음 정부로 또 떠넘기고 있는데, 그다음 정부가 떠넘겨받은 부분까지 달성한다는 것은 불가능한 일이죠. 2030년 NDC 목표 달성에 따르는 고통을 역대 정부가 분담해야만 하는 것이고, 우리의 경제 능력을 높여나가는 차원에서 보더라도 투자가 공평하게 배분되어야 합니다. 그렇게 다음 정부로 떠넘기는 것은 정말로 무책임한 일이죠.

아마도 다음 정부는 2030 NDC 목표를 감당할 수 없을 것이고 많은 불이익을 받게 될 가능성이 높아요. 그런 면에서 모든 정부가 자기가 해야 되는 몫에 책임감을 가져야 되는 거죠. 우리 정부는 우리 앞의 정부들이 제대로 못 했기 때문에 우리 정부가 더 속도를 내야 한다는 책임감이 있었어요.

최종건 기록을 보니까 2019년 9월 23일 UN 총회 참석 당시 기후행동정상회의라고 있었습니다. 그때 세 가지 약속, 한 가지 제안을 하셨습니다. 세 가지 약속은 첫째가 지속 가능한 저탄소경제로 조기 전환시키겠다, 둘째가 녹색기후기금 공여액을 두 배 증액시키겠다, 마지막으로 P4G(Partnering for Green Growth and the Global Goals 2030, 녹색성장과 2030 글로벌 목표를 위한 연대)를 개최하겠다였습니다. 세 가지 약속을 다 지켰고, 한 가지 제안도 실현되었습니다. 한 가지 제안은

'세계 푸른 하늘의 날'*을 UN 결의로 제정하는 것이었습니다. 매년 9월 7일이 UN이 정한 '세계 푸른 하늘의 날'이죠.

임기 중에는 9월 7일에 우리 정부가 세계와 함께 기념을 했는데, 지금 정부는 어떻게 하고 있는지 잘 모르겠습니다. 대통령님이 제안한 '세계 푸른 하늘의 날'이 우리나라가 제안한 국제기념일로서는 유일하다고 합니다. 어떻게 보면 기후변화 대응에서 문재인 정부의 흔적, 레거시legacy, 업적이 될 것 같습니다.

문재인 사실은 걱정이에요. 그나마 우리 정부 때 기후환경에 관한 국제기구들과 전문가들이 적어도 2030년까지, 그리고 2050년까지 이런 정도 속도로는 탄소를 줄여가야 한다고 권고했고, 우리도 그에 맞춰서 노력했던 건데, 2022년과 2023년에 들어오면서 그때의

● 　정식명칭은 '푸른 하늘을 위한 국제 맑은 공기의 날(International Day of Clean Air for blue skies)'로 대기환경의 중요성과 기후변화의 심각성을 널리 인식시키고 국제협력의 필요성을 강조하기 위해 매년 9월 7일로 지정되었다. UN의 공식 기념일 중에서 우리나라가 제안해 채택된 최초의 기념일이자, 대한민국의 국가기념일이다. '푸른 하늘의 날' 지정은 2019년 8월 국가기후환경회의 국민정책참여단에서 제안되었다. 이를 바탕으로 문재인 대통령이 같은 해 9월 UN 기후행동정상회의에서 '세계 푸른 하늘의 날' 지정을 국제사회에 제안한 것이다. 문 대통령은 "마지막으로, '세계 푸른 하늘의 날' 지정을 제안합니다. 세계보건기구에 의하면 매년 700만 명 이상이 대기오염으로 조기 사망하고 있습니다. 대기질 개선을 위해서는 공동연구와 기술적 지원을 포함한 초국경적인 국제협력과 공동대응이 반드시 필요합니다"라고 연설했다. 같은 해 12월 19일 제74차 UN 총회에서 매년 9월 7일을 '푸른 하늘을 위한 국제 맑은 공기의 날'로 지정하는 결의안이 채택되었다. 문재인 정부는 2020년 8월 11일 국무회의에서 '각종 기념일 등에 관한 규정' 일부개정령안을 심의·의결해 국가기념일로도 지정했다. 〈푸른 하늘의 날〉, 대한민국 정책브리핑, 2022.1.10 참조.

2021년 9월 3일 청와대 본관 테라스에서 제2회
'세계 푸른 하늘의 날'(매년 9월 7일) 기념 영상 메시
지를 녹화했다. UN의 공식기념일 중에서 한국이
제안해 채택된 최초의 기념일이다.

예상보다 기후위기가 훨씬 더 가파르게 나타나고 있어요. 그래서 전문가들은 이제 더 속도를 높여야 된다고 하는데, 지금 정부는 그런 채비가 전혀 되어 있지 않고 그럴 의지도 없어 보이는 데다 오히려 거꾸로 가고 있어서 여러모로 걱정스럽죠.

VIP 라운지에서 생기는 일

최종건　여담인데요. 다자외교 석상도 있지만 정상 대기실에서 여러 정상과 격의 없이 말씀을 나눌 기회가 있지 않습니까? 그때 많은 일이 벌어진다고 들었습니다. 저는 한 번도 눈으로 본 적이 없어서요. 혹시 기억나는 상황이 있으십니까?

문재인　다자회의 때 정상들이 대기하면서 VIP 라운지에 모이게 되는데, 그 시간을 최대한 외교의 장으로 활용하죠. 정식 양자회담 때 하지 못했던 이야기들을 하는 거죠. 또 다자회의 도중에 짬을 내서 여러 나라와 일대일로 약식회담 또는 환담을 나누게 되는데, 그것도 외교의 장으로 굉장히 중요합니다. 각 나라가 그 기회를 최대한 활용하려고 하지요. 한국의 위상이 높아지고 기여도 많아지면서 우리와 그런 기회를 갖고자 하는 정상이 많았어요. 우리가 다 수용할 수 없으니까 선별할 수밖에 없었는데, 그 기회를 가장 많이 활용하고자 한 나라들이 대체로 유럽 국가들이었어요.

　　특히 프랑스의 마크롱 대통령 같은 경우는 양국관계가 중요하기도 하고, 특히 나하고 비슷한 시기에 대통령에 취임했는데, 두 사람 모두 피플파워의 힘으로 대통령이 되었다는 유대감이 각별해서 그런 다자회의를 하는 기회가 있을 때마다 보자고 요청해왔어요. 그래서 비중이 큰 중요한 나라들을 우선적으로 만나곤 했는데, 지나고 보니 마크롱 대통령은 방한을 못 했기 때문에 아쉬운 부분을 그런 식의 약식회담을 통해서 채우려고 한 것 같아요.

　　나도 지나고 보니까 아쉬웠던 게, 그 당시에는 아무래도 더 힘 있는 나라나 중요한 나라들을 우선적으로 선택할 수밖에 없었는데, 그런 나라들은 따로 양자회담을 하기도 하니 그 나라들을 또 만나는 것보다 양자회담의 기회가 없었던 아프리카 국가나 중남미 국가들에게 우선적으로 그런 기회를 활용했으면 좋았겠다는 아쉬움이 남아 있어요.

최종건　저는 사진으로 본 몇 장면이 생각나는데요. 하나는 대통령님이 아베 총리한테 여기 앉아서 이야기하자고 하는 장면, 다자회의 장이었던 것 같습니다. 또 하나는 트럼프 대통령이 대통령님의 등을 치는 모습입니다.

문재인　일본에서 있었던 일인데, 다른 정상들하고 대화를 나누고 있는데 늦게 들어온 트럼프 대통령이 뒤에서 내 등을 치면서 자기 트윗 봤냐고 물어보던 장면이죠.[●] UN 총회 자리에서는 세네갈 대통

●　　333쪽 참조.

2019년 11월 4일 태국 방콕에서 열린 ASEAN+3
정상회담 임팩트 포럼 당시 일본의 아베 총리와
진행한 약식회담. 다자회의에서는 VIP 라운지에
대기하면서 정식회담 때 하지 못한 이야기나 환
담을 나누고, 짬을 내 일대일 약식회담을 하기도
한다.

령하고 그런 약식회담을 했는데, 세네갈이 우리 FA-50 전투기를 네 대 수입해가는 성과를 올렸죠. 때로는 그런 기회들이 무척 소중하게 활용될 수 있어요.

최종건 마키 살Macky Sall 대통령입니다. 얼마 전에 외신을 보니까 그분이 재선 출마를 안 한다고 선언했다고 합니다. 재임 중에는 대통령의 헌법상 권한을 축소해가면서 개혁을 했고요. 세네갈은 전통적으로 아프리카에서 유일하게 군사 쿠데타 없이 민주주의가 유지된 나라입니다.

문재인 아프리카 국가들에 대해서는 프랑스가 참 잘 활용하고 있어요. 프랑스는 G20 같은 다자회의를 주최할 때면 별도 초청국을 대부분 아프리카 국가들에게 할애했어요. 과거 식민지 관계였던 국가들과도 그런 식으로 우호관계를 잘 유지해나가는 거예요. 우리는 아프리카 국가들이 멀리 있으니 아직까지 관심을 덜 쏟고 있는데, 우리 외교에서 부족한 부분이죠.

최종건 대통령님의 기록 중 하나가 G7에 2회 연속 초청받은 겁니다. 트럼프 미국 대통령이 의장이었을 때는 초청은 받았지만 코로나 때문에 회의가 열리지 못했죠. 저는 기억이 나거든요. 트럼프 대통령이 대통령님께 한반도 평화프로세스에 관해서 이야기하다가 "근데 말입니다, G7 이거 안 되겠어. 회원국들의 수를 늘려야겠어. 나는 한국이 들어와야 한다고 생각합니다. 그런데 아직 일본한테는 이야기하지 마세요"라고 했던 장면이 생각납니다. 트럼프 대통령은 참 특이해요. 방위비 분담금 같은 사안은 막 밀어붙이다가 "G7 안 되겠어. 문 대통령, 같이 합시다." 이렇게 제안했죠. G7 체제에 불만이 많았던 것 같아요.

문재인 트럼프 대통령에 대해서 이런저런 말이 많아도 역시 세계를 리드하는 미국의 대통령이구나 하는 생각을 갖게 되는 장면들이죠. G7이 과거에는 세계경제나 국제질서를 거의 좌우할 수 있는 파워를 가졌잖아요. 그런데 중국과 여러 신흥 강국이 부상하면서 G7의 위상은 상대적으로 약화되고, 신흥 강국들의 목소리가 높아졌거든요. G7만 가지고는 기존의 역할을 할 수 없다고 본 거죠. G7의 확대가 필요하다고 본 건데, 트럼프 대통령만의 생각은 아니고 G7 내부에서도 논의가 있어왔어요. G7을 확대할 필요가 있다고요. 트럼프 대통령 생각은 G10이나 G11까지 확대해서 지역 대표성을 높이자는 거였어요. G7에서 아시아-태평양 지역을 대표하는 국가가 일본인데, 일본은 여전히 G3의 강국이긴 하지만 아시아-태평양 지역을 두루 아우르면서 대표하는 역할을 하지 못하고 있거든요. 그렇게 세계가 느끼고 있는 거예요.

그래서 아시아-태평양 지역의 대표성을 강화한다고 할 때 첫 번째 대상이 한국, 다음이 인도, 호주 세 나라가 되는 것이고 그러면 G10이 되는 거죠. 거기서 G11으로 한 나라를 더 늘린다면 브라질을 포함시키자는 것이 트럼프 대통령의 생각이었어요. 그런데 G7 내에서 합의에 이르려면 시간이 많이 걸리고 일본의 반대도 있으니

까 미국이 주최하는 기회에 그 나라들을 초청해서 G10 또는 G11
의 기초를 만들려고 먼저 내게 협조를 구해온 거죠. 일본에게는 일
단 말하지 말라고 당부하면서요.

최종건 정의용 장관이 외교장관(2021년 2월~2022년 5월)으로서 G7 외
교장관회의, 그리고 이런저런 G7 관련 회의를 갈 때마다 '여기는
반드시 껴야겠다'는 생각을 했다고 합니다. 왜 그러냐고 물었더니,
G7 국가들끼리 토킹 포인트 없이 정말 편안하게 마치 반상회 하듯
이 국제문제를 논의하더라, 그렇게 중요한 회의에 일본은 늘 있는
데 우리는 없으니, 일본이 우리에 대해서나 동북아 정세에 대해서
뭐라고 이야기하는지 우려된다는 거예요. 대통령님은 G20, UN 총
회, APEC 등 많이 가셨지만 G7 정상회의에 가보니 어떤 기분이 드
시던가요? 그 국가들은 자기들끼리 허심탄회하게 이야기를 할 텐
데요. 우리는 초청국으로서 정무 패널에는 들어가지 못했지만 경제
패널과 보건 패널에 포함돼 대통령님이 선도 발언을 하셨거든요.

문재인 G7 회의도 전적으로 자유로운 회의 형식은 아니고, 세션을
나누고 세션별로 의제를 정해서 각자 준비해온 발언들을 하는데,
회의 일정 속에 자유롭게 이야기하는 특별세션을 두는 것이 특이하
죠. 회의 밖에서 자유롭게 환담을 나누는 기회도 있고요. 그때가 우
리가 국제무대에서 제일 대접받던 시기였어요. 코로나에 대한 대응
에서 모든 나라가 우리의 노하우를 배우고 우리와 협력하기를 원했
고, 우리도 백신허브 등의 역할을 자임할 수 있었죠. 기후위기에 대

응해서도 한국의 역할에 대한 기대가 매우 높았어요. 그래서 우리의 국제적 위상이 높아졌다는 것을 다시 한번 실감할 수 있는 자리였죠.

그리고 한 번의 회의만으로 평가하기는 이르지만, 또 하나 분명하게 받은 느낌은 일본이 아시아-태평양 지역을 대표하는 역할을 하지 못한다는 것이었어요.

최종건 어떤 점이 그렇게 생각되던가요?

문재인 일본의 발언은 시종일관 철저하게 자국중심적인 것이었고, 아시아-태평양 지역의 리더국가로서 전체를 아우르는 관점이 전혀 없었어요. 동북아의 리더국가답게 동북아 전체의 평화와 안정을 바라보는 관점도 없었고요. 코로나 팬데믹 대응이나 기후위기 대응에 있어서도 논의를 선도하는 모습을 보여주지 못했고, 국가 간 연대와 협력이란 관점도 없어서 좀 실망스러웠어요. 그런데 일본은 G7의 확대에 가장 강하게 반대하는 입장이었어요. 같은 아시아-태평양 국가인 한국, 인도, 호주가 확대 대상이어서 그럴 테죠. 특히 한국이 G8으로 추가되는 것에 대해 상한 거부감이 있었고요. 영국이 G7 회의에 한국을 초청하는 것을 일본이 반대했다는 말을 영국 측 인사로부터 들었어요.

최종건 콘월에서 열린 G7 회의에서 대통령님이 몇 가지 선도 발언을 하셨습니다. 특히 우리의 디지털 바이오 분야 경쟁력을 기반으로 글로벌 백신허브로서의 역할을 할 수 있다, 그러니 한국이 이런 역할을 자임하겠다고 선언하셨지요. K-방역의 성공에 대해서도 구체적 방법을 공유하겠다고 했습니다. 우리의 경험, 우리의 능력, 우리의 지식을 공공재화하겠다는 의지로 보였습니다. 팬데믹에 대한 성공적인 대응을 우리 외교의 자산으로 삼은 것 같고요. 대통령님 소신이기도 했지만, 책임을 다음 정부로 넘기지 않겠다며 적극적으로 추진한 기후위기 대응 정책들이 국제사회에서 '아니, 한국이 이 정도야?'라는 반응을 낳았던 것 같아요. 그것이 G7에서 있었다는 것이 큰 의미가 있었던 것 같습니다.

문재인 감염병에 대한 가장 효과적인 대응 방법은 감염 여부를 빠르게 진단하고, 감염이 진단되면 접촉한 사람들을 빨리 추적해서 검사하고, 감염된 사람들을 격리치료해서 확산을 막는 것이죠. 이것이 세계보건기구의 감염병 대응 지침이에요. 우리는 그 방법을 잘 따랐기 때문에, 초기에 중국 다음으로 대구 지역에서 아주 광범위한 확산이 있었지만, 더 이상의 확산을 조기에 억제하고 대응할 수 있었어요. 그런데 뜻밖에도 우리가 훨씬 선진국이라고 믿어 의심치 않았던 유럽이나 미국은 그렇게 검사할 수 있는 역량도, 추적할 수 있는 역량도, 감염자들을 격리치료할 수 있는 의료적인 기반과 시스템도 갖추고 있지 않았던 거예요. 그래서 그쪽 나라들은 부득이 국경을 봉쇄한다거나 지역을 봉쇄하는 정책으로 코로나 확산을 막을 수밖에 없었죠. 그러다 보니까 개인의 자유로운 활동과 인권을 극도로 침해하는 결과가 되고, 그 바람에 경제가 올스톱되는 지경에 이르렀죠.

2021년 6월 11일 영국 콘월 G7 확대 정상회의에서 바이든 미국 대통령 등이 코로나19 대응을 잘하는 나라로 한국을 지목하고 있다(위). 이 회의에서 한국은 디지털 바이오 분야의 경쟁력을 기반으로 글로벌 백신허브로서 역할을 자임하고, K−방역의 성공에 대해서도 구체적 방법을 공유하겠다고 선언했다.

3T Testing-Tracing-Treatment 전략으로 제대로 대응하는 거의 유일한 나라가 한국이었기 때문에 한국이 세계적인 표준이 된 거였고, 그 역량과 노하우를 각국이 공유하기를 바랐던 거죠. 그래서 G7에서만 그랬던 것이 아니라, 코로나 기간에 화상 또는 전화통화로 많은 정상과 비대면 회담을 했는데, 그게 110회에 달할 정도로 전세계적으로 우리에 대한 요구가 그만큼 컸던 것이죠.

최종건 작년에 우리 정부 퇴임 이후 미국의 〈블룸버그Bloomberg〉 통신이 6월에 한국을 코로나 회복력이 가장 빨랐던 나라로 평가해서 우리 K-방역이 다시 한번 회자되었습니다.[•]

문재인 그렇지요. 한국은 봉쇄를 하지 않았기 때문에 세계경제의 위축 속에서도 우리 경제의 위축과 마이너스 성장을 최소한으로 막

● 글로벌 금융정보와 뉴스를 제공하는 〈블룸버그〉 통신이 매달 집계하는 '코로나19 회복력 순위'에서 2022년 7월 한국을 1위에 올렸다. 블룸버그 홈페이지의 〈코로나 이후 시대, 최고와 최악의 장소들〉이라는 제목의 기사에서 한국은 5월보다 5단계 상승하며 6월에 조사 대상 53개국 가운데 1위를 차지했다. '경제활동 재개', '코로나19 상황', '삶의 질' 등 3개 부문 11개 지표로 구성되어 있으며, 2022년 6월이 마지막 집계였다. 이에 따라 한국이 코로나19 회복력 부분에서 사실상 세계 1위를 기록한 셈이다. 특히 한국은 '인구 10만 명당 월별 확진자', '최근 3개월 치명률' 등 '코로나19 상황' 부문과 '삶의 질' 부문에서 지표가 모두 개선된 것으로 나타났다. '삶의 질' 부문 지표도 모두 긍정적인 평가를 받았고 '경제활동 재개' 부문은 대부분의 지표가 개선된 것으로 집계되었다. '백신 접종률' 지표에서도 전체 인구의 90%가 백신 접종을 완료한 것으로 집계되었다. "The Covid Resilience Ranking: The Best and Worst Places to Be as World Enters Next Covid Phase", *Bloomberg*, 2022. 6. 29.

을 수 있었고, 회복에도 가장 빠른 속도를 낼 수 있었죠. 그 과정에서 한국이 감염병 대응이라든지 경제적인 회복력에서 보여준 역량이 탁월하다는 평가를 받았어요. '위기에 강한 대한민국'이라는 신화 같은 것이 그래서 형성되었다고 봅니다.

최종건 당시 정부에 있었던 저희로서는 답답하기도 했습니다. K-방역 하면 국제적으로 많은 칭송을 받고 해외에서는 노하우를 배우겠다고 하는데, 국내 정치에서는 끊임없이 비판과 비아냥을 받았으니까요. 안보에 여야가 없어야 된다고 이야기하는 것처럼 보건에서만큼은 정당한 평가를 받아야 되는데요.

문재인 우리 정치 행태가 경쟁상대의 성공을 허용하지 않아야 되니까 그런 건데, 그래도 많은 국민이 코로나 국면에서 대한민국의 높아진 위상에 대해 자랑스러워했죠. 국내뿐만 아니라 국외 교포들을 통해서도 대한민국의 자랑스러움이 많이 알려졌어요. 무엇보다 세계가 인정했기 때문에 더 이상 왜곡할 수가 없었지요.

최종건 다자외교 장에서, 이를테면 G20 같은 경우에 한 정상씩 돌아가면서 말씀하려면 시간이 많이 걸리지 않습니까? 그럴 때 어떤 정상은 이석을 하기도 하고요. 화상회의 같은 경우는 화면을 돌린다든지 하는데, 제 기억으로 대통령님은 그러신 적이 없는 것 같아요. 특히 화상정상회의 때는 제가 배석을 많이 했는데요.

문재인 그렇죠, 자리를 쭉 지키려면…. 특히 화상회의 같은 경우는 시차 때문에 우리는 밤늦은 시간에 하는 경우가 많았어요. 그런 경우에 힘들죠. 지겹기도 하고요. 그런 가운데서도 정상들의 발언을 통해서 그 사람의 생각이나 철학 같은 게 드러나게 돼요. 나중에 양자회담을 할 때 그런 이야기들이 대화 소재가 되기도 하죠. 외교에 많은 도움이 돼요. 그리고 다들 봅니다. 자리를 많이 옮기는 정상들과 잘 지키는 정상들을 자연히 구분할 수 있게 되죠. 그래서 자리를 많이 옮기는 사람들은 성실하지 않은 모습으로 기억되고, 자리를 잘 지키는 사람들은 성실한 정상으로 기억이 돼요. 이왕에 참석하는 거 참고 다른 사람 이야기를 다 들어주면 됩니다.

최종건 아유, 배석해 있는 저희도 힘들어 죽겠던데요. 어느 나라라고 언급할 순 없지만 어떤 정상은 회의만 하면 자기 발언 때만 나타나고…. 오바마 대통령이 했던 이야기가 저는 상당히 인상 깊었는데요. 그는 시카고 시의회 의원을 하다가 일리노이주 상원의원과 연방 상원의원을 하고 대통령이 되었는데, 시의회에서는 저런 사람이 무슨 의원이야 싶은 사람들이 있었고, 상원 가니까 저런 사람도 상원의원이나 했다고 합니다. 근데 대통령이 되고 나서도 국제무대 가보니까 너무 불성실한 사람이 많아서 저런 사람이 대통령이라니 싫었다는 거예요.

문재인 인도네시아 조코위 대통령, 싱가포르 리셴룽 총리, 인도 모디 총리… 이런 분들이 아주 모범적이었죠.

2020년 APEC 정상회의 당시의 비대면 화상회의. 힘들더라도 자리를 지키다 보면 정상들의 생각과 철학을 확인할 수 있었고, 이는 추후 양자회담의 대화 소재가 되기도 했다.

최종건 대통령님이 취임 후 다자외교 회의 데뷔를 함부르크 G20 회의에서 하셨습니다. 베를린에서 메르켈 총리를 만나 회담하고, 함부르크에서 G20 회의에 참석했는데, 메르켈 총리도 상당히 성실하신 분으로 알려져 있습니다. 정말 자기관리에 철저하고, 국가의 이미지하고 맞는 것 같습니다. 한편 패권국이어서 그런 회의를 더 주도해야 할 것 같은 미국 대통령은 신경을 잘 안 쓴다는 인상이 있었습니다.

문재인 당시 유럽은 기후위기 대응에 대한 요구가 굉장히 높아져 있었는데, 트럼프 대통령이 파리협정을 탈퇴한 것 때문에 갈등이 있었어요. 그 자리를 메꾸면서 파리협정을 잘 유지시키는 데 중심 역할을 한 분이 메르켈 총리입니다. 그래서 정상들로부터 신뢰를 많이 받았죠.

최종건 이것도 여담입니다만, 상당히 의미가 있을 듯한데요. 양자 정상회담을 자주 못 하니 다자회의에 가서, 이를테면 G20에서 만난 정상을 APEC에서 만나고, APEC에서 만난 정상을 ASEAN에서도 만나고, 또 대통령님 같은 경우는 G7에도 가셨기 때문에, '그동안 잘 있었어?' 친한 사람들끼리 인사 나누듯이 대화할 수도 있겠습니다. 그래서 우리가 다자기구와 다자회의에 적극적으로 참여하면 할수록 대통령 개인 입장에서도 정상외교 하기가 수월해질 것 같습니다.

문재인 그렇죠. 갈수록 친분이 쌓이니까 그렇게 되죠. 단체사진 찍는 위치도 이른바 '짬밥' 순이죠. 취임 순으로 점점 가운데로 가는 것이 관행처럼 되어 있어요. 물론 미국 대통령은 예외고요.

아까 기후협약 관련해서 하나 더 이야기하자면, 다자회의에 가게 되면 배우자들도 외교를 하죠. 배우자 프로그램에 참여하기도 하고 그 외 시간에 정상이 못 하는 일정을 하기도 하고요. 메르켈 총리 남편이 교수인데 그분이 배우자 프로그램에 늘 참여하는 거예요. 독일에서 한 행사니까 배우자 프로그램을 메르켈 총리의 남편이 이끌었는데, 배우자들을 대상으로 시종일관 기후위기에 관한 프로그램을 진행했어요. 아내의 표현에 의하면, 다른 정상 부인들이 모두 재미없어했다고 해요. 보통 배우자 프로그램을 가면 친교 일정이 많은데, 그분은 정말 진지하게 기회가 있는 대로 기후전문가들을 불러서 브리핑을 들었다는 거예요. 당시 EU, 특히 독일에서는 기후위기 대응을 그만큼 심각하게 여긴 것이지요.

또 하나 인상 깊었던 것이, 독일에서 G20을 하는데 반세계화 시위가 있어서 경비가 삼엄하기 짝이 없는 거예요. 총을 든 무장군인들이 간선도로뿐만 아니고 이면도로 입구까지 천통 봉쇄하고, 심지어 장갑차까지 동원되고. 그런데도 시위가 일어나 여기저기서 충돌이 발생하기도 했어요. 그 때문에 교통이 막혀 정상들의 일정에도 차질이 많았죠. 평창동계올림픽 때 외국 정상들이 놀랐던 게, 한국에서는 총을 든 군인이나 무장경찰의 모습을 거리에서 일절 볼 수 없다는 것이었어요. 한국의 아주 수준 높은 질서, 평화로운 질서에 대해서 외국 정상들이 경탄하던 기억이 납니다.

최종건 우리의 UN 분담금 납부 순위가 G7 국가들 포함, 7~8위쯤 된다고 합니다.

문재인 G7과 중국 다음에 우리니까 세계 9위죠.

최종건 그전에는 안 그랬는데 우리 임기 중에 그렇게 된 겁니다. 물론 정책적인 판단도 있었습니다만, 정의용 장관 표현에 의하면 그만큼 '맨입으로 다닐 수 없는 처지'가 되었습니다. 대통령께서 5년 연속 UN 총회를 가셨고 그 기회를 활용해서 양자회의, 관련된 기후회의를 많이 하셨어요. UN은 우리나라에게 각별히 의미가 있지 않습니까? 6·25 전쟁 때도 그랬고, 개발도상국일 때도 많은 도움과 지원을 받았어요. 코로나19 때문에 화상으로 UN 총회가 열렸던 2020년을 제외한 4년간 약 40~50개 이상의 국가들과 뉴욕 UN 총회 현장에서 정상외교를 하셨습니다. 때로는 길이 막힐 때 일정을 맞추기 위해 차에서 내려 걸어가시기도 하는 모습이 인상 깊었는데요. 저는 참모의 입장에서 대통령님이 UN 총회의 단상에 설 때 기분이 어떨까 개인적 궁금증이 있었어요. 물론 우리가 연설문도 오래 준비하곤 했습니다만, 보통 어떤 느낌으로 단상에 서십니까?

문재인 우리가 UN으로부터 가장 지원을 많이 받았던 나라에 속하죠. 단독정부 수립 때도, 전쟁 때도, 전후 복구 때도, 경제성장을 해 나갈 때도 많은 도움을 받았어요. 이제는 우리가 도움을 받던 나라에서 도와야 하는 나라로, 원조받던 나라에서 공여해야 하는 나라

2021년 9월 20일 UN 총회장에서 SDG 모먼트 개회식 연설 중인 BTS(위). 2021년 9월 24일에는 미국 ABC 〈굿모닝 아메리카〉에 나와 함께 출연해 연설 당시의 소감을 이야기했다(아래).

로 바뀌었다는 감회가 있죠. 지금 UN의 위상이 약화되고 있고, 미국이 한때 분담금을 내지 않으면서 UN을 압박하기도 했지만, UN이 여전히 국제적인 다자평화안보 기구로서 대단히 중요하다고 생각해요. 우리의 한반도 평화프로세스도 적극 지원해주었고요. 그러니 우리 몫을 다해야죠. 분담금도 당연히 우리 능력만큼 내야 하고요. 5년 내내 꼬박꼬박 UN 총회에 참석한 것도 회원국으로서 우리의 의무라고 생각했어요. SDG 지속가능개발 특별회의가 별도로 열렸을 때 UN의 부탁에 따라서 우리가 그것을 주도하는 역할을 했죠. 그 자리에 BTS가 UN의 초청을 받아 특사로 참석하기도 했고요.

한반도 국익과 외교전략

최종건 제가 외교1차관일 때 느낀 약간의 갈등 같은 것이 뭐였냐면, 국제기구를 주로 다룬 외교관들은 국제기구의 이익과 국익을 혼동하는 것 같다는 점이었습니다. 포장은 보편적 가치이고 듣기에는 매우 좋지만, 이를테면 인권 같은 겁니다. 북한 인권 같은 경우에 우리는 전략적 선택을 할 수밖에 없는데, '국제무대에서는 그렇게 하면 안 됩니다' 같은, 국제적인 가치와 국가적인 전략적 가치가 부딪칠 때가 있었습니다. 국익의 반경이 넓어지고 확장될수록 국제규범과 우리 국익은 어떤 관계가 되어야 될까요? 국익이 우선이라고 하지만 국제규범에 어긋나게 되면 어떻게 해야 할까요?

문재인 그런 부분들은 전략적이고 섬세한 접근이 필요하죠. 북한 인권의 경우 인권을 중시하는 나라들은 규탄을 하게 되는데, 우리로서는 인권 규범을 존중하지만 그렇다고 똑같이 규탄 대열에 서면 당장 남북관계에 악영향을 미치게 되죠. 남북관계가 어려워지면 그만큼 북한 주민들의 생활이 어려워지는 것이기 때문에, 정치적 자유에 앞서서 북한 주민의 생존권을 중시하는 입장에 서서 생각하면 마냥 그렇게 할 수 없는 입장이지요. 거기서 절충점을 찾는 노력이 필요해요. 그래서 북한 인권에 대한 UN 결의안이 제출될 경우, 우리가 공동제안국이 되는 선택, 공동제안국은 되지 않지만 찬성하는 선택, 기권하는 선택 등 여러 가지 선택이 있을 수 있는데, 이 선택을 상황에 따라 아주 섬세하게 할 필요가 있는 것이죠. 흑백논리로 재단할 수 없는 면이 있어요.

중국과 관련되는 경우에도 신장 지역의 인권이나 티베트의 인권 문제, 근래에는 홍콩의 인권 문제 같은 것이 대두되고 있죠. 그에 대해서 우리가 중요하게 여기는 국제규범이 있지만 중국과의 관계를 생각하면 표현하는 수위에 섬세한 판단이 필요한 것이죠. 이것은 무조건적 흑백논리로 대응하고 표현하면 당장은 속 시원할지 몰라도 돌아오는 후과가 클 수 있으니까요.

최종건 앞으로 지속적으로 긴장관계가 펼쳐질 것 같습니다. 우리나라가 한반도 범위를 넘어서는 외교, 지역외교나 다자외교를 하다 보면 중국과의 양자관계 특성과 한반도의 전략적 특성을 신경 쓰지 않을 수가 없죠. 그런 고려를 소홀히 하게 되면 결국 국익을 해치는

변방에서 중심으로

결과가 초래될 수도 있고요.

문재인 그런데 그 부분에서 우리가 최선을 다해서 섬세하게 접근하면 그럴 수밖에 없는 입장을 미국도 중국도 이해를 하게 되죠. 어느 한쪽을 무턱대고 추종하면, 한쪽을 얻는 대신에 다른 한쪽을 잃게 될 수가 있어요. 그래서 균형외교가 중요한 것이죠.

최종건 대통령님은 지속적으로 G20과 APEC 같은 다자회의에 참석하면서 한반도에 관련된 목소리를 많이 내셨습니다. 메르켈 총리였던 것으로 기억되는데, 2017년도에요, G20은 경제 쪽 이야기를 하는 곳인데 대통령께서 한반도 문제를 제기하자 의장인 메르켈 총리가, 한반도 문제를 이야기해줘서 우리에게 많은 이해가 되었다, 대한민국의 정책을 지지한다는 내용을 의장 코멘트에 포함시켜줘서 취임 첫해 G20 회의에 처음 갔는데도 불구하고 상당히 강한 시그널을 만들 수 있었습니다.

문재인 맞아요. 실제로 G20에 갈 때 외교부로부터 경제에 관한 협의체이기 때문에 북한 문제에 대한 정치적 이슈는 의제가 될 수 없다는 이야기를 들었어요. 그러나 당시 우리로서는 절박한 상황이었기 때문에, 의제가 아니라고 하더라도 대한민국의 정상인 나로서는 발언을 해야 했고, 그것이 적어도 의장성명이나 의장의 코멘트 속에 반영이 되게끔 노력했죠. 메르켈 총리가 분단국에서 통일된 독일의 경험을 갖고 있기 때문에, 분단국가로서 고통을 겪고 있는 우리의 입장을 잘 이해하고 헤아려주었어요. 그래서 의장의 코멘트에 포함시켜서 그런 식으로 반영해주었는데, 그게 참 고마웠습니다.

최종건 메르켈 총리는 국내에서도 인기가 높았지만 세계적으로도 훌륭한 지도자였습니다. 퇴임할 때 한국에 대해서 다시 공부해보고 싶다는 발언을 해서 우리나라에 대한 호의를 표현해준 것도 고마웠습니다.

이거는 제가 단도직입적으로 여쭤봐야 할 것 같습니다. 지금 국제무대와 다자기구를 다루고 있으니까요. 윤석열 정부는 문재인 정부가 국제기구, 국제무대, 다자무대 다니면서 북한에 대한 제재를 해제해달라고 읍소했다고 하는데, 그러신 적이 있습니까?

문재인 아닌 줄 알면서도 찔러보는 말이죠. 우리의 비핵화 로드맵 속에 쌍방의 단계적·동시병행적 이행, 즉 북한이 실질적인 비핵화를 취하면 그에 대해 상응조치로서 UN 안보리 제재를 부분적으로, 점차적으로 해제해나간다는 방안이 담겨 있었죠. 그리고 그것은 한미 양국 간에 조율된 입장이었어요.

최종건 윤석열 정부에서 왜 저러는지는 모르겠습니다. 저는 공개적으로 '그럼 증거를 가져와라, 외교부에 문서가 다 있을 테니' 했지만 제시하지 못하더라고요.

대통령님은 2018년 APEC 정상회의에 가서서 APEC 디지털 혁신기금 창설을 제안하셨습니다. 이게 상당히 중요했던 것이, 아시아-태평양 지역의 기업, 소비자, 정부가 디지털 경제에 필요한 역량을 고루 갖춰야 APEC이 지역공동체로서 시너지가 생긴다고 제안하셨어요. 이게 지금 진행되고 있습니다. 당시 대통령님 발언이 마중물이 돼서 APEC 디지털혁신기금이 창설된 거죠. 대통령님 말씀처럼 우리의 디지털 역량이 다자무대에서 상당히 큰 자산이 되는 것 같아요.

문재인 K-방역의 3T에서 검사와 추적을 빠르게 할 수 있었던 것은 우리가 그만한 디지털 역량을 갖췄기 때문이지요. 코로나 국면에서 뜻밖에도 다른 나라들은 그런 역량이 갖춰져 있지 않은 경우가 많았어요. 일본의 경우는 여전히 아날로그식 업무를 하다가 그에 대한 반성 때문에 최근 '디지털청'을 신설하지 않았습니까? 상당히 발전된 선진국들도 디지털 분야에서는 우리보다 못한 나라가 많아요. 그래서 우리가 디지털 면에서 세계적으로 앞서가는 능력을 갖고 있다는 것도 새롭게 인식하게 되었지요.

최종건 제가 유럽 덴마크에 1년간 안식년을 갔었는데요. 집에 인터넷 까는 데 한 달 걸렸습니다. 그러니 우리는 그만큼 앞서가고 있는 거죠.

문재인 아마도 우리가 제조업이나 전통산업 분야에서는 후발주자로서 열심히 뒤쫓아가는 입장이었는데, 디지털 분야는 비슷한 출발선에서 같이 출발했기 때문에 앞서갈 수 있었던 것이 아닌가 생각해요. 우리가 자부심을 가질 만한 일입니다.

최종건 일본이 디지털 행정에서 뒤처진 것은 뜻밖이죠. 일본 행정개혁의 두 가지 중점사업이 도장 사용하지 않기, 팩스 사용하지 않기라고 합니다. 코로나 시기에 일본의 감염자 집계가 늦었던 이유가 팩스로 중앙에 감염자 수를 보고해야 했기 때문이라고 하니까요. 그것도 책임자의 도장을 받은 뒤에요.

이게 우리나라로 치면 말이 안 되는 거죠. 우리의 산업적 역량, 시대적 능력들이 국제무대에서 우리의 목소리를 내는 데 큰 역할을 한 것 같아요. 그런 강점들이 국내에만 머문 것이 아니라 APEC 디지털혁신기금을 출범시키는 힘이 됐어요. 또 2018년의 APEC 정상회의에서는 '혁신적 포용국가' 비전을 말씀하셨어요. 그것이 APEC에서 수용되어 APEC 포용성 정책 사례집을 매년 출간하게 되었다고 합니다. 다자주의에서 포용성이라는 하나의 기둥을 세운 것으로 보입니다.

문재인 그 사례집도 우리나라가 제안해서 만들게 된 거죠.

최종건 대통령님 정상발언 중에 나온 제안이었죠. 2020년에도 "위기가 불평등을 키우지 않도록 포용적 회복을 해야 한다"고 하셨습니다. APEC 같은 지역 다자기구에서 대통령님의 키워드는 '포용'이었던 것 같습니다. 포용적 다자주의, 혁신적 포용국가, 포용적 회복 등 일관성이 있었습니다. 그게 다른 국가들과 지역들에서 수용성이 높아서 특별한 의미가 있었습니다.

사람들은 대통령님이 해외에 나가서 한반도 평화프로세스만 말씀하신 것으로 기억할 수 있는데, 글로벌한 문제에 대해 선도적인 제안을 하셨고 실제로 이행된 것이 많다는 것을 기록으로 남기고 싶습니다. 그래서 재임 기간에 〈모노클〉 같은 유력 잡지에서 우리나라 소프트파워가 급상승한 것 같습니다. 단순히 한류문화 때문이라고 생각하지 않습니다. 2018~2019년에 15위였는데, 2020~2021년에는 2위로 급상승했거든요. 여러 분야를 조사한 결과죠. 이 부분은 의미가 커 보입니다.

문재인 소프트파워라는 개념을 처음 사용한 사람이 조지프 나이라는 학자인데, 그 사람이 한국의 소프트파워에 대해서 평가한 말이 있죠. 그 말도 담아둘 만합니다.•

● 2021년 10월 5일, 미국 전략국제문제연구소(CSIS)가 워싱턴 D. C.에서 개최한 화상 컨퍼런스 '안보를 넘어서: 한국의 소프트파워와 코로나 이후 세계에서 한미동맹의 미래'에서 조지프 나이는 "한국은 막대한 소프트파워를 가졌고 올바른 투자와 노력을 통해 앞으로 더 많이 가질 수 있을 것이다", "소프트파워에는 한 국가의 '문화', '국내적 가치'와 '국제정책'이란 세 가지 자원이 있다고 본다. 한국은 문화 측면의 소프트파워를 타고났다고 생각한다. 케이팝과 한국 대중문화가 세계를 사로잡은 예시는 이미 나왔으므로 더 이상 말하지 않겠다", "국내적 가치와 그 적용이란 면에서도 한국은 상당한 성공 스토리다. 우선 (한국에는) 위대한 경제적 성공이 있었고 그것이 좀 변덕스럽지만 활기차고 성공한 민주주의를 만드는 위대한 정치적 성공으로 이어졌다", "소프트파워의 세 번째 자원은 한 국가의 국제정책이며 특히 다른 국가를 도와주거나 다른 국가의 학생들을 받아들이는 정책을 통해 효과를 낼 수 있다. 이것이 한국이 더 할 수 있는 시나리오다. 한국이 국제정책을 통해 '성공'이 무엇인지를 보여주는 데 탁월해질 수 있다" 등으로 한국의 소프트파워를 평가했다.

최종건 조지프 나이가 얼마 전에 언론과의 인터뷰에서 한미일이 협력한다고 하면서 북한을 지목하는 것 같지만 사실상 중국을 견제하는 것 아니냐, 원래 이 지역은 중국에 대해서 불편한 감정이 있지만 지역적 특성은 포용성이었는데 진영 논리로 가는 게 소프트파워를 이야기한 사람 입장에서 아쉬웠다고 말했습니다. 제 생각에는 문재인 정부의 외교적 업적이 덜 조명받고 있지만 시간이 갈수록 빛나는 것 같습니다. 보통 보편적이라고 하면 자유와 인권을 이야기하지만, 한반도 평화프로세스의 평화라는 보편적 언어, 그리고 포용성, 혁신, 디지털, 보건, 공공재 같은 우리의 언어가 세계에 통용되면서 우리 외교, 특히 다자외교에서 차별화를 이룬 기간이 아닌가 생각합니다.

문재인 우리 국민들이 이제는 우리가 그런 정도의 역량을 갖게 되었다는 것에 대해서 자부심을 느꼈으면 좋겠어요. 조지프 나이가 이런 말도 했어요. 한국은 놀라운 소프트파워를 가지고 있고, 세계에서 가장 성공적인 나라인데, 한국 국민들은 늘 자신이 부족하고 뒤처져 있다고 생각하는 것 같다고.

최종건 만족을 잘 못 해서 그런가 봐요.

문재인 만족을 하지 않는 것은 한편으로는 더 발전할 수 있는 힘이죠. 안주하지 않으니까요. 그렇지만 지금까지 이룬 것에 대해서도 제대로 평가하지 않는 것은 일종의 자기비하 같은 것이거든요. 거

변방에서 중심으로

기에서 벗어나야죠.

최종건 다자외교 관련해서는 이 정도로 마무리 지을까요?

문재인 하나만 더하면, 우리 정부 기간에 국제기구에 대한 분담금을 한국의 위상에 걸맞은 수준으로 올렸는데, 아직도 크게 미흡한 부분이 ODA(공적개발원조) 예산이에요. 우리 정부 때 많이 올리기는 했는데, 앞선 나라들이 GDP의 1% 가까이를 ODA에 사용하는 것에 비하면 크게 뒤처진 편이죠. 정부가 더 빠르게 올리지 못하는 이유는, 아직도 국민들이 우리가 그럴 형편이 안 된다고 생각하기 때문이죠. ODA는 자선이 아니라 투자의 의미가 있어요. 우리의 발전에 대해 자부심을 가지고, 이제는 우리가 그만큼 기여해야 한다는 생각을 해줘야만 정부가 더 많은 예산을 투입할 수 있고, 우리가 책임을 다할 때 대한민국의 위상이 그만큼 높아진다는 것을 국민들이 알아주시면 좋겠습니다.

최종건 냉정하게 말씀드리면, ODA는 지역외교의 중요한 수단 중 하나입니다. 제가 '우리나라 ODA가 너무 잘 쓰인다'고 느낀 케이스를 하나 말씀드리면, 모로코를 갔더니 카사블랑카에서 모로코 청년들이 가장 가고 싶어 하는 곳이 우리 ODA로 만든 자동차정비학원이었어요. 가봤더니 간판이 "ㅋㅅㅂㄹㅋ ㅈㄷㅊ ㅈㅂㄱㅅ"이렇게 쓰여 있어요. 이게 뭐냐면 '카사블랑카 자동차 정비공장'인데, 초성만 쓴 것이었죠. 입학 경쟁률이 20대1에 달했습니다. 아직도 교통이 낙후된 지역이어서 자동차 정비가 교통 개선에도 도움이 되고, 취직하는 데 최고라는 거죠. 그렇게 해준 나라가 없었다고 합니다. 20억 원 정도 투자했다고 하는데요. 다른 나라들은 지원해준 돈으로 자기네 물건 사게 하고 자기네 건설회사 이용하게 하는데, 우리는 청년들이 지식과 기술을 배우고 취직하는 데 도움을 준다는 거죠. 그 모델이 그대로 중남미에도 많이 가 있습니다. 재봉 기술, 자동차정비 기술 같은 기술학원을 만들어주는 거죠. 그쪽에서 상당히 좋아하더라고요. 금액도 중요하지만 우리는 기술교육과 기술이전을 해주기 때문에 우리나라를 좋아하는 것 같아요.

문재인 우리가 도움을 받아본 나라라 잘 아는 거죠.

최종건 그렇죠. 우리도 힘들었고, 못 살아봤고, 기름밥 먹던 시절이 있었으니까요. 그래서 모로코는 매우 인상 깊었습니다. 제가 아프리카 국가를 다녀보니 모로코처럼 해달라고 하는 경우가 많았습니다. 코이카에서 열심히 하고 있습니다.

나는 외교 현장에서 여러 번
우리 국민의 힘을 실감했습니다.
우리 국민의 힘이 곧 우리의 국격이고,
우리의 외교력이었습니다.

12

다시는 지지 않겠습니다

문재인 회고록 외교안보 편

"우리는 일본에 의해 임진왜란을 겪었고, 근대의 길목에서 식민지배를 당해 큰 고통을 겪었어요. 지금의 분단도 따지고 보면 일본의 식민지가 되었기 때문에 생긴 일이죠. 지금까지도 엄청난 고통이 이어지고 있고요. 그랬으면 다시는 일본에게 지지 않겠다는 절치부심이 있어야 하는 것이 죠. 진정으로 사이좋은 이웃이 되기 위해서도 반드시 필요한 일이에요."

우리는 강경한 적이 없었다

최종건 우리와 지리적으로나 역사적으로나 가까운 이웃인 일본 이야기를 하고 싶습니다. 일본은 우리에게 매우 중요한 국가인데, 특히 대통령님 재임 기간에 일본과 여러 사건이 있었습니다. 국내 대법원 판결 문제도 있었지만 경제 문제까지 이어졌고, 우리 정부는 우리 정부대로 매우 강하게 대응했습니다. 대통령님이 2019년 6월 하순경에 오사카 G20 정상회의에 가셨습니다. 그때 아베 총리는 여타 19개국 정상과 다 정상회담을 했는데 유독 대통령님과는 회담이 이루어지지 않았습니다. 그럴 땐 좀 어떠셨습니까?

문재인 우리 정부가 강하게 대응했다는 말은 어폐가 있어요. 우리가 여러 가지 선택지 가운데 강한 선택을 했다고 할 때 그런 표현을 쓸 수 있는 거죠. 그러나 우리 정부는 강한 선택을 한 적이 없어요. 다른 선택지가 없었으니까요. 우리가 한 것은 단지 굽히지 않았던 것뿐이죠. 대법원의 강제징용 판결은 우리나라 영토 안에서는 최고의 고권高權을 갖는 거예요. 대통령도 행정부도 모두 거기에 따라야 되는 거죠. 대법원 판결과 다른 논리를 세우면서 일본 쪽 주장을 따라간다고 하는 것은 불가능한 거예요.

강제징용 판결은 일본의 피고기업에게 한국 국민인 원고들에 대한 손해배상을 명하는 민사판결이죠. 원·피고에게 맡겨야 되는 거예요. 그렇지만 우리 정부는 비록 민사판결이지만 강제집행이 양국관계에 악영향을 미칠 것을 염려해서, 강제집행으로 가지 않을 수 있는 해법을 모색하고 제시했어요. 그러나 일본은 응하지 않았죠. 일본이 요구한 유일한 해법은 무조건 한국이 책임지라는 겁니다. 윤석열 정부가 그것을 받아들였죠. 그러나 그것은 굴복일 뿐이죠. 대법원 판결이 이행된 것도 아니고, 대법원이 판결한 정의가 실현된 것도 아니에요. 행정부가 대법원 판결을 위반하거나 무시한 것이나 진배없죠. 우리 정부가 그렇게 굴복하지 않았던 것을 강하게 대응했다고 보는 것은 옳지 않습니다.

결국 그에 대한 보복으로 나타난 것이 일본의 수출규제였던 거죠. 그리고 그에 앞서서 오사카 G20에서 우리를 의도적으로 홀대하는, 정말로 속 좁은 모습을 보여주었죠. 물론 섭섭하고 불쾌했어요. 한편으로는 일본이 정말 도량이 없는 나라가 되어가는구나 생각했죠. 이제는 일본이 상승하는 나라가 아니고 추락하는 나라라는 느낌을 강하게 받았어요. 금도가 아니잖아요? 더군다나 자기들 나라로 찾아온 손님이었는데도 불구하고 아주 속 좁은, 외교적인 협량함을 보였던 거죠.

최종건 2018년 10월 30일 대법원 판결의 취지는 대한민국 국적 국민들, 그러니까 일제시대 때 강제노동을 해야만 했던 피해자들에게 배상을 하라는 것이었어요. 판결문을 보니까 신일철주금(신일본제철)

변방에서 중심으로

은 피해자들에게 1억 원씩 위자료를 지급하라고 명령했습니다.

민사판결이었음에도 불구하고 대통령님은 강제징용 문제 해결 5개 원칙이라는 지침을 내리신 것으로 기억합니다. 첫째, 대법원 판결을 존중한다. 둘째, 한일청구권협정은 계속 유효하다. 셋째, 민간합동위원회의 결정을 존중한다는 건데, 이것은 개인의 청구권은 살아 있다는 것을 뜻합니다. 넷째, 피해자의 고통을 치유하는 방향으로 끝까지 피해자와 협의하라는 것인데, 이른바 피해자 중심이었습니다. 그리고 마지막은 우리 정부의 대일정책 기조였던 과거사 문제는 과거사 문제대로 별도로 해결하고 한일관계는 미래지향적으로 발전시켜나간다는, 이른바 투트랙two track 정책의 유지였습니다.

문재인 투트랙 접근은 우리 정부 출범 초부터 일관된 대일정책의 기조였어요. 일종의 정경분리 원칙이죠. 일본군 '위안부', 강제징용, 독도 문제 등 역사와 영토 문제에서는 우리 입장을 견지하되, 과거사에 사로잡히지 않고 경제, 사회, 문화, 인적 교류 등 미래지향적인 협력을 추구한다는 것입니다. 아베 총리도 그 원칙에 동의했고요. 우리 정부는 끝까지 그 기조를 지키면서 한일관계 발전을 위해 지속적으로 노력했어요. 그 결과 일본의 수출규제 이전까지 한일 간 교역액과 인적 교류가 사상 최고 수준으로 발전했습니다. 2018년 한일 간 교역액이 851억 달러, 인적 교류가 1,050만 명에 이르렀는데, 한일 국교 정상화 이후 각각 최대였어요.

그런데 일본이 정경분리 원칙을 깨고, 2019년 7월 1일 우리 대법원의 강제징용 판결에 대한 보복조치로 수출규제 조치를 단행한 것입니다. 그 결과 2019년에 교역액이 760억 달러, 인적 교류가 885만 명으로 뚝 떨어졌어요. 2020년에는 코로나 상황이 더해져 더욱 급감했고요. 한일관계가 좋아졌다는 지금도 교역액과 인적교류 모두 2018년보다 못합니다. 일본의 수출규제가 그만큼 한일관계에 해를 끼친 것이죠. 이렇게 한일관계를 위축시킨 책임이 일본 정부에 있다는 사실을 일본 국민들도 알아야 합니다.

최종건 일본에 대해서 우리는 투트랙으로 접근했음에도 불구하고 저쪽은 원트랙이었던 것 같습니다. '이 문제를 한국이 해결해주지 않으면 우린 아무것도 안 해'라는 식으로요. 그런데 이런 태도는 박근혜 정부 때 '위안부' 문제를 한일관계의 선결조건으로 삼은 것과 같은 스탠스였습니다.

문재인 일본이 우경화한 것이죠. 우리 대법원 판결은 한일청구권협정의 유효성을 부정하지 않고 인정한 거예요. 유효하다는 전제하에 개인 간의 불법 행위에 대한 손해배상청구권은 한일청구권협정에도 불구하고 남아 있다는 판결을 내린 것이죠. 그래서 원칙적인 해법은 한일 양국 정부가 개입하지 않고 원고와 피고 간의 민사 문제로 맡겨두면 되는 거예요. 과거에 중국 피해자들이 같은 청구를 했을 때는 중국의 피해자들과 징용기업들 간의 민사 문제로 해결이 됐어요. 징용기업이 사과하고 배상하는 것으로 끝났죠. 이 사건 때도 피고기업들은 당초에는 같은 방법으로 해결할 의사가 있었어요.

그런데 그동안 일본이 우경화하면서 일본 정부가 나서서 피고기업의 해결을 가로막고, 한국 정부가 해결하라고 무리한 요구를 해온 거죠. 일본이 우경화하면서 과거 강제징용을 인정하고 사과하던 입장에서 강제징용의 강제성과 불법성을 부정하는 입장으로 변화한 것이 근본 배경일 겁니다.

이 부분을 제대로 이해하지 않으면 마치 한국이 문제를 만든 것처럼 주장하는 일본 정부의 논리에 빠져버릴 수 있어요. 일본 정부가 강제징용의 강제성과 불법성을 부정하는 것은 이미 평가가 끝난 역사적 사실을 부정하는 반문명적인 태도입니다. 그래서 이 문제는 정부 간의 문제가 아니라 사인 간의 문제이고, 대한민국 대법원의 판결은 한국 영토 안에서는 강제집행할 수 있다는 기본적인 사실을 직시할 필요가 있어요. 한국 정부가 강경한 입장을 취한 게 아니었다는 것이죠. 오히려 한국 정부는 강제집행이 실행되는 것을 피하기 위해 해법을 모색했지만 일본 정부로부터 거부당했을 뿐이에요. 일본 정부가 원만한 해결을 거부하는 강경한 입장으로 일관한 것이죠.

최종건 일본은 이 사안이 터지고 나서 국제적으로 대한민국은 국제법을 어기는 나라라고 주장했습니다. 청구권협정으로 모든 것이 종결됐는데 한국의 대법원 판결이 그 협정을 위반했다는 주장을 펼쳤습니다. 문제는 우리나라 일각에서도 일본의 주장에 동조하는 사람들이 있었다는 거죠.

문재인 얼빠진 사람들이죠. 삼권분립이라는 대한민국의 헌법체계를 무시하는 주장이에요. 일본 정부도 청구권협정 당시 청구권협정으로 개인의 청구권이 소멸된 것은 아니다, 개인의 청구권에 대한 외교적인 보호권이 소멸된 것이다, 라고 설명했어요. 청구권협정의 효력으로 정부가 나서서 요구할 수는 없지만 개인의 청구권은 살아 있다는 것이었죠. 그 후 일본의 우경화로 일본 정부의 입장이 달라진 것입니다.

최종건 2018년 10월 30일 대법원 판결 이후에 해당 피고기업들의 반응은 협의하자는 것이었는데, 우리에게 들어온 도쿄의 시그널은 첫째로 기업의 주주들이 반대한다, 둘째로 이번 건이 끝이 아니라 계속 소송이 이어져서 끊임없이 반복될 것이기 때문에 처음부터 막아야 한다는 정무적 판단이 우선이라는 것이었습니다. 그래서 결국은 2019년 7월 1일의 수출규제로 이어지게 된 것인데요.

우선 시기가 고약했습니다. 왜냐하면 전날인 6월 30일에 대통령님과 김정은 위원장, 트럼프 대통령의 판문점 남북미회동이 있었는데, 바로 다음 날 반도체 소재 핵심 3종에 대한 수출규제를 터뜨린 것이거든요. 다시 가동되는 한반도 평화프로세스의 김을 빼는 역할을 했습니다.

문재인 오사카 G20 회의에서 돌아온 후 판문점에서 삼자회동을 한 다음 날 발표를 함으로써, 한반도 평화프로세스가 재가동될 수 있는 중요한 길목에서 찬물을 끼얹은 것이죠. 우리로서는 우리 정부의 역량을 그 문제 해결에 집중하게 되면서, 남북문제에 좀 더 에너지를 쏟을 수 없게 된 측면이 있었던 것이 사실이죠.

최종건 그럼에도 대통령님은 8월달에요, 2019년 8월입니다. 우리가 7월 1일 반도체 소재 핵심 3종에 대한 수출규제를 당한 와중에도 대통령님은 일본과 협의하기 위해 8월에 두 차례에 걸쳐 특사를 파견하셨습니다. 그전에도 서훈 원장을 보내 아베 총리와 한반도 평화 프로세스 진행 상황을 공유하셨고요. 그러나 일본은 8월 21일 베이징에서 있었던 한일 외교장관회의에서 아무런 태도 변화를 보이지 않았습니다. 그때까지 우리가 미국과 일본에 보냈던 시그널은, 일본이 우리를 화이트리스트에서 제외시키면 우리는 지소미아에 대해 원칙적 대응을 할 수밖에 없다는 것이었습니다. 일본은 우리를 안보상 신뢰할 수 없다는 이유로 화이트리스트에서 제외하고 반도체 소재 핵심 3종 수출규제를 한 것인데요. 그러니 안보상 신뢰할 수 없는 나라 사이에 안보에 관한 정보를 공유하는 지소미아 협정을 지속시킬 수 없는 것이었죠.

　그때 대통령 주재로 여러 가지 회의를 했던 것으로 기억합니다. 연장해야 한다, 연장하지 말아야 한다, 의견이 분분했죠. 기억하실지 모르겠습니다만, 여론조사 방법에 대해서 대통령님이 지침을 주셨어요. 그간의 여론조사 선택지가 연장해야 된다, 종료해야 된다, 그리고 유지는 하되 정보는 공유하지 말아야 한다였거든요. 즉, 현 상태 유지, 종료, 유지하되 정보를 공유하지 않는다 중 선택이었는데, 대통령께서 세 번째 선택지를 빼고 조사해보라고 하셨습니다.

그래서 종료냐 유지냐 양자택일을 하도록 여론조사를 돌렸는데, 국민들이 압도적으로 종료 쪽을 더 선호하는 것으로 나왔습니다. 그 여론조사 결과가 결정하시는 데 도움이 되었습니까?

문재인 그 여론조사 결과를 보고 판단을 한 것이 아니라, 당연한 논리적 귀결이었죠. 일본이 수출규제를 하게 된 이유가 우리를 안보상 신뢰할 수 없다는 것이었는데, 안보상 신뢰하지 못하는 사이에서 안보에 관한 고도의 정보 공유를 한다는 것은 말이 안 되는 거죠. 그런 신뢰가 없다면 지소미아도 할 수 없다는 것이 논리적 귀결이죠. 다만 그것이 한일관계뿐만 아니라 한미일 삼자 사이에 상당히 민감한 문제였기 때문에 국민들의 여론까지 듣고 최종 판단을 하고자 했던 것입니다. 여론조사 결과 우리의 판단이 옳다는 확실한 뒷받침을 얻게 됐죠.

최종건 우리는 2회에 걸쳐서 도쿄에 특사를 파견했고 한일 외교장관회의를 했지만, 일본은 8월 2일 화이트리스트에서 우리를 뺐습니다. 우리는 오후 3시경에 NSC 상임위를 열었어요. 한 시간에 걸쳐서 지소미아를 어떻게 할지 NSC 상임위를 통해서 결정한 사항을 대통령께 보고드렸고, 곧바로 NSC 사무처장 명의로 지소미아를 연장하지 않는다고 발표했습니다.
　　제가 강하게 대응했다는 표현을 썼는데요. 그것은 당시 대부분의 언론이 지소미아를 유지하되 정보를 공유하지 않는 쪽으로 예측하고 있는 상황에서 종료를 결정했기 때문입니다. 미국은 뜨악해

2019년 8월 2일 오전 일본 국무회의에서 한국의 화이트리스트 배제 결정이 내려진 뒤 긴급하게 청와대에서 임시국무회의를 열어 대책을 논의했다(위). 22일에는 청와대 여민관에서 NSC 상임위 결과 보고 후 바로 NSC 사무처장 명의로 지소미아를 연장하지 않는다고 발표했다(아래). 외교적 카드는 현실적으로 지소미아밖에 없었다.

했습니다. 지소미아는 한미일 또는 한미 안보협력과 밀접한 것인데, 한미일 협력이라는 요소가 대통령님이 최종 결정하는 데 영향을 미쳤을까요?

문재인　기본적으로 한미일 안보협력이라는 것이 굉장히 중요하죠. 남북관계가 평화롭게 유지되고 있다고 해도 한미일 안보협력은 중요합니다. 한반도의 안녕뿐만 아니라 동북아 전체의 안정을 목적으로 하기 때문에 더욱 중요하죠. 더구나 남북관계가 불안하거나 위태로운 상황이 되면 한미일 안보협력의 중요성은 더더욱 커지죠.

　　우리로서는 한미일 안보협력을 어떻게든 훼손 없이 발전시켜 나가야 되는 것인데, 그럼에도 일본의 수출규제는 우리가 없었던 일처럼 할 수 없는 문제였죠. 그에 대해서 우리가 대응할 수 있는 외교적 카드도 현실적으로 지소미아밖에 없었어요. 지소미아가 종료되더라도, 지소미아 이전에도 한일 양국 간에 미국을 매개로 해서 정보를 공유하는 시스템이 있었기 때문에 일정한 정보 공유는 계속 유지되는 것이었어요. 또 지소미아가 그 시점에 바로 끝나는 것이 아니라 만기가 남아 있고, 그 이후 더 연장하지 않는다는 통보를 한 것이어서, 그 기간에 일본이 다른 성의를 보여준다면 그 통보는 철회해 협정을 계속 존속할 수 있는 것이었기 때문에, 국제사회에서 충분히 이해받을 수 있는 수준이라고 생각했죠. 국민들도 그 결정에 대해 당시 높은 지지를 보내주었습니다.

최종건　8월 2일 일본이 화이트리스트에서 한국을 제외시켰지만, 그럼에도 대통령님은 8·15 광복절 연설을, 특히 한일관계 현황과 미래에 관련된 대통령님의 연설 부분을 일본 측에 먼저 공유하라는 지침을 주셨습니다.

문재인 기본적으로 8·15 경축사도 그렇고 그 후에도 우리의 일관된 메시지는 일본이 역사를 직시하면서 과거사 문제는 별도로 해법을 찾고, 미래지향적인 협력을 계속해나가자는 것이었습니다. 그리고 강제징용 문제가 한일관계 발전에 걸림돌이 되지 않도록 서로 대화를 통해서 해법을 찾자는 것이었죠. 그러나 일본 정부는 아무런 호응이 없었고, 피해자들의 고통을 위로하려는 어떤 성의도 보이지 않았어요.

최종건 당시 외교부도 대화로 문제를 풀어보려고 노력했지만 일본은 전혀 움직이지 않았습니다.

문재인 그래요. 그래서 역시 우경화 이야기를 또 할 수밖에 없는데, 당시 해결을 위한 노력으로 한일 양국 기업이 참여하는 공동기금으로 해결하자는 해법이 논의됐죠. 우리 정부가 먼저 강구한 해법이 아니었어요. 수출규제라는 상황이 바람직하지 않다고 생각한 일본 경제계에서 먼저 아이디어가 나와서 양국 경제계에서 논의되고, 다른 한편으로는 한일의원연맹 차원의 교류에서도 일본 측의 아이디어로 논의가 되어서 우리 정부에 건의해온 것이었어요. 그래서 우리 정부는 공동기금에 피고기업들이 참여하거나, 또는 별도로 사죄의 의사표시를 한다면 피해자인 원고들을 설득해볼 수 있겠다고 판단해, 그것을 우리의 해법으로 제시하게 된 것이죠. 그러나 일본 정부는 양국의 경제계와 한일의원연맹이 공감한 해법조차 외면했어요.

최종건 고려했던 옵션들 중 하나는 피고기업이 공동기금에 참여하는 것 자체를 사죄하는 것으로 받아들이겠다는 거였나요?

문재인 그렇습니다. 피해자들이 요구한 것은 피고기업의 명시적인 사죄였지만 그것이 일본 정부의 반대 때문에 어렵다면 공동기금에 참여하는 것을 사과의 뜻이 담긴 것으로 보고 피해자들을 설득하려고 한 것이죠. 심지어 한 걸음 더 나아가서 공동기금 참여를 익명으로 하는 방안까지 검토가 됐어요. 당시 양국의 경제계와 의원연맹에서는 강제징용 문제와 일본의 수출규제가 양국관계 발전에 걸림돌이 되어선 안 된다는 선의에서 양국 기업들이 반씩 돈을 내서 문제를 해결하자는 아이디어를 내준 것이어서 우리로서도 그 해법에 전향적인 태도를 보였던 것이죠. 그런데 일본 정부는 실무자 선에서는 긍정적인 논의와 의견 접근을 보이다가도 결국 총리실로 올라가면 요지부동 완강하게 거부한다는 보고를 받았어요. 그만큼 아베 총리는 이 문제를 우경화된 시각으로 다루고 있었던 거죠.

최종건 외무성과 경산성은 그래도 소통이 가능하고 해결하려는 의지를 보였는데, 총리실의 강경한 목소리가 가로막은 것 같습니다.

결국 총리의 생각이었겠지요. 2019년 12월 크리스마스 즈음으로 기억하는데요. 대통령님이 그때 한중일 3국 정상회담을 계기로 중국 청두에서 아베 총리와 회담하셨습니다. 저는 그때 후열배석을 했는데, 대통령님께서 토킹 포인트를 보실 필요도 없을 정도로 일본 측에 우리의 원칙적인 입장과 해법을 제시하셨는데, 아베 총리는 생각보다 대통령님께 대응을 잘 못 하는 모습을 봤습니다. 아베 총리의 후열에 배석하고 있던 젊은 친구들, 우리로 보자면 비서관급일 것 같은데요, 그들이 대통령님이 말씀하실 때마다 아베 총리한테 자꾸 쪽지를 주더라고요. 아베 총리는 또 그것만 읽었습니다.

제가 이 말씀을 드리는 이유는, 일본의 반응이 대외적으로는 상당히 강경해 보였습니다만, 실상 대통령님과 회담을 할 때는 그렇게 맞대응을 잘하지 못하고 그냥 토킹 포인트를 반복해 말하는 것으로 보였기 때문이에요. 결국 아베 총리는 문제를 긍정적으로 해결하려는 의지가 없었고, 한일 양국에서 논의된 해법을 반대한다는 입장을 가지고 회담에 임한 것 같습니다.

문재인 그래요. 당시 이낙연 총리가 지일파여서 그 쪽으로도 일본 자민당의 유력인사들이 비공식적으로 이런저런 해법을 제시해왔는데 모두 같은 맥락의 해법이었어요. 여러 경로로 들어오는 일본 각계의 해법을 보면 해결할 수 있을 것 같은 느낌이었는데, 아베 총리 쪽은 요지부동이었어요. 만나는 순간에는 좋은 얼굴로 부드러운 말을 하지만 돌아서면 전혀 진전이 없었죠.

바이든 정부가 들어선 후 미국 측에서도 일본 측 태도가 문제 있다고 보고 그것이 한미일 간의 안보협력을 상당히 해친다고 판단해 미국이 나서서 그 문제를 해결하려는 태도를 보였어요. 그때 미국이 제시한 해법은 공동기금에 미국도 참여하는 것이었어요. 그러면 좀 더 좋은 모양이 되고 피해자들을 설득하기가 수월해지죠. 우리도 체면이 더 서고, 일본도 그렇고요. 훌륭한 해법이어서 우리는 환영하지만 일본과 사전에 협의된 것이냐고, 그 해법을 제안한 커트 캠벨Kurt Campbell 인도태평양조정관에게 물었더니 아직 일본하고 협의는 안 됐지만 우리만 오케이 하면 일본이야 금방 설득할 수 있지 않겠냐고 하더군요. 그런데 일본은 그 제안도 거절했어요. 그래서 미국이 주선해서 해결해보려는 시도도 좌절되면서 더 이상 진전을 보지 못한 채 우리 정부 임기가 끝났죠. 아베 총리의 극우적인 소신 탓이었는지, 일본 국내 정치용이었는지 잘 모르겠지만, 어쨌든 그 문제를 미해결로 넘기고 말았어요. 참 유감스럽게도 현 정부가 완전히 무릎을 꿇으면서 일본에게 정말로 큰 승리를 안겨주었죠.

최종건 바이든 정부가 들어오고 나서 두 번의 시도가 있었습니다. 바이든 대통령이 캠프 데이비드에서 한일 정상들과 함께 소위 '역사를 극복하는 3국 정상회담'을 하고 싶어 했어요. 그래서 우리에게 먼저 제안이 왔죠. 상당한 지일파로 알려진 커트 캠벨이 주도해서 진행 중이었고요. 일본과 협의되었냐 했더니 협의 중이라고 했습니다. 그래서 우리는 미국이 함께 공동기금을 만들어서 인권 유린의 과거를 치유하는 과정에 참여하는 것을 환영한다는 입장을 가지고 성심성의껏 협의했죠. 그러나 일본에게 막혀서 진전이 없었어요.

일본은 오히려 우리에게 한일 간에 협상하면 되지 왜 미국한테 고 자질을 하느냐는 식의 태도를 보였습니다.

한일 간에 여러 가지 문제가 있었습니다만 한일 간의 외교는 다른 나라들과의 외교와는 다른 각도에서 보게 돼요. 그들은 여전 히 과거사를 부정하거나 과거에 했던 사과를 뒤엎기 때문입니다. 대통령님께 대일본 외교의 기본 원칙은 무엇이었습니까? 물론 투트 랙을 말씀하셨지만, 과거사가 얼마만큼의 비중을 차지했습니까?

문재인 우리로서는 사실 두 가지를 다 얻어야 되는 거죠. 한일은 가 까운 이웃이고 불행했던 과거가 있긴 하지만 그래도 오랜 역사 동 안 문화를 비롯한 모든 면에서 교류해왔고 민족적으로도 상당히 근 친성이 있죠. 그래서 일본하고는 잘해나가야 하는 것이 당연한 일 이죠. 나는 한일 양국 간의 협력이 훨씬 강화되어야 한다고 생각하 고, 아시아 지역에서 일본의 역할도 훨씬 커져야 한다고 생각해요. 일본이 그 정도의 경제력이나 국가적 위상을 가지고도 아시아를 대 표하거나 대변하는 역할을 하지 못하는 것은 아시아로서도 큰 손실 이고, 일본으로서도 세계적인 지도국가의 반열을 지켜나가는 데 큰 장애가 될 것이라 생각해요. 일본의 세계적인 위상이 자꾸 떨어지 는 이유도 거기 있다고 봅니다.

그러니 잘해나가고 싶지만 그 때문에 과거사 문제를 없었던 듯이 양보할 수는 없는 것이죠. 그렇기 때문에 역사를 직시하는 자 세를 가져야 합니다. 실제로 남은 문제가 현실적으로 많지 않아요. '위안부' 문제, 강제징용 문제 정도가 현재 남아 있고, 피해를 호소하는 분들도 수적으로 제한되어 있어요. 그래서 그 부분만 피해자들의 마음의 상처를 성의 있게 잘 치유해주면 해소되는 문제고, 오래갈 문제도 아니죠. 그러니 그 부분은 투트랙으로 해결하자고 한 것인데, 일본은 갈수록 우경화가 심해지면서 식민지 지배의 불법성과 한국 국민에게 가했던 고통을 인정하고 사과하던 자세에서 이제는 그 사실을 정당화하면서 부정하는 자세로 변하고 그것이 점점 강화되고 있어요. 그것이 과거사 문제를 해결하지 못하고 있는 이유죠. 국내에서 극우적인 사람들이 일본의 주장을 추종하고 있는 것은 참으로 안타까운 일입니다.

최종건 법률가들은 2018년 10월 30일 대법원 판결을 현 정부가 사실상 위반한 것이다, 삼권분립에 반한 것이라는 판단을 합니다. 대통령님의 첫 번째 지침이 대법원 판결을 존중한다는 것이었습니다. 사법부의 판결, 특히 대법원 판결은 대통령과 행정부도 반드시 존중하고 따라야 하는 것이죠. 그런데 현 정부는 제3자 대위변제라는 것을 했습니다. 법률가로서 삼권분립에 위반된다고 보십니까?

문재인 당연히 대법원 판결에 반하고, 삼권분립에 위배되죠. 대위변제도 안 되는 거예요. 대위변제가 안 된다는 것은 너무 명백해요. 제3자 대위변제는 채권자가 거부할 경우에는 하지 못하는 것인데, 동의하지 않는다는 의사를 이미 밝혔기 때문에 그건 안 되는 거죠. 벌써 법원이 대위변제 공탁을 거부하고 이의신청도 기각하지 않았습니까? 법원 판결로 확정되겠지만 대위변제가 안 되는 것으로 확정되면 그 후에는 어떤 해법을 취할 수 있을지 모르겠어요. 그렇게 되면 강제집행은 강제집행대로 진행되는 것이거든요. 그럴 경우 이 정부의 해법이 결국 파탄을 맞이하는 거여서 그것도 걱정이죠.

법원이 대위변제 공탁을 거부하는 이유로 피해자들이 동의하지 않는다는 이유만 들었지만, 조금 더 깊이 들어가면 원고들이 갖는 청구권 자체가 피고기업들의 불법 행위에 대한 위자료 성격이어서, 원고들이 동의하지 않는 한 피고기업들이 지급해야만 위자慰藉가 되는 것이지, 제3자가 같은 금액의 돈을 준다고 해서 위자가 되는 것이 아니거든요. 그런데도 현 정부가 돈만 주면 된다는 식의 해법을 추진한 것은 피해자들의 감정을 헤아리지 못한 것이죠.

최종건 결국은 우리 강제징용 피해자분들, 피고기업의 잘못을 추궁하기 위해 소송까지 한 원고분들을 돈만 받으면 되는 사람들로 인식한 것은 아닌지, 사실상 현 정부가 2차 가해를 한 것은 아닌가 하는 생각도 듭니다.

문재인 대위변제금을 수령하지 않은 분들에 대해서는 그런 지적도 할 수 있겠죠.

최종건 다시 한번 대통령님이 늘 강조하시는 역사의식을 이야기하지 않을 수 없습니다. 물론 우리 과거사에 대한 혹은 한일관계에 대한 역사의식은 우리의 중요한 정체성이기도 한데요. 지금 한국에서 벌어지는 일들이 결국 일본의 우경화를 더 정당화해주는 것이 아닌가 하는 생각이 듭니다.

문재인 그렇지요.

최종건 그러면 한일관계는 어떻게 되는 겁니까? 시간이 갈수록 한일 관계 개선과 미래지향이라는 프레임이 과거사의 중요성을 압도하게 될까요?

문재인 먼 장래에는 그렇게 될 테죠. 그러나 우리의 마음속에 과거사의 상처가 남아 있는 동안에는 과거사를 덮어누를 수는 없는 거예요. 과거사를 직시하는 토대 위에서 상처를 치유하고, 용서하고, 그걸 통해서 화해하는 근본적인 해법을 찾지 않고 덮어누르면 오히려 한일 양국에 근원적으로는 더 큰 상처를 남기게 된다고 봅니다.

최종건 혹자들은 우리가 너무 과거사를 강조한다고 주장하기도 합니다.

문재인 과거에 얽매이지 말고 미래로 나아가자는 말이 그럴듯하죠. 그러나 일본과 한국 사이에 깊은 상처와 원한을 남긴 불행한 과거사가 있었어요. 그 상처와 원한을 성의 있게 치유하지 않고 미봉해 버리면 진정한 화해가 어렵죠. 현 정부가 일본과의 관계를 정상화하기를 바라는 것은 충분히 이해할 수 있어요. 당연히 그래야죠. 그러나 우리 정부 때 한일 간에 논의되었고, 한때 미국이 관여하기도

변방에서 중심으로

한 해법이 있었기 때문에, 조급하게 서둘지 않았다면 서로 양보하는 해법을 마련할 수 있었다고 봐요. 또 어떤 해법이든 피해자들의 동의를 얻는 것이 필요하죠. 그런데 현 정부는 피해자들의 동의조차 받지 않고 일방적으로 백기를 들어버렸어요. 그것이 미래지향적인 발전이 되나요? 당장 독도에 대한 일본의 억지가 더 강해지고 노골화됐죠.

우리는 일본에 의해 임진왜란을 겪었고, 근대의 길목에서 식민지배를 당해 큰 고통을 겪었어요. 지금의 분단도 따지고 보면 일본의 식민지가 되었기 때문에 생긴 일이죠. 지금까지도 엄청난 고통이 이어지고 있고요. 그랬으면 다시는 일본에게 지지 않겠다는 절치부심이 있어야 하는 것이죠. 진정으로 사이좋은 이웃이 되기 위해서도 반드시 필요한 일이에요.

피해자인 한국뿐 아니라 가해자인 일본에게도 필요한 일이죠. 독일의 사례를 보면 알 수 있어요. 독일은 지금도 기회가 있을 때마다 진심을 다해 과거사를 사과하고 보상하고 있어요. 언제까지 사과하란 말이냐 하지 않아요. 독일은 두 차례 세계대전을 일으켜 이웃나라들에게 큰 피해를 입혔기 때문에 이웃나라들은 독일이 강성해지는 것에 대한 두려움이 있어요. 그러나 독일이 끊임없이 진정성 있는 노력을 보여주었기 때문에 이웃나라들도 독일의 통일을 지지했고, EU의 리더국가로 받아들이게 된 것이죠. 독일은 이제 전 세계가 좋아하는 나라가 됐어요. 일본은 어떤가요? 아시아의 이웃국가들은 아직도 일본의 군사 대국화에 대해 경계심을 가지고 있어요. G3 국가면서도 세계로부터 상응하는 존경을 받지 못하고, 아시아의 리더국가로 인정받지도 못하죠. 나는 일본이 세계의 평화에 기여하는 존경받는 나라로 발전하기 위해서도 과거사에 대한 깊은 성찰이 필요하다고 생각합니다.

한미일의 미묘한 관계

최종건 대통령님이 한미일 정상회담을 처음으로 하신 것이 2017년 7월 함부르크에서였습니다. 그리고 2017년 9월 UN 총회를 계기로도 하셨습니다. 지금도 회자됩니다. 아베 총리가 한미일 연합훈련을 해야 한다고 계속 주장하니까, 대통령님이 하신 말씀이 지금도 회자가 됩니다. 특히 방금 말씀하신 배경 때문에요. 일본이 트럼프 대통령에게 고자질하듯이 "한국 정부는 자꾸 북한하고만 대화하려고 한다. 한미일 군사협력을 안 하려고 한다"고 하니까 대통령님이 트럼프 대통령에게 "한미는 동맹이지만 한일은 동맹이 아니다"라고 말씀하셨지요.

문재인 그 워딩은 맞는데, 그 말을 하게 된 일본의 요구는 약간 달라요. 그 당시에 북한의 도발이 엄중한 상황이었죠. 그래서 한미일 안보협력은 늘 중요했고, 한미일 간 제한적인 형태의 합동훈련이 역외에서 있어왔어요. 그런데 그때는 아베 총리가 북한의 도발이 엄중해졌다는 이유로 우리 동해 영역에서 한미일 군사합동훈련을 하자고 주장한 겁니다. 그러면 그것이 한반도의 군사적 긴장을 극도로 높일 것이라는 건 불을 보듯 뻔한 일이고, 대화를 통해서 해결하려던 우리의 노력은 한순간에 찬물을 덮어쓰게 되는 거죠. 아베 총리가 대화를 통해서 문제를 해결해보려는 우리의 노력에 대해 전혀 지지할 생각이 없었던 거예요. 그래서 내가 트럼프 대통령에게 단호하게 "우리에게 동맹은 미국뿐이다. 일본은 동맹이 아니다. 그뿐 아니라 일본은 과거 한국을 식민지배한 역사가 있기 때문에, 한미일 군사훈련을 한다 해도 역외에서나 가능하지 한반도 영역에서 한다는 것은 우리 국민들이 용납할 수 없다" 이렇게 설명을 한 거죠. 트럼프 대통령은 그 자리에서 흔쾌하게 충분히 이해한다며 아베 총리의 주장을 묵살했어요. 어쨌든 그때 일본이 무리한 요구를 한 거예요.

일본 측의 무리한 요구는 그 뒤에도 거듭됐어요. 그다음 한미일 회담 때는 어떤 주장을 했는가 하면, 그때도 도발이 여전히 심각했는데, 한반도에 언제 급변 사태가 생길지 모르니 한국에 있는 일본인들을 일본으로 철수시키는 훈련을 해야겠다는 거예요. 그러면서 미국도 그런 훈련을 할 필요가 있다고 주장했어요.

최종건 참 얄밉네요.

문재인 외국에 있는 자국인들을 유사시에 대피시키는 도상 계획 같은 것이 있어요. 필요하다면 스스로 도상 계획을 강화하면 되는 것이지 실제 훈련을 그렇게 하겠다고 하니, 그것은 한국은 곧 전쟁이 터질 나라라는 식으로 위기감을 고조시키는 처사죠. 한반도의 긴장을 관리하려고 애쓰는 우리 입장에 대한 눈곱만큼의 배려도 없는 거예요. 그게 말이 되냐, 그러면 당장 오늘내일 전쟁이 터질지 모른다는 위기감을 오히려 고조시키게 되는데 그게 지금 할 일이냐고 단호하게 이야기하지 않을 수 없었어요. 보통 외교 현장에서는 완곡한 표현으로 반대의사를 표시하는데, 그때는 정말 단호하게 말하지 않을 수가 없는 거예요. 그때도 트럼프 대통령이 충분히 이해한다고 해서 다시는 더 이상 이야기하지 않게 되었는데, 참 흔쾌하지가 않았어요.

최종건 일본은 남북대화와 북미대화가 활발한 동안에도 한반도 평화프로세스에 대해 여러 방해를 한 것으로 알고 있습니다. 마치 딴지를 걸 듯이요.

문재인 대표적으로, 북한이 완전한 비핵화를 하기 전에는 제재를 해제하거나 완화하면 안 된다고 계속 주장해서 단계적·동시적 이행이라는 한미의 비핵화 로드맵에 계속 딴지를 걸었죠. 평창동계올림픽 기간의 한미연합훈련 유예도 반대했고요. 북한으로부터 먼저 비핵화 리스트를 받아야 되고, 비핵화 대상에 단거리 탄도미사일과 생화학무기까지 포함되어야 한다고 계속 주장했죠. 종전선언도 불가역적 효과가 있어서 북한이 다시 도발할 경우 대응하기가 어려워진다거나, 한국에 있는 유엔사의 철수를 북한과 중국이 요구하는 빌미가 될 것이라는 등의 이유로 반대했어요.

　이런 일본의 주장은 미국의 입장에 영향을 많이 미쳤어요. 특히 볼턴 안보보좌관이 일본의 주장을 많이 대변했죠. 물론 일본은 우리의 입장보다 자신들이 생각하는 국익을 우선으로 했던 거예요. 나라마다 자국의 국익을 최우선으로 생각하는 것을 나무랄 수는 없죠. 다만 우리가 알 필요가 있어요. 일본이 우리와 아주 가까운 우방이고 협력해야 하는 나라지만, 자국의 국익 앞에서는 우리와 생각이 다른 부분도 많다는 것을 냉정하게 인식해야 하는 것이죠. 일본은 남북한이 화해하고, 교류·협력하고, 통일의 길로 나아가는 것보다 분쟁이 지속되는 현상유지를 바랄 수도 있다는 것을요.

최종건 대통령님이 종전선언 드라이브를 걸고 한미 간에 종전선언 문안까지 협의했는데요. 그때 한일 차관회담에서 제 카운터 파트너였던 일본 차관이 미국 부장관한테 대놓고 자기네는 종전선언을 반대한다고 말했습니다. 그때 '일본은 정말 어렵다'는 생각이 들었어요. 어찌 보면 한반도의 분단과 분쟁 상황을 즐기고 있을지도 모른다는 생각이 들었습니다. 또 하나 드는 생각은 미국을 혼란스럽게 하는 것이 일본일 수도 있겠다는 것이었어요.

문재인 실제로 일본의 주장이 악영향을 미쳤다고 생각합니다. 특히 볼턴은 거의 일본 쪽 생각을 받아들여서 대변하다시피 했죠. 종전선언 문제만 해도 원래 미국이 먼저 꺼낸 아이디어였는데, 일본이 계속 반대하니 미국도 흔들렸어요. 그래서 우리가 다시 취지를 설명하고 설득해야 했죠. 더 돌아보면 과거에 6자회담 때도 일본은 협력에 소극적이었어요.

최종건 그래서 6자회담 때 미국 측에서 "그럼 일본 나가라. 호주 들어올래?" 하니까 호주는 좋다고 들어오려고 한 경우가 있었다고 합니다. 6자회담의 9·19 공동성명 합의 과정에서도 일본이 갑자기 납북자 문제를 들고 나오면서 진통이 있자 당시 조지 W. 부시 대통령이 또 한 번 "일본 이러려면 나가라. 여기 들어오고 싶은 나라 많다"고 압박한 일도 있었던 것으로 기억합니다. 대통령님은 늘 한반도 상황에서 한미일 안보협력이 중요하다고 말씀하시지만 오히려 도움이 안 되는 측면도 있는 것 아닙니까?

문재인 한반도에 긴장상황이 지속되는 한 한미일 안보협력은 현실적으로는 불가피하다고 인정해야죠. 특히 북한이 핵과 미사일을 고도화하고 있는 만큼 한미일 안보협력 역시 강화하는 방향으로 갈 수밖에 없다고 생각합니다. 다만 한미일 안보협력이 중국을 견제하는 역할을 하거나 북중러 연대와 대결하는 양상이 되는 것은 극구 경계할 필요가 있습니다.

최종건 요즘 한미일 안보협력을 언급하면 이런 말이 나온다고 합니다. "한미일 안보협력이라고 써놓고 대중 견제라고 읽는다"라고요. 우리 정부 때도 대통령님은 한미일 협력을 강조하셨고, 한미일 정상회담, 한미일 외교장관회담, 한미일 국방장관회담… 이렇게 한미일 협력을 강화했지만 그것이 대중 견제라는 인식은 없었거든요.

문재인 무엇보다 미중 간의 경쟁이 격화되는 데다 미일의 인도-태평양 전략이 중국 견제를 공공연히 표현하고 있는 탓이 크겠죠. 게다가 한중관계도 나빠지고, 한미일 안보협력에서도 중국을 겨냥한 표현들을 많이 쓰고 있지요. 우리로서는 바람직한 일이 아니라고 봅니다.

최종건 혹자는 한미일 협력에 더 적극적이어야 한다면서, 플랫폼으로서 한미일 협의체를 절대 거부해서는 안 된다, 우리가 없는 가운데 미국과 일본이 한반도 이야기를 하게 놔두면 안 된다고 주장하기도 합니다.

문재인 그것까지는 모르겠는데, 북한의 미사일이 점점 사거리가 늘어나면서 일본 열도를 넘어가고, 정상 발사할 경우 미국 본토까지 도달할 수 있는 ICBM급으로 발전하면서 거기에 소형 핵탄두가 장착될 수도 있는 단계로 나아간다면 한국, 미국, 일본이 함께 대응하는 체제는 반드시 필요해요. 그런 상황에서도 우리가 일본하고는 협력 못 한다고 해서 한미 간, 미일 간 이렇게 단절적으로만 협력한다는 것은 비효율적이고 충분하지 않죠. 그런 면에서 한미일 안보협력은 필요합니다.

　　다만 한반도 안정과 대북억지력 차원에 집중해야 되는 것이지, 노골적으로 중국이나 러시아를 겨냥해서 북중러와 한미일 간의 대결 전선이 되는 것은 우리로서는 최악의 상황이죠. 김대중 정부 이후 역대 정부가 그 구도를 피하기 위해서 많은 노력을 기울여왔어요. 그래서 미국이 주도하는 MD(미사일방어체계)에 우리가 편입되지 않고, 한국형 MD를 별도로 구축하는 노력을 해왔던 것이죠. 지금 한미일과 북중러의 대결구도가 강화되고 있고, 한국이 대결구도의 최전방에 선 형국이 되고 있는 것은 아주 위태로운 일입니다.

최종건 이건 다시 한번 기록상 남기고 싶어서 드리는 말씀인데요. 김대중 정부, 심지어 이명박·박근혜 정부도 미국 미사일방어체계에는 들어가지 않겠다고 했고, 한미일동맹 하지 않겠다고 했습니다. 그리고 박근혜 정부의 한민구 국방장관은 국회에서 사드 추가 배치하지 않겠다고 했습니다. 배치된 사드는 종말 모드라고 해서 북한만 보는 것이지 중국을 보는 것이 아니라고 했는데, 요즘 다시 '3불 1한'이라고 해서 마치 우리 정부가 중국에 대해서 안보를 포기했다는 식으로 비난을 하고 있습니다.

한일관계를 이야기할 때 미국을 언급하지 않을 수 없는데요. 우리는 늘 한미동맹을 강조하고 심지어 혈맹이라고 생각하는데, 어떻게 보셨습니까? 트럼프 정부 시기의 미국이 한일관계와 관련해 우리를 도와주지는 않았던 것 같아요. 개인적으로야 트럼프 대통령이 이런저런 말을 했습니다마…,

문재인 트럼프 대통령에게 일본의 수출규제에 대해 부당함을 설명하고, 미국이 일본을 설득해주면 좋겠다고 요청한 적이 있어요. 그때 트럼프 대통령은 일본이 과거사에 대해 반성하는 것이 부족하다고 비난하면서도 한일 간의 문제에 대해서 미국은 개입하지 않겠다고 이야기했어요. 그러나 반대로 일본 편을 들어서 우리를 압박한

변방에서 중심으로

일도 없었죠. 어쨌든 미국이 일본을 보다 더 중시하는 것은 분명하죠. 그 점에 대한 냉정한 인식은 필요합니다. 미국과 일본의 역사가 오래되었고, 일본이 갖고 있는 힘의 크기도 우리와 다르고, 일본의 지정학적 위치나 안보상의 이익 면에서도 미국이 미일동맹을 더 중시한다는 것은 우리가 냉정하게 인식할 필요가 있죠.

수출규제의 교훈과 균형외교

최종건 오늘날 공급망 강화와 같은 경제안보의 중요성을 이야기하는데요. 일본 측의 우리에 대한 수출규제, 화이트리스트 배제는 한일 간에 건강하게 유지되었던 공급망을 교란시킨 사건으로 규정할 수 있겠습니다. 그럼에도 대통령님은 당시에 여러 메시지를 많이 내셨어요. 더 이상 지지 않겠다는 메시지, 또 동시에 소부장 강화를 추진하셨죠. 그때 국민들과 우리 기업들의 반응이 매우 뜨거웠고 실제로 어느 정도 기반을 닦았다고 생각하는데, 그 당시에 얼마만큼의 위기감과 불안감을 느끼셨나요?

문재인 당시 보수언론들과 야당이 위기감과 불안감을 많이 증폭시켰죠. 마치 우리 정부가 잘못해서 그런 일이 생긴 것처럼 비난하기도 했고요. 우리 국민들이나 기업들도 수출규제가 처음 터졌을 때는 다들 긴장하고, 잘못하면 한국경제가 무너질지 모르겠다는 위기감을 느꼈죠. 하지만 우리 정부는 소재·부품·장비 산업의 경쟁력을 강화하고 자립도를 높이는, 또한 대일 의존도를 낮추는 전화위복의 계기로 삼았어요. 즉시 '소부장 특별법'을 제정하고, '소부장 특별회계'와 '소부장 경쟁력강화위원회'를 신설해, 소부장 핵심기술 자립화와 수입처 다변화를 위해 총력 지원을 아끼지 않았죠. 국민들도 전폭적으로 지지해주셨고, 반도체 대기업과 소부장 중소기업들도 상생협력을 위해 힘을 모으고, 정부, 기업, 학계, 연구기관, 전문가들이 모두 나서줬어요. 총동원 체제가 된 거죠.

결과적으로 우리의 소부장 경쟁력 강화 대책은 크게 성공했어요. 수출규제 품목들은 완전 국산화에 성공하거나 수입처를 다변화해 차질 없이 대처할 수 있었고, 수출규제 대상이 아닌 품목들도 대일 의존도를 크게 낮추는 계기가 됐어요. 덕분에 대일 무역적자도 많이 줄일 수 있었죠. 오히려 일본 기업들은 큰 타격을 입었지요. 일부 기업들은 우리 기업들에게 우회수출을 하기도 하고, 아예 우리나라에 생산공장을 짓기도 했죠. 그래서 일본 내에서는 일본 정부의 수출규제가 제 발등을 찍은 자해행위였다는 비판이 많았어요. 일본의 수출규제는 우리의 완승, 일본의 완패로 끝났습니다.

최종건 혹시 일본이 수출규제를 할 것이라는 낌새를 사전에 눈치채셨습니까?

문재인 사실 여부를 확인할 수 없었지만, 사전에 입수된 정보가 있었어요. 관련부처나 기관의 정보가 아니라 개인적인 정보여서 긴가민가했죠. 공개할 수도 없었고요. 그러나 워낙 중대한 정보여서 내부적으로는 드러나지 않는 선에서 만일의 사태에 대한 대비가 있었어요. 반도체 핵심소재가 갑자기 수입 중단되는 긴박한 위기상황 속에서 우리가 초기부터 발 빠르게 대응하고, 기업들도 밖에서 보기보다 비교적 차분하게 대응할 수 있었던 것은 그 덕분이었어요. 이것은 기록으로 처음 남기는 이야기입니다.

대법원의 강제징용 판결이 나오자 일본이 보복조치를 취할 것이라는 이야기가 일본 쪽에서 들려오기 시작했어요. 2010년 9월 중국과 일본 간의 센카쿠열도 영토분쟁 중에 중국 어선이 센카쿠열도 근처에서 일본 해상보안청 순시선과 충돌한 사건이 있었어요. 일본은 중국 어선을 나포하고 중국인 선장을 구속했는데, 그러자 중국은 강력히 항의하면서 전자제품과 자동차 생산에 필수적인 희토류의 대일 수출을 전면 금지하는 강수를 뒀어요. 중국의 희토류를 대체할 길이 없었던 일본은 하루 만에 백기를 들고 중국인 선장을 석방할 수밖에 없었죠. 희토류 수출금지라는 중국의 무기 앞에 굴욕을 당한 거죠.

일본이 그때 당했던 방식으로 우리에게 보복할 것이라는 소문이 있었어요. 우리로서는 신경을 곤두세울 수밖에 없었는데, 대체로 우리의 반도체산업을 대상으로 약점을 공략할 것이라는 분석이 많았죠. 그러던 차에 2018년 12월에 당시 노영민 주중대사가 일본이 반도체 핵심소재 3개 품목을 콕 짚어서 수출을 금지하는 방안을 검토하고 있다는 정보를 보고해왔어요. 중국에 나와 있는 일본 경제계 인사로부터 들은 정보였는데, 내용이 상당히 구체적이었어요. 사실인지 확인할 길은 없었지만 매우 중요한 정보였기 때문에 해당

기업들에게 알려줘서 재고를 더 확보하고 대체수입처를 물색하는 등 대비하도록 했죠. 그 후 2019년 2월에 이번에는 문정인 특보가 일본을 방문한 후 돌아와서 일본의 자민당 고위인사에게 들었다며 같은 정보를 보고했어요. 노영민 대사가 보고했던 정보와 품목까지 일치하는 똑같은 정보였어요. 일본이 실제로 실행할지 여부는 확인할 길이 없었지만 적어도 그런 방안을 검토하고 있다는 것은 분명해 보였죠.

그래서 다시 한번 기업들에게 정보를 전달해 만일의 사태에 대비하게 하고, 그때부터는 정부 차원에서도 3대 품목의 현황을 점검하고 대체수입처를 알아보는 등 대비를 시작했죠. 그때 불화가스의 경우에는 국내 생산기업이 있었는데, 순도가 일본 기업에 못 미쳤어요. 그래서 그 기업 차원에서 순도를 높이고 생산을 늘리는 공정을 마침 진행 중이라는 사실을 알고, 순도를 높이는 작업에 더욱 속도를 내고 생산도 더 늘리도록 독려했죠. 그 결과 일본이 수출규제를 했을 때, 불화수소는 빠르게 일본 제품과 맞먹는 순도로 완전 자립화할 수 있었어요. 그렇게 해서 기업들이 당장 소재 재고가 없어서 생산이 중단된다거나 하는 상황을 피할 수 있었고, 몇 달 정도 여유를 가졌기 때문에 그동안 어떤 품목은 우리의 자체생산으로 감당하고, 어떤 품목은 수입대체선을 확보해서 대응할 수 있었죠.

우리가 당시 대외적으로 그 사실을 밝히지 않았지만, 덕분에 밖에서 보기보다는 내부적으로 차분한 대응을 할 수 있었어요. 결국 노영민 대사와 문정인 특보가 보고해온 것이 정확한 정보였어요. 일본은 끝내 자기들이 당했던 수법을 비겁하게도 우리에게 쓴 것이죠. 그러나 우리로서는 미리 정보를 입수해 대비할 수 있었으니 다행이었어요. 두 분이 나라를 위기에서 구한 셈이어서, 나는 늘 고마운 마음을 갖고 있습니다.

최종건 일본의 수출규제 때문에 특정 국가에 대한 의존도가 높은 품목에 대해 경각심을 갖게 되었던 것 같습니다. 그 후 요소수 문제가 있었거든요. 아마 대통령님이 우리나라 역대 대통령 중 공급망 문제에 처음으로 맞닥뜨리고 대응해야 했던 대통령이었을 겁니다. 우리가 디지털 분야가 강한 만큼 그 이면에는 많은 나라에 소재와 부품 의존도가 높았죠. 그 때문에 경제외교 분야에서도 노력을 많이 해야 했습니다.

문재인 세계경제가 번영하게 된 저변에는 고도의 국제적인 분업체계가 있었죠. 중국에서 생산하고 있는 것을 수입해올 수 있기 때문에 우리는 생산할 필요가 없고, 재고를 많이 확보해둘 필요도 없어서 물류 부분을 최소 재고로 원활하게 해나가는 국제분업이 강화되면서 세계경제가 함께 성장한 것이거든요. 그런데 트럼프 정부 시절부터 자국우선주의가 생겨나고, 각국이 수입이나 수출을 정책적으로 통제하기 시작하면서 글로벌 공급망이 교란된 거죠. 그 결과 각국은 다른 나라에 대한 의존도를 줄여야 되고, 재고도 보다 많이 확보해둬야 되고… 이런 식으로 그동안 세계경제가 발전해온 흐름과 정반대의 흐름을 겪게 됐어요.

　　그러나 길게 보면 규제를 하는 나라가 오히려 손해를 보게 돼요. 예를 들어, 일본이 한국에 소부장을 많이 수출하고 있다가 한국이 자립하거나 수입처를 대체하게 되면 일본의 소부장 기업들에게 피해가 가죠. 실제로 일본의 수출규제 때문에 일본 기업들이 많은 피해를 입었어요. 미중 간의 무역분쟁 때문에 한국이 중국에 반도체를 공급하지 않으면, 중국이 잠시 타격받겠지만 결국은 반도체 자급 능력을 갖추게 되는 거예요. 결국 중국은 한국의 반도체를 더 이상 수입하지 않아도 되고 한국은 중국 시장을 잃게 되는 거죠. 이같은 국제적인 흐름 속에서 우리가 최대한 지혜를 발휘해야 해요. 전 세계적인 차원에서도 이 부분에 대한 진지한 고민이 필요하죠. 다시 한번 자유무역 기조나 공급망의 자유로운 흐름을 위한 국제적인 논의가 필요합니다.

일본의 수출규제는 많은 교훈을 남겼어요. 국제분업을 흔들고 악용하면 오히려 자신에게 손해가 돌아온다는 사실을 보여줬고, 필수 소재·부품의 특정 국가 의존도가 지나치게 높아서는 안 된다는 교훈을 주었어요. 소부장의 자립이 중요하다는 것을 절감하게 됐고, 우리도 할 수 있다는 자신감도 얻었죠. 무엇보다 정부와 기업, 연구기관의 협업으로 위기에 대처하는 방법을 경험한 것이 매우 중요했어요. 반도체 소재를 생산·공급하는 중소기업과 수요 대기업 간에 상생협력의 노하우를 찾은 것도 무척 소중했고요. 그 일을 겪으면서 우리 정부는 우리가 수입에 의존하는 희토류와 희귀광물의 비축 물량도 대폭 늘려서 만일의 경우에 대비하게 했죠.

최종건 경제외교 부분에 대한 말씀을 보면, 한일 간의 진정한 협력이

2021년 7월 2일 '대한민국 소재·부품·장비 산업
성과 간담회'에 참석했다. 일본의 수출규제는 결
과적으로 한국이 소재·부품·장비 산업의 경쟁력
을 강화하고 자립도를 높임으로써 대일 의존도를
낮추는 계기가 되었다.

매우 중요한 것 같습니다. 한중관계도 그렇고요. 그간 건강한 생태계를 유지하고 있던 지역분업체계를 복원할 필요가 있는 것 같습니다. 그것이 균형외교인데요. 그런데도 우리 정부의 균형외교정책을 비난하는 사람들이 있습니다. 미국에 대해서는 동맹을 약화시켰다, 중국에 대해서는 굴욕적 외교를 했다는 건데, 그런 평가에 대해서 어떻게 생각하십니까?

문재인 우리 정부는 균형외교에서 역대 최고의 성과를 냈죠. 그렇게 자부해도 좋다고 생각해요. 한미동맹이 공고했고, 한일관계가 정치적으로 껄끄러운 부분이 있었지만 경제적으로나 민간 차원의 교류에서는 아무런 문제 없이 잘 돌아갔고, 중국 및 러시아와 좋은 관계, 북한과도 평화를 유지했던, 이런 때가 역대 정부에서 없었어요.

균형외교는 우리뿐 아니라 모든 나라가 추구하는 매우 당연한 외교목표이죠. 그런데 옛날 노무현 정부 당시 한때 동북아 균형자 역할을 하겠다는 표현을 쓴 적이 있어요. 사실 미국, 중국, 일본 사이에서 균형자 역할을 한다는 것은 우리의 국력으로는 뜻은 좋아도 현실과 맞지 않는 점이 있죠. 그래서 노무현 정부도 곧 폐기했던 개념이었어요. 그때의 균형자 외교라는 그림자가 아직도 남아 있어서, 균형외교라는 것에 대해 의심스러운 눈으로 보는 사람들이 있어요. 그러나 균형자 역할을 한다는 것과 외교를 다변화하면서 균형외교를 한다는 것은 전혀 다른 이야기죠.

최종건 우리가 이익 균형을 찾으러 다닌 것이 균형외교죠. 한미동맹에서도 우리 이익을 확대하고, 중국과도 최고의 무역 파트너인 만큼 우리의 이익을 챙기려고 하는 것이 균형외교라고 생각해요.

문재인 국내적인 이익뿐만 아니고 한반도 전체를 내다보는 더 큰 국익을 생각하더라도, 중국과 러시아가 북한과 우리 사이에서 등거리 외교를 할 수 있게 하는 것이 우리의 외교 목표가 되어야 해요. 그 나라들이 북한과 더 오랜 동맹관계나 우호관계가 있었기 때문에 그들이 북한을 버리기를 바랄 수는 없다 하더라도, 북한에 대해서나 우리에 대해서나 같은 우호관계를 맺도록 하는 것이 우리의 중요한 외교 목표라고 할 수 있어요. 그래야 북한의 핵과 미사일 개발에 대해 그들이 억지력을 행사해줄 수도 있고, 우리의 평화프로세스를 지지해줄 수도 있고, 나아가서는 한반도 통일에 대해서도 거부감을 갖지 않게 할 수 있는 것이죠. 그런데 지금은 중국과 러시아를 북한 쪽으로 떠미는, 우리한테 끌어당기는 것이 아니라 떠미는 외교, 북중러가 더 단단히 결합되게 하는 그런 외교를 하고 있는 거죠. 정말 크게 보지 못하는 어리석은 외교예요.

최종건 안 그래도 김정은 위원장이 러시아에 간 것을 보면서 질문을 드리고 싶었는데요. 제 생각에 균형외교의 반대말은 편중외교인 것 같습니다. 지금 편중외교가 상당히 심한데요. 2018년 9월 18일 평양에 가셨습니다. 이번에 김정은 위원장이 러시아에 가는 것을 보고 어떤 개인적 소회가 드셨나요?

문재인 북한이 핵실험을 하지 않고 있지만, 미사일 도발이 갈수록 심해지고 남북한의 말폭탄도 갈수록 거칠어져서 지금 위기가 최대로 고조되어 있는 상황입니다. 김 위원장의 러시아 방문을 통해서 외교 행보까지도 위기가 더욱더 고조되는 양상이라고 할 수 있죠. 우리 정부 출범 당시와 못지않게 위기가 심각한 상황이에요. 게다가 문제를 풀기가 점점 어려운 구조로 가고 있어요. 우리 정부 때는 그나마 중국과 러시아가 남북 사이에 등거리를 지켜주고, UN 안보리의 제재에 동참해주었죠. 북한의 도발을 자제시켜주도록 우리가 협력을 구할 수도 있었고, 북한의 동향과 전망을 전해들을 수도 있었고요. 이제는 북한과 러시아, 중국이 거의 동맹 수준으로 가까워지면서 중국이나 러시아의 역할을 기대하기가 어려워졌어요. 남북 간 대화도 해법이 더 복잡하고 어려워졌다고 말할 수 있을 것 같아요.

최종건 대통령님이 말씀하시는 지정학적 운명이 갑자기 더 날카로워진 것 같아요. 남북 간의 소통이 없어지고, 구조의 경직성이 더 높아졌기 때문에요.

문재인 6·25 전쟁 전의 상태로 돌아가는 거예요. 우리가 막 분단되고 중화민국이 무너지고 중공 정부가 들어섰을 때, 그때 북한과 중국 및 러시아의 결속, 그리고 이쪽의 한미일 결속, 딱 그 구도가 다시 재현되고 있죠. 전 세계적으로 유일하게 한반도에 남아 있던 냉전구도가 새롭게 강화되는 양상이에요.

최종건 참모로 모셨던 5년 동안 하노이 노딜 이후에도 저는 '그래도 문재인 대통령과 김정은 위원장은 소통하고 있을 거다' 이렇게 믿었어요. 외부에서 어떤 소리가 들리든, 북한이 어떤 정책을 펴든요. 그것이 참 든든했습니다. 지금 상황에서 대한민국 대통령과 북한 국무위원장의 소통이 더 중요할 텐데요.

문재인 어려워졌지만, 결코 포기해서는 안 되죠. 이 고조되는 위기를 풀 수 있는 길은 대화밖에 없어요. 고조된 위기가 지속되면 결국 충돌로 이어지게 되는 것이죠. 그것을 막을 방법은 대화밖에 없습니다. 대화라는 것이 굉장히 어려워진 상황이고, 복잡한 방정식이 되어버린 상황이지만, 그럼에도 대화 노력을 해야죠. 북한의 도발에 대해 한편으로 단호한 대응을 하고, 최대압박으로 임해야 되겠지만, 다른 한편으로는 단호한 대응이나 최대압박도 전부 외교의 수단이라는 입장으로 돌아가야 되는 것이죠.

최종건 그런데 대화를 제안하면 굴욕적이라고 이야기하는 사람이 많습니다.

문재인 지금도 대화라는 말을 하고 있어요. 윤석열 정부도 그렇고 미국도 그렇고요. 끊임없이 대화의 문이 열려 있다고 하죠. 그렇지만 대화를 말하는 진정성이 보이지 않는 거죠.

최종건 이런 상황에서 대한민국 대통령에게 가장 필요한 것이 뭐라고 생각하십니까? 우크라이나 전쟁이 진행 중이고 북중러-한미일 간 구조적인 경직성이 높아지고, 우리 정부는 주도권을 많이 상실해가는데요.

문재인 북한의 핵과 미사일이 고도화되면서 남북 간 대화의 구조 자체가 달라졌어요. 과거에는 비핵화 문제는 북미 간에 따로 논의할 문제고, 남북 간에는 남북문제에 국한해서 대화하면 됐죠. 노무현 정부 때는 북핵 문제는 6자회담으로 해결하고, 남북관계는 그 뒤를 따라가면서 발전시켜나가면 되는 것이었죠. 지금은 남북 간의 대화 속에 북핵 문제를 해결하는 방안, 이른바 비핵화 로드맵이 함께 가지 않을 수 없는 거죠. 그렇지만 미국이 먼저 나서서 해결해주지 않는 문제예요. 미국으로서는 멀리 떨어진 잠재적인 위험일 뿐이죠. 북한이 아무리 핵을 가진다 한들 미국의 상대가 되지 않으니까요. 미국은 그렇게 덜 절박하니까, UN 안보리의 제재로 압박하면서 북한이 무릎 꿇기를 기다리는, 이른바 '전략적 인내' 전략을 취하면 되는 것이죠. 지금 바이든 정부가 오바마 정부의 정책을 그대로 답습하고 있죠.

절박하고 문제를 빨리 풀어야 되는 것은 우리이기 때문에 우리가 주도해서 남북대화를 하고 그것을 통해서 북미대화까지 이끌어내는 것 말고는 방법이 없는 거예요. 한미일과 북중러가 대결하는 구도는 북한 핵과 미사일 문제 해결을 더욱 어렵게 만드는 것이죠. 우리가 미국을 설득해서 함께 대화의 길에 나서는 길밖에 없어요.

변방에서 중심으로

아무도 흔들 수 없는 당당하고
평화로운 나라를 만드는 일,
문재인 정부가 다 못한 그 여정이
계속 이어지길 기원합니다.

13

2017년 쾨르버재단
연설을 읽는다

"한반도의 평화는 그야말로 꿈같은 이야기, 몽상 같은 거라고 생각하는 사람이 많았어요. 그러나 상황이 나쁠수록 희망도 절실한 것이죠. 어둠이 짙을수록 어둠이 끝난 후 찾아올 여명을 내다볼 수 있어야 해요. 전쟁의 위기가 고조될수록 그 위기를 끝낼 결단이 남북 모두에게 필요하기 때문이죠. 그것이 지도자가 할 일입니다. 나는 우리 국민들을 믿었어요."

몽상이 아닌 평화

최종건 대통령님, 2019년 12월 9일에 특별한 손님을 만나십니다. 혹시 누구인지 기억하십니까?

문재인 글쎄요. 그 시절 일은 캄캄한 옛날 일이 되었어요.

최종건 방한한 세계적 록밴드 U2의 리드보컬 보노Bono를 청와대에서 만나셨습니다. 제가 이 만남을 주목하는 것은 보노의 발언 때문입니다. 그는 접견 말미에 "대통령께서 평화프로세스에 많은 노력을 기울이고 많은 리더십을 보여주신 것에 감사의 말씀을 드린다"며 "이런 평화가 단지 몽상이 아니라 실현될 수 있도록 끝까지 굳은 결의를 갖고 임하고 계신 것을 잘 알고 있다"고 말했습니다. 이어서 "대통령님께 베를린에서 훌륭한 연설을 해주신 것에 대해서도 감사의 말씀을 드린다"고도 했죠. 대통령님의 베를린 연설, 그러니까 쾨르버재단 연설이 2017년 7월 6일이었으니까 그는 2년이 지난 시점에 그 연설을 언급한 것입니다. 다른 나라 지도자들이 외교적인 인사치레로 이야기할 수 있지만, U2의 리더 보노가 대한민국 대통령의 2년 전 연설을 언급하며 평화를 이야기한다? 놀라웠습니다.

문재인 생각납니다. 보노가 그런 말을 한 것이 기억나요. 아일랜드 국민시인 셰이머스 히니Seamus Heaney의 시집도 한 권 선물로 주었어요. 시인이 직접 사인한 시집이었어요. U2가 세계적으로 반전평화를 상징하는 밴드잖습니까. 그때 서울에서 첫 내한 공연을 했지요. 나는 못 가봤지만 음악을 좋아하는 내 아내가 보고 와서 자세히 이야기해주었어요. 서울공연의 첫 곡이 〈선데이, 블러디 선데이 Sunday, Bloody Sunday〉였고, 마지막 곡이 〈원One〉이었죠.* 〈선데이, 블러디 선데이〉는 아일랜드 상황을 노래한 것이지만 6·25 전쟁이 발발한 날도 일요일이어서 우리 국민들의 공감대가 큰 노래였어요. 마지막 노래 〈원〉도 하나가 되는 통일을 열망하는 분단민족으로서, 독일의 통일 이후 한국 국민들도 남북평화와 통일을 이루기 바라는 염원이 담긴 노래 같아서, 우리가 아주 공감할 수 있는 메시지가 담긴 노래였죠. 아일랜드와 한국은 역사적인 공통점이 있어서 비슷한 정서가 많아요. 아일랜드 음악에서도 그런 것이 느껴지지요.

최종건 저는 보노가 대통령께 했던 발언 중에 '몽상이 아닌 평화'와 '퀘이커 연설'이 지금도 새롭게 다가옵니다. 대통령님과의 내담을 준비하면서 취임 직후 한반도의 전쟁위기를 극복하고 평화프로세

● 〈선데이, 블러디 선데이〉는 북아일랜드 분쟁 당시 영국 군대가 아일랜드 어린이와 운동가들에게 발포했던 '피의 일요일' 사건을 이야기한 노래다. U2의 작품 중 반폭력과 평화를 가장 명시적으로 표현했다. 〈원〉은 U2 멤버들 간 분열로 밴드 자체가 해체 위기에 놓였을 때, 리드보컬 보노가 독일 통일에서 영감을 받아 통합과 위기극복을 강조하기 위해 작곡한 곡이다.

2019년 12월 9일 청와대에서 록밴드 U2의 리더
보노와 만났다. 그는 2017년 베를린 쾨르버재단
연설과 평화프로세스에 대해 감사를 표하며 아일
랜드 국민시인의 시집을 선물로 주었다.

스를 가동하기 위해 문재인 정부가 얼마나 많은 노력을 했는지 새삼 느꼈습니다. 취임 당시 평화는 몽상 같은 것이었습니다. 대통령님이 G20 정상회의 참석을 위해 독일을 방문했을 때만 보더라도 북한의 군사적 위협과 도발이 지속되었고, 갓 출범한 문재인 정부의 외교안보 환경은 매우 취약했습니다. 대통령님은 그때 그 상황 속에서 북한뿐만 아니라 국제사회에 평화비전과 구상을 말한 것입니다.

문재인 그래요, 작심하고 말했죠. 메르켈 총리와의 정상회담도 중요했지만, 베를린 방문의 주된 목적은 평화선언, 그러니까 문재인 정부의 한반도 평화비전과 구상을 발표하기 위해서였어요. 김대중 대통령께서 베를린에서 남북대화와 화해와 포용의 중요성을 강조한 '베를린선언*'을 발표하셨지요. 김대중 대통령의 베를린선언은 사상

● 2000년 3월 9일에 김대중 대통령이 유럽 순방 중 독일 베를린자유대학에서 발표한 대북 경제지원, 평화정착, 이산가족 문제 해결 및 당국 간 대화 등 한반도 문제 전반을 포괄하는 연설이 '한반도 평화와 통일을 위한 남북 화해 협력 선언', 일명 '베를린선언'이다. 김대중 대통령이 베를린선언은 사상 처음이 남북정상회담과 6·15 남북공동선언으로 이어졌고, 남북 화해와 협력의 시대를 열었다. 선언문의 주요 주장은 다음과 같다. ① 대한민국 정부는 북한이 경제적 어려움을 극복할 수 있도록 도와줄 수 있는 준비가 되어 있다. 본격적인 경제협력을 실현하기 위해서는 북한의 도로·항만·철도·전력·통신 등 사회간접자본이 확충되어야 한다. 이와 같은 사회간접자본의 확충과 안정된 투자 환경 조성, 그리고 농업구조 개혁은 지금까지의 민간 경협방식만으로는 한계가 있다. 이제는 정부 당국 간의 협력이 필요한 때다. ② 현 단계에서 우리의 당면목표는 통일보다는 냉전종식과 평화정착이다. ③ 북한은 무엇보다도 인도적 차원의 이산가족 문제 해결에 적극 응해야 한다. 노령으로 계속 세상을 뜨고 있는 이산가족의 상봉을 더 이상 막을 수는 없는 것이다. ④ 이러한 모든

최초의 남북정상회담과 6·15 선언으로 이어져 남북관계의 새로운 시대를 열었어요. 하지만 구시대적인 냉전적 이념이 다시 한반도를 지배하면서, 남북관계는 최악의 북핵위기와 전쟁위기로 치닫게 됐죠. 베를린선언 이전보다 더 나쁜 상황이 된 것이죠. 그것이 우리가 집권할 당시 상황이었어요. 그래서 나는 '새로운 베를린선언'으로 대화와 평화의 남북시대를 되살리려고 한 것이죠. 당장 한반도의 전쟁위기를 해소하고 북한을 대화의 장으로 이끌어내는 것이 무엇보다 시급했어요. 나아가 냉전 구조를 해체하고 항구적인 평화정착을 이루는 것이 궁극의 목적이었어요. 그 장소가 베를린이어야 하는 이유는 동·서독의 화해와 통일이 우리에게 주는 의미가 각별하고, 분단의 장벽을 허문 베를린이 상징적인 장소였기 때문입니다.

최종건 국제사회와 북한에 어떤 메시지를 전달하려고 하셨습니까? 평화프로세스를 본격적으로 시작하기도 전이었습니다.

문재인 한마디로 '평화와 대화'죠. U2 보노의 말처럼, 당시 상황에서 한반도의 평화는 그야말로 꿈같은 이야기, 몽상 같은 거라고 생각하는 사람이 많았어요. 그러나 상황이 나쁠수록 희망도 절실한 것이죠. 어둠이 짙을수록 어둠이 끝난 후 찾아올 여명을 내다볼 수 있

문제를 효과적으로 해결하기 위해 남북한 당국 간의 대화가 필요하다. 김대중 대통령은 이미 2년 전 대통령 취임사에서 남북기본합의서의 이행을 위해 특사를 교환할 것을 제의한 바 있다. 북한은 우리의 특사 교환 제의를 수락할 것을 촉구한다. 행정안전부 대통령기록관(집필자 강호제 연구원) 내용 참조.

어야 해요. 전쟁의 위기가 고조될수록 그 위기를 끝낼 결단이 남북 모두에게 필요하기 때문이죠. 그것이 지도자가 할 일입니다. 나는 우리 국민들을 믿었어요.

우리의 민주주의는 당시 세계에서 찬사를 받을 만큼 최고였습니다. 촛불혁명의 또 하나의 정신은 평화였죠. 나는 민주주의를 되찾은 우리 국민의 저력이 다시 평화를 이루기 위한 나와 우리 정부의 노력을 지지해줄 것이라고 믿었어요. 평화를 희망하는 국민의 염원이야말로 평화를 만들어내는 가장 강력한 힘이니까요.

정치는 상상력이다

최종건 쾨르버 연설을 다시 읽어보니 우리 정부의 평화프로세스 로드맵이 모두 담겨 있는 것 같습니다. 당시 '아, 정말 이게 다 될 수 있을까?' 생각될 정도로 여러 내용이 가득 담겨 있었습니다.

문재인 우선, 한반도 비핵화에 대한 나의 생각을 명확히 밝혔습니다. 그것이 당시 국제사회와 우리 국민들의 최고의 관심사였기 때문이죠. 당시 우리 국민들의 생각은 북한의 비핵화 없이는 남북관계 발전은 어렵고, 핵을 가진 북한과 평화롭게 지낼 수 없다는 것이었습니다. 비핵화가 평화의 선결조건이었죠. 북한 역시 비핵화가 평화를 보장받는 길이 되어야 하는 것이고요. 그래서 비핵화된 한반도는 "핵과 전쟁의 위협이 없는 한반도"이고 "남과 북이 서로를 인정하고 존중하며 함께 잘사는 한반도"라는 궁극의 목표를 명확히 한 것이죠.

그 목표로 들어갈 수 있는 문이 대화였지요. 쾨르버 연설은 우리 정부의 한반도 평화프로세스의 기조가 되었습니다. 나중에 미국이 북한과 비핵화 대화에 나설 때 비핵화 로드맵의 토대가 됐죠.

최종건 실제로 대통령님의 쾨르버 연설문을 보면 "군사적 긴장의 악순환이 한계점에 이르렀다"는 표현이 있습니다. "우리가 추구하는 것은 오직 평화다"라고 강조하셨고요. "군사적 긴장의 악순환"과 "오직 평화"라는 표현이 오늘에는 더 묵직하게 느껴집니다. 지금의 한반도 상황도 다를 바 없으니까요. 평화 외에는 다른 대안이 없다는 것이잖아요.

문재인 평화 말고 어떤 대안이 있을 수 있나요? 이 땅에 두 번 다시 전쟁이 있어서는 안 된다는 것이 6·25 전쟁을 경험한 우리 국민들의 간절한 염원이죠. 폐허가 되어버린 땅에서 이긴다 한들 무슨 의미가 있습니까? 마하트마 간디의 말처럼, 평화는 평화적인 방법으로 이루어야 하는 것입니다.

최종건 또한 한반도의 비핵화에 대해서 "국제사회의 일차적인 요구이자 한반도 평화를 위한 절대조건"이라고 명확히 밝히셨습니다. 돌이켜보니, 우리 정부 시기에 남북관계 개선과 북핵 문제 해결이 서로 따로 생각할 수 없을 만큼 연결되어 있음이 명확히 드러났습니다.

문재인 한반도의 완전한 비핵화와 평화는 미국을 비롯한 국제사회와의 협력을 통해 이룰 수밖에 없는 상황이 더욱 공고화됐어요. 남북 간의 대화만으로는 한반도의 평화가 어려워진 것이죠. 비핵화라는 한반도 평화프로세스의 한 축은 국제사회와의 협력이 없으면 안 되는 상황이 된 것입니다. 그러나 남북 간의 대화와 협력 없이는 국제사회와의 협력도 불가능합니다. 김대중, 노무현 대통령 시기와는 근본적으로 달라진 것이죠. 북한에게 이 점을 명확히 말할 필요가 있었습니다.

최종건 쾨르버 연설에서 대통령님은 정부의 5대 대북정책 기조를 제시하셨습니다. 첫째가 평화 최우선, 둘째가 북한 체제 안전을 보장하는 비핵화, 셋째는 한반도 평화협정 체결 등 항구적 평화체제 구축, 넷째는 한반도 경제공동체 건설, 마지막 다섯째가 비정치적 민간 교류협력입니다. 인위적인 북한 체제 붕괴나 흡수통일을 추진하지 않겠다는 것이 보수정부들과 확연하게 차별되는 내용입니다.

문재인 당시 한반도의 위기를 시급하게 잠재울 필요가 있었어요. 그러니 먼저 북한에게 대화하자고 손을 내밀어야 했던 것이죠. 북한을 대화의 장으로 이끌어내려면 대화 제의에 진정성이 있어야 하고, 북한에게 신뢰를 주어야 해요. 그것은 북한 체제의 안전을 보장하고, 흡수통일 의사가 없음을 명백히 밝히고 전 세계에 약속하는

변방에서 중심으로

2017년 7월 6일 쾨르버재단 연설에서 한반도 평
화를 위한 비전과 구상을 발표했다. 이 연설을 통
해 당시 몽상으로 치부되던 평화선언과 평화를
위한 대화가 가능하다는 것, 그리고 한반도 평화
프로세스의 로드맵을 전 세계에 천명했다.

것이죠. 북한 정권의 붕괴를 말하고 흡수통일을 주장한다면 어떻게 북한과 대화할 수 있겠어요? 그것은 대화하지 말자는 말과 같은 것이죠. 역지사지의 마음 없이는 적대적인 상대와 대화할 수 없고, 우여곡절 끝에 대화를 시작한다 해도 성공적인 대화를 해나갈 수 없는 것입니다.

북한 체제의 붕괴와 흡수통일을 바라지 않는 것은 결코 이념적인 것이 아닙니다. 그것은 우리에게 이롭지 않습니다. 북한 체제가 붕괴할 경우, 북한은 중국에 도움을 요청할 것이 명약관화하죠. 그 결과 중국이 북한의 상황을 주도하게 된다면, 그것은 우리에게 전혀 도움이 되지 않습니다. 그러면 통일의 길도 더욱 멀어지죠. 북한 정권이 붕괴하면 마치 우리가 빈집 들어가듯이 들어가서 북한을 흡수하게 되는 것처럼 생각하는 사람들이 있는데, 순진한 생각입니다. 서독이 동독을 흡수통일할 수 있었던 것은 주변국의 간섭과 개입이 없는 상황에서 동독 국민들이 서독의 체제를 선택했기 때문이죠. 또 어찌어찌 북한을 흡수통일한다 하더라도 우리 경제가 감당할 수가 없어요. 서독이 동독을 흡수통일한 후 동·서독의 경제 격차 때문에 장기간 많은 어려움을 겪었죠. 남북한의 경제 격차는 당시 동·서독보다 훨씬 크기 때문에 남한이 통일비용을 감당하지 못할 가능성이 매우 높죠. 남북한이 함께 장기간 큰 어려움을 겪게 되는 재앙이 올 수도 있습니다. 그래서 남북은 우선 평화공존의 길로 나아가는 것이 최선입니다. 통일은 평화공존을 이루고 난 후에나 생각할 수 있는 일이라고 나는 생각합니다.

최종건 당시 연설에 대북정책 5대 기조뿐 아니라 실제로 이를 실행하기 위한 로드맵을 내놓으셨습니다. 이른바 4대 방안인데요. 첫째로 추석과 10·4 남북정상회담 10돌을 맞아 이산가족 상봉을 재개하자고 제안했고, 둘째로 2018년 2월 평창동계올림픽에 북한의 참여를 촉구했습니다. 셋째는 상호 간 군사분계선에서 적대행위를 중지하자는 것이었습니다. 특히 마지막으로 "한반도 긴장과 대치 국면을 전환시킬 계기가 된다면 언제 어디서든 김정은 위원장과 만날 용의가 있다"며 남북정상회담을 제안했습니다.

당시 보수언론과 야당의 평가는 '대통령과 정부의 대북인식이 안이하다'는 것이었습니다. 한마디로 꿈같은 이야기라는 거였죠.

문재인 우리 내부에서도 대통령이 실현 가능성을 떠나 원론적인 이야기를 한 것이라거나 미래를 내다보고 한 이야기라는 인식들이 있었어요. 하긴 당시 남북관계가 대화를 생각할 수 없을 것 같은 상황이었으니 그렇게 생각할 만했죠. 그러나 대통령이 꿈같은 이야기를 하러 독일까지 갔겠습니까?

나는 반드시 실현시켜야 한다는 신념이 있었고, 또 실현 가능하다는 강한 믿음이 있었어요. 어둠이 짙어지면 새벽이 오는 법이니까요. 계속 고조되는 위기상황에서 국면을 전환시킬 필요가 남북한 모두에게 있는 것이죠. 대화는 우리가 먼저 말하지만, 북한도 내심으로 대화를 바랄 것이라고 판단했어요. 그 계기가 필요했을 뿐이죠. 천만다행히도 우리에게 평창동계올림픽이 있었어요. 그것을 국면 전환의 계기로 삼고자 한 것이죠. 그 계기를 놓치면 달리 계기를 찾기가 어려웠어요. 그래서 평창동계올림픽 때 북한을 참가시키기 위해 전력을 다한 것이죠. 쾨르버재단 연설의 목적도 단기적으로는 거기에 있었어요. 그때 내가 말한 4대 방안은 그로부터 1년 안에 모두 실현됐죠. 그것을 신기하게 여기는 사람이 많은데, 상상력이 부족한 것이죠. 나는 정치는 상상력이라고 생각해요.

최종건 쾨르버재단 연설의 의미를 다시 곱씹는 이유가 바로 그 말씀 속에 있다고 생각합니다. 대통령님이 임기를 시작하면서, 앞으로 한반도 비핵화와 평화정착 문제에 관해서는 오직 평화적인 방법으로 여러 이행방안을 가지고 전략적으로 접근하겠다는 것을 밝혔기 때문입니다. 국내를 넘어서 세계에 표명한 거죠. 전 세계의 모든 지도자가 문재인 대통령의 남북관계에 대한 비전과 철학을 알게 되는 전략구상을 발표한 것입니다. 이 연설이 당장에 빛을 보지는 못했습니다. 실현 가능성이 없어 보였으니까요. 그러나 불과 1년여 만에 그 연설이 실제로 실현되는 것을 보고 세계는 놀랐습니다.

따지고 보면, 5대 기조를 유지하면서 4대 방안을 다 실현했습니다. 이산가족 상봉은 2018년 8·15 광복절을 계기로 8월 20~26일 나흘간 있었고요. 평창동계올림픽에 북한이 참가했고, 이를 계기로 2018년 한반도 평화프로세스는 남북대화에서 북미대화로 이어졌습니다. 남북정상회담도 3회 열렸고, 그중 1회는 북한의 갑작스러운 요청으로 이루어질 정도였습니다. 북미정상회담 또한 두 차례 열렸습니다. 군사분계선에서의 적대행위 중지도 2018년 4월 27일 판문점선언으로 합의되고, 9·19 남북군사합의로 구체적인 실천방안까지 마련했습니다. 이 모든 것이 쾨르버재단 연설에 담겨 있었습니다. 지금 다시 읽어보니 매우 놀라울 뿐입니다.

문재인 쾨르버재단 연설은 문재인 정부가 몽상 같은 평화를 꿈꾸지 않았다는 증거입니다. 있는 평화를 지키는 것이 아니라, 없는 평화를 만들어내려면 전략적인 프로그램이 필요합니다. 미국을 비롯한 국제사회와의 공조도 필요하죠. 동시에 북한과 대화할 수 있는 주요 계기를 붙잡는 지혜도 필요하지요. 우리에게 평창동계올림픽이 그 계기였고요. 국제사회와의 공조도 우리가 비전과 전략을 제시해주어야 가능한 것입니다. 그것이 우리가 한반도 문제에 주도권을 갖는 길이지요.

최종건 이 시점에 쾨르버재단 연설이 우리에게 어떤 의미가 있을까요? 또는 어떤 교훈을 줄까요?

문재인 명확히 하고 싶은 것은, 우리가 이루어낸 성과가 우연히 이루어진 것이 아니라는 겁니다. 우리가 운이 좋았던 것도 아닙니다. 오직 평화만 보고, 과거 정부의 대북정책들을 업그레이드하면서 이어달리기를 한 우리의 의지가 만들어낸 것입니다. 미국과 함께 손을 잡고 남북대화로 돌파구를 만들었으며, 사상 최초로 북미정상회담으로 이어지게 한, 과거에는 상상할 수 없었던 일을 한 것입니다. 그 과정이 지금은 중단되었습니다만, 그렇다고 마냥 비관하거나 희망을 포기할 수는 없습니다.

9·19 남북군사합의가 폐기되어 한반도에 군사적 안전핀이 사라졌습니다. 평화가 정말 위태로워졌습니다. 북한의 도발에 대비해야 합니다. 만전을 기해야 하죠. 그러나 위태위태한 긴장상황 속에서 살얼음을 걷듯이 살아갈 수는 없습니다. 또다시 대화로 국면을 전환해내야 합니다. 적대적이고 신뢰가 부족한 관계에서 대화를 시작하는 일은 용기가 필요합니다. 북한의 핵과 미사일이 더 고도화되고 대화가 한 번 실패했으니 대화하기가 더 어려워졌을 겁니다. 그러나 우리는 용기를 잃어서는 안 됩니다. 변하지 않는 것은 바로 한반도에서 어떤 경우에도 전쟁은 안 된다는 것입니다. 평화가 모든 것을 보장해주지는 않지만, 평화 없이는 아무것도 할 수 없습니다. 오직 평화, 평화에 대한 의지를 가져야 합니다. 평화에 대한 의지가 없는데도 평화가 올 리는 없을 것입니다.

변방에서 중심으로

대담자의 변

대한민국 19대 대통령 문재인. 나는 그의 참모였다. 60개월 정부 임기 중 58개월 동안 그의 이상과 비전, 철학을 외교안보 분야에서 실무적으로 실현하기 위해 평화군비통제비서관, 평화기획비서관, 외교부 1차관으로서 봉사할 수 있는 영광을 누렸다. 어렵고 고단한 시기였지만, 나는 문재인 대통령을 보좌할 수 있다는 그 사실 하나로 행복했다. 문 대통령이 2022년 5월 9일 청와대에서 마지막으로 퇴근하는 날, 나도 외교부 1차관을 퇴임하고 대통령과 함께 임기를 마칠 수 있는 행복을 누렸다.

2023년 5월 어느 날, 평산마을 사저에서 문 대통령은 외교안보 분야의 회고록을 써야겠으니, 나에게 대담을 진행하자고 제안했다. 한반도의 평화가 하나둘 사라져가고 있었으며, 한반도의 평화를 위해 노력했던 시간들을 깎아내리는 광기 섞인 목소리는 더욱 날카로워졌다. 무엇보다도 그와 함께 일했던 참모들이 불합리한 사법적 고초를 겪고 있는 상황에서 그의 마음은 무너져내리고 있었는지도 모른다. 세월이 갈수록 희미해지는 기억들을 기록으로 남겨 두고 싶었을지도 모르겠다. 나는 어렴풋이 대통령의 마음을 짐작할 뿐이었다. 나는 그의 참모로서 당연히 최선을 다하겠다고 했다.

한편으로 감사했다. 국제정치학자로서 대한민국 대통령을 지낸 지도자와 마주 앉아 그의 임기 중 외교안보정책의 공과 과를 묻고 대담을 진행한다는 것은 흔한 기회가 아니다. 아마도 이 학문을 업으로 삼고 있는 국제정치학자들의 꿈이라고 해도 과언은 아닐 것이다. 대한민국 대통령이 인식했던 국제정세와 한반도 안보 환경, 국가의 안보와 이익을 최대화하기 위한 그의 결정에 영향을 미쳤던 요인, 비전 등에 대해서 생생한 증언을 들을 수 있는 것은 축복이다. 나는 정말로 운이 좋은 사람이다.

나는 대담을 준비하면서 몇 가지 원칙을 정했다.

첫째, 이 대담의 최종 소비자는 국민이라는 점이다. 내가 실무를 담당했던 업무들에 관해서도 '모르는 척' 대통령에게 많은 질문을 해야 하는 것이다. 국민들이 궁금해하는 점을 해소할 수 있도록 문 대통령이 정성스럽게 설명할 수 있는 대담이 되어야 한다고 믿었다.

둘째, 이 책은 문재인 정부 5년간 외교안보정책이 어떤 상황 속에서 전개되었고, 무엇이 가장 중요한 요소였는지 대통령이 직접 가감 없이 담아야 한다는 것이다. 이제는 대통령이 자신의 이야기를 있는 그대로 해야 한다고 생각했다.

셋째, 때로는 대통령이 불편해할 질문을 해야 한다는 것이다.

그가 후회하고 있는 점은 무엇인지, 당시에 왜 더 노력하지 않았는지, 무엇이 우리의 선택을 가로막았는지를 물었다. 그리고 왜 극복하지 못했는지도.

넷째, 이 책은 역사적·학술적 가치가 있어야 한다는 것이다. 우리 학계에는 대한민국 외교안보정책과 관련해 원재료로 사용할 수 있는 날것의 정책결정자 증언이 매우 부족하다. 문 대통령의 발언을 통해 대한민국 지도자가 고려했던 정책결정 요소가 무엇이었고, 그의 세계관이 어떻게 정책으로 이행되었으며, 또한 국내외 행위자와 어떻게 작용하고 반작용했는지 끄집어내고자 노력했다.

평가는 지금의 학자들과 미래 학자들의 몫이다. 문 대통령에게 던진 질문들은 내가 직접 만든 것도 있고, 그의 옛 참모들이 함께 만든 것도 있다. 서로의 기억과 관점을 처음으로 맞춰내는 작업이었고, 그 자체가 큰 의미가 있었다. 이상하리만치 서로에게 위안도 되었다. 우리는 그때처럼 탄탄한 한 팀이었다.

문 대통령과 마주 앉아 수십 시간 동안 문재인 정부의 시간을 돌아보았다. 다시 한번, 우리는 최선을 다한 대통령을 가졌다는 것, 영광과 회한의 시간을 함께 보냈다는 것을 알 수 있었다. 이심전심의 마음을 확인했다. 문 대통령은 꼼꼼히 대담을 준비했고, 원고를 정리하는 데 심혈을 기울였다. 나 역시 최선을 다했지만, 나의 정성은 그의 정성에 비해 부족했을 것이다.

그의 참모로서 감흥과 후회가, 아쉬움과 보람이 교차하는 과거의 장면들이 끊임없이 떠올랐다. 새벽에 통도사 무풍한송로無風寒

松路를 걷기도 했고, 영축산을 한참 바라보기도 했다. 국제정치학자로서 '대통령 문재인'을 연구할 수 있는 원재료를 생산했다는 안도감도 있다. 많은 연구자에게 도움이 될 것이라고 확신한다. 이 대담집을 통해, 문재인 대통령이 대한민국의 한 시대를 어떻게 평화롭고 번영되게 그리고 품위 있게 만들려 했는지 알려지길 바란다.

2024년 5월
최종건

문재인 정부
외교안보 주요 일지

한국		해외
• 10일: 제19대 대통령 취임식/미국 트럼프 대통령 통화 • 11일: 중국 시진핑 국가주석 통화 / 일본 아베 총리 통화 / 인도 모디 총리 통화	**5**	• 14일: 북한 미사일 발사(화성-12형 중거리) • 21일: 북한 미사일 발사(북극성-2형)
• 13일: 용산 한미연합사 순시 • 23일: ADD 안흥종합시험장 화력시험 참관 〈28~2일 미국 공식실무방문〉 • 28일: 장진호 전투 기념비 헌화 • 29일: 한미 정상 간 상견례 및 만찬 • 30일: 한미 단독 정상회담 및 공동 언론발표	**6**	• 2일: UN 안보리 대북제재 결의 2356호 채택
〈5~8일 독일 공식방문〉 • 6일: G20 정상회의 / 한미일 정상 만찬 / 쾨르버재단 초청 연설(베를린 연설)	**7**	• 28일: 북한 미사일 발사(화성-14형 장거리)
	8	• 6일: UN 안보리 대북제재 결의 2371호 채택 • 29일: 북한 미사일 발사(화성-12형 중거리)
• 6~7일: 동방경제포럼 참석 / 러시아 방문 • 21일: 제72차 UN 총회 / UN 총회 기조연설	**9**	• 3일: 북한 6차 핵실험 발표 및 ICBM 장착용 수소탄 시험 완전 성공 주장 • 12일: UN 안보리 대북제재 결의 2375호 채택 • 15일: 북한 미사일 발사(화성-12형 중거리)
	10	
• 7~8일: 미국 트럼프 대통령 국빈방한 / 트럼프 대통령 한미 장병과의 오찬(7일) • 8~9일: 인도네시아 국빈방문 / 신남방정책 발표 • 10~11일: APEC 정상회의(베트남) • 12~14일: ASEAN 정상회의(필리핀)	**11**	• 29일: 북한 미사일 발사(화성-15형) 및 핵무력 완성 선언
• 13~16일: 중국 국빈방문 • 19일: 미국 NBC 인터뷰(경강선 KTX) / 한미 연합훈련 유예 발표	**12**	• 22일: UN 안보리 대북제재 결의 2397호 채택

한국		해외
	1	• 1일: 북한 김정은 위원장 신년사(평창올림픽 대표단 파견, 대화 용의 표명)
• 9일: 2018 평창동계올림픽 개막식 • 10일: 북측 고위급 대표단(김영남, 김여정) 접견 및 오찬 / 북측 대표단과 여자 아이스하키 단일팀 경기 관람	2	
• 5~6일: 대북특별사절단 방북 • 22~23일: 베트남 국빈방문 • 25~27일: UAE 실무방문	3	
• 27일: 제1차 남북정상회담(판문점)	4	
• 9일: 제7차 한중일 정상회의 • 21~24일: 미국 공식실무방문 / 한미정상회담 • 26일: 제2차 남북정상회담(판문점)	5	• 20일: 트럼프 대통령 싱가포르 북미정상회담 개최 발표 • 24일: 북한 풍계리 핵실험장 폐쇄 / 트럼프 대통령 공개서한 및 북미정상회담 취소
• 21~24일: 러시아 국빈방문	6	• 1일: 트럼프 대통령 북미정상회담 취소 번복 • 12일: 제1차 북미정상회담(싱가포르) 및 싱가포르 공동성명 채택
• 8~10일: 인도 국빈방문 • 11~13일: 싱가포르 국빈방문	7	
• 20~26일: 제21차 이산가족 상봉 행사(금강산) • 25일: 신남방특별위원회 출범	8	
• 5일: 대북 특별사절단 평양 방문 • 10일: 인도네시아 조코위 대통령 국빈방한 • 15일: 남북공동연락사무소 개소(개성) • 18~20일: 제3차 남북정상회담(평양, 백두산) • 23~26일: 제73차 UN 총회	9	
• 13~16일: 프랑스 국빈방문 • 17~18일: 이탈리아 공식방문 / 교황청 공식방문 • 18일: ASEM 정상회의(벨기에) • 20일: 제1차 P4G 정상회의 / 덴마크 공식방문 • 31일: 강제징용 피해자 대법원 손배소 확정판결	10	
• 5일: 김정숙 여사 인도 방문 및 모디 총리 면담 • 13~15일: ASEAN 정상회의(싱가포르) • 16~18일: APEC 정상회의(파푸아뉴기니) • 29~1일: G20 정상회의(아르헨티나)	11	
• 2~4일: 뉴질랜드 국빈방문 • 26일: 남북 철도·도로 연결 및 현대화 착공식 (개성)	12	

한국		해외
	1	• 17일: 제2차 북미정상회담 2월 말 개최 발표
• 21~22일: 인도 모디 총리 국빈방한	**2**	• 5일: 트럼프 대통령 신년 국정연설, 하노이 북미정상회담 공식화 • 27~28일: 제2차 북미정상회담(하노이)
• 10~14일: 브루나이·말레이시아·캄보디아 국빈방문	**3**	
• 10~12일: 미국 공식실무방문 • 16~22일: 투르크메니스탄·우즈베키스탄·카자흐스탄 국빈방문	**4**	
	5	• 4일: 북한 미사일 발사(전술유도무기, 단거리)
• 9~16일: 핀란드, 노르웨이, 스웨덴 등 북유럽 3개국 국빈방문 • 27~29일: G20 정상회의(일본) / 트럼프 대통령 트윗("DMZ에서 김정은 위원장 만나고 싶다") • 30일: 트럼프 대통령 공식방한 / 한미정상회담 / 남북미정상회동(판문점)	**6**	
	7	• 1일: 일본 수출규제 조치 발표
• 22일: 지소미아 종료 발표	**8**	
• 1~5일: 태국·미얀마·라오스 국빈방문 • 11일: 일본 수출규제 WTO 제소 • 22~24일: 제74차 UN 총회	**9**	
	10	
• 3~5일: ASEAN+3 정상회의(태국) • 7일: 흉악범죄 북한 주민 2명 송환(판문점) • 25~27일: 한-ASEAN 특별정상회의 / 한-메콩 정상회의	**11**	
• 23~24일: 제8차 한중일 정상회의(중국)	**12**	

한국		해외
	1	
	2	
	3	• 2일: 북한 미사일 발사(초대형방사포, 단거리) • 3일: 북한 김여정 부부장 담화(청와대의 북한 발사체 유감 표명 관련 비난) • 5일: 김정은 위원장 친서(코로나와 싸우는 남한 국민 위로)
• 26일: G20 코로나19 특별화상정상회의		
• 14일: ASEAN+3 특별화상정상회의	**4**	
• 15일: WHO 세계보건총회 기조연설	**5**	
	6	• 4일: 김여정 부부장 담화(민간단체 대북전단 살포 비난) • 5일: 북한 통전부 담화(남북연락사무소 철폐) • 16일: 북한 남북공동연락사무소 폭파
• 30일: 한–EU 화상정상회담		
	7	
	8	
• 21일: 서해 피격사건 • 22일: 제75차 UN 총회(화상)	**9**	
	10	
	11	• 3일: 미국 바이든 대통령 당선
• 12일: 제21차 한–ASEAN 화상정상회의 • 13일: 제2차 한–메콩 화상정상회의 • 14일: 제23차 ASEAN+3 화상정상회의 / 제15차 동아시아 화상정상회의 • 20일: 2020 APEC 화상정상회의 • 21~22일: G20 화상정상회의		
	12	

한국		해외
	1	
	2	
	3	
• 22일: 화상기후정상회의 • 27일: 노바백스 CEO 접견	4	
〈19~22일 미국 공식실무방문〉 • 21일: 한미정상회담 / 한미 미사일 지침 전면 폐지 • 30일: 2021 P4G 서울 녹색미래 정상회의	5	
• 11~13일: G7 정상회의(영국) • 14~18일: 오스트리아·스페인 국빈방문	6	
• 21일: BTS '미래세대의 문화를 위한 특별사절' 임명	7	• 2일: UNCTAD에서 한국 지위 선진국으로 변경
• 15일: 홍범도 장군 유해 봉환식 • 17일: 탈레반 점령 아프가니스탄 체류 국민 철수 완료 • 18일: 홍범도 장군 유해 안장식 • 26~27일: 아프가니스탄 조력자 가족 390명 입국(미라클 작전)	8	
• 15일: SLBM 잠수함 최초 발사시험 • 19~22일: 제76차 UN 총회 ㅆㅆㅣ 글로벌 코로나10 회상정상회의	9	• 7일: 제2회 푸른 하늘의 날
• 26일: 제22차 한-ASEAN 화상정상회의 • 27일: 제24차 ASEAN+3 화상정상회의 / 제16차 EAS 화상정상회의 • 28~29일: 교황청 공식 방문 • 30~31일: G20 정상회의(이탈리아)	10	
• 1일: COP26 정상회의(영국) • 12일: 2021 APEC 화상정상회의	11	
• 9일: 세계 민주주의 화상정상회의 • 12~14일: 호주 국빈방문	12	

변방에서 중심으로